Tusculum-Bücherei

Herausgeber: Hans Färber und Max Faltner

EURIPIDES

SÄMTLICHE
TRAGÖDIEN UND FRAGMENTE

Griechisch-deutsch

Band III

EURIPIDES

DIE BITTFLEHENDEN MÜTTER

DER WAHNSINN DES HERAKLES

DIE TROERINNEN · ELEKTRA

Übersetzt von Ernst Buschor

Herausgegeben von Gustav Adolf Seeck

HEIMERAN VERLAG

Auf dem Titelblatt: Tragische Maske, Marmor
The Metropolitan Museum of Art, Rogers Fund, 1913

© Heimeran Verlag 1972. Alle Rechte vorbehalten einschließlich die der foto-
mechanischen Wiedergabe.
Archiv 486 ISBN 3 7765 2128 7
Übersetzung von Ernst Buschor
© C.H.Beck'sche Verlagsbuchhandlung (Oscar Beck) München 1963 und 1968,
mit deren Genehmigung vorliegende Ausgabe erscheint.
Alle Rechte für Bühnen-, Hör- und Fernsehfunkaufführungen sowie der Auf-
zeichnung und Vervielfältigung solcher Aufführungen, insbesondere auf Schall-
platten, Tonband, Audio-Viseo-Kassetten usw. nur durch Ralf Steyer Verlag,
8 München 23, Klopstockstr. 6/1203

DIE BITTFLEHENDEN MÜTTER

ΙΚΕΤΙΔΕΣ

Τὰ τοῦ δράματος πρόσωπα

Αἴθρα · Χορός · (Παῖδες) · Θησεύς · Ἄδραστος
Κῆρυξ · Ἄγγελος · Εὐάδνη · Ἶφις · (Ἀθηνᾶ)

Αἴθρα

Δήμητερ ἑστιοῦχ' Ἐλευσῖνος χθονὸς
τῆσδ', οἵ τε ναοὺς ἔχετε πρόσπολοι θεᾶς,
εὐδαιμονεῖν με Θησέα τε παῖδ' ἐμὸν
πόλιν τ' Ἀθηνῶν τήν τε Πιτθέως χθόνα,
ἐν ᾗ με θρέψας ὀλβίοις ἐν δώμασιν   5
Αἴθραν πατὴρ δίδωσι τῷ Πανδίονος
Αἰγεῖ δάμαρτα, Λοξίου μαντεύμασιν.
ἐς τάσδε γὰρ βλέψασ' ἐπηυξάμην τάδε
γραῦς, αἳ λιποῦσαι δώματ' Ἀργείας χθονὸς
ἱκτῆρι θαλλῷ προσπίτνουσ' ἐμὸν γόνυ,   10
πάθος παθοῦσαι δεινόν· ἀμφὶ γὰρ πύλας
Κάδμου θανόντων ἑπτὰ γενναίων τέκνων
ἄπαιδές εἰσιν, οὕς ποτ' Ἀργείων ἄναξ
Ἄδραστος ἤγαγ', Οἰδίπου παγκληρίας
μέρος κατασχεῖν φυγάδι Πολυνείκει θέλων   15

DIE BITTFLEHENDEN MÜTTER

Personen des Dramas

Aithra, *Mutter des Theseus*
Sieben Mütter *der Gefallenen „Sieben gegen Theben" und*
sieben Mägde *der Mütter als Chor*
Sechs Knaben, *Söhne der Gefallenen*
Theseus, *König von Athen* · Adrastos, *König von Argos*
Herold *von Athen (stumme Rolle)* · Herold *von Theben*
Bote, *Dienstmann des Kapaneus*
Euadne, *Witwe des Kapaneus*
Iphis, *Vater des Eteoklos und der Euadne* · Athena

Die Szene ist am Altar der Demeter und Kore in Eleusis.
Aufführung etwa 421 v. Chr.

VORSZENE

Aithra *betet*

Demeter, Herrin von Eleusis' Herd,
Ihr andern Götter hier im gleichen Haus,
Verleiht mir Glück und Theseus, meinem Sohn,
Glück auch der Stadt Athen und Pittheus' Land,
Wo ich in Vaters stolzem Haus erwuchs,
Bis er dem Aigeus, Sohn des Pandion,
Mich, Aithra, gab, auf Phoibos' Seherspruch.
Ich bete wegen dieser alten Fraun
Aus Argosland, die ich hier knien seh,
Den heilgen Zweig des Flehers in der Hand.
Sie litten schweres Leid: vor Kadmos' Burg
Hat sieben edler Söhne sie der Tod
Beraubt, die Argos' Fürst Adrast berief
Für seines Eidams Polyneikes Recht,
Der von des Vaters Thron vertrieben war.

γαμβρῷ. νεκροὺς δὲ τοὺς ὀλωλότας δορὶ
θάψαι θελουσῶν τῶνδε μητέρων χθονὶ
εἴργουσιν οἱ κρατοῦντες οὐδ' ἀναίρεσιν
δοῦναι θέλουσι, νόμιμ' ἀτίζοντες θεῶν.
κοινὸν δὲ φόρτον ταῖσδ' ἔχων χρείας ἐμῆς   20
Ἄδραστος ὄμμα δάκρυσιν τέγγων ὅδε
κεῖται, τό τ' ἔγχος τήν τε δυστυχεστάτην
στένων στρατείαν ἣν ἔπεμψεν ἐκ δόμων·
ὅς μ' ἐξοτρύνει παῖδ' ἐμὸν πεῖσαι λιταῖς
νεκρῶν κομιστὴν ἢ λόγοισιν ἢ δορὸς   25
ῥώμῃ γενέσθαι καὶ τάφου μεταίτιον,
μόνῳ τόδ' ἔργον προστιθεὶς ἐμῷ τέκνῳ
πόλει τ' Ἀθηνῶν. τυγχάνω δ' ὑπὲρ χθονὸς
ἀρότου προθύουσ', ἐκ δόμων ἐλθοῦσ' ἐμῶν
πρὸς τόνδε σηκόν, ἔνθα πρῶτα φαίνεται   30
φρίξας ὑπὲρ γῆς τῆσδε κάρπιμος στάχυς.
δεσμὸν δ' ἄδεσμον τόνδ' ἔχουσα φυλλάδος
μένω πρὸς ἁγναῖς ἐσχάραις δυοῖν θεαῖν
Κόρης τε καὶ Δήμητρος, οἰκτίρουσα μὲν
πολιὰς ἄπαιδας τάσδε μητέρας τέκνων,   35
σέβουσα δ' ἱερὰ στέμματ'. οἴχεται δέ μοι
κῆρυξ πρὸς ἄστυ δεῦρο Θησέα καλῶν,
ὡς ἢ τὸ τούτων λυπρὸν ἐξέλῃ χθονός,
ἢ τάσδ' ἀνάγκας ἱκεσίους λύσῃ, θεοὺς
ὅσιόν τι δράσας· πάντα γὰρ δι' ἀρσένων   40
γυναιξὶ πράσσειν εἰκός, αἵτινες σοφαί.

Χορός

ἱκετεύω σε, γεραιά,   io²   στρ.
γεραιῶν ἐκ στομάτων, πρὸς   io²
γόνυ πίπτουσα τὸ σόν·   io io∧
ἄνα μοι τέκνα λῦσαι, φθιμένων   io∧ io io∧   45
νεκύων οἳ καταλείπουσι μέλη   io² io∧
θανάτῳ λυσιμελεῖ θηρσὶν ὀρείοισι βοράν·   io³ io∧

Die Mütter wollen ihrer Söhne Leib
Der Erde geben, doch der Sieger lehnt
Jedwede Art Begräbnis ab und trotzt
Dem heilgen Recht. Den gleichen Dienst begehrt
Adrast von mir, der sitzt und bitter seufzt
Um jenen Ehbund und den Unglückszug;
Ich soll den Sohn bereden, daß er sorgt,
Seis mit Gespräch, seis mit des Speeres Macht,
Für Freiheit ihrer Bergung und des Grabs.
Nur meinem Sohn und einzig seiner Stadt
Traut er dies zu. Nun kam ich von Athen,
Zum Opfer für die Saaten unsres Lands,
Zu diesem Hain, wo einst dem Erdenschoß
Der erste Kornhalm sträubend sich entrang.
Zwar frei und doch gebunden vom Gezweig
Der Fleher, blieb ich noch beim Doppelherd
Der Kore und Demeter, mitleidsvoll
Mit diesen alten Müttern ohne Kind,
Auch ehrend ihre Binden. Unterwegs
Ist schon ein Bote, der den König holt,
Daß er die Fraun vom Leid erlöst und mich
Mit frommer Tat von einer frommen Pflicht
Entbindet. Eine Frau, die weise denkt,
Legt alles in die Hände eines Manns.

EINZUGSLIED

Chor

Strophe *der sieben Mütter*

Die greisen Frauen flehn zur greisen Frau:
   O sieh uns am Boden!
   Mach sie frei, diese Leiber der Toten,
   Die im gliederlösenden Ende
   Ihre Reste vergaben
   Den Tieren der Berge zum Fraß.

ἐσιδοῦσ' οἰκτρὰ μὲν ὄσσων   ἀντ.
δάκρυ' ἀμφὶ βλεφάροις, ῥυ-
σὰ δὲ σαρκῶν πολιᾶν   50
καταδρύμματα χειρῶν· τί γάρ; ἃ
φθιμένους παῖδας ἐμοὺς οὔτε δόμοις
προθέμαν οὔτε τάφων χώματα γαίας ἐσορῶ.

ἔτεκες καὶ σύ ποτ', ὦ πότνια, κοῦρον   io³   στρ.
φίλα ποιησαμένα λέ-   io²   55
κτρα πόσει σῷ· μετά νυν   io io∧
δὸς ἐμοὶ σᾶς διανοίας,   io²
μετάδος δ', ὄσσον ἐπαλγῶ μελέα 'γὼ   io³
φθιμένων οὓς ἔτεκον·   io io∧
παράπεισον δὲ σόν, ὦ, λισσόμεθ', ἐλθεῖν   io³   60
τέκνον Ἰσμηνὸν ἐμάν τ' ἐς χέρα θεῖναι   io³
νεκύων θαλερῶν σώματ' ἀλαίνοντ' ἄταφα. io∧ io² io∧

ὁσίως οὔχ, ὑπ' ἀνάγκας δὲ προπίπτου-   ἀντ.
σα προσαιτοῦσ' ἔμολον δε-
ξιπύρους θεῶν θυμέλας·
ἔχομεν δ' ἔνδικα, καὶ σοί   65
τι πάρεστι σθένος ὥστ' εὐτεκνίᾳ δυσ-
τυχίαν τὰν παρ' ἐμοὶ
καθελεῖν· οἰκτρὰ δὲ πάσχουσ' ἱκετεύω
σὸν ἐμοὶ παῖδα ταλαίνα 'ν χερὶ θεῖναι
νέκυν, ἀμφιβαλεῖν λυγρὰ μέλη παιδὸς ἐμοῦ.   70

Gegenstrophe

Sieh, wie vom Auge unsre Träne rinnt!
  O sieh diese Falten
  Unsrer Wangen, zerfleischt von den Händen!
  Dies nur blieb! Wir können im Hause
  Unsre Söhne nicht bahren,
  Kein Hügel erhebt sich am Grab!

Zweite Strophe

Herrin, auch du
Gebarst einen Sohn,
Liebendes Lager bereitend
Deinem Gatten. Spende uns du
Von deinem guten Rat,
Ja, spende gleiches Maß,
Wie wir selber beklagen
Die gefallenen Söhne!
  Sag deinem Sohn, daß er gehe
  Zum Isménos und lege
  In unsere Hände die toten Glieder
  Der Jugend, die kein Grab bedeckt!

Gegenstrophe

Nicht nach dem Brauch,
Aus bitterster Not
Kommen wir, knieen und beten
Zu der Götter rauchendem Herd.
Wir tragen gutes Recht
Und du hast alle Macht
Als die glückreichste Mutter,
Unser Übel zu wenden.
  Elendes mußten wir dulden,
  Und wir flehen, er lege
  In unsere Hände die toten Glieder:
  Ich will umarmen meinen Sohn!

ἀγὼν ὅδ' ἄλλος ἔρχεται γόων γόων   ia⁶   στρ.
διάδοχος, ἀχοῦσι προσπόλων χέρες.   ia² cr ia²
ἴτ' ὦ ξυνῳδοὶ κτύποι,   ia² cr
ἴτ' ὦ ξυναλγηδόνες,   ia² cr
χορὸν τὸν Ἅιδας σέβει,   ia² cr   75
διὰ παρῇδος ὄνυχι λευκὸν   tr⁴
αἱματοῦτε χρῶτα φόνιον·   tr⁴
τὰ γὰρ φθιτῶν   ia²
τοῖς ὁρῶσι κόσμος.   cr ba

ἄπληστος ἅδε μ' ἐξάγει χάρις γόων   ἀντ.
πολύπονος, ὡς ἐξ ἀλιβάτου πέτρας   ia² sp ia² 80
ὑγρὰ ῥέουσα σταγὼν
ἄπαυστος αἰεὶ δρόσων·
τὸ γὰρ θανόντων τέκνων
ἐπίπονόν τι κατὰ γυναῖκας
ἐς γόους πέφυκε πάθος. ἒ ἔ.   85
θανοῦσα τῶνδ'
ἀλγέων λαθοίμαν.

                        Θησεύς

τίνων γόων ἤκουσα καὶ στέρνων κτύπον
νεκρῶν τε θρήνους, τῶνδ' ἀνακτόρων ἄπο
ἠχοῦς ἰούσης; ὡς φόβος μ' ἀναπτεροῖ
μή μοί τι μήτηρ, ἣν μεταστείχω ποδί,   90

Dritte Strophe

mit den einziehenden sieben Mägden

Da kommt zu den Klagen
Ein neuer Wettstreit der Klagen!
Wie erdröhnen die Hände der Mägde!
Auf und singt die Lieder mit!
Auf und trauert die Trauer mit,
Tänze, die der Hades liebt!
Ritzt die Wange!
Rötet die Nägel!
Totenbrauch
Schmückt alle Lebenden!

Gegenstrophe

Unstillbare Wonne
Der Tränen! Lockend und quälend,
So wie feuchtes Rinnsal der Tropfen
Steil die steile Felsenwand
Unablässig bewässern will!
Mutter, die ein Kind verliert,
Muß nach altem
Brauch aller Frauen
Immer leiden und klagen!
Tod, lösch aus,
Was ich noch leiden muß!

ERSTE HAUPTSZENE

Theseus

Wen hör ich stöhnen, schlagen seine Brust,
Und welches Totenklagelied ertönt
Vom Heiligtum? Mich scheucht die Sorge her,
Daß meiner Mutter, die das Haus verließ

χρονίαν ἀποῦσαν ἐκ δόμων ἔχῃ νέον.
ἔα·
τί χρῆμα; καινὰς ἐσβολὰς ὁρῶ λόγων·
μητέρα γεραιὰν βωμίαν ἐφημένην
ξένους θ᾽ ὁμοῦ γυναῖκας, οὐχ ἕνα ῥυθμὸν
κακῶν ἐχούσας· ἔκ τε γὰρ γερασμίων   95
ὅσσων ἐλαύνουσ᾽ οἰκτρὸν ἐς γαῖαν δάκρυ,
κουραί τε καὶ πεπλώματ᾽ οὐ θεωρικά.
τί ταῦτα, μῆτερ; σὸν τὸ μηνύειν ἐμοί,
ἡμῶν δ᾽ ἀκούειν· προσδοκῶ τι γὰρ νέον.

Αι   ὦ παῖ, γυναῖκες αἵδε μητέρες τέκνων   100
      τῶν κατθανόντων ἀμφὶ Καδμείας πύλας
      ἑπτὰ στρατηγῶν· ἱκεσίοις δὲ σὺν κλάδοις
      φρουροῦσί μ᾽, ὡς δέδορκας, ἐν κύκλῳ, τέκνον.
Θη   τίς δ᾽ ὁ στενάζων οἰκτρὸν ἐν πύλαις ὅδε;
Αι   Ἄδραστος, ὡς λέγουσιν, Ἀργείων ἄναξ.   105
Θη   οἱ δ᾽ ἀμφὶ τόνδε παῖδες; ἦ τούτου τέκνα;
Αι   οὔκ, ἀλλὰ νεκρῶν τῶν ὀλωλότων κόροι.
Θη   τί γὰρ πρὸς ἡμᾶς ἦλθον ἱκεσίᾳ χερί;
Αι   οἶδ᾽· ἀλλὰ τῶνδε μῦθος οὑντεῦθεν, τέκνον.
Θη   σὲ τὸν κατήρη χλανιδίοις ἀνιστορῶ.   110
      λέγ᾽ ἐκκαλύψας κρᾶτα καὶ πάρες γόον·
      πέρας γὰρ οὐδὲν μὴ διὰ γλώσσης ἰόν.

                            Ἄδραστος

      ὦ καλλίνικε γῆς Ἀθηναίων ἄναξ,
      Θησεῦ, σὸς ἱκέτης καὶ πόλεως ἥκω σέθεν.
Θη   τί χρῆμα θηρῶν καὶ τίνος χρείαν ἔχων;   115
Αδ   οἶσθ᾽ ἣν στρατείαν ἐστράτευσ᾽ ὀλεθρίαν.
Θη   οὐ γάρ τι σιγῇ διεπέρασας Ἑλλάδα.
Αδ   ἐνταῦθ᾽ ἀπώλεσ᾽ ἄνδρας Ἀργείων ἄκρους.
Θη   τοιαῦθ᾽ ὁ τλήμων πόλεμος ἐξεργάζεται.
Αδ   τούτους θανόντας ἦλθον ἐξαιτῶν πόλιν.   120

Und die ich suche, Schlimmes widerfuhr.
O sieh nur!
Welch neue Dinge suchen neues Wort!
Die alte Mutter sitzt hier am Altar
Mit fremden Frauen, deren Unglück sich
Aus mehr als einem Zug erweist: es fließt
Aus greisem Aug die Träne bang herab
Und Schur und Kleider sind nicht Festesbrauch.
Du, Mutter, sag mir, was ich hören muß,
Denn Ungeahntes seh ich hier vor mir.

Aithra

Mein Sohn, die Mütter der vor Kadmos' Tor
Gefallnen sieben Feldherrn siehst du hier!
Mit ihren frommen Zweigen haben sie
Mich rings umlagert, wie du selber siehst.

The   Wer jammert hier, in sein Gewand gehüllt?
Ai   Adrastos, Fürst von Argos, sagten sie.
The   Die Knaben sind die Kinder dieses Manns?
Ai   Es sind die Kinder der Gefallenen.
The   Was führt sie her mit diesem Bittgezweig?
Ai   Sie sagens selber, besser als ich kann.
The   So frag ich dich, den ganz sein Kleid bedeckt.
Enthülle dich, beende das Gestöhn,
Nur durch dein Wort erfährt man mehr von dir.

Adrastos

Siegreicher König des Athenerlands,
Ich fleh zu dir und deiner ganzen Stadt...

The   Aus welchem Mangel und aus welchem Wunsch?
Ad   Du kennst den Jammerfeldzug, den ich zog?
The   Er fand auch nicht in tiefster Stille statt.
Ad   Die besten meines Landes nahm er weg!
The   Das sind die Gaben eines jeden Kriegs.
Ad   Ich heischte ihre Leichen von der Stadt.

Θη κήρυξιν Ἑρμοῦ πίσυνος, ὡς θάψῃς νεκρούς;
Αδ κἄπειτά γ' οἱ κτανόντες οὐκ ἐῶσί με.
Θη τί γὰρ λέγουσιν, ὅσια χρῄζοντος σέθεν;
Αδ τί δ'; εὐτυχοῦντες οὐκ ἐπίστανται φέρειν.
Θη ξύμβουλον οὖν μ' ἐπῆλθες; ἢ τίνος χάριν;   125
Αδ κομίσαι σε, Θησεῦ, παῖδας Ἀργείων θέλων.
Θη τὸ δ' Ἄργος ἡμῖν ποῦ 'στιν; ἢ κόμποι μάτην;
Αδ σφαλέντες οἰχόμεσθα. πρὸς σὲ δ' ἥκομεν.
Θη ἰδίᾳ δοκῆσάν σοι τόδ' ἢ πάσῃ πόλει;
Αδ πάντες σ' ἱκνοῦνται Δαναΐδαι θάψαι νεκρούς.   130
Θη ἐκ τοῦ δ' ἐλαύνεις ἑπτὰ πρὸς Θήβας λόχους;
Αδ δισσοῖσι γαμβροῖς τήνδε πορσύνων χάριν.
Θη τῷ δ' ἐξέδωκας παῖδας Ἀργείων σέθεν;
Αδ οὐκ ἐγγενῆ συνῆψα κηδείαν δόμοις.
Θη ἀλλὰ ξένοις ἔδωκας Ἀργείας κόρας;   135
Αδ Τυδεῖ γε Πολυνείκει τε τῷ Θηβαιγενεῖ.
Θη τίν' εἰς ἔρωτα τῆσδε κηδείας μολών;
Αδ Φοίβου μ' ὑπῆλθε δυστόπαστ' αἰνίγματα.
Θη τί δ' εἶπ' Ἀπόλλων παρθένοις κραίνων γάμον;
Αδ κάπρῳ με δοῦναι καὶ λέοντι παῖδ' ἐμώ.   140
Θη σὺ δ' ἐξελίσσεις πῶς θεοῦ θεσπίσματα;
Αδ ἐλθόντε φυγάδε νυκτὸς εἰς ἐμὰς πύλας —
Θη τίς καὶ τίς; εἰπέ· δύο γὰρ ἐξαυδᾷς ἅμα.
Αδ Τυδεὺς μάχην ξυνῆψε Πολυνείκης θ' ἅμα.
Θη ἦ τοῖσδ' ἔδωκας θηρσὶν ὡς κόρας σέθεν;   145
Αδ μάχην γε δισσοῖν κνωδάλοιν ἀπεικάσας.
Θη ἦλθον δὲ δὴ πῶς πατρίδος ἐκλιπόνθ' ὅρους;
Αδ Τυδεὺς μὲν αἷμα συγγενὲς φεύγων χθονός.
Θη ὁ δ' Οἰδίπου τί, τίνι τρόπῳ Θήβας λιπών;
Αδ ἀραῖς πατρῴαις, μὴ κασίγνητον κτάνοι.   150
Θη σοφήν γ' ἔλεξας τήνδ' ἑκούσιον φυγήν.
Αδ ἀλλ' οἱ μένοντες τοὺς ἀπόντας ἠδίκουν.
Θη οὔ πού σφ' ἀδελφὸς χρημάτων νοσφίζεται;
Αδ ταῦτ' ἐκδικάζων ἦλθον· εἶτ' ἀπωλόμην.
Θη μάντεις δ' ἐπῆλθες ἐμπύρων τ' εἶδες φλόγα;   155
Αδ οἴμοι· διώκεις μ' ᾗ μάλιστ' ἐγὼ 'σφάλην.

The Die Toten durch des Hermes Botendienst!

Ad Die sie erschlugen, weigern dieses Grab.

The Was sagen sie zum Bruch des heilgen Rechts?

Ad Die Sieger lernen nie aus ihrem Glück.

The Du kommst um Beistand. Sag, was kann geschehn?

Ad Ich möchte, daß du die Argiver holst!

The Wo blieb denn euer Argos und sein Stolz?

Ad Wir irrten und wir fielen. Steh uns bei!

The Steht hinter deinem Wort die ganze Stadt?

Ad Ganz Argos fleht dich um die Toten an.

The Was sandtest du die Sieben in den Kampf?

Ad Den beiden Freiern tat ich es zulieb.

The Wer warb um sie? Wem hast du sie vermählt?

Ad Kein Sohn von Argos hat sie heimgeführt.

The So gabst du heimisch Blut an Fremde weg?

Ad In Tydeus' und in Polyneikes' Hand.

The Und was war schuld an dieser Schwäherschaft?

Ad Apollons ungereimtes Seherwort.

The Wie hat er diese Ehen prophezeit?

Ad Dem Eber und dem Löwen gab er sie.

The Und du? Wie hast du diesen Spruch erfüllt?

Ad Zwei Männer flohen einst zu Argos' Tor...

The Was heißt „zwei Männer"? Nenne sie getrennt!

Ad Tydeus und Polyneikes hatten Streit...

The Und schienen dir wie wildes Raubgetier?

Ad Ihr wilder Kampf hat sie dazu gemacht.

The Und wie verließen sie ihr Heimatland?

Ad Bei Tydeus wars vergoßnes Bruderblut.

The Und was vertrieb den Sohn des Oidipus?

Ad Des Vaters Fluch verhängte Brudermord.

The So war der Aufbruch eine weise Tat!

Ad Der Mann, der blieb, tat Unrecht dem, der schied!

The Hat er ihn um sein Hab und Gut gebracht?

Ad Ihm dies zu retten, kam ich selber um.

The Was kündete der Seher Opferbrand?

Ad Wo ich es fehlen ließ, bedrängst du mich!

Θη οὐκ ἦλθες, ὡς ἔοικεν, εὐνοίᾳ θεῶν.
Αδ τὸ δὲ πλέον, ἦλθον Ἀμφιάρεῴ γε πρὸς βίαν.
Θη οὕτω τὸ θεῖον ῥᾳδίως ἀπεστράφης;
Αδ νέων γὰρ ἀνδρῶν θόρυβος ἐξέπλησσέ με.   160
Θη εὐψυχίαν ἔσπευσας ἀντ' εὐβουλίας.
Αδ ὃ δή γε πολλοὺς ὤλεσε στρατηλάτας.
      ἀλλ', ὦ καθ' Ἑλλάδ' ἀλκιμώτατον κάρα,
      ἄναξ Ἀθηνῶν, ἐν μὲν αἰσχύναις ἔχω
      πίτνων πρὸς οὖδας γόνυ σὸν ἀμπίσχειν χερί,   165
      πολιὸς ἀνὴρ τύραννος εὐδαίμων πάρος·
      ὅμως δ' ἀνάγκη συμφοραῖς εἴκειν ἐμαῖς.
      σῶσον νεκρούς μοι, τἀμά τ' οἰκτίρας κακὰ
      καὶ τῶν θανόντων τάσδε μητέρας τέκνων,
      αἷς γῆρας ἥκει πολιὸν εἰς ἀπαιδίαν,   170
      ἐλθεῖν δ' ἔτλησαν δεῦρο καὶ ξένον πόδα
      θεῖναι μόλις γεραιὰ κινοῦσαι μέλη,
      πρεσβεύματ' οὐ Δήμητρος ἐς μυστήρια,
      ἀλλ' ὡς νεκροὺς θάψωσιν, ἃς αὐτὰς ἐχρῆν
      κείνων ταφείσας χερσὶν ὡραίων τυχεῖν.   175
      σοφὸν δὲ πενίαν τ' εἰσορᾶν τὸν ὄλβιον,   176
      τά τ' οἰκτρὰ τοὺς μὴ δυστυχεῖς δεδορκέναι.   179
      τάχ' οὖν ἂν εἴποις· Πελοπίαν παρεὶς χθόνα   184
      πῶς ταῖς Ἀθήναις τόνδε προστάσσεις πόνον;   185
      ἐγὼ δίκαιός εἰμ' ἀφηγεῖσθαι τάδε.
      Σπάρτη μὲν ὠμὴ καὶ πεποίκιλται τρόπους,
      τὰ δ' ἄλλα μικρὰ κἀσθενῆ· πόλις δὲ σὴ
      μόνη δύναιτ' ἂν τόνδ' ὑποστῆναι πόνον·
      τά τ' οἰκτρὰ γὰρ δέδορκε καὶ νεανίαν   190

      ───────────

      πένητά τ' εἰς τοὺς πλουσίους ἀποβλέπειν   177
      ζηλοῦνθ', ἵν' αὐτὸν χρημάτων ἔρως ἔχῃ.

      τόν θ' ὑμνοποιὸν αὐτὸς ἂν τίκτῃ μέλη   180
      χαίροντα τίκτειν· ἢν δὲ μὴ πάσχῃ τόδε,
      οὔτοι δύναιτ' ἂν οἴκοθέν γ' ἀτώμενος
      τέρπειν ἂν ἄλλους· οὐδὲ γὰρ δίκην ἔχει.

The So warst du mit den Göttern nicht im Bund?
Ad   Noch schlimmer: unser Seher warnte streng.
The Leichtfertig habt ihr euch hinweggesetzt.
Ad   Der Lärm der Jungen hat mich ganz betäubt.
The Der starke Mut besiegte starken Rat...
Ad   Was manchen Feldherrn schon zu Fall gebracht!
     Doch sieh, du stärkstes Haupt in Griechenland
     Und Herr Athens, wie ich zutiefst beschämt
     Kniefällig hier umfasse deine Knie,
     Ein alter König, der einst mächtig war;
     Doch beugt mich heut mein schweres Mißgeschick.
     Birg unsre Toten! Sieh mein Unglück an
     Und auch die Mütter der gefallnen Schar
     Im grauen Haar und ohne ihren Sohn:
     Sie wagten sich hieher in fremdes Land,
     Obwohl das welke Bein kaum mehr gehorcht:
     Das ist kein Festzug zu Demeters Dienst!
     Die Söhne fordern sie, und hofften doch
     Den gleichen Grabdienst von der Söhne Hand.
     Der kluge Reiche schaut auf den, der darbt,
     Der Mann des Glücks auf den des Mißgeschicks.
     Du denkst wohl, ich vergesse Pelops' Land
     Und bürde alles den Athenern auf.
     Darüber schuld ich meine Rechenschaft.
     Sparta ist roh und ohne klaren Weg,
     Das Andre klein und schwach. Nur deine Stadt
     Vermag es, dieses schwere Werk zu tun:
     Sie sieht den Schwachen an und hat in dir

ἔχει σὲ ποιμέν' ἐσθλόν· οὗ χρείᾳ πόλεις
πολλαὶ διώλοντ', ἐνδεεῖς στρατηλάτου.

Χο κἀγὼ τὸν αὐτὸν τῷδέ σοι λόγον λέγω,
    Θησεῦ, δι' οἴκτου τὰς ἐμὰς λαβεῖν τύχας.
Θη ἄλλοισι δὴ 'πόνησ' ἁμιλληθεὶς λόγῳ   195
    τοιῷδ'. ἔλεξε γάρ τις ὡς τὰ χείρονα
    πλείω βροτοῖσίν ἐστι τῶν ἀμεινόνων·
    ἐγὼ δὲ τούτοις ἀντίαν γνώμην ἔχω,
    πλείω τὰ χρηστὰ τῶν κακῶν εἶναι βροτοῖς·
    εἰ μὴ γὰρ ἦν τόδ', οὐκ ἂν ἦμεν ἐν φάει.   200
    αἰνῶ δ' ὃς ἡμῖν βίοτον ἐκ πεφυρμένου
    καὶ θηριώδους θεῶν διεσταθμήσατο,
    πρῶτον μὲν ἐνθεὶς σύνεσιν, εἶτα δ' ἄγγελον
    γλῶσσαν λόγων δούς, ὥστε γιγνώσκειν ὄπα,
    τροφήν τε καρποῦ τῇ τροφῇ τ' ἀπ' οὐρανοῦ   205
    σταγόνας ὑδρηλάς, ὡς τά γ' ἐκ γαίας τρέφῃ
    ἄρδῃ τε νηδύν· πρὸς δὲ τοῖσι χείματος
    προβλήματ' αἶθον τ' ἐξαμύνασθαι θεοῦ,
    πόντου τε ναυστολήμαθ', ὡς διαλλαγὰς
    ἔχοιμεν ἀλλήλοισιν ὧν πένοιτο γῆ.   210
    ἃ δ' ἔστ' ἄσημα κοὐ σαφῶς γιγνώσκομεν,
    ἐς πῦρ βλέποντες καὶ κατὰ σπλάγχνων πτυχὰς
    μάντεις προσημαίνουσιν οἰωνῶν τ' ἄπο.
    ἆρ' οὐ τρυφῶμεν θεοῦ κατασκευὴν βίῳ
    δόντος τοιαύτην, οἷσιν οὐκ ἀρκεῖ τάδε;   215
    ἀλλ' ἡ φρόνησις τοῦ θεοῦ μεῖζον σθένειν
    ζητεῖ, τὸ γαῦρον δ' ἐν φρεσὶν κεκτημένοι
    δοκοῦμεν εἶναι δαιμόνων σοφώτεροι.
    ἧς καὶ σὺ φαίνῃ δεκάδος, οὐ σοφὸς γεγώς,
    ὅστις κόρας μὲν θεσφάτοις Φοίβου ζυγεὶς   220
    ξένοισιν ὧδ' ἔδωκας ὡς ζώντων θεῶν,   221

    ─────────

    λαμπρὸν δὲ θολερῷ δῶμα συμμείξας τὸ σὸν   222

Den jugendstarken Hirten, ohne den
Schon manche Stadt besiegt zu Boden sank.

Chorführerin

Das gleiche höre auch aus unserm Mund:
O Theseus, schau uns voll Erbarmen an!
The Du mahnst mich an ein altes Wortgefecht.
Es hieß, des Schlechten sei den Sterblichen
Weit mehr verliehen als des Trefflichen.
Ich seh von all dem nur das Gegenteil:
Das Gute hat durchaus die Oberhand,
Sonst sähe keiner mehr von uns das Licht.
Ich preise jenen Gott, der aus dem Staub
Und aus dem Tiersein uns erhoben hat,
Der uns die Einsicht gab, den Boten auch
Des Geists: die Sprache, die die Laute formt;
Die Frucht des Feldes und für diese Frucht
Des Himmels Tau, der unsre Saaten netzt
Und unsern Durst löscht; manche Abwehr auch
Vor Winterskälte und des Himmels Glut;
Fahrzeuge übers Meer und Gütertausch,
Was einem fehlt, das steuern andre bei.
Wo wir im Dunkeln tasten, spendet Licht
Der Seher Opferkunst und Vogelschau.
Ist Unzufriedenheit nicht eitler Prunk,
Wo unser Leben so geordnet ist?
Doch unser Sinn strebt über Göttermacht
Hinaus und unsres Herzens Dünkel wähnt
Sich klüger noch als alle Himmlischen.
Zur Rotte dieser Toren schlugst du dich,
Als du die Töchter fremden Männern gabst
Auf Phoibos' Spruch als wahres Götterwort,

ἐς δὲ στρατείαν πάντας Ἀργείους ἄγων,   229
μάντεων λεγόντων θέσφατ᾽, εἶτ᾽ ἀτιμάσας   230
βίᾳ παρελθὼν θεοὺς ἀπώλεσας πόλιν,
νέοις παραχθείς, οἵτινες τιμώμενοι
χαίρουσι πολέμους τ᾽ αὐξάνουσ᾽ ἄνευ δίκης,
φθείροντες ἀστούς, ὁ μὲν ὅπως στατηλατῇ,
ὁ δ᾽ ὡς ὑβρίζῃ δύναμιν ἐς χεῖρας λαβών,   235
ἄλλος δὲ κέρδους οὔνεκ᾽, οὐκ ἀποσκοπῶν
τὸ πλῆθος εἴ τι βλάπτεται πάσχον τάδε.
τρεῖς γὰρ πολιτῶν μερίδες· οἱ μὲν ὄλβιοι
ἀνωφελεῖς τε πλειόνων τ᾽ ἐρῶσ᾽ ἀεί·
οἳ δ᾽ οὐκ ἔχοντες καὶ σπανίζοντες βίου   240
δεινοί, νέμοντες τῷ φθόνῳ πλέον μέρος,
ἐς τοὺς ἔχοντας κέντρ᾽ ἀφιᾶσιν κακά,
γλώσσαις πονηρῶν προστατῶν φηλούμενοι·
τριῶν δὲ μοιρῶν ἡ 'ν μέσῳ σῴζει πόλεις,
κόσμον φυλάσσουσ᾽ ὅντιν᾽ ἂν τάξῃ πόλις.   245
κἄπειτ᾽ ἐγώ σοι σύμμαχος γενήσομαι;
τί πρὸς πολίτας τοὺς ἐμοὺς λέγων καλόν;
χαίρων ἴθ᾽· εἰ γὰρ μὴ βεβούλευσαι καλῶς,
αὐτὸς πιέζειν τὴν τύχην, ἡμᾶς δ᾽ ἔᾶν.
Χο ἥμαρτεν· ἐν νέοισι δ᾽ ἀνθρώπων τόδε   250
ἔνεστι· συγγνώμην δὲ τῷδ᾽ ἔχειν χρεών.   251
Αδ οὔτοι δικαστήν σ᾽ εἱλόμην ἐμῶν κακῶν   253
οὐδ᾽, εἴ τι πράξας μὴ καλῶς εὑρίσκομαι,
τούτων κολαστὴν κἀπιτιμητήν, ἄναξ,   255
ἀλλ᾽ ὡς ὀναίμην. εἰ δὲ μὴ βούλῃ τάδε,
στέργειν ἀνάγκη τοῖσι σοῖς· τί γὰρ πάθω;

ἥλκωσας οἴκους· χρῆν γὰρ οὐδὲ σώματα   223
ἄδικα δικαίοις τὸν σοφὸν συμμιγνύναι,
εὐδαιμονοῦντας δ᾽ ἐς δόμους κτᾶσθαι φίλους.   225
κοινὰς γὰρ ὁ θεὸς τὰς τύχας ἡγούμενος
τοῖς τοῦ νοσοῦντος πήμασιν διώλεσε
τὸν συννοσοῦντα κοὐδὲν ἠδικηκότα.

ἀλλ᾽ ὡς ἰατρὸν τῶνδ᾽, ἄναξ, ἀφίγμεθα.   252

Dann aber, vor dem großen Heereszug,
Der Seher Wort verhöhntest und, zum Trotz
Den Göttern, deine Stadt vernichtet hast,
Verführt von Jungen, die aus Ehrbegier
Die Kriege häufen ohne alles Recht,
Zum Schaden aller. Der begehrt den Rang,
Der alle Macht für seinen Übermut,
Der nur Gewinn, und keiner fragt danach,
Ob es dem Volke schadet, denn er tuts.
Drei Klassen Bürger bilden einen Staat:
Die reichen Drohnen immer neuer Gier;
Die nie Gestillten ohne Hab und Gut,
Gefährlich, neidisch, immer haßerfüllt,
Von Zungendreschern hinters Licht geführt;
Das Volk der Mitte, jedes Staates Glück,
Das feste Ordnung gibt und treu beschützt.
Wie soll ich deines Kampfes Helfer sein?
Mit welchem Worte tret ich vor die Stadt?
Zieh hin! Wenn du dich selber nicht berätst,
So werd auch selber fertig, ohne uns!

Chf Er hat gefehlt, weil er zur Jugend hielt,
      Und jungen Menschen muß verziehen sein!
Ad   Ich kam hier nicht zum Richter meiner Tat,
      Zum Tadler, zum Bestrafer eines Fehls,
      Ich bat um Hilfe. Wenn du sie verwehrst,
      Muß ich zufrieden sein, was soll ich sonst?

ἄγ', ὦ γεραιαί, στείχετε γλαυκὴν χλόην
αὐτοῦ λιποῦσαι φυλλάδος καταστροφῇ
θεούς τε καὶ γῆν τήν τε πυρφόρον θεὰν   260
Δήμητρα θέμεναι μάρτυρ' ἡλίου τε φῶς,
ὡς οὐδὲν ἡμῖν ἤρκεσαν λιταὶ θεῶν.

Χο .   .   .   .

     .   .   .   .

     .   .   .   .

     .   .   .   .

ὃς Πέλοπος ἦν παῖς, Πελοπίας δ' ἡμεῖς χθονὸς
ταὐτὸν πατρῷον αἷμα σοὶ κεκτήμεθα.
τί δρᾷς; προδώσεις ταῦτα κἀκβαλεῖς χθονὸς   265
γραῦς οὐ τυχούσας οὐδὲν ὧν αὐτὰς ἐχρῆν;
μὴ δῆτ'· ἔχει γὰρ καταφυγὴν θὴρ μὲν πέτραν,
δοῦλος δὲ βωμοὺς θεῶν, πόλις δὲ πρὸς πόλιν
ἔπτηξε χειμασθεῖσα· τῶν γὰρ ἐν βροτοῖς
οὐκ ἔστιν οὐδὲν διὰ τέλους εὐδαιμονοῦν.   270

Χο βᾶθι, τάλαιν', ἱερῶν δαπέδων ἄπο Περσεφονείας,   da⁶

     βᾶθι καὶ ἀντίασον γονάτων ἔπι χεῖρα βαλοῦσα,

     τέκνων τεθνεώτων κομίσαι δέμας, ὦ μελέα 'γώ,

     οὓς ὑπὸ τείχεσι Καδμείοισιν ἀπώλεσα κούρους.

     ἰώ μοι· λάβετε φέρετε πέμπετε † κρίνετε   ba ia⁴   275

Ihr Alten, geht und laßt das frische Grün
Der wohlgeschmückten Zweige hier zurück!
Seid Zeugen: Götter, Erde, Helios,
Demeter mit der Fackel, daß wir hier
Umsonst zu Göttern flehten im Gebet!

Chf So hatten unsre Bitten keine Kraft?
Das Flehen am Altar, das grüne Laub?
Das gleiche Blut von deiner Mutter her?
Stammt Aithra nicht von König Pittheus ab,
Dem Sohn des Pelops? Und aus Pelops' Land
Stammt unser eignes, dir verwandtes Blut.
Willst dus verleugnen? Sollen diese Fraun
Von dannen ziehen ganz mit leerer Hand?
Niemals! Das Tier hat Höhlen, Sklaven fliehn
Zu Götterherden, sturmgepeitschte Stadt
Zur andern; denn wir Menschen kennen nichts,
Was immerfort im gleichen Glück verharrt.

ERSTES STANDLIED

Chor

Die Mütter

Auf jetzt, ihr Ärmsten, verlaßt der Perséphone heilige
Stufen,
Auf und umfaßt seine Kniee und streckt ihm die Hände
entgegen,
Daß er die Leichen der Söhne uns herbringt, uns elenden
Müttern,
Die unter kadmischen Mauern die Söhne im Kampfe
verloren!

Ch *der Mütter*
O wehe!
Packet, fasset,

ταλαίνας χέρας γεραιάς.   ba ia²-

πρός σε γενειάδος, ὦ φίλος, ὦ δοκιμώτατος Ἑλλάδι, da⁶

ἄντομαι ἀμφιπίτνουσα τὸ σὸν γόνυ καὶ χέρα δειλαία·

οἴκτισαι ἀμφὶ τέκνων μ' ἱκέταν... ἤ τιν' ἀλάταν   280

οἰκτρὸν ἰήλεμον οἰκτρὸν ἱεῖσαν.   da⁴

μηδ' ἀτάφους, τέκνον, ἐν χθονὶ Κάδμου   da⁶
                     χάρματα θηρῶν
παῖδας ἐν ἁλικίᾳ τᾷ σᾷ κατίδῃς, ἱκετεύω.

βλέψον ἐμῶν βλεφάρων ἔπι δάκρυον, ἃ περὶ σοῖσι

γούνασιν ὧδε πίτνω τέκνοις τάφον ἐξανύσασθαι.   285

Θη   μῆτερ, τί κλαίεις λέπτ' ἐπ' ὀμμάτων φάρη   ia⁶
     βαλοῦσα τῶν σῶν; ἆρα δυστήνους γόους
     κλύουσα τῶνδε; κἀμὲ γὰρ διῆλθέ τι.
     ἔπαιρε λευκὸν κρᾶτα, μὴ δακρυρρόει
     σεμναῖσι Δηοῦς ἐσχάραις παρημένη.   290

Αι   αἰαῖ.
Θη   τὰ τούτων οὐχὶ σοὶ στενακτέον.
Αι   ὦ τλήμονες γυναῖκες.
Θη   οὐ σὺ τῶνδ' ἔφυς.
Αι   εἴπω τι, τέκνον, σοί τε καὶ πόλει καλόν;
Θη   ὡς πολλά γ' ἐστὶ κἀπὸ θηλειῶν σοφά.

Führet, stützet,
Die Arme der Alten!
Chf Bei deiner Wange, mein Liebster, erhabenster Fürst aller
Griechen!
Sieh mich am Boden, ich fasse dein Knie und fasse die
Hände:
Schenke dein Mitleid dem Bettler, der fleht um die elenden
Kinder,
Singend die klagenden Weisen, die klagenden Weisen des
Bettlers:
Laß ohne Grab nicht den Tieren des kadmischen Bodens
die Armen,
Schau auf die jungen Gestalten, die deinen Jahren gehör-
ten!
Sieh uns am Boden und sieh uns die bitteren Tränen ver-
gießen:
Höre das Flehen der Mütter und bringe die Kinder zu
Grabe!

ZWEITE HAUPTSZENE

Theseus *zu Aithra*

Was weinst du, Mutter, was verhüllst du dir
Das Aug im Schleier? Rührt das Seufzen dich
Der Frauen, das mich selber schon bewegt?
Erheb dein graues Haupt und klage nicht
An unsrer Göttin heiligem Altar.

Aithra

Ach! Ach!
The   So sing kein fremdes Klagelied!
Ai Die armen Frauen!
The   Dich betrifft es nicht.
Ai Ist dir und deiner Stadt ein Rat gegönnt?
The Auch Frauen haben ihn schon oft bewährt.

Αι ἀλλ' εἰς ὄκνον μοι μῦθος ὃν κεύθω φέρει.   295
Θη αἰσχρόν γ' ἔλεξας, χρήστ' ἔπη κρύπτειν φίλοις.
Αι οὔτοι σιωπῶσ' εἶτα μέμψομαί ποτε
    τὴν νῦν σιωπὴν ὡς ἐσιγήθη κακῶς,
    οὐδ' ὡς ἀχρεῖον τὰς γυναῖκας εὖ λέγειν
    δείσασ' ἀφήσω τῷ φόβῳ τοὐμὸν καλόν.   300
    ἐγὼ δέ σ', ὦ παῖ, πρῶτα μὲν τὰ τῶν θεῶν
    σκοπεῖν κελεύω μὴ σφαλῇς ἀτιμάσας·
    τἄλλ' εὖ φρονῶν γάρ, ἐν μόνῳ τούτῳ 'σφάλης.
    πρὸς τοῖσδε δ', εἰ μὲν μὴ ἀδικουμένοις ἐχρῆν
    τολμηρὸν εἶναι, κάρτ' ἂν εἶχον ἡσύχως·   305
    νῦν δ' ἴσθι σοί τε τοῦθ' ὅσην τιμὴν φέρει,
    κἀμοὶ παραινεῖν οὐ φόβον φέρει, τέκνον,
    ἄνδρας βιαίους καὶ κατείργοντας νεκροὺς
    τάφου τε μοίρας καὶ κτερισμάτων λαχεῖν
    ἐς τήνδ' ἀνάγκην σῇ καταστῆσαι χερί,   310
    νόμιμά τε πάσης συγχέοντας Ἑλλάδος
    παῦσαι· τὸ γάρ τοι συνέχον ἀνθρώπων πόλεις
    τοῦτ' ἔσθ', ὅταν τις τοὺς νόμους σῴζῃ καλῶς.
    ἐρεῖ δὲ δή τις ὡς ἀνανδρίᾳ χερῶν,
    πόλει παρόν σοι στέφανον εὐκλείας λαβεῖν,   315
    δείσας ἀπέστης, καὶ συὸς μὲν ἀγρίου
    ἀγῶνος ἥψω φαῦλον ἀθλήσας πόνον,
    οὗ δ' ἐς κράνος βλέψαντα καὶ λόγχης ἀκμὴν
    χρῆν ἐκπονῆσαι, δειλὸς ὢν ἐφηυρέθης.
    μὴ δῆτ' ἐμός γ' ὤν, ὦ τέκνον, δράσῃς τάδε.   320
    ὁρᾷς, ἄβουλος ὡς κεκερτομημένη
    τοῖς κερτομοῦσι γοργὸν ὄμμ' ἀναβλέπει
    σὴ πατρίς; ἐν γὰρ τοῖς πόνοισιν αὔξεται·
    αἱ δ' ἥσυχοι σκοτεινὰ πράσσουσαι πόλεις
    σκοτεινὰ καὶ βλέπουσιν εὐλαβούμεναι.   325
    οὐκ εἶ νεκροῖσι καὶ γυναιξὶν ἀθλίαις
    προσωφελήσων, ὦ τέκνον, κεχρημέναις;
    ὡς οὔτε ταρβῶ σὺν δίκῃ σ' ὁρμώμενον,
    Κάδμου θ' ὁρῶσα λαὸν εὖ πεπραγότα,
    ἔτ' αὐτὸν ἄλλα βλήματ' ἐν κύβοις βαλεῖν   330

Ai Ich zögre noch, mein Innres deckt ihn zu.
The Wie schlimm, wenn dus dem eignen Sohn verbirgst!
Ai Ich will nicht schweigen, daß es später heißt:
    Als Reden nötig war, verstummte sie;
    Auch daß man schöne Reden einer Frau
    Nicht ernst nimmt, darf mir nicht im Wege stehn.
    Vor allem sag ich, daß du irre gehst,
    Weil du der Götter Recht nicht voll bedenkst!
    Sonst tust du klug, in diesem Einen nicht!
    Auch wenn du, ohne daß du Unrecht littst,
    Das Kühnste wagtest, hielte ich mich still.
    Hier aber winkt dir ein besondrer Preis,
    Und ohne Zaudern rede ich dir zu:
    Die Frevler, die den Toten Grab und Schmuck
    Gewaltsam rauben, mit der starken Hand
    Zur Pflicht zu zwingen und zu heilger Scheu
    Vor einem Brauch des ganzen Griechenlands!
    Das ists, was Städte aneinander schließt.
    Sonst sagt noch einer: nur aus Feigheit hat
    Der Mann den Ehrenkranz der Stadt verschmäht,
    Der zwar des wilden Ebers leichte Tat
    Bestand, doch als es an den Kampf des Schilds,
    Den Streit der Speere ging, den Mut verlor;
    Da du mein Sohn bist, wird dies nie geschehn.
    Sieh, wie die Stadt, die man als leicht verhöhnt,
    Den Lästrer mit der Gorgo Blick versehrt!
    In Stunden der Gefahren wird sie groß.
    Die stillen Städte tun oft finstres Werk
    Und blicken finster, aus bedachter Scheu.
    Willst du den Toten und den armen Fraun,
    Mein Sohn, nicht helfen aus der schwersten Not?
    Ich fürchte nichts, wenn dich das Rechte treibt,
    Und seh ich Theben heute obenauf,
    Die Würfel können anders fallen. Nichts

πέποιθ'· ὁ γὰρ θεὸς πάντ' ἀναστρέφει πάλιν.

Χο ὦ φιλτάτη μοι, τῷδέ τ' εἴρηκας καλῶς
   κἀμοί· διπλοῦν δὲ χάρμα γίγνεται τόδε.

Θη ἐμοὶ λόγοι μέν, μῆτερ, οἱ λελεγμένοι
   ὀρθῶς ἔχουσ' ἐς τόνδε, κἀπεφηνάμην   335
   γνώμην ὑφ' οἵων ἐσφάλη βουλευμάτων·
   ὁρῶ δὲ κἀγὼ ταῦθ' ἅπερ με νουθετεῖς,
   ὡς τοῖς ἐμοῖσιν οὐχὶ πρόσφορον τρόποις
   φεύγειν τὰ δεινά. πολλὰ γὰρ δράσας καλὰ
   ἔθος τόδ' εἰς Ἕλληνας ἐξελεξάμην,   340
   ἀεὶ κολαστὴς τῶν κακῶν καθεστάναι.
   οὔκουν ἀπαυδᾶν δυνατόν ἐστί μοι πόνους.
   τί γάρ μ' ἐροῦσιν οἵ γε δυσμενεῖς βροτῶν,
   ὅθ' ἡ τεκοῦσα χὐπερορρωδοῦσ' ἐμοῦ
   πρώτη κελεύεις τόνδ' ὑποστῆναι πόνον;   345
   δράσω τάδ'· εἶμι καὶ νεκροὺς ἐκλύσομαι
   λόγοισι πείθων· εἰ δὲ μή, βίᾳ δορὸς
   ἤδη τόδ' ἔσται κοὐχὶ σὺν φθόνῳ θεῶν.
   δόξαι δὲ χρῄζω καὶ πόλει πάσῃ τόδε.
   δόξει δ' ἐμοῦ θέλοντος· ἀλλὰ τοῦ λόγου   350
   προσδοὺς ἔχοιμ' ἂν δῆμον εὐμενέστερον.
   καὶ γὰρ κατέστησ' αὐτὸν ἐς μοναρχίαν
   ἐλευθερώσας τήνδ' ἰσόψηφον πόλιν.
   λαβὼν δ' Ἄδραστον δεῖγμα τῶν ἐμῶν λόγων
   ἐς πλῆθος ἀστῶν εἶμι· καὶ πείσας τάδε,   355
   λεκτοὺς ἀθροίσας δεῦρ' Ἀθηναίων κόρους
   ἥξω· παρ' ὅπλοις θ' ἥμενος πέμψω λόγους
   Κρέοντι νεκρῶν σώματ' ἐξαιτούμενος.
   ἀλλ', ὦ γεραιαί, σέμν' ἀφαιρεῖτε στέφη
   μητρός, πρὸς οἴκους ὥς νιν Αἰγέως ἄγω,   360
   φίλην προσάψας χεῖρα· τοῖς τεκοῦσι γὰρ
   δύστηνος ὅστις μὴ ἀντιδουλεύει τέκνων,
   κάλλιστον ἔρανον· δοὺς γὰρ ἀντιλάζυται
   παίδων παρ' αὑτοῦ τοιάδ' ἂν τοκεῦσι δῷ.

Bleibt unverrückbar vor den Göttern stehn.
Chf Du Liebste, deinem Sohn und uns erblüht
Dein Wort, und zwiefach ist das neue Glück.

The Was ich Adrastos sagte, bleibt bestehn,
Die Fehler, die ihn stürzten, kennt er jetzt.
Mit Recht gemahnst du mich an meine Art,
Gefahren nicht zu fliehn. Nach mancher Tat
Erwarb ich mir in Griechenland das Amt,
Die Frevler zu bestrafen. So auch hier:
Was sagt der Neider, wenn zu dieser Tat
Sogar die treubesorgte Mutter treibt?

Ich tus! Ich geh und lös die Toten aus
Mit guten Worten, sonst mit meinem Schwert
Und jeder Neid der Götter bleibt uns fern.
Doch brauch ich die Beschlüsse meiner Stadt.
Sie folgt ja meinem Sinn, doch schlägt ihr Herz
Viel wärmer, wenn man sie zu Rate zieht.
Denn diese Art von Herrschaft stell ich auf.
Daß jeder mitstimmt mit dem gleichen Stein.
Adrastos nehm ich zur Versammlung mit
Als Augenzeugen. Ist Beschluß gefaßt,
So wähl ich meine Mannschaft aus dem Volk
Und fordre kampfgerüstet Kreon auf,
Daß er der Toten Leiber übergibt.
Ihr alten Frauen nehmt der Mutter jetzt
Die heilgen Binden ab! Ich führ sie heim
In Aigeus' Haus mit treuer Sohneshand.
Wohl dem, der seinen Eltern reich vergilt
Mit schönster Spende. Was man ihnen tut,
Empfängt man aus der Kinder Hand zurück.

mit Aithra ab

Χο ἱππόβοτον Ἄργος, ὦ πάτριον ἐμὸν πέδον,   ia⁶   στρ.
    ἐκλύετε τάδ', ἐκλύετε   cr ia²   366
    ἄνακτος ὅσια περὶ θεούς   ia⁴
    καὶ μεγάλα Πελασγίᾳ   cr ia²
    καὶ κατ' Ἄργος.   tr²

    εἰ γὰρ ἐπὶ τέρμα καὶ τὸ πλέον ἐμῶν κακῶν   ἀντ.
    ἱκόμενος ἔτι ματέρος   870
    ἄγαλμα φόνιον ἐξέλοι,
    γᾶν δὲ φίλιον Ἰνάχου
    θεῖτ' ὀνήσας.

    καλὸν δ' ἄγαλμα πόλεσιν εὐσεβὴς πόνος   ia⁶   στρ.
    χάριν τ' ἔχει τὰν ἐς αἰεί.   ia² tr²
    τί μοι πόλις κρανεῖ ποτ'; ἆρα φίλιά μοι   ia⁶   875
    τεμεῖ, καὶ τέκνοις ταφὰς ληψόμεσθα;   ba ia² tr²

    ἄμυνε ματρί, πόλις, ἄμυνε, Παλλάδος,   ἀντ.
    νόμους βροτῶν μὴ μιαίνειν.

ZWEITES STANDLIED

Chor

Strophe

Pferdeernährendes Argos,
All ihr heimischen Fluren,
Ihr habt sie vernommen,
Die götterfrommen Worte,
Machtvoll für Pelasgos' Volk,
Hilfreich für Argos!

Gegenstrophe

Käm er zum Ziel meines Sehnens,
Und noch über mein Sehnen!
O brächt er der Mütter
Geliebte blutende Söhne,
Und machte seine Hilfe
Ihm das Land des Inachos
Ewig zum Freunde!

Zweite Strophe

Schönster Schmuck einer Stadt
Ist ein Werk für die Götter,
Es erwirbt sich ewigen Dank.
Was beschließt uns die Stadt?
Wird sie Freundschaft besiegeln?
Ach, erwirkt sie uns nun
Die Gräber der Söhne?

Gegenstrophe

Wehre den Müttern es ab,
Wehr es ab, Stadt der Pallas,
Daß man Recht der Menschen befleckt!

σύ τοι σέβεις δίκαν, τὸ δ' ἧσσον ἀδικίᾳ
νέμεις, δυστυχῆ τ' ἀεὶ πάντα ῥύῃ.   380

Θη τέχνην μὲν αἰεὶ τήνδ' ἔχων ὑπηρετεῖς
πόλει τε κἀμοί, διαφέρων κηρύγματα·
ἐλθὼν δ' ὑπέρ τ' Ἀσωπὸν Ἰσμηνοῦ θ' ὕδωρ
σεμνῷ τυράννῳ φράζε Καδμείων τάδε·
Θησεύς σ' ἀπαιτεῖ πρὸς χάριν θάψαι νεκρούς,   385
συγγείτον' οἰκῶν γαῖαν, ἀξιῶν τυχεῖν,
φίλον τε θέσθαι πάντ' Ἐρεχθειδῶν λεών.
κἂν μὲν θέλωσιν, αἰνέσας παλίσσυτος
στεῖχ'· ἢν δ' ἀπιστῶσ', οἵδε δεύτεροι λόγοι·
Κῶμον δέχεσθαι τὸν ἐμὸν ἀσπιδηφόρον.   390
στρατὸς δὲ θάσσει κἀξετάζεται παρὼν
Καλλίχορον ἀμφὶ σεμνὸν εὐτρεπὴς ὅδε.
καὶ μὴν ἑκοῦσά γ' ἀσμένη τ' ἐδέξατο
πόλις πόνον τόνδ', ὡς θέλοντά μ' ᾔσθετο.
ἔα· λόγων τίς ἐμποδὼν ὅδ' ἔρχεται;   395
Καδμεῖος, ὡς ἔοικεν οὐ σάφ' εἰδότι,
κῆρυξ.
     ἐπίσχες, ἤν σ' ἀπαλλάξῃ πόνου
μολὼν ὕπαντα τοῖς ἐμοῖς βουλεύμασιν.

Κῆρυξ

τίς γῆς τύραννος; πρὸς τίν' ἀγγεῖλαί με χρὴ
λόγους Κρέοντος, ὃς κρατεῖ Κάδμου χθονὸς   400
Ἐτεοκλέους θανόντος ἀμφ' ἑπταστόμους
πύλας ἀδελφῇ χειρὶ Πολυνείκους ὕπο;
Θη πρῶτον μὲν ἤρξω τοῦ λόγου ψευδῶς, ξένε,
ζητῶν τύραννον ἐνθάδ'· οὐ γὰρ ἄρχεται

Du ehrst allzeit das Recht.
Was das Unrecht erniedrigt,
Ist auch niedrig für dich!
Du rettest aus Nöten.

DRITTE HAUPTSZENE

Theseus *zum attischen Herold*

Wie du seit langem dieses Heroldsamt
Der Stadt und mir versiehst, so ziehe jetzt
Zu des Asópos, des Isménos Flut
Und richte Thebens hohem Fürsten aus:
„Theseus ersucht dich: gib die Toten frei!
Erfülle dies dem guten Nachbarstaat,
Du machst das ganze Volk zu deinem Freund!"
Wenn sies gewähren, kehre wieder heim;
Wenn nicht, so füge dieses Wort hinzu:
„Erwarte uns zum frohen Schwertertanz!" –
Das Heer liegt hier, am Quell Kallíchoros,
Zum Aufbruch schon gemustert und bereit.
Aus freien Stücken hat die Stadt den Kampf
Beschlossen – freilich ahnend meinen Wunsch.
Doch, welcher Anblick fällt mir hier ins Wort?
Von Theben, wie mir scheinen will, kommt hier
Ein Bote!
            Warte ab, vielleicht erspart
Er uns die Müh und spricht nach unsrem Sinn.

Herold aus Theben

Wer ist hier Herr des Landes? Wem überbring
Ich Kreons Botschaft, Thebens Herren, seit
Etéokles am siebten Tore fiel
Von seines Bruders Polyneikes Hand?
The Der Anfang deiner Worte war schon falsch:
Du suchst hier einen Herrn des Lands, doch sind

ἑνὸς πρὸς ἀνδρός, ἀλλ' ἐλευθέρα πόλις.   405
δῆμος δ' ἀνάσσει διαδοχαῖσιν ἐν μέρει
ἐνιαυσίαισιν, οὐχὶ τῷ πλούτῳ διδοὺς
τὸ πλεῖστον, ἀλλὰ χὠ πένης ἔχων ἴσον.
Κη ἐν μὲν τόδ' ἡμῖν ὥσπερ ἐν πεσσοῖς δίδως
κρεῖσσον· πόλις γὰρ ἧς ἐγὼ πάρειμ' ἄπο   410
ἑνὸς πρὸς ἀνδρός, οὐκ ὄχλῳ κρατύνεται·
οὐδ' ἔστιν αὐτὴν ὅστις ἐκχαυνῶν λόγοις
πρὸς κέρδος ἴδιον ἄλλοτ' ἄλλοσε στρέφει,
τὸ δ' αὐτίχ' ἡδὺς καὶ διδοὺς πολλὴν χάριν
ἐσαῦθις ἔβλαψ', εἶτα διαβολαῖς νέαις   415
κλέψας τὰ πρόσθε σφάλματ' ἐξέδυ δίκης.
ἄλλως τε πῶς ἂν μὴ διορθεύων λόγους
ὀρθῶς δύναιτ' ἂν δῆμος εὐθύνειν πόλιν;
ὁ γὰρ χρόνος μάθησιν ἀντὶ τοῦ τάχους
κρείσσω δίδωσι. γαπόνος δ' ἀνὴρ πένης,   420
εἰ καὶ γένοιτο μὴ ἀμαθής, ἔργων ὕπο
οὐκ ἂν δύναιτο πρὸς τὰ κοίν' ἀποβλέπειν.   422
Θη κομψός γ' ὁ κῆρυξ καὶ παρεργάτης λόγων.   426
ἐπεὶ δ' ἀγῶνα καὶ σὺ τόνδ' ἠγωνίσω,
ἄκου'· ἅμιλλαν γὰρ σὺ προύθηκας λόγων.
οὐδὲν τυράννου δυσμενέστερον πόλει,
ὅπου τὸ μὲν πρώτιστον οὐκ εἰσὶν νόμοι   430
κοινοί, κρατεῖ δ' εἷς τὸν νόμον κεκτημένος
αὐτὸς παρ' αὑτῷ· καὶ τόδ' οὐκέτ' ἔστ' ἴσον.
γεγραμμένων δὲ τῶν νόμων ὅ τ' ἀσθενὴς
ὁ πλούσιός τε τὴν δίκην ἴσην ἔχει,   434
νικᾷ δ' ὁ μείων τὸν μέγαν δίκαι' ἔχων.   437
τοὐλεύθερον δ' ἐκεῖνο· Τίς θέλει πόλει
χρηστόν τι βούλευμ' ἐς μέσον φέρειν ἔχων;

ἦ δὴ νοσῶδες τοῦτο τοῖς ἀμείνοσιν,   423
ὅταν πονηρὸς ἀξίωμ' ἀνὴρ ἔχῃ
γλώσσῃ κατασχὼν δῆμον, οὐδὲν ὢν τὸ πρίν.   425

ἔστιν δ' ἐνισπεῖν τοῖσιν ἀσθενεστέροις   435
τὸν εὐτυχοῦντα ταῦθ', ὅταν κλύῃ κακῶς,

Wir frei und nicht nur Einem untertan.
Das Volk herrscht mit und wechselt Jahr um Jahr,
Auf Reich und Arm verteilt es gleiche Macht.

He   Dein Brettspiel gibt mir einen Zug voraus.
Ein Wille und kein Pöbel herrscht bei uns,
Kein Volksbeschwätzer lenkt den schwachen Staat
Nach seinem eignen Vorteil hin und her:
Heut sanft-gefällig, zeigt er morgen sich
Als Schädling, doch mit Lug und Trug verwischt
Er seine Fehler und geht straflos aus.
Wie kann ein Pöbel, der den eignen Geist
Nicht klar beherrscht, des Staates Lenker sein?
Die Muße, nicht die Hitze reift den Geist.
Dem armen Landmann, sei er kenntnisreich,
Verwehrt sein Tagwerk Sorge für den Staat.

The   Der Phrasenheld vergißt, wozu er kam.
Doch da auch du den alten Streit berührst,
So höre, was du selber angefacht.
Der Zwingherr ist der größte Feind des Staats!
Da gilt vor allem kein gemeines Recht,
Der eine hat die Macht, nimmt das Gesetz
In seine Hand und Gleichheit ist vorbei.
Geschriebnes Recht verleiht denselben Rang
An Arm und Reich, und der geringre Mann
Besiegt den großen mit dem bessren Recht.
Wie frei ist doch der Aufruf: „Wer will hier
Mit gutem Rate dienen seiner Stadt?"

καὶ ταῦθ' ὁ χρῄζων λαμπρός ἐσθ', ὁ μὴ θέλων   440
σιγᾷ. τί τούτων ἔστ' ἰσαίτερον πόλει;
καὶ μὴν ὅπου γε δῆμος αὐθέντης χθονός,
ὑποῦσιν ἀστοῖς ἥδεται νεανίαις·
ἀνὴρ δὲ βασιλεὺς ἐχθρὸν ἡγεῖται τόδε,
καὶ τοὺς ἀρίστους οὕς ἂν ἡγῆται φρονεῖν   445
κτείνει, δεδοικὼς τῆς τυραννίδος πέρι.
πῶς οὖν ἔτ' ἂν γένοιτ' ἂν ἰσχυρὰ πόλις,
ὅταν τις ὡς λειμῶνος ἠρινοῦ στάχυν
τόλμας ἀφαιρῇ κἀπολωτίζῃ νέους;
κτᾶσθαι δὲ πλοῦτον καὶ βίον τί δεῖ τέκνοις   450
ὡς τῷ τυράννῳ πλείον' ἐκμοχθῇ βίον;
ἢ παρθενεύειν παῖδας ἐν δόμοις καλῶς,
τερπνὰς τυράννοις ἡδονάς, ὅταν θέλῃ,
δάκρυα δ' ἑτοιμάζουσι; μὴ ζῴην ἔτι,
εἰ τἀμὰ τέκνα πρὸς βίαν νυμφεύσεται.   455
καὶ ταῦτα μὲν δὴ πρὸς τὰ σὰ ἐξηκόντισα.
ἥκεις δὲ δὴ τί τῆσδε γῆς κεχρημένος;
κλαίων γ' ἂν ἦλθες, εἴ σε μὴ 'πεμψεν πόλις,
περισσὰ φωνῶν· τὸν γὰρ ἄγγελον χρεὼν
λέξανθ' ὅσ' ἂν τάξῃ τις ὡς τάχος πάλιν   460
χωρεῖν. τὸ λοιπὸν δ' εἰς ἐμὴν πόλιν Κρέων
ἧσσον λάλον σου πεμπέτω τιν' ἄγγελον.

Χο φεῦ φεῦ· κακοῖσιν ὡς ὅταν δαίμων διδῷ
κακῶς, ὑβρίζουσ' ὡς ἀεὶ πράξοντες εὖ.

Κη λέγοιμ' ἂν ἤδη. τῶν μὲν ἠγωνισμένων   465
σοὶ μὲν δοκείτω ταῦτ', ἐμοὶ δὲ τἀντία.
ἐγὼ δ' ἀπαυδῶ πᾶς τε Καδμεῖος λεὼς
Ἄδραστον ἐς γῆν τήνδε μὴ παριέναι·
εἰ δ' ἔστιν ἐν γῇ, πρὶν θεοῦ δῦναι σέλας,
λύσαντα σεμνὰ στεμμάτων μυστήρια   470
τῆσδ' ἐξελαύνειν, μηδ' ἀναιρεῖσθαι νεκροὺς
βίᾳ, προσήκοντ' οὐδὲν Ἀργείων πόλει.
κἂν μὲν πίθῃ μοι, κυμάτων ἄτερ πόλιν
σὴν ναυστολήσεις· εἰ δὲ μή, πολὺς κλύδων
ἡμῖν τε καὶ σοὶ συμμάχοις τ' ἔσται δορός.   475

Wer will, tut sich hervor, der andre schweigt.
Wo gibts in einem Staate gleichres Recht?
Und wo das Volk im Land das Steuer führt,
Da freut es sich des jungen Bürgertums.
Der Zwingherr sieht im Jungen seinen Feind
Und tötet Edle eignen starken Sinns,
Weil er Gefahr für seine Herrschaft sieht.
Wo wüchse jemals eine starke Stadt,
Wenn einer, wie man frische Ähren köpft,
Der Jugend Wagemut vom Halme pflückt?
Wer mehrte für die Kinder noch sein Gut,
Nur daß der Herrscher sich auf alles stürzt?
Wer zieht im Hause reine Töchter auf
Zur Lust des Herren, wenn es ihm beliebt,
Sich selbst zum Jammer? Lieber stürbe ich,
Als Kinder sehen im erzwungnen Bett. –
Mit diesen Pfeilen wehrt ich deine ab.
Doch sage, welcher Auftrag führt dich her?
Denn ohne solchen würde dein Geschwätz
Dich reuen! Boten müssen den Bericht
Vollziehn und ungesäumt von dannen gehn.
Kreon entsende künftig meiner Stadt
Den Herold, der nicht viele Wort macht!

Chf   So ists: wenn Bösen Gutes widerfährt,
      Dann sind sie frech, als wenn es ewig sei.

He   Nun laß mich reden! Sei in unserm Streit
      Der eine so, der andre so gesinnt:
      Ich und das Volk von Theben dulden nicht,
      Daß du Adrastos hier verweilen läßt.
      Ist er noch hier, bevor die Sonne sinkt,
      Müßt ihr die Zweige lösen vom Altar
      Und ihn verjagen! Holt auch Tote nicht
      Gewaltsam fort! Was geht euch Argos an?
      Folg uns, so steuerst ruhig du dein Schiff;
      Wenn nicht, so tobt ein großer Lanzensturm
      Um uns und euch und jedes Bündnerheer.

σκέψαι δέ, καὶ μὴ τοῖς ἐμοῖς θυμούμενος
λόγοισιν, ὡς δὴ πόλιν ἐλευθέραν ἔχων,
σφριγῶντ' ἀμείψῃ μῦθον ἐκ βραχιόνων·
ἐλπὶς γάρ ἐστ' ἄπιστον, ἢ πολλὰς πόλεις
συνῆψ', ἄγουσα θυμὸν εἰς ὑπερβολάς.   480
ὅταν γὰρ ἔλθῃ πόλεμος ἐς ψῆφον λεώ,
οὐδεὶς ἔθ' αὑτοῦ θάνατον ἐκλογίζεται,
τὸ δυστυχὲς δὲ τοῦτ' ἐς ἄλλον ἐκτρέπει·
εἰ δ' ἦν παρ' ὄμμα θάνατος ἐν ψήφου φορᾷ,
οὐκ ἄν ποθ' Ἑλλὰς δοριμανὴς ἀπώλλυτο.   485
καίτοι δυοῖν γε πάντες ἄνθρωποι λόγοιν
τὸν κρείσσον' ἴσμεν, καὶ τὰ χρηστὰ καὶ κακά,
ὅσῳ τε πολέμου κρεῖσσον εἰρήνη βροτοῖς·
ἣ πρῶτα μὲν Μούσαισι προσφιλεστάτη,
Ποιναῖσι δ' ἐχθρά, τέρπεται δ' εὐπαιδίᾳ,   490
χαίρει δὲ πλούτῳ. ταῦτ' ἀφέντες οἱ κακοὶ
πολέμους ἀναιρούμεσθα καὶ τὸν ἥσσονα
δουλούμεθ', ἄνδρες ἄνδρα καὶ πόλις πόλιν.
σὺ δ' ἄνδρας ἐχθροὺς καὶ θανόντας ὠφελεῖς,
θάπτων κομίζων θ' ὕβρις οὓς ἀπώλεσεν;   495
οὔ τἄρ' ἔτ' ὀρθῶς Καπανέως κεραύνιον
δέμας καπνοῦται, κλιμάκων ὀρθοστάτας
ὃς προσβαλὼν πύλῃσιν ὤμοσεν πόλιν
πέρσειν θεοῦ θέλοντος ἤν τε μὴ θέλῃ·
οὐδ' ἥρπασεν χάρυβδις οἰωνοσκόπον,   500
τέθριππον ἅρμα περιβαλοῦσα χάσματι,
ἄλλοι τε κεῖνται πρὸς πύλαις λοχαγέται
πέτροις καταξανθέντες ὀστέων ῥαφάς;
ἢ νῦν φρονεῖν ἄμεινον ἐξαύχει Διός,
ἢ θεοὺς δικαίως τοὺς κακοὺς ἀπολλύναι.   505
φιλεῖν μὲν οὖν χρὴ τοὺς σοφοὺς πρῶτον τέκνα,
ἔπειτα τοκέας πατρίδα θ', ἣν αὔξειν χρεὼν
καὶ μὴ κατᾶξαι. σφαλερὸν ἡγεμὼν θρασύς·
νεώς τε ναύτης ἥσυχος καιρῷ σοφός,
καὶ τοῦτ' ἐμοὶ τἀνδρεῖον, ἡ προμηθία.   510
Χο ἐξαρκέσας ἦν Ζεὺς ὁ τιμωρούμενος,

Sprich nicht aus Wut auf das, was ich gesagt,
Und als der Lenker eines freien Volks,
Ein allzu kurzes, allzu barsches Nein!
Die Hoffnung hat schon manche Stadt in Krieg
Verwickelt, die Gemüter überspannt.
Wird über Krieg und Frieden abgestimmt,
Berechnet keiner seinen eignen Tod
Und meint, solch Ende sei für andere;
Stünd bei der Urne sichtbar schon der Tod,
Nie würfe Kriegswut Hellas in den Staub.
Von zwei Gedanken weiß ein jeder Mensch
Den stärkern zu erkennen, Gut und Schlecht;
Nur daß der Friede Kriege überstrahlt
Als Freund der Musen, als der stete Feind
Des Blutvergießens, als der Kinder Hort,
Als Freund des Wohlstands: das vergißt man gern;
Wir stiften Kriege und versklaven dann
Besiegte, Mann den Mann und Stadt die Stadt.
Mit Grab und Bergung stehst du Feinden bei
Und Toten, die ihr eigner Hochmut traf!
Der blitzgetroffne Leib des Kápaneûs,
Der von der Leiter auf den Zinnen schwor,
Er wolle Theben mit und ohne Gott
Zerstören: schwelt er nicht mit vollem Recht?
Hat nicht die Erde Seher und Gespann
In ihren Schlund gezogen und entrafft?
Die andern Feldherrn liegen vor dem Tor,
Die Schädelnaht vom Felsen aufgesprengt.
Wenn du dich weiser nicht als Zeus berühmst,
Gestehe, daß er selber sie erschlug.
Der rechte Mann liebt seine Kinder, dann
Die Eltern und das Vaterland; das muß
Er mehren, nicht vermindern! Keckheit irrt
So oft! Die Ruhe macht den Steuermann
Und Vorsicht ist die wahre Tapferkeit.

Chf   Genug, daß Zeus die Sieben so gestraft!

ὑμᾶς δ' ὑβρίζειν οὐκ ἐχρῆν τοιάνδ' ὕβριν.

Αδ ὦ παγκάκιστε —

Θη   σῖγ', "Αδραστ', ἔχε στόμα,
καὶ μὴ 'πίπροσθεν τῶν ἐμῶν τοὺς σοὺς λόγους
θῆς· οὐ γὰρ ἥκει πρὸς σὲ κηρύσσων ὅδε,   515
ἀλλ' ὡς ἔμ'· ἡμᾶς κἀποκρίνασθαι χρεών.
καὶ πρῶτα μέν σε πρὸς τὰ πρῶτ' ἀμείψομαι.
οὐκ οἶδ' ἐγὼ Κρέοντα δεσπόζοντ' ἐμοῦ
οὐδὲ σθένοντα μεῖζον, ὥστ' ἀναγκάσαι
δρᾶν τὰς Ἀθήνας ταῦτ'· ἄνω γὰρ ἂν ῥέοι   520
τὰ πράγμαθ' οὕτως, εἰ 'πιταξόμεσθα δή.
πόλεμον δὲ τοῦτον οὐκ ἐγὼ καθίσταμαι,
ὃς οὐδὲ σὺν τοῖσδ' ἦλθον ἐς Κάδμου χθόνα·
νεκροὺς δὲ τοὺς θανόντας, οὐ βλάπτων πόλιν
οὐδ' ἀνδροκμῆτας προσφέρων ἀγωνίας,   525
θάψαι δικαιῶ, τὸν Πανελλήνων νόμον
σῴζων. τί τούτων ἐστὶν οὐ καλῶς ἔχον;
εἰ γάρ τι καὶ πεπόνθατ' Ἀργείων ὕπο,
τεθνᾶσιν, ἠμύνασθε πολεμίους καλῶς,
αἰσχρῶς δ' ἐκείνοις, χἠ δίκη διοίχεται.   530
ἐάσατ' ἤδη γῇ καλυφθῆναι νεκρούς,
ὅθεν δ' ἕκαστον ἐς τὸ φῶς ἀφίκετο,
ἐνταῦθ' ἀπελθεῖν, πνεῦμα μὲν πρὸς αἰθέρα,
τὸ σῶμα δ' ἐς γῆν· οὔτι γὰρ κεκτήμεθα
ἡμέτερον αὐτὸ πλὴν ἐνοικῆσαι βίον,   535
κἄπειτα τὴν θρέψασαν αὐτὸ δεῖ λαβεῖν.
δοκεῖς κακουργεῖν Ἄργος οὐ θάπτων νεκρούς;
ἥκιστα· πάσης Ἑλλάδος κοινὸν τόδε,
εἰ τοὺς θανόντας νοσφίσας ὧν χρὴ λαχεῖν
ἀτάφους τις ἕξει· δειλίαν γὰρ ἐσφέρει   540
τοῖς ἀλκίμοισιν οὗτος ἢν τεθῇ νόμος.
κἀμοὶ μὲν ἦλθες δείν' ἀπειλήσων ἔπη,
νεκροὺς δὲ ταρβεῖτ', εἰ κρυβήσονται χθονί;
τί μὴ γένηται; μὴ κατασκάψωσι γῆν
ταφέντες ὑμῶν; ἢ τέκν' ἐν μυχῷ χθονὸς   545
φύσωσιν, ἐξ ὧν εἰσί τις τιμωρία;

Warum beschimpfst du sie mit neuem Schimpf?

Ad Elender...

The   Still, Adrast, bezähme dich
Und dräng dich nicht mit deiner Rede vor!
Der Herold kam zu mir und nicht zu dir,
So liegt die Antwort auch in meiner Hand.
Mein erstes Wort zielt auf dein erstes Wort.
Daß Kreon hier regiert und größre Macht
Besitzt und uns Befehle geben kann,
Das ist mir unbekannt und darf nicht sein,
Da flösse eher jeder Strom bergauf.
Und dieser Krieg ist nicht von mir entfacht,
Noch fiel mein Heer in der Kadmeer Land.
Ganz ohne Schaden, ohne blutgen Streit
Wahr ich das alte Griechenrecht und sag,
Daß man Gefallene begraben muß.
Was ist daran verkehrt? Was Argos auch
Euch angetan: sie sind nicht mehr! Ihr habt
Die Feinde abgewehrt zu eurem Ruhm,
Zu ihrer Schmach! Beglichen ist die Schuld.
Verstattet jetzt den Toten noch ihr Grab!
Woher ein jeder Teil zum Vorschein kam,
Da geh er hin, der Geist ins Ätherreich,
Der Leib zur Erde; denn uns selbst gehört
Doch nur ein Wohnrecht für die Lebenszeit;
Die Erde nimmt uns wieder, was sie gab.
Du meinst, daß dein Verbot nur Argos trifft?
O nein! Ganz Hellas ist von ihm bedroht,
Wenn du die Toten trennst von ihrem Recht
Und ohne Grab läßt. Wenn das Rechtens wird,
Nimmt allen tapfern Kämpfern es den Mut.
Mit schwerer Drohung hast du uns geschreckt
Und fürchtest selbst die Toten noch im Grab?
Daß was geschieht? Daß sie vom Grabe aus
Noch Theben stürzen? Noch im Erdenschoß
Sich Kinder zeugen für ein Rachewerk?

σκαιόν γε τἀνάλωμα τῆς γλώσσης τόδε. 547

ἀλλ᾽, ὦ μάταιοι, γνῶτε τἀνθρώπων κακά· 549

παλαίσμαθ᾽ ἡμῶν ὁ βίος· εὐτυχοῦσι δὲ 550

οἱ μὲν τάχ᾽, οἱ δ᾽ ἐσαῦθις, οἱ δ᾽ ἤδη βροτῶν,

τρυφᾷ δ᾽ ὁ δαίμων· πρός τε γὰρ τοῦ δυστυχοῦς,

ὡς εὐτυχήσῃ, τίμιος γεραίρεται,

ὅ τ᾽ ὄλβιός νιν πνεῦμα δειμαίνων λιπεῖν

ὑψηλὸν αἴρει. γνόντας οὖν χρεὼν τάδε 555

ἀδικουμένους τε μέτρια μὴ θυμῷ φέρειν

ἀδικεῖν τε τοιαῦθ᾽ οἷα μὴ βλάψαι πάλιν.

πῶς οὖν ἂν εἴη; τοὺς ὀλωλότας νεκροὺς

θάψαι δόθ᾽ ἡμῖν τοῖς θέλουσιν εὐσεβεῖν.

ἢ δῆλα τἀνθένδ᾽· εἶμι καὶ θάψω βίᾳ. 560

οὐ γάρ ποτ᾽ εἰς Ἕλληνας ἐξοισθήσεται

ὡς εἰς ἔμ᾽ ἐλθὼν καὶ πόλιν Πανδίονος

νόμος παλαιὸς δαιμόνων διεφθάρη.

Χο θάρσει· τὸ γάρ τοι τῆς δίκης σῴζων φάος

πολλοὺς ὑπεκφύγοις ἂν ἀνθρώπων λόγους. 565

Κη βούλῃ συνάψω μῦθον ἐν βραχεῖ σέθεν;

Θη λέγ᾽, εἴ τι βούλῃ· καὶ γὰρ οὐ σιγηλὸς εἶ.

Κη οὐκ ἄν ποτ᾽ ἐκ γῆς παῖδας Ἀργείων λάβοις.

Θη κἀμοῦ νυν ἀντάκουσον, εἰ βούλῃ, πάλιν.

Κη κλύοιμ᾽ ἄν· οὐ γὰρ ἀλλὰ δεῖ δοῦναι μέρος. 570

Θη θάψω νεκροὺς γῆς ἐξελὼν Ἀσωπίας.

Κη ἐν ἀσπίσιν σοι πρῶτα κινδυνευτέον.

Θη πολλοὺς ἔτλην δὴ χἀτέρους ἄλλους πόνους.

Κη ἦ πᾶσιν οὖν σ᾽ ἔφυσεν ἐξαρκεῖν πατήρ;

Θη ὅσοι γ᾽ ὑβρισταί· χρηστὰ δ᾽ οὐ κολάζομεν. 575

Κη πράσσειν σὺ πόλλ᾽ εἴωθας ἥ τε σὴ πόλις.

Θη τοιγὰρ πονοῦσα πολλὰ πόλλ᾽ εὐδαιμονεῖ.

Κη ἔλθ᾽, ὥς σε λόγχῃ σπαρτὸς ἐν πόλει λάβῃ.

Θη τίς δ᾽ ἐκ δράκοντος θοῦρος ἂν γένοιτ᾽ Ἄρης;

Κη γνώσῃ σὺ πάσχων· νῦν δ᾽ ἔτ᾽ εἶ νεανίας. 580

Θη οὔτοι μ᾽ ἐπαρεῖς ὥστε θυμῶσαι φρένας

φόβους πονηροὺς καὶ κενοὺς δεδοικέναι 548

Für solchen Wahn ist jedes Wort zuviel.
Schaut doch, ihr Toren, auf das Menschenlos!
Ein Ringkampf ists. Frau Glück besucht uns schnell,
Besucht uns langsam, hat uns schon besucht –
Und läßt sichs wohlsein: wen sie auch vergißt,
Der huldigt ihr, damit er sie gewinnt,
Und wer sie hat, verehrt sie himmelhoch,
Besorgt um ihren Anhauch. Wer dies weiß,
Erträgt geringe Kränkung ohne Zorn,
Reizt andre nicht zu spätrer Gegentat.
Was soll nun werden? Gebt die Toten doch
Den Menschen, die den frommen Brauch vollziehn!
Und das sei klar: ich hole sie auch selbst!
Nie werde dies in Hellas ausgesprengt,
Daß altes Götterrecht, vor mich gebracht
Und meine Stadt Athen, verloren ging.

Chf Sei nur getrost! Wenn du das Licht des Rechts
    Beschirmst, kann jeder reden, was er will.
He Geb ich mit kürzern Worten den Bescheid?
The So kurz du willst; doch fällt es dir nicht leicht.
He Du holst die Toten kaum aus meinem Land!
The Nun hör auch du ein kurzes Gegenwort!
He Ich höre, denn die Reihe ist an dir.
The Die Leichen hol ich mir aus eurem Land!
He Das hängt von einem schweren Speerkampf ab.
The Die schweren Kämpfe bin ich schon gewohnt.
He Dein Vater schuf dich nicht für jedes Amt!
The Nur über Frevler. Andre straf ich nicht.
He Ihr macht euch viel zu schaffen in Athen...
The Die viele Mühe trägt auch vielen Lohn.
He Komm nur, die Drachensaat erwartet dich!
The Der Drachenzahn ist noch nicht Ares selbst!
He Bald weißt dus und dann hört man Klügeres!
The Nie treibt dein Prahlen mich in blinden Zorn.

τοῖς σοῖσι κόμποις· ἀλλ' ἀποστέλλου χθονός,
λόγους ματαίους οὕσπερ ἠνέγκω λαβών.
περαίνομεν γὰρ οὐδέν.

                          ὁρμᾶσθαι χρεὼν
πάντ' ἄνδρ' ὁπλίτην ἁρμάτων τ' ἐπεμβάτην,   5
μοναμπύκων τε φάλαρα κινεῖσθαι στόμα
ἀφρῷ καταστάζοντα Καδμείαν χθόνα.
χωρήσομαι γὰρ ἑπτὰ πρὸς Κάδμου πύλας
αὐτὸς σίδηρον ὀξὺν ἐν χεροῖν ἔχων   5
αὐτός τε κῆρυξ.   5
                    σοὶ δὲ προστάσσω μένειν,
Ἄδραστε, κἀμοὶ μὴ ἀναμίγνυσθαι τύχας   5
τὰς σάς. ἐγὼ γὰρ δαίμονος τοὐμοῦ μέτα
στρατηλατήσω καινὸς ἐν καινῷ δορί.
ἓν δεῖ μόνον μοι· τοὺς θεοὺς ἔχειν, ὅσοι
δίκην σέβονται· ταῦτα γὰρ ξυνόνθ' ὁμοῦ   5
νίκην δίδωσιν. ἀρετὴ δ' οὐδὲν λέγει
βροτοῖσιν, ἢν μὴ τὸν θεὸν χρῄζοντ' ἔχῃ.

Χο   ὦ μέλεαι μελέων ματέρες λοχαγῶν,   hem cr ba   στρ.
     ὥς μοι ὑφ' ἥπατι χλωρὸν δεῖμα θάσσει.   hem ia²–

     τίν' αὐδὰν τάνδε προσφέρεις νέαν;   ba cr ia²   600
     στράτευμα πᾷ Παλλάδος κριθήσεται;   ia² cr ia²
     διὰ δορὸς εἶπας, ἢ λόγων ξυναλλαγαῖς;   ia⁶

Schau, daß du schleunig uns verläßt und nimm
All deine leeren Reden wieder mit!
Sie führen nicht zum Ziel.

Herold ab

          Nun heißt es: auf,
Wer von dem Boden, wer vom Wagen kämpft,
Ihr stirngeschmückten Pferde, deren Schaum
Schon vom Gebiß auf Thebens Erde tropft!
Ich ziehe selbst vor Thebens Siebentor
Mit meinem scharfen Eisen in der Hand,
Als eigner Herold.

         Dir, Adrast, befehl
Ich: bleibe hier und trenne dein Geschick
von meinem! Denn es führt mein eigner Gott
Nun frische Männer in den frischen Kampf.
Nur eins tut not: daß Götter zu mir stehn,
Die Recht beschützen; diesem dient mein Kampf,
Den sie belohnen. Was ist Tapferkeit
Des Menschen, wenn kein Gott dahinter steht?

ab

DRITTES STANDLIED

Chor

Mütter und Mägde

Strophe

Mü	Unselge Mütter
	Unselger Feldherrn!
	Mein Herz befällt die bleiche Furcht!
Mä	O welcher Schrei aus neuer Angst?
Mü	Dem Heer der Pallas fällt sein Los!
Mä	Durch Macht des Speers? Durch gutes Wort?

γένοιτ' ἂν κέρδος· εἰ δ' ἀρείφατοι   ba cr ia²
φόνοι μάχαι στερνοτυπεῖς τ' ἀνὰ πτόλιν   ia² ch ia²
κτύποι φανήσονται, τάλαι-   ia⁴   605
να, τίνα λόγον, τίν' ἂν τῶνδ'   ia² ba
αἰτία λάβοιμι;   cr ba

ἀλλὰ τὸν εὐτυχίᾳ λαμπρὸν ἄν τις αἱροῖ   ἀντ.
μοῖρα πάλιν· τόδε μοι θράσος ἀμφιβαίνει.

δικαίους δαίμονας σύ γ' ἐννέπεις.   610
τίνες γὰρ ἄλλοι νέμουσι συμφοράς;
διάφορα πολλὰ θεῶν βροτοῖσιν εἰσορῶ.
φόβῳ γὰρ τῷ πάρος διόλλυσαι·
δίκα δίκαν δ' ἐκάλεσε καὶ φόνος φόνον,
κακῶν δ' ἀναψυχὰς θεοὶ   615
βροτοῖς νέμουσι, πάντων
τέρμ' ἔχοντες αὐτοί.

τὰ καλλίπυργα πεδία πῶς ἱκοίμεθ' ἄν,   ia⁶   στρ.
Καλλίχορον θεᾶς ὕδωρ λιποῦσαι;   ch cr ba
ποτανὰν εἴ σέ τις θεῶν κτίσαι,   ba cr ia²   620
διπόταμον ἵνα πόλιν μόλοις.   ia⁴
εἰδείης ἂν φίλων   cr²
εἰδείης ἂν τύχας.   cr²

τίς ποτ' αἶσα, τίς ἄρα πότμος   tr⁴
ἐπιμένει τὸν ἄλκιμον   cr ia²
τᾶσδε γᾶς ἄνακτα;   cr ba   625

κεκλημένους μὲν ἀνακαλούμεθ' αὖ θεούς·   ἀντ.

Mü   O wär es dieses, doch wenn Blut
Und Kämpfen und Morden und Schlagen der Brüste
Das Schicksal der Stadt wird,
Sag, welchen Ruf
Werden wir ernten,
Die alles verschuldet?

Mä   Den Glückumstrahlten
Kann Unheil stürzen:
Dies ist der Trost, der mich umfängt.

Mü   Du glaubst, die Götter sind gerecht?

Mä   Wer anders lenkt der Menschen Los?

Mü   Sie teilen bunte Gaben aus!

Mä   Die alten Leiden schrecken dich;
Das Recht ruft das Recht und der Mord ruft das Morden.

Doch spenden die Götter
Lindrung des Leids,
Setzen den Dingen
Selber die Ziele.

Zweite Strophe

Mü   O tauschten wir den Quell Kallíchoros
Mit der siebentorigen Flur!

Mä   Wenn die Götter dir Flügel verliehen,
Da flögst du
Zur doppelströmigen Stadt,
Da sähst du die Freunde,
Sähst der Freunde Geschick.

Mü   Ach, wird es gelingen,
Wird es versagen?
Was erwartet den streitbaren Fürsten
Dieses attischen Landes?

Gegenstrophe

Mä   Die Götter, die wir riefen, rufen wir

ἀλλὰ φόβων πίστις ἅδε πρώτα.

ἰὼ Ζεῦ, τᾶς παλαιομάτορος
παιδογόνε πόριος Ἰνάχου.
πόλει μοι ξύμμαχος   ba cr   630
γενοῦ τᾷδ᾽ εὐμενής.   ba cr

τὸ σὸν ἄγαλμα, τὸ σὸν ἵδρυμα
πόλεος ἐκκόμιζέ μοι
πρὸς πυρὰν ὑβρισθέν.

                    Ἄγγελος

γυναῖκες, ἥκω πόλλ᾽ ἔχων λέγειν φίλα,
αὐτός τε σωθείς· ἡρέθην γὰρ ἐν μάχῃ,   635
ἣν οἱ θανόντων ἑπτὰ δεσποτῶν λόχοι
ἠγωνίσαντο ῥεῦμα Διρκαῖον πάρα·
νίκην τε Θησέως ἀγγελῶν. λόγου δέ σε
μακροῦ ἀποπαύσω· Καπανέως γὰρ ἦ λάτρις,
ὃν Ζεὺς κεραυνῷ πυρπόλῳ καταιθαλοῖ.   640
Χο ὦ φίλτατ᾽, εὖ μὲν νόστον ἀγγέλλεις σέθεν
τήν τ᾽ ἀμφὶ Θησέως βάξιν· εἰ δὲ καὶ στρατὸς
σῶς ἔστ᾽ Ἀθηνῶν, πάντ᾽ ἂν ἀγγέλλοις φίλα.
Αγ σῶς, καὶ πέπραγεν ὡς Ἄδραστος ὤφελεν
πρᾶξαι ξὺν Ἀργείοισιν, οὓς ἀπ᾽ Ἰνάχου   645
στείλας ἐπεστράτευσε Καδμείων πόλιν.
Χο πῶς γὰρ τροπαῖα Ζηνὸς Αἰγέως τόκος
ἔστησεν οἵ τε συμμετασχόντες δορός;
λέξον· παρὼν γὰρ οὐ παρόντας εὐφρανεῖς.
Αγ λαμπρὰ μὲν ἀκτὶς ἡλίου, κανὼν σαφής,   650
ἔβαλλε γαῖαν· ἀμφὶ δ᾽ Ἠλέκτρας πύλας
ἔστην θεατὴς πύργον εὐαγῆ λαβών.
ὁρῶ δὲ φῦλα τρία τριῶν στρατευμάτων·

Als den ersten Trost in der Not.

Mü *zu Zeus betend*
Unserer Ahnin, des Inachos Tochter,
Der Färse,
Verliehst du, Zeus, einen Sohn,
So werde nun gnädig,
Schirmherr unserer Stadt!

Mä Den Stolz deiner Zeugung,
Stolz deiner Gründung,
Bringe die Toten zum Brandstoß,
Den die Frevler verweigern!

VIERTE HAUPTSZENE

Bote

Ihr Fraun, ich bringe großes reiches Glück,
Gerettet aus Gefangenschaft der Schlacht,
In der die sieben, toten, Könige
Um Theben kämpften bei der Dirke Flut.
Theseus ist Sieger! Daß ihr mich nicht lang
Befragt: ich bin ein Mann des Kápaneus,
Den Zeus verbrannte mit des Blitzes Strahl.

Chf Mein Liebster, deine Rückkehr und das Glück
Des Theseus sind schon Freude; sie wird voll,
Wenn das Athener Heer geborgen ist.

Bo Es schlug sich, wie Adrastos es gesollt,
Als er von Argos kam, vom Inachos,
Um zu belagern der Kadmeer Burg.

Chf Und wie hat Aigeus' Sohn, und wer ihm half,
Dem Zeus die Siegeszeichen aufgestellt?
Der nahe Zeuge reißt die Fernen mit!

Bo Der helle Sonnenstrahl, das Maß der Zeit,
Traf schon die Erde. Beim Elektra-Tor
Hatt ich vom Turme eine weite Schau.
Ich sah drei Haufen des geteilten Heers:

τευχεσφόρον μὲν λαὸν ἐκτείνοντ' ἄνω
Ἰσμήνιον πρὸς ὄχθον, ὡς μὲν ἦν λόγος,   655
αὐτόν τ' ἄνακτα, παῖδα κλεινὸν Αἰγέως,
καὶ τοὺς σὺν αὐτῷ, δεξιὸν τεταγμένους
κέρας, παλαιᾶς Κεκροπίας οἰκήτορας·
αὐτὸν δὲ Πάραλον ἐστολισμένον δορὶ
κρήνην παρ' αὐτὴν Ἄρεος· ἱππότην δ' ὄχλον   660
πρὸς κρασπέδοισι στρατοπέδου τεταγμένον
ἴσους ἀριθμόν· ἁρμάτων δ' ὀχήματα
ἔνερθε σεμνῶν μνημάτων Ἀμφίονος.
Κάδμου δὲ λαὸς ἧστο πρόσθε τειχέων,
νεκροὺς ὄπισθεν θέμενος, ὧν ἔκειτ' ἀγών.   665
ἱππεῦσι δ' ἱππῆς ἦσαν ἀνθωπλισμένοι
τετραόροισί τ' ἀντί' ἅρμαθ' ἅρμασιν.
κῆρυξ δὲ Θησέως εἶπεν ἐς πάντας τάδε·
Σιγᾶτε, λαοί· σῖγα, Καδμείων στίχες,
ἀκούσαθ'· ἡμεῖς ἥκομεν νεκροὺς μέτα,   670
θάψαι θέλοντες, τὸν Πανελλήνων νόμον
σῴζοντες, οὐδὲν δεόμενοι τεῖναι φόνον.
κοὐδὲν Κρέων τοῖσδ' ἀντεκήρυξεν λόγοις,
ἀλλ' ἧστ' ἐφ' ὅπλοις σῖγα. ποιμένες δ' ὄχων
τετραόρων κατῆρχον ἐντεῦθεν μάχης·   675
πέραν δὲ διελάσαντες ἀλλήλων ὄχους,
παραιβάτας ἔστησαν ἐς τάξιν δορός.
χοἰ μὲν σιδήρῳ διεμάχονθ', οἱ δ' ἔστρεφον
πώλους ἐς ἀλκὴν αὖθις ἐς παραιβάτας.
ἰδὼν δὲ Φόρβας, ὃς μοναμπύκων ἄναξ   680
ἦν τοῖς Ἐρεχθείδαισιν, ἁρμάτων ὄχλον,
οἵ τ' αὖ τὸ Κάδμου διεφύλασσον ἱππικόν,
συνῆψαν ἀλκὴν κἀκράτουν ἡσσῶντό τε.
λεύσσων δὲ ταῦτα κοὐ κλύων — ἐκεῖ γὰρ ἦ
ἔνθ' ἅρματ' ἠγωνίζεθ' οἵ τ' ἐπεμβάται —   685
τἀκεῖ παρόντα πολλὰ πήματ', οὐκ ἔχω
τί πρῶτον εἴπω, πότερα τὴν ἐς οὐρανὸν
κόνιν προσαντέλλουσαν, ὡς πολλὴ παρῆν,
ἢ τοὺς ἄνω τε καὶ κάτω φορουμένους

Hoplitenmassen breiteten sich aus
Bis zum Ismenoshügel, wie er heißt;
Dort war der König, Aigeus' stolzer Sohn;
Bei ihm, dem rechten Flügel zugeteilt,
Die Männer aus der alten Kekropsstadt,
Und links der Küstenleute leichter Spieß
Beim Aresbrunnen. An den Flanken stand
Die Reiterschar, zu beiden Seiten gleich;
Und ganz zuletzt die Wagenkämpfer, rings
Um des Amphion heilges Hügelgrab.
Doch Kadmos' Heer stand vor dem Mauerring,
Vor den Gefallenen, um die es ging.
Die Reiter waren gegen Reiterei,
Die Wagen gegen Wagen aufgestellt.
Des Theseus Herold rief zu allem Volk:
,,Schweigt, alle Krieger! Kadmos' Reihen, schweigt
Und hört! Wir kommen um die Toten hier,
Um ihr Begräbnis, um das Griechenrecht.
Kein Tropfen Blutes soll vergossen sein!"
Und Kreon ließ ihn ohne Gegenwort,
Stand stumm, in Waffen. Da begannen rasch
Der Viergespanne Lenker mit der Schlacht.
Sie trieben ihre Wagen durch die Reihn
Und brachten ihre Kämpfer ins Gefecht
Des Schwertkampfs, doch die Lenker wandten um
Und blieben ihren Kämpfern hilfsbereit.
Als Phorbas, Haupt der Reiterei Athens,
Und auch die Reiterführer ihres Feinds
Den Wagenknäuel sahn, begannen sie
Den Kampf. Man siegte, wurde auch besiegt.
Ich sah die Wagenkämpfer aus der Näh,
Sag nichts vom Hören, doch wovon zuerst?
Von welchen Schrecken grauenvollen Sturms?
Wie dichte Woge Staubs zum Himmel stieg?
Wie Menschen, in das Riemenwerk verstrickt,
Nach unten und nach oben wirbelten?

ἱμᾶσιν, αἵματός τε φοινίου ῥοάς,   690
τῶν μὲν πιτνόντων, τῶν δὲ θραυσθέντων δίφρων
ἐς κρᾶτα πρὸς γῆν ἐκκυβιστώντων βίᾳ
πρὸς ἁρμάτων τ' ἀγαῖσι λειπόντων βίον·
νικῶντα δ' ἵπποις ὡς ὑπείδετο στρατὸν
Κρέων τὸν ἐνθένδ', ἱτέαν λαβὼν χερὶ   695
χωρεῖ, πρὶν ἐλθεῖν ξυμμάχοις δυσθυμίαν.
καὶ μὴν τὰ Θησέως γ' οὐκ ὄκνῳ διεφθάρη,
ἀλλ' ἵετ' εὐθὺς λάμπρ' ἀναρπάσας ὅπλα·
καὶ συμπατάξαντες μέσον πάντα στρατὸν
ἔκτεινον ἐκτείνοντο, καὶ παρηγγύων   700
κελευσμὸν ἀλλήλοισι σὺν πολλῇ βοῇ·
Θεῖν'· ἀντέρειδε τοῖς Ἐρεχθείδαις δόρυ.
λόχος δ' ὀδόντων ὄφεος ἐξηνδρωμένος
δεινὸς παλαιστὴς ἦν· ἔκλινε γὰρ κέρας
τὸ λαιὸν ἡμῶν· δεξιοῦ δ' ἡσσώμενον   705
φεύγει τὸ κείνων· ἦν δ' ἀγὼν ἰσόρροπος.
κἀν τῷδε τὸν στρατηγὸν αἰνέσαι παρῆν·
οὐ γὰρ τὸ νικῶν τοῦτ' ἐκέρδαινεν μόνον,
ἀλλ' ᾤχετ' ἐς τὸ κάμνον οἰκείου στρατοῦ.
ἔρρηξε δ' αὐδήν, ὥσθ' ὑπηχῆσαι χθόνα·   710
Ὦ παῖδες, εἰ μὴ σχήσετε στερρὸν δόρυ
σπαρτῶν τόδ' ἀνδρῶν, οἴχεται τὰ Παλλάδος.
θάρσος δ' ἐνῶρσε παντὶ Κραναϊδῶν στρατῷ.
αὐτός θ' ὅπλισμα τοὐπιδαύριον λαβὼν
δεινῆς κορύνης διαφέρων ἐσφενδόνα   715
ὁμοῦ τραχήλους κἀπικείμενον κάρα,
κυνέας θερίζων κἀποκαυλίζων ξύλῳ.
μόλις δέ πως ἔτρεψαν ἐς φυγὴν πόδα.
ἐγὼ δ' ἀνηλάλαξα κἀνωρχησάμην
κἄκρουσα χεῖρας. οἱ δ' ἔτεινον ἐς πύλας.   720
βοὴ δὲ καὶ κωκυτὸς ἦν ἀνὰ πτόλιν
νέων γερόντων, ἱερά τ' ἐξεπίμπλασαν
φόβῳ. παρὸν δὲ τειχέων ἔσω μολεῖν,
Θησεὺς ἐπέσχεν· οὐ γὰρ ὡς πέρσων πόλιν
μολεῖν ἔφασκεν, ἀλλ' ἀπαιτήσων νεκρούς.   725

Von Strömen Bluts, vom Trümmerwerk
Der Wagen, von Herausgeschleuderten,
Die ihren Kopf zerschellten an dem Wrack?

Als Kreon unsre Rosse siegreich sah,
Griff er zum Schild und machte Theben Mut.
Da blieb auch Theseus' Seite nicht zurück.
Er griff im Nu zu seiner Waffen Glanz,
Um beide häufte sich das ganze Heer;
Man schlug, man fiel, man schrie den andern zu:
„Triff Kadmos!" „Brich Erechtheus' Lanzenwut!"
Die Männer aus der Drachenzähne Saat
Erwachten kühn, schon wich das linke Glied
Der Unsern, doch das rechte trieb den Feind
Zur Flucht. Die Waage stand im Gleichgewicht.
Da mußte einer unsern Feldherrn sehn,
Der, nicht zufrieden mit dem halben Sieg,
Zum schwachen Flügel seines Heeres geht
Mit lautem Ruf, von dem die Erde dröhnt:
„Ihr Kinder, haltet ihr der Sparten Speer
Nicht auf, so ists um Pallas' Land geschehn!"
Das gab den Kekropssöhnen neuen Mut.
Er schwang des Epidaurers Erbstück, schlug
Mit dieser Schreckenskeule um sich her
Und mähte Hälse, mähte Köpfe ab
Mitsamt dem Helm: so erntete das Holz,
Und kaum, daß einem Fuß die Flucht gelang.
Ich klatschte Beifall, tanzte, jubelte,
Als sie zum Tore rannten. In der Stadt
Geschrei und dumpf Geheul von Alt und Jung,
Die Tempel selber voll von Flüchtigen.
Doch Theseus zog nicht in das offne Tor.
Er kam nicht als Zerstörer dieser Stadt,
So sprach er, nur als Freund der toten Schar.

τοιόνδε τὸν στρατηγὸν αἱρεῖσθαι χρεών,
ὃς ἔν τε τοῖς δεινοῖσίν ἐστιν ἄλκιμος
μισεῖ θ' ὑβριστὴν λαόν, ὃς πράσσων καλῶς
ἐς ἄκρα βῆναι κλιμάκων ἐνήλατα
ζητῶν ἀπώλεσ' ὄλβον ᾧ χρῆσθαι παρῆν.   730

Χο νῦν τήνδ' ἄελπτον ἡμέραν ἰδοῦσ' ἐγὼ
θεοὺς νομίζω, καὶ δοκῶ τῆς συμφορᾶς
ἔχειν ἔλασσον, τῶνδε τεισάντων δίκην.

Αδ ὦ Ζεῦ, τί δῆτα τοὺς ταλαιπώρους βροτοὺς
φρονεῖν λέγουσι; σοῦ γὰρ ἐξηρτήμεθα   735
δρῶμέν τε τοιαῦθ' ἂν σὺ τυγχάνῃς θέλων.
ἡμῖν γὰρ ἦν τό τ' Ἄργος οὐχ ὑποστατόν,
αὐτοί τε πολλοὶ καὶ νέοι βραχίοσιν·
Ἐτεοκλέους τε σύμβασιν ποιουμένου,
μέτρια θέλοντος, οὐκ ἐχρήζομεν λαβεῖν,   740
κἄπειτ' ἀπωλόμεσθα. ὁ δ' αὖ τότ' εὐτυχής,
λαβὼν πένης ὣς ἀρτίπλουτα χρήματα,
ὕβριζ', ὑβρίζων τ' αὖθις ἀνταπώλετο
Κάδμου κακόφρων λαός. ὦ καιροῦ πέρα
τὸ τόξον ἐντείνοντες· ὦ κενοὶ βροτῶν,   745
καὶ πρὸς δίκης γε πολλὰ πάσχοντες κακά,
φίλοις μὲν οὐ πείθεσθε, τοῖς δὲ πράγμασιν·
πόλεις τ', ἔχουσαι διὰ λόγου κάμψαι κακά,
φόνῳ καθαιρεῖσθ', οὐ λόγῳ, τὰ πράγματα.
ἀτὰρ τί ταῦτα; κεῖνο βούλομαι μαθεῖν,   750
πῶς ἐξεσώθης· εἶτα τἄλλ' ἐρήσομαι.

Αγ ἐπεὶ ταραγμὸς πόλιν ἐκίνησεν δορός,
πύλας διῆλθον, ᾗπερ εἰσῄει στρατός.

Αδ ὧν δ' οὕνεχ' ἀγὼν ἦν, νεκροὺς κομίζετε;

Αγ ὅσοι γε κλεινοῖς ἕπτ' ἐφέστασαν λόχοις.   755

Αδ πῶς φής; ὁ δ' ἄλλος ποῦ κεκμηκότων ὄχλος;

Αγ τάφῳ δέδονται πρὸς Κιθαιρῶνος πτυχαῖς.

Αδ τοὐκεῖθεν ἢ τοὐνθένδε; τίς δ' ἔθαψέ νιν;

Αγ Θησεύς, σκιώδης ἔνθ' Ἐλευθερὶς πέτρα.

Αδ οὓς δ' οὐκ ἔθαψε ποῦ νεκροὺς ἥκεις λιπών;   760

Αγ ἐγγύς· πέλας γὰρ πᾶν ὅ τι σπουδάζεται.

Ja, solchen Feldherrn wähle jede Stadt,
Der in Gefahren seinen Mut erweist
Und freches Volk nicht duldet, das im Glück
Der Leiter höchste Sprossen steigen will
Und Gut verscherzt, das jeder ihm gegönnt.

Chf Im Angesicht des unverhofften Tags
Glaub ich an Götter und ihr Strafgericht,
Mein Elend scheint mir leichter als zuvor.

Ad O Zeus, was spricht man noch vom Menschengeist,
Wo jedes Ding in deinen Händen liegt
Und wir nur handeln, wie es dir gefällt.
Für mich stand Argos unverrückbar fest,
Wir waren viele, voller Jugendkraft.
Etéokles bot uns den Frieden an,
Er heischte wenig, doch wir schlugens ab –
Und büßten schwer. Doch der Besieger glich
Dem Bettler, der zu reichen Schätzen kommt,
Ward übermütig und der Übermut
Schlang Thebens Trotz hinab. So ist der Mensch:
Mit vollem Recht erfährt er, was er muß;
Er spannt den Bogen blindlings übers Ziel,
Wird nicht durch Gründe, nur durch Schaden klug.
Und mancher lehnte schon Verhandlung ab,
Zog die Entscheidung durch das Morden vor.
Wozu dran denken? Sage mir zuerst,
Wie du davonkamst, dann das Andere!

Bo Als schon das Heer zurückging und Tumult
Die Stadt erfaßte, schlich ich durch das Tor.

Ad Bringt ihr die Toten mit, um die es ging?

Bo Die Sieben nur, die unser Heer geführt.

Ad Nur sie? Wo blieb der ganze andre Hauf?

Bo Er fand sein Grab an des Kithairon Hang.

Ad Auf welchem Hang? Wer sorgte für das Grab?

Bo Theseus, am Felsen von Eleûtherai.

Ad Die unbegrabnen, wo verblieben sie?

Bo Man eilte sich, so sind sie in der Näh...

Αδ ἦ που πικρῶς νιν θέραπες ἦγον ἐκ φόνου;
Αγ οὐδεὶς ἐπέστη τῷδε δοῦλος ὢν πόνῳ.
Αδ αὐτὸς δὲ Θησεὺς πρὸς τὰ πάντ' ἐξήρκεσεν;
Αγ φαίης ἄν, εἰ παρῆσθ' ὅτ' ἠγάπα νεκρούς.
Αδ ἔνιψεν αὐτὸς τῶν ταλαιπώρων σφαγάς;   765
Αγ κἄστρωσέ γ' εὐνὰς κἀκάλυψε σώματα.
Αδ δεινὸν μὲν ἦν βάσταγμα κᾀσχύνην ἔχον.
Αγ τί δ' αἰσχρὸν ἀνθρώποισι τἀλλήλων κακά;
Αδ οἴμοι· πόσῳ σφιν συνθανεῖν ἂν ἤθελον.
Αγ ἄκραντ' ὀδύρῃ ταῖσδέ τ' ἐξάγεις δάκρυ.   770
Αδ δοκῶ μέν, αὐταί γ' εἰσὶν αἱ διδάσκαλοι.
     ἀλλ' εἶέν· αἴρω χεῖρ' ἀπαντήσας νεκροῖς
     Ἅιδου τε μολπὰς ἐκχέω δακρυρρόους,
     φίλους προσαυδῶν, ὧν λελειμμένος τάλας
     ἔρημα κλαίω· τοῦτο γὰρ μόνον βροτοῖς   775
     οὐκ ἔστι τἀνάλωμ' ἀναλωθὲν λαβεῖν,
     ψυχὴν βροτείαν· χρημάτων δ' εἰσὶν πόροι.

Χο τὰ μὲν εὖ, τὰ δὲ δυστυχῆ.   an²◡–   στρ.
     πόλει μὲν εὐδοξία   ia² cr
     καὶ στρατηλάταις δορὸς   cr ia²   780
     διπλάζεται τιμά·   ia² sp
     ἐμοὶ δὲ παίδων μὲν εἰσιδεῖν μέλη   ia² cr ia²
     πικρόν, καλὸν θέαμα δ', εἴπερ ὄψομαι,   ia⁶
     τὰν ἄελπτον ἀμέραν   cr ia²
     ἰδοῦσα, πάντων μέγιστον ἄλγος.   ia² cr ba   785

Ad	Und schleppten Sklaven sie vom Kampfplatz fort?
Bo	Kein Sklave wurde um das Grab bemüht.
Ad	Der König selber nahm es ihnen ab?
Bo	Hättst du die zarte Hand am Werk gesehn!
Ad	So wusch er ihnen selbst die Wunden aus?
Bo	Wie hat er sie gebettet und verhüllt!
Ad	Ein ekles Amt, das keinem König ziemt!
Bo	Ein menschlich Amt und keines Menschen Schmach!
Ad	Wehe, Wehe! O wär ich doch mit ihnen allen tot!
Bo	Du weckst der armen Frauen Tränenflut!
Ad	Die haben sie mich selber schon gelehrt:

Ich such den Zug und mit erhobner Hand
Sing ich den Toten Hades' Tränenlied,
Den lieben Freunden, derer ganz beraubt
Ich einsam weine. Das ist ein Verlust,
Der nie bezahlt wird: unser Lebenslicht.
Für Geld und Gut gibts immer einen Weg.

VIERTES STANDLIED

Chor

Strophe

Halb Glück, halb Leid!
Fülle des Ruhmes
Erstrahlt diesen Bürgern,
Den hohen Lenkern der Kämpfe
Die doppelte Ehre;
Doch für uns ist der Anblick der Toten
Gleich bitter, gleich freudig,
Unverhofftester Tag und auch
Allerschlimmste Erduldung.

ἄγαμόν μ' ἔτι δεῦρ' ἀεὶ   ἀντ.
Χρόνος παλαιὸς πατὴρ
ὤφελ' ἀμερᾶν κτίσαι.
τί γάρ μ' ἔδει παίδων;
τὸ μὲν γὰρ ἤλπιζον ἂν πεπονθέναι   790
πάθος περισσόν, εἰ γάμων ἀπεζύγην,
νῦν δ' ὁρῶ σαφέστατον
κακόν, τέκνων φιλτάτων στερεῖσθαι.

ἀλλὰ τάδ' ἤδη σώματα λεύσσω   an⁴
τῶν οἰχομένων παίδων· μελέα   795
πῶς ἂν ὀλοίμην σὺν τοῖσδε τέκνοις
κοινὸν ἐς Ἅιδην καταβᾶσα;

Αδ   στεναγμόν, ὦ ματέρες,   ia² cr   στρ.
      τῶν κατὰ χθονὸς νεκρῶν   cr ia²
      ἀύσατ' ἀπύσατ' ἀντίφων' ἐμῶν   ia² cr ia²   800
      στεναγμάτων κλύουσαι.   ia² ba
Χο   ὦ παῖδες, ὦ πικρὸν φίλων   ia⁴
      προσηγόρημα ματέρων,   ia⁴
      προσαυδῶ σε τὸν θανόντα.   ba ia²x

Αδ   ἰὼ ἰώ —   ia²   805
Χο   τῶν γ' ἐμῶν κακῶν ἐγώ.   cr ia²
Αδ   αἰαῖ —
Χο   .   .   .   .
Αδ   ἐπάθομεν ὦ —   ia²
Χο   τὰ κύντατ' ἄλγη κακῶν.   ia² cr

Gegenstrophe

Stets ehelos
Hätte uns Alte
Die Mutter der Tage
Bis heute sollen bewahren!
Was brauchten wir Söhne?
Denn da hätten wir ehlose Tage
Als Schlimmstes gefürchtet,
Doch nun sehn wir das Leid des Leids:
Liebe Kinder verlieren.

Auftakte

Doch da sehen wir schon diesen Zug
Der gefallenen Söhne. Wir Armen!
Ach könnten wir doch,
Mit den Kindern vereint
In den Hades ziehn und vergehen!

Strophe

Adrastos

Seufzet, klagt, ihr Mütter, klagt
Um den Sohn im Schattenreich,
Ruft und stöhnt das Wechsellied,
Ich will euch erwidern.

Ch   Ihr Söhne, o Söhne,
          O das bittere Grüßen
          Eurer lieben Mütter.
          Ich grüß dich, toter Sohn...
Ad   O weh, ich klag...
Ch   ... mein Leid voran!
Ad   O weh, ich klag...
Ch   ... und ich mit dir!
Ad   Wir litten viel, ...
Ch   ... das Schlimmste wir!

Αδ   ὦ πόλις Ἀργεία, τὸν ἐμὸν πότμον οὐκ ἐσορᾶτε;   da⁶

Χο   ὁρῶσι κἀμὲ τὰν τάλαι-   ia⁴
      ναν, τέκνων ἄπαιδα.   cr ba   810

Αδ   προσάγετε τῶν δυσπότμων   ἀντ.
      σώμαθ' αἱματοσταγῆ,
      σφαγέντας οὐκ ἄξι' οὐδ' ὑπ' ἀξίων,
      ἐν οἷς ἀγὼν ἐκράνθη.
Χο   δόθ', ὡς περιπτυχαῖσι δὴ   815
      χέρας προσαρμόσασ' ἐμοῖς
      ἐν ἀγκῶσι τέκνα θῶμαι.

Αδ   ἔχεις ἔχεις —
Χο   πημάτων γ' ἅλις βάρος.
Αδ   αἰαῖ.   sp
Χο   τοῖς τεκοῦσι δ' οὐ λέγεις;   cr ia²
Αδ   ἀίετέ μου.   820
Χο   στένεις ἐπ' ἀμφοῖν ἄχη.
Αδ   εἴθε με Καδμείων ἔναρον στίχες ἐν κονίαισιν.

Χο   ἐμὸν δὲ μήποτ' ἐξύγη
      δέμας ἐς ἀνδρὸς εὐνάν.

Αδ   ἴδετε κακῶν πέλαγος, ὦ   ia² cr
      ματέρες τάλαιναι τέκνων.   tr² ia²   825
Χο   κατὰ μὲν ὄνυξιν ἠλοκίσμεθ', ἀμφὶ δὲ   ia⁶
      σποδὸν κάρᾳ κεχύμεθα.   ia² cr
Αδ   ἰὼ ἰώ μοί μοι·   ia² sp
      κατά με πέδον γᾶς ἕλοι,   ia² cr
      διὰ δὲ θύελλα σπάσαι,   ia² cr   830
      πυρός τε φλογμὸς ὁ Διὸς ἐν κάρᾳ πέσοι.   ia⁶

Ad   Argos, o heimische Stadt,
       Sieh mich an, wie ich leide!
Ch   Sie sehen dich, sehen auch uns,
       Die Ärmsten, von Söhnen verlassen.

Gegenstrophe

Ad   Tragt die Toten jetzt herzu,
       Blutbefleckte Könige,
       Roh gefällt von roher Hand
       Im Wechsel der Kämpfe.
Ch   O laßt mich, o laßt mich
       Ihn mit Händen umschlingen,
       An die Brust ihn drücken,
       Das Kind, das ich gebar!
Ad   So nimm, o nimm...
Ch   ... die Last zur Last!
Ad   O weh, ich klag...
Ch   ... um Mütterleid!
Ad   O hört, ich klag...
Ch   ... für dich und uns!
Ad   Hätte das kadmische Heer
       In den Staub mich gerissen!
Ch   O hätt ich doch nimmer und nie
       Das Bett eines Mannes bestiegen!

Schlußstrophe

Ad   Saht ihr das Meer meiner Leiden,
       Ärmste Mütter der Söhne?
Ch   Von Nägeln sind wir zerkratzt,
       Asche bedeckt das Haupt!
Ad   Ach und wehe, ach!
       Nähme die Erde mich auf,
       Zerrisse der Sturm mich,
       Fiele das Feuer des Zeus
       Auf mein Haupt!

Χο πικροὺς ἐσεῖδες γάμους,   ia² cr
   πικρὰν δὲ Φοίβου φάτιν·   ia² cr
   ἔρημά σ’ ἁ πολύστονος Οἰδιπόδα   ia²⏑hem 835
   δώματα λιποῦσ’ ἦλθ’ Ἐρινύς.   ia² tr²

Θη μέλλων σ’ ἐρωτᾶν, ἡνίκ’ ἐξήντλεις στρατῷ
   γόους, ἀφήσω· τοὺς ἐκεῖ μὲν ἐκλιπὼν
   εἴασα μύθους, νῦν δ’ Ἄδραστον ἱστορῶ·   840
   πόθεν ποθ’ οἴδε διαπρεπεῖς εὐψυχίᾳ
   θνητῶν ἔφυσαν; εἰπέ γ’ ὡς σοφώτερος
   νέοισιν ἀστῶν τῶνδ’· ἐπιστήμων γὰρ εἶ.
   εἶδον γὰρ αὐτῶν κρεῖσσον’ ἢ λέξαι λόγῳ
   τολμήμαθ’, οἷς ἤλπιζον αἱρήσειν πόλιν.   845
   ἓν δ’ οὐκ ἐρήσομαί σε, μὴ γέλωτ’ ὄφλω,
   ὅτῳ ξυνέστη τῶνδ’ ἕκαστος ἐν μάχῃ
   ἢ τραῦμα λόγχης πολεμίων ἐδέξατο.
   κενοὶ γὰρ οὗτοι τῶν τ’ ἀκουόντων λόγοι
   καὶ τοῦ λέγοντος, ὅστις ἐν μάχῃ βεβὼς   850
   λόγχης ἰούσης πρόσθεν ὀμμάτων πυκνῆς
   σαφῶς ἀπήγγειλ’ ὅστις ἐστὶν ἀγαθός.
   οὐκ ἂν δυναίμην οὔτ’ ἐρωτῆσαι τάδε
   οὔτ’ αὖ πιθέσθαι τοῖσι τολμῶσιν λέγειν·
   μόλις γὰρ ἄν τις αὐτὰ τἀναγκαῖ’ ὁρᾶν   855
   δύναιτ’ ἂν ἑστὼς πολεμίοις ἐναντίος.

Αδ ἄκουε δή νυν· καὶ γὰρ οὐκ ἄκοντί μοι
   δίδως ἔπαινον ὧν ἔγωγε βούλομαι
   φίλων ἀληθῆ καὶ δίκαι’ εἰπεῖν πέρι.

Ch   Bittre Ehen
     Hast du gesehn,
     Bitter war Phoibos' Spruch.
     Die tränenreiche Erinys,
     Des Oidipus Fluchgeist,
     Verließ ihr Haus
     Und traf dich schwer.

FÜNFTE HAUPTSZENE

Theseus

Als du dem Heer die Klagelieder sangst,
Wollt ich dich fragen, doch ich ließ es sein.
Doch jetzt, Adrastos, gib mir den Bescheid:
Auf welchem Grunde ruht die hohe Art
Der Männer hier? Gib du als reifer Mann
Dies alles meinem jungen Volk bekannt;
Wir kennen ja den unerhörten Mut,
Den sie auf Thebens Veste angewandt!
Ich frage nicht – es wäre lächerlich –,
Wem jeder Kämpfer gegenüberstand
Und wie des Feindes Lanze ihn bezwang.
Was man da spricht und hört, ist leeres Zeug,
Kein Kämpfer weiß ja, wenn vor seinem Aug
Die Lanze schwirrt, was jeder da getaugt.
Nach solchen Dingen frag ich nicht und glaub
Auch keinem Boten, der sichs zugetraut,
Denn kaum sieht einer noch das Nötigste,
Wenn er dem Feinde gegenübersteht.

Adrastos

Vernimm denn, was ich selber schon gewollt!
Das Lob der toten Freunde sei erstellt
Nach voller Wahrheit und Gerechtigkeit.

ὁρᾷς τὸ λάβρον οὗ βέλος διέπτατο;   860
Καπανεὺς ὅδ' ἐστίν· ᾧ βίος μὲν ἦν πολύς,
ἥκιστα δ' ὄλβῳ γαῦρος ἦν· φρόνημα δὲ
οὐδέν τι μεῖζον εἶχεν ἢ πένης ἀνήρ,
φεύγων τραπέζαις ὅστις ἐξογκοῖτ' ἄγαν
τἀρκοῦντ' ἀτίζων· οὐ γὰρ ἐν γαστρὸς βορᾷ   865
τὸ χρηστὸν εἶναι, μέτρια δ' ἐξαρκεῖν ἔφη.
φίλοις τ' ἀληθὴς ἦν φίλος, παροῦσί τε
καὶ μὴ παροῦσιν· ὧν ἀριθμὸς οὐ πολύς.
ἀψευδὲς ἦθος, εὐπροσήγορον στόμα,
ἄκραντον οὐδὲν οὔτ' ἐς οἰκέτας ἔχων   870
οὔτ' ἐς πολίτας. τὸν δὲ δεύτερον λέγω
Ἐτέοκλον, ἄλλην χρηστότητ' ἠσκηκότα·
νεανίας ἦν τῷ βίῳ μὲν ἐνδεής,
πλείστας δὲ τιμὰς ἔσχ' ἐν Ἀργείᾳ χθονί.
φίλων δὲ χρυσὸν πολλάκις δωρουμένων   875
οὐκ εἰσεδέξατ' οἶκον ὥστε τοὺς τρόπους
δούλους παρασχεῖν χρημάτων ζευχθεὶς ὕπο.
τοὺς δ' ἐξαμαρτάνοντας, οὐχὶ τὴν πόλιν
ἤχθαιρ'· ἐπεί τοι κοὐδὲν αἰτία πόλις
κακῶς κλύουσα διὰ κυβερνήτην κακόν.   880
ὁ δ' αὖ τρίτος τῶνδ' Ἱππομέδων τοιόσδ' ἔφυ·
παῖς ὢν ἐτόλμησ' εὐθὺς οὐ πρὸς ἡδονὰς
Μουσῶν τραπέσθαι πρὸς τὸ μαλθακὸν βίου,
ἀγροὺς δὲ ναίων, σκληρὰ τῇ φύσει διδοὺς
ἔχαιρε πρὸς τἀνδρεῖον, ἔς τ' ἄγρας ἰὼν   885
ἵπποις τε χαίρων τόξα τ' ἐντείνων χεροῖν,
πόλει παρασχεῖν σῶμα χρήσιμον θέλων.
ὁ τῆς κυναγοῦ δ' ἄλλος Ἀταλάντης γόνος
παῖς Παρθενοπαῖος, εἶδος ἐξοχώτατος,
Ἀρκὰς μὲν ἦν, ἐλθὼν δ' ἐπ' Ἰνάχου ῥοὰς   890
παιδεύεται κατ' Ἄργος. ἐκτραφεὶς δ' ἐκεῖ
πρῶτον μέν, ὡς χρὴ τοὺς μετοικοῦντας ξένους,
λυπηρὸς οὐκ ἦν οὐδ' ἐπίφθονος πόλει
οὐδ' ἐξεριστὴς τῶν λόγων, ὅθεν βαρὺς
μάλιστ' ἂν εἴη δημότης τε καὶ ξένος.   895

Siehst du, den Zeus mit seinem Feuer traf,
Den Kapaneus? Er war an Gütern reich,
Doch ohne jeden Dünkel, ja sein Stolz
Hat keinen armen Menschen überragt.
Er liebte schmalen Tisch, der nicht beschwert
Und doch zum Leben reicht; den vollen Bauch
Verdammte er und pries die Mäßigkeit.
Er war den Freunden treu, den nahen und
Den fernen. Solcher gibt es wenige.
Ein Wesen ohne Falsch, ein froher Mund,
Zu Dienern und zu Bürgern ohne Stolz. –
Fürst Étoklos ist dieser zweite Mann,
Der sich in andren Tugenden geübt.
Noch jung und ohne Güter nahm er bald
Im Argosland die höchsten Ehren ein.
Oft boten ihm die Freunde Gold, er nahm
Es nie, das Joch des Reichtums sollte ihm
Den Geist zum Sklaven nicht erniedrigen.
Er haßte falsche Führer, nicht das Volk,
Das keine Schuld hat, wenn sein guter Ruf
Vom schlechten Steuermann verdorben wird. –
Hippomedon, der dritte, hatte schon
Als Knabe sich den Musen abgewandt,
Floh ihre Freuden, jede Weichlichkeit,
Zog rauhe Lebensart der Bauern vor,
Gewann sich Heldenkräfte auf der Jagd,
An wilden Pferden und im Bogenschuß,
Kurz allem, was den Leib zum Kampfe stählt. –
Dann Atalantes Sohn, der Jägerin,
Parthénopáios, jung und strahlend schön,
Arkader, früh zum Inachos gelangt
Und dort erzogen. Wie es Fremden ziemt,
War er nie kränkend, war er ohne Neid
Und ohne Zanksucht, überall beliebt.

λόχοις δ' ἐνεστὼς ὥσπερ 'Αργεῖος γεγὼς
ἤμυνε χώρᾳ, χὠπότ' εὖ πράσσοι πόλις,
ἔχαιρε, λυπρῶς δ' ἔφερεν, εἴ τι δυστυχοῖ.
πολλοὺς δ' ἐραστὰς κἀπὸ θηλειῶν ὅσας
ἔχων ἐφρούρει μηδὲν ἐξαμαρτάνειν.   900
Τυδέως δ' ἔπαινον ἐν βραχεῖ θήσω μέγαν·
οὐκ ἐν λόγοις ἦν λαμπρός, ἀλλ' ἐν ἀσπίδι.   902
ἐκ τῶνδε μὴ θαύμαζε τῶν εἰρημένων,   909
Θησεῦ, πρὸ πύργων τούσδε τολμῆσαι θανεῖν.   910
τὸ γὰρ τραφῆναι μὴ κακῶς αἰδῶ φέρει·
αἰσχύνεται δὲ τἀγάθ' ἀσκήσας ἀνὴρ
κακὸς γενέσθαι πᾶς τις. ἡ δ' εὐανδρία
διδακτός, εἴπερ καὶ βρέφος διδάσκεται
λέγειν ἀκούειν θ' ὧν μάθησιν οὐκ ἔχει.   915
ἃ δ' ἂν μάθῃ τις, ταῦτα σῴζεσθαι φιλεῖ
πρὸς γῆρας. οὕτω παῖδας εὖ παιδεύετε.

Χο ἰὼ τέκνον, δυστυχῆ σ'   ia² cr
    ἔτρεφον, ἔφερον ὑφ' ἥπατος   ia⁴
    πόνους ἐνεγκοῦσ' ἐν ὠδῖσι· καὶ ia² cr²   920
    νῦν ῾Αιδας τὸν ἐμὸν   hem
    ἔχει μόχθον ἀθλίας,   ba ia²
    ἐγὼ δὲ γηροβοσκὸν οὐκ ἔχω, τεκοῦσ' ia⁶
    ἁ τάλαινα παῖδα.   cr ba

δεινὸς σοφιστής, πολλά τ' ἐξευρεῖν σοφά.   903
γνώμῃ δ' ἀδελφοῦ Μελεάγρου λελειμμένος,
ἴσον παρέσχεν ὄνομα διὰ τέχνης δορός,   905
εὑρὼν ἀκριβῆ μουσικὴν ἐν ἀσπίδι·
φιλότιμον ἦθος πλούσιον, φρόνημα δὲ
ἐν τοῖσιν ἔργοις, οὐχὶ τοῖς λόγοις, ἴσον.

Wie ein Argiver trat er in das Heer
Und focht für Argos, freudig jeden Siegs,
Bei jeder Niederlage schwer bedrückt.
Von Männern, und erst recht vom Frauenvolk
Begehrt, blieb er von jedem Fehler rein. –
Zu Tydeus' Lob genügt ein kurzes Wort:
Kein Held in Worten, größter Mann des Speers. –
Nach allem diesem wundere dich nicht,
Daß sie ihr Leben wagten vor der Burg.
Die gute Zucht erweckt das Ehrgefühl,
Wer Edles übt, will nie ein Feigling sein.
Die Tugend wird erlernt, so wie ein Kind
Das Unbekannte hört und sagt und weiß.
Was Knaben lernen, bleibt den Greisen treu.
So sorgt, daß ihr die Kinder recht belehrt!

Ch O weh, mein Kind, zum Unglück
    Zog ich dich auf,
    Trug ich dich schon
    Unterm Herzen, bestand
    Die Qual der Geburt,
    Und nun pflückt der Hades
    Die Frucht meiner Mühen.
    Ich Arme gebar,
    Doch niemand beschützt mich im Alter.

Θη καὶ μὴν τὸν Οἰκλέους γε γενναῖον τόκον   925
     θεοὶ ζῶντ' ἀναρπάσαντες ἐς μυχοὺς χθονὸς
     αὐτοῖς τεθρίπποις εὐλογοῦσιν ἐμφανῶς·
     τὸν Οἰδίπου δὲ παῖδα, Πολυνείκην λέγω,
     ἡμεῖς ἐπαινέσαντες οὐ ψευδοίμεθ' ἄν.
     ξένος γὰρ ἦν μοι πρὶν λιπὼν Κάδμου πόλιν   930
     φυγῇ πρὸς Ἄργος διαβαλεῖν αὐθαίρετος.
     ἀλλ' οἶσθ' ὃ δρᾶσαι βούλομαι τούτων πέρι;
Αδ οὐκ οἶδα πλὴν ἕν, σοῖσι πείθεσθαι λόγοις.
Θη τὸν μὲν Διὸς πληγέντα Καπανέα πυρὶ —
Αδ ἦ χωρὶς ἱερὸν ὡς νεκρὸν θάψαι θέλεις;   935
Θη ναί· τοὺς δέ γ' ἄλλους πάντας ἐν μιᾷ πυρᾷ.
Αδ ποῦ δῆτα θήσεις μνῆμα τῷδε χωρίσας;
Θη αὐτοῦ παρ' οἴκους τούσδε συμπήξας τάφον.
Αδ οὗτος μὲν ἤδη δμωσὶν ἂν μέλοι πόνος.
Θη ἡμῖν δέ γ' οἷδε· στειχέτω δ' ἄχθη νεκρῶν.   940
Αδ ἴτ', ὦ τάλαιναι μητέρες, τέκνων πέλας.
Θη ἥκιστ', Ἄδραστε, τοῦτο πρόσφορον λέγεις.
Αδ πῶς; τὰς τεκούσας οὐ χρεὼν ψαῦσαι τέκνων;
Θη ὄλοιντ' ἰδοῦσαι τούσδ' ἂν ἠλλοιωμένους.
Αδ πικρὰ γὰρ ὄψις αἷμα κὠτειλαὶ νεκρῶν.   945
Θη τί δῆτα λύπην ταῖσδε προσθεῖναι θέλεις;
Αδ νικᾷς. μένειν χρὴ τλημόνως· λέγει γὰρ εὖ
     Θησεύς· ὅταν δὲ τούσδε προσθῶμεν πυρί,
     ὀστᾶ προσάξεσθε. ὦ ταλαίπωροι βροτῶν,
     τί κτᾶσθε λόγχας καὶ κατ' ἀλλήλων φόνους   950
     τίθεσθε; παύσασθ', ἀλλὰ λήξαντες πόνων
     ἄστη φυλάσσεθ' ἥσυχοι μεθ' ἡσύχων.
     σμικρὸν τὸ χρῆμα τοῦ βίου· τοῦτον δὲ χρὴ
     ὡς ῥᾷστα καὶ μὴ σὺν πόνοις διεκπερᾶν.

The Und dann Oïkles' Sohn! Ihn holten ja
     Die Götter lebend im Gespann zum Schoß
     Der Erde. Allen strahlt sein hoher Ruhm. –
     Und Polyneikes, Sohn des Oidipus?
     Ich muß ihn loben ohne Vorbehalt.
     Er war mein Gastfreund, eh er Theben ließ
     Und freien Willens zu Adrastos zog. –
     Doch hab ich einen Auftrag noch für dich.
Ad   Ich weiß nicht welchen, doch er ist erfüllt.
The Er gilt dem blitzgetroffnen Kápaneûs...
Ad   Verbrennt ihn einzeln, denn er ist des Zeus.
The Die andern nimmt ein großer Holzstoß auf.
Ad   Wo stellst du Kápaneûs das Grabmal auf?
The Hier bei den Tempeln wird es ihm gebaut.
Ad   So fällt das Werk den Tempeldienern zu.
The Das andre uns. Der Zug bewege sich!
Ad   So tretet, arme Mütter, nah heran!
The Du hältst sie besser noch von ihnen fern.
Ad   Die armen Mütter von dem eignen Sohn?
The Es bräch ihr Herz, sie so entstellt zu sehn!
Ad   Man weiß es doch, was Blut und Wunden sind.
The Warum noch häufen, was schon traurig ist?
Ad   So haltet standhaft aus! Was Theseus sagt,
     Ist richtig. Nehme sie das Feuer auf.
     Dann holt die Urnen! Arme Sterbliche,
     Ihr fertigt Waffen, schlagt einander tot:
     Hört auf mit dieser Plackerei, bewahrt
     Die Städte friedlich unter Friedlichen!
     Das Leben ist ein kleines Ding; man soll
     Es leichthin führen, ohne viele Müh.

Χο οὐκέτ' εὔτεκνος, οὐκέτ' εὔ-   gl   στρ.
   παις, οὐδ' εὐτυχίας μέτε-   gl   956
   στίν μοι κουροτόκοις ἐν 'Αργείαις·   gl sp
   οὐδ' "Αρτεμις λοχία   sp‿ch
   προσφθέγξαιτ' ἂν τὰς ἀτέκνους.   sp² ch
   δυσαίων δ' ὁ βίος,   ‿–ch   960
   πλαγκτὰ δ' ὡσεί τις νεφέλα   sp² ch
   πνευμάτων ὑπὸ δυσχίμων ἀίσσω.   gl ba

   ἑπτὰ ματέρες ἑπτὰ κού-   ἀντ.
   ρους ἐγεινάμεθ' αἱ ταλαί-
   πωροι κλεινοτάτους ἐν 'Αργείοις·   965
   καὶ νῦν ἄπαις ἄτεκνος
   γηράσκω δυστανοτάτως,
   οὔτ' ἐν φθιμένοις   –ch
   οὔτ' ἐν ζωοῖσιν †ἀριθμουμένη†,
   χωρὶς δή τινα τῶνδ' ἔχουσα μοῖραν.   970

   ὑπολελειμμένα μοι δάκρυα·   gl
   μέλεα παιδὸς ἐν οἴκοις   gl‸
   κεῖται μνήματα, πένθιμοι   gl
   κουραὶ καὶ στέφανοι κόμας,   gl
   λοιβαί τε νεκύων φθιμένων,   ia² ch
   ἀοιδαί θ' ἃς χρυσοκόμας   ba–ch   975
   'Απόλλων οὐκ ἐνδέχεται·   ba–ch

FÜNFTES STANDLIED

Chor

Strophe

Ohne Kinder, ohne Söhne!
Nicht mehr unter den Müttern
Von Argos sind wir gepriesen,
Helferin Artemis
Kennt die Verwaisten nicht mehr.
Unselig ward unser Leben.
Wie eine jagende
Wolke im Sturmwind
Werd ich getrieben.

Gegenstrophe

Sieben Mütter, sie gebaren
Sieben strahlende Söhne,
Des Landes Krone. Doch wehe,
Ohne der Mütter Glück
Altern wir elend dahin.
Man zählt uns nicht zu den Toten,
Nicht zu den Lebenden:
Fernweg von beiden
Stieß uns das Schicksal.

Schlußstrophe

Geblieben sind nur Tränen!
Als traurige Zeichen der Söhne
Sieht man im Hause
Geschorenes Haar statt der Kränze,
Die Spenden der Toten,
Gesänge, die der goldgelockte
Apollon nicht entgegennimmt.

γόοισι δ' ὀρθρευομένα   ia² ch
δάκρυσι νοτερὸν ἀεὶ πέπλων   ia⁴
πρὸς στέρνῳ πτύχα τέγξω.   gl∧

καὶ μὴν θαλάμας τάσδ' ἐσορῶ δὴ   an⁴   980
Καπανέως ἤδη τύμβον θ' ἱερὸν
μελάθρων τ' ἐκτὸς
Θησέως ἀναθήματα νεκροῖς,
κλεινήν τ' ἄλοχον τοῦ καπφθιμένου
τοῦδε κεραυνῷ πέλας Εὐάδνην,   985
ἣν Ἴφις ἄναξ παῖδα φυτεύει.
τί ποτ' αἰθερίαν ἔστηκε πέτραν,
ἦ τῶνδε δόμων ὑπερακρίζει,
τήνδ' ἐμβαίνουσα κέλευθον;

Εὐάδνη

τί φέγγος, τίν' αἴγλαν   ba²   στρ.
ἐδίφρευε τόθ' Ἅλιος   ·gl   991
Σελάνα τε κατ' αἰθέρ', ἃ   ·gl
λαμπάδ' ὠκυθόαν ἔφαιν'   gl
ἱππεύουσα δι' ὄρφνας,   gl∧
ἀνίκα γάμων γάμων   ia²∪–   995
τῶν ἐμῶν πόλις Ἄργους   gl∧
ἀοιδάς, εὐδαιμονίας,   ba–ch
ἐπύργωσε καὶ γαμέτα   ba∪ch
χαλκεοτευχοῦς Καπανέως.   ch²
πρός σ' ἔβαν δρομὰς ἐξ ἐμῶν   gl   1000
οἴκων ἐκβακχευσαμένα,   sp² ch
πυρᾶς φῶς τάφον τε   ba²
ματεύσουσα τὸν αὐτόν,   ·gl∧
ἐς Ἅιδαν καταλύσουσ' ἔμμοχθον   ·gl sp

Mit Klagen beginnt unser Tag
Und immerzu netzen wir
Des Busenkleids Falten.

SECHSTE HAUPTSZENE

Chor *Auftakte*

Und schon seh ich errichtet
Des Kápaneus Lager, das heilige Mal,
Seh draußen vom Tor,
Was Theseus den Toten gewidmet.
Da steht auch Euádne, des Iphis Kind
Und des blitzgetroffnen Fürsten Weib;
Hoch über dem Haus
Beschreitet sie einsame Pfade.

Euadne

Was brachte das Licht, was brachte der Glanz,
Der von Helios' Wagen,
Von Selene her,
Auf schnellem Strahl
Durch das Dunkel herabfuhr,
Als Argos' Stadt
Meiner Brautnacht, der Brautnacht
Seliges Glück mit Gesängen
Zum Himmel erhob und des Kápaneûs,
Meines strahlend gerüsteten Gatten?
Zu dir kam ich eilends vom Haus
Gestürmt in mänadischem Taumel,
Suchte den brennenden Holzstoß,
Das gemeinsame Grab,
Im Hades zu rasten von Mühen

βίοτον αἰῶνός τε πόνους·   ba–ch   1005
ἥδιστος γάρ τοι θάνατος   sp² ch
συνθνήσκειν θνήσκουσι φίλοις,   sp² ch
εἰ δαίμων τάδε κραίνοι.   gl∧

Χο   καὶ μὴν ὁρᾷς τήνδ᾽ ἧς ἐφέστηκας πέλας   ia⁶
πυράν, Διὸς θησαυρόν, ἔνθ᾽ ἔνεστι σὸς   1010
πόσις δαμασθεὶς λαμπάσιν κεραυνίοις.

Ευ   ὁρῶ δὴ τελευτάν,   ba²   ἀντ.
ἵν᾽ ἔστακα· τύχα δέ μοι   ·gl
ξυνάπτει ποδός· ἀλλὰ τᾶς   ·gl
εὐκλείας χάριν ἔνθεν ὁρ-   gl   1015
μάσω τᾶσδ᾽ ἀπὸ πέτρας πη-   gl
δήσασα πυρὸς ἔσω,   –ch–
σῶμά τ᾽ αἴθοπι φλογμῷ   gl∧
πόσει συμμείξασα φίλον,   ba–ch   1020
χρῶτα χρωτὶ πέλας θεμένα,   cruᴗch
Φερσεφονείας ἥξω θαλάμους,   ch sp ch
σὲ τὸν θανόντ᾽ οὔποτ᾽ ἐμᾷ   ia² ch
προδοῦσα ψυχᾷ κατὰ γᾶς.   ba–ch
ἴτω φῶς γάμοι τε·   ba²   1025
εἴθε †τινὲς εὐναὶ   ia²–
δικαίων ὑμεναίων ἐν Ἄργει   ·gl∧ ba
φανῶσιν τέκνοισιν † ὁ σὸς δ᾽   ba–ch
εὐναῖος γαμέτας   sp ch
συντηχθεὶς αὔραις ἀδόλοις   sp² ch
γενναίας ψυχᾶς ἀλόχῳ   sp² ch   1030

Χο   καὶ μὴν ὅδ᾽ αὐτὸς σὸς πατὴρ βαίνει πέλας   ia⁶
γεραιὸς Ἶφις ἐς νεωτέρους λόγους,
οὓς οὐ κατειδὼς πρόσθεν ἀλγήσει κλύων.

Ἶφις

ὦ δυστάλαιναι, δυστάλας δ᾽ ἐγὼ γέρων,
ἥκω διπλοῦν πένθημ᾽ ὁμαιμόνων ἔχων,   1035

Des Lebens und des Daseins Qual.
Süßester Tod,
Zu sterben mit sterbendem Freund,
Wenn die Gottheit es fügt.

Chf Schon siehst du diesen Brandplatz unter dir,
Den mächtigen Holzstoß deines Ehgemahls,
Den Zeus mit seinem Blitzstrahl niederwarf.

Eu   Hier bin ich am jähen Ende des Wegs,
Hier, wo ich stehe.
Das Glück hat mir
Den Sprung meines Fußes geboten.
Um Ruhm zu erwerben,
Stürm ich vom Felsen davon,
Hinab auf den Holzstoß,
Vereine dem Gatten den lieben Leib
In Gluten des Feuers,
Schmiege die Brust an die Brust
Auf dem Weg zu Persephones Haus
Und verrate den Toten im Boden
Nicht durch mein Leben im Licht.
Leb wohl, du Licht, du Glück!
Sei solches Glück
Treuer Vermählung
Unsern Kindern beschieden
Wie diesem Gatten meines Bettes,
Der im truglosen Atem verschmolz
Mit der edlen Seele der Gattin.

Chf Doch sieh, da kommt dein Vater Iphis selbst,
Der Greis begehrt den neuesten Bescheid,
Den unverhofften, der ihn schwer betrübt.

Iphis

Unselge Fraun, und ich unselger Greis,
Der Doppeltrauer um die Lieben trägt,

τὸν μὲν θανόντα παῖδα Καδμείων δορὶ
Ἐτέοκλον ἐς γῆν πατρίδα ναυσθλώσων νεκρόν,
ζητῶν τ' ἐμὴν παῖδ', ἢ δόμων ἐξώπιος
βέβηκε πηδήσασα Καπανέως δάμαρ,
θανεῖν ἐρῶσα σὺν πόσει. χρόνον μὲν οὖν   1040
τὸν πρόσθ' ἐφρούρειτ' ἐν δόμοις· ἐπεὶ δ' ἐγὼ
φυλακὰς ἀνῆκα τοῖς παρεστῶσιν κακοῖς,
βέβηκεν. ἀλλὰ τῇδέ νιν δοξάζομεν
μάλιστ' ἂν εἶναι· φράζετ' εἰ κατείδετε.

Ευ   τί τάσδ' ἐρωτᾷς; ἥδ' ἐγὼ πέτρας ἔπι   1045
ὄρνις τις ὡσεὶ Καπανέως ὑπὲρ πυρᾶς
δύστηνον αἰώρημα κουφίζω, πάτερ.

Ιφ   τέκνον, τίς αὔρα; τίς στόλος; τίνος χάριν
δόμων ὑπεκβᾶσ' ἦλθες ἐς τήνδε χθόνα;

Ευ   ὀργὴν λάβοις ἂν τῶν ἐμῶν βουλευμάτων   1050
κλύων· ἀκοῦσαι δ' οὔ σε βούλομαι, πάτερ.

Ιφ   τί δ'; οὐ δίκαιον πατέρα τὸν σὸν εἰδέναι;

Ευ   κριτὴς ἂν εἴης οὐ σοφὸς γνώμης ἐμῆς.

Ιφ   σκευῇ δὲ τῇδε τοῦ χάριν κοσμεῖς δέμας;

Ευ   θέλει τι κλεινὸν οὗτος ὁ στολμός, πάτερ.   1055

Ιφ   ὡς οὐκ ἐπ' ἀνδρὶ πένθιμος πρέπεις ὁρᾶν.

Ευ   ἐς γάρ τι πρᾶγμα νεοχμὸν ἐσκευάσμεθα.

Ιφ   κἄπειτα τύμβῳ καὶ πυρᾷ φαίνῃ πέλας;

Ευ   ἐνταῦθα γὰρ δὴ καλλίνικος ἔρχομαι.

Ιφ   νικῶσα νίκην τίνα; μαθεῖν χρῄζω σέθεν.   1060

Ευ   πάσας γυναῖκας ἃς δέδορκεν ἥλιος.

Ιφ   ἔργοις Ἀθάνας ἢ φρενῶν εὐβουλίᾳ;

Ευ   ἀρετῇ· πόσει γὰρ συνθανοῦσα κείσομαι.

Ιφ   τί φής; τί τοῦτ' αἴνιγμα σημαίνεις σαθρόν;

Ευ   ᾄσσω θανόντος Καπανέως τήνδ' ἐς πυράν.   1065

Ιφ   ὦ θύγατερ, οὐ μὴ μῦθον ἐς πολλοὺς ἐρεῖς.

Ευ   τοῦτ' αὐτὸ χρῄζω, πάντας Ἀργείους μαθεῖν.

Ιφ   ἀλλ' οὐδέ τοί σοι πείσομαι δρώσῃ τάδε.

Ευ   ὅμοιον· οὐ γὰρ μὴ κίχῃς μ' ἑλὼν χερί.
καὶ δὴ παρεῖται σῶμα — σοὶ μὲν οὐ φίλον,   1070
ἡμῖν δὲ καὶ τῷ συμπυρουμένῳ πόσει.

Der den gefallnen Étoklos, den Sohn,
Zur Heimat bringt und seine Tochter sucht,
Die fortlief aus dem Haus, um mit dem Mann,
Mit Kápaneûs zu sterben. Lange Zeit
War sie daheim bewacht; in meinem Leid
Versäumte ich die Obhut und sie floh.
Ich denke, daß sie doch am ehesten
Hieher kam. Ward sie irgendwo gesehn?

Eu *von oben*
Du fragst die Fraun, doch schweb ich in der Höh,
Mein Vater, wie ein Vogel, auf dem Fels
Hoch über Kápaneûs' entflammtem Grab.

Iph O welcher Taumel, welcher Prunk, mein Kind!
Was trieb dich zu der Flucht in dieses Land?

Eu Du würdest, Vater, zürnen dem Entschluß,
So möcht ich lieber, daß dus nicht erfährst.

Iph Ist es denn Unrecht, wenns dein Vater weiß?

Eu Du bist kein weiser Richter meines Plans.

Iph Das reichste Festkleid hast du angetan!

Eu Die Schmückung, Vater, weist auf Seltenes!

Iph Man sieht ihr keine Witwentrauer an!

Eu Ich bin zu unerhörter Tat geschmückt!

Iph An diesem Grab? An einem Scheiterstoß?

Eu Ich stehe hier als stolze Siegerin!

Iph Als Siegerin? Wen hast du denn besiegt?

Eu Jedwede Frau auf dieser ganzen Welt!

Iph In klugen Werken? In Athenes Kunst?

Eu Als treu Gefolge dessen, der hier liegt!

Iph Dies Rätselwort, mein Kind, gefällt mir nicht.

Eu Ich stürz ins Flammengrab des Kápaneûs.

Iph O Tochter, solches Wort vor allem Volk!

Eu Ein Wort, das jeder Grieche hören soll!

Iph Und eine Tat, die ich nicht dulden kann.

Eu Gleichgiltig, deine Hand erreicht mich nicht.
Schon flamm ich auf zu deinem Leid, zum Glück
Der Gatten, die der Flammentod vereint.

Χο ἰώ,
    γύναι, δεινὸν ἔργον ἐξειργάσω.   do²

Ιφ ἀπωλόμην δύστηνος, Ἀργείων κόραι.   ia⁶
Χο ἒ ἔ,
    σχέτλια τάδε παθών,   do
    τὸ πάντολμον ἔργον ὄψῃ τάλας.   do²   1075

Ιφ οὐκ ἄν τιν' εὕροιτ' ἄλλον ἀθλιώτερον.   ia⁶
Χο ἰὼ τάλας·   ia²
    μετέλαχες τύχας Οἰδιπόδα, γέρον,   do²
    μέρος καὶ σὺ καὶ πόλις ἐμὰ τλάμων.   do²

Ιφ οἴμοι· τί δὴ βροτοῖσιν οὐκ ἔστιν τόδε,   ia⁶   1080
    νέους δὶς εἶναι καὶ γέροντας αὖ πάλιν;
    ἀλλ' ἐν δόμοις μὲν ἤν τι μὴ καλῶς ἔχῃ,
    γνώμαισιν ὑστέραισιν ἐξορθούμεθα,
    αἰῶνα δ' οὐκ ἔξεστιν. εἰ δ' ἦμεν νέοι
    δὶς καὶ γέροντες, εἴ τις ἐξημάρτανε,   1085
    διπλοῦ βίου λαχόντες ἐξωρθούμεθ' ἄν.
    ἐγὼ γὰρ ἄλλους εἰσορῶν τεκνουμένους
    παίδων ἐραστὴς ἦ πόθῳ τ' ἀπωλλύμην.
    εἰ δ' ἐς τόδ' ἦλθον κἀξεπειράθην πάρος
    οἷον στέρεσθαι πατέρα γίγνεται τέκνων,   1090
    οὐκ ἄν ποτ' ἐς τόδ' ἦλθον εἰς ὃ νῦν κακόν·
    ὅστις φυτεύσας καὶ νεανίαν τεκὼν
    ἄριστον, εἶτα τοῦδε νῦν στερίσκομαι.
    εἶἑν· τί δὴ χρὴ τὸν ταλαίπωρόν με δρᾶν;
    στείχειν πρὸς οἴκους; κᾆτ' ἐρημίαν ἴδω   1095
    πολλῶν μελάθρων, ἀπορίαν τ' ἐμῷ βίῳ;
    ἢ πρὸς μέλαθρα τοῦδε Καπανέως μόλω;
    ἥδιστα πρίν γε δῆθ', ὅτ' ἦν παῖς ἥδε μοι.
    ἀλλ' οὐκέτ' ἔστιν, ἥ γ' ἐμὴν γενειάδα

Wechsellied

Ch   Ach, o Weib,
       Schreckliche Tat
       Hast du begangen!
Iph Ihr Argostöchter, dieses ist mein Tod!
Ch   Oh, oh,
       Schlimmstes erfuhrst du.
       Doch du Armer
       Lerntest verwegenste
       Tat noch hinzu!
Iph Ihr findet keinen, der so Schweres sah!
Ch   Du armer Alter,
       Auch du bekamst dein Teil
       An Oidipus' Fluch,
       Sowohl du selbst
       Als unsre ganze Stadt.
Iph Ach, warum ist den Menschen nicht vergönnt,
     Zweimal ein Jüngling, zweimal alt zu sein?
     Ist uns im Hause etwas schlecht bestellt,
     Die spätere Erfahrung macht es wett –
     Doch nicht das Leben! Zweimal jung und alt:
     Ein zweites Leben höb den Fehler auf.

     Als ich die Leute Söhne zeugen sah,
     Begehrt ich eigne und erstarb vor Neid.
     Hätt ich im ersten Leben schon erlebt,
     Was Tod des Kinds für einen Vater ist,
     So wär ich nie in dieses Leid gestürzt
     Und hätte nicht den besten Sohn gezeugt,
     Der mir für immer jetzt entrissen ist.
     Genug davon. Doch sagt, was fang ich an?
     Im Hause treff ich nur die Einsamkeit,
     Die leeren Räume, keinen Alterstrost.
     Geh ich zum Hause dieses Kápaneûs?
     Ich ging so gern, als sie am Leben war.
     Nun ist sie tot, die immer einen Kuß

προσήγετ' αἰεὶ στόματι καὶ κάρα τόδε　　　　　　1100
κατεῖχε χειρί· πατρὶ δ' οὐδὲν ἥδιον
γέροντι θυγατρός· ἀρσένων δὲ μείζονες
ψυχαί, γλυκεῖαι δ' ἧσσον ἐς θωπεύματα.
οὐχ ὡς τάχιστα δῆτά μ' ἄξετ' ἐς δόμους;
σκότῳ δὲ δώσετ'· ἔνθ' ἀσιτίαις ἐμὸν　　　　　　1105
δέμας γεραιὸν συντακεὶς ἀποφθερῶ.
τί μ' ὠφελήσει παιδὸς ὀστέων θιγεῖν;
ὦ δυσπάλαιστον γῆρας, ὡς μισῶ σ' ἔχων,
μισῶ δ' ὅσοι χρῄζουσιν ἐκτείνειν βίον,
βρωτοῖσι καὶ ποτοῖσι καὶ μαγεύμασι　　　　　　1110
παρεκτρέποντες ὀχετὸν ὥστε μὴ θανεῖν·
οὓς χρῆν, ἐπειδὰν μηδὲν ὠφελῶσι γῆν,
θανόντας ἔρρειν κἀκποδὼν εἶναι νέοις.

Χο ἰώ·
　　καὶ μὴν παίδων τάδε δὴ φθιμένων　　　an⁴
　　ὀστᾶ φέρεται. λάβετ', ἀμφίπολοι,　　　　　　1115
　　γραίας ἀμενοῦς — οὐ γὰρ ἔνεστιν
　　ῥώμη παίδων ὑπὸ πένθους —
　　πολλοῦ τε χρόνου ζώσης μέτρα δὴ
　　καταλειβομένης τ' ἄλγεσι πολλοῖς.
　　τί γὰρ ἂν μεῖζον τοῦδ' ἔτι θνητοῖς　　　　　　1120
　　πάθος ἐξεύροις
　　ἢ τέκνα θανόντ' ἐσιδέσθαι;

Auf meine Wange drückte und dies Haupt
In Händen hielt. Ein alter Vater kennt
Nichts Süßres als die Tochter, Söhne sind
Zwar tapfrer, aber nicht so schmeichlerisch.
So führt mich schnell hinweg und übergebt
Mich einem dunklen Winkel, wo ich ohne Kost
Den alten Leib verzehre und vergeh.
Was tu ich mit der Asche meines Sohns?
O schwere Last des Alters, mir verhaßt
Wie jeder, der aus bloßer Lebensgier
Mit Kräutern, Tränken und mit Zauberkunst
Den Graben ablenkt, der zum Tode führt.
Wer nichts mehr nützen kann, der trete ab
Und mache Jüngeren die Wege frei!

ab

Chor *Auftakte*

O seht der gefallenen Söhne Gebein,
Man trägt es herbei.
Ach, ihr dienenden Fraun,
Faßt den matten Leib!
Seine Kraft nahm fort
Der Schmerz um die Söhne!
Wie lang lebten wir schon
Und wie hat uns dann noch
Dieser Kummer verzehrt!
Läßt ein größeres Leid
Sich erdenken auf Erden
Als den Tod der Kinder zu schauen?

Παῖδες

φέρω φέρω,	ia²	στρ.
τάλαινα μᾶτερ, ἐκ πυρὸς πατρὸς μέλη,	ia⁶	
βάρος μὲν οὐκ ἀβριθὲς ἀλγέων ὕπερ,	ia⁶	1125
ἐν δ᾽ ὀλίγῳ τἀμὰ πάντα συνθείς.	ch cr ba	

Χο ἰὼ ἰώ,	ia²	
παῖ, φέρεις δάκρυα φίλᾳ	cr ia²	
ματρὶ τῶν ὀλωλότων,	cr ia²	
σποδοῦ τε πλῆθος ὀλίγον ἀντὶ σωμάτων	ia⁶	1130
εὐδοκίμων δήποτ᾽ ἐν Μυκήναις.	ch cr ba	

Πα ἄπαις, ἄπαις·	ἀντ.
ἐγὼ δ᾽ ἔρημος ἀθλίου πατρὸς τάλας	
ἔρημον οἶκον ὀρφανεύσομαι λαβών,	
οὐ πατρὸς ἐν χερσὶ τοῦ τεκόντος.	

Χο ἰὼ ἰώ·	
ποῦ δὲ πόνος ἐμῶν τόκων,	1185
ποῦ λοχευμάτων χάρις;	
τροφαί τε ματρὸς ἄυπνά τ᾽ ὀμμάτων τέλη,	
καὶ φίλιαι προσβολαὶ προσώπων;	

SECHSTES STANDLIED

Chor

**Sechsstrophiges Wechsellied
der Knaben und Mütter**

Strophe

Knabe

Ich trag, ich trag,
Du arme Mutter,
Des Vaters Glieder
Aus dem Brand,
So schwer, doch nur
Vom Kummer schwer,
Im kleinen Raum mein Hab und Gut.

Mutter

Tränen nur bringst du der lieben
Mutter, nur Klage der Toten,
So wenig Asche statt der Leiber,
Die ganz Mykenä pries.

Gegenstrophe

Kn   Ach, ach, ach, ach!
Ich armer Knabe,
Des armen Vaters
Ganz beraubt,
Soll Waise sein
Im leeren Haus
Und nicht in Vaters liebem Arm!

Mu   Fort ist die Müh der Geburten,
Fort der Entbindungen Segen,
Gereichte Brust und wache Nächte,
Die Wangen eng geschmiegt.

Πα βεβᾶσιν, οὐκέτ' εἰσίν· οἴμοι πάτερ·   ia⁴ cr   στρ.
    βεβᾶσιν. αἰθὴρ ἔχει νιν ἤδη,   ia² cr ba 1140
    πυρὸς τετακότας σποδῷ·   ia⁴
    ποτανοὶ δ' ἤνυσαν τὸν Ἅιδαν.   ba cr ba
Χο πάτερ, μῶν σῶν κλύεις τέκνων γόους;   ba cr ia²
    ἆρ' ἀσπιδοῦχος ἔτι ποτ' ἀντιτείσεται   ia⁶
    σὸν φόνον; εἰ γὰρ γένοιτο, τέκνον.   ch cr ba 1145

Πα ἔτ' ἂν θεοῦ θέλοντος ἔλθοι δίκα   ἀντ.
    πατρῷος· οὔπω κακὸν τόδ' εὕδει.
    ἅλις γόων, ἅλις τύχας,
    ἅλις δ' ἀλγέων ἐμοὶ πάρεστι.
Χο ἔτ' Ἀσωποῦ σε δέξεται γάνος   1150
    χαλκέοις ἐν ὅπλοις Δαναϊδῶν στρατηλάταν,
    τοῦ φθιμένου πατρὸς ἐκδικαστάν.

Πα ἔτ' εἰσορᾶν σε, πάτερ, ἐπ' ὀμμάτων δοκῶ – ia⁶   στρ.
Χο φίλον φίλημα παρὰ γένυν τιθέντα σόν.   ia⁶
Πα λόγων δὲ παρακέλευσμα σῶν   ia⁴   1155
    ἀέρι φερόμενον οἴχεται.   ia⁴

Χο δυοῖν δ' ἄχη, ματρί τ' ἔλιπεν —   ia⁴
    σέ τ' οὔποτ' ἄλγη πατρῷα λείψει.   ia² cr ba

Πα ἔχω τοσόνδε βάρος ὅσον μ' ἀπώλεσεν.   ἀντ.
Χο φέρ', ἀμφὶ μαστὸν ὑποβάλω φίλαν σποδόν.   1160

Zweite Strophe

Kn   Sie sind dahin! Mir blieb kein Vater,
Dahin auch er, ihn nahm der Äther auf,
In der Asche zerfiel er
Und auf Flügeln flog er zum Hades.

Mu   Vater, vernimm
Deines Kindes Klagelied!
Wird er im Harnisch vergelten
Dein Ende? O geschähs, mein Kind!

Gegenstrophe

Kn   O gäbe Gott mir doch die Rache
An Vaters Tod! Die Untat schläft nicht lang,
So viel Klage und Kummer,
Soviel Leid erfüllt meine Seele.

Mu   Ja, dich empfängt noch
Des Asópos frischer Strom,
Den Danaërfürsten im Erzkleid,
Der seinen toten Vater rächt.

Dritte Strophe

Kn Ich seh dich, Vater, noch vor meinem Aug...
Mu Wie auf die Wang er dich so lieb geküßt!
Kn   Sein letztes Grüßen,
Sein liebes Trösten,
Flog für immer davon.

Mu   Leid und Jammer
Ließ er der Mutter
Und nie vergißt du
Vaters Klage.

Gegenstrophe

Kn Ich trage eine Last, die mich erdrückt.
Mu Gib her den Staub, ich drück ihn an die Brust!

Πα ἔκλαυσα τόδε κλύων ἔπος
στυγνότατον· ἔθιγέ μου φρενῶν.

Χο ὦ τέκνον, ἔβας· οὐκέτι φίλον
φίλας ἄγαλμ' ὄψομαί σε ματρός.

Θη Ἄδραστε καὶ γυναῖκες Ἀργεῖαι γένος,   1165
ὁρᾶτε παῖδας τούσδ' ἔχοντας ἐν χεροῖν
πατέρων ἀρίστων σώμαθ' ὧν ἀνειλόμην·
τούτοις ἐγώ σφε καὶ πόλις δωρούμεθα.
ὑμᾶς δὲ τῶνδε χρὴ χάριν μεμνημένους
σώζειν, ὁρῶντας ὧν ἐκύρσατ' ἐξ ἐμοῦ,   1170
παισίν θ' ὑπειπεῖν τούσδε τοὺς αὐτοὺς λόγους,
τιμᾶν πόλιν τήνδ', ἐκ τέκνων ἀεὶ τέκνοις
μνήμην παραγγέλλοντας ὧν ἐκύρσατε.
Ζεὺς δὲ ξυνίστωρ οἵ τ' ἐν οὐρανῷ θεοὶ
οἵων ὑφ' ἡμῶν στείχετ' ἠξιωμένοι.   1175

Αδ Θησεῦ, ξύνισμεν πάνθ' ὅσ' Ἀργείαν χθόνα
δέδρακας ἐσθλὰ δεομένην εὐεργετῶν,
χάριν τ' ἀγήρων ἕξομεν· γενναῖα γὰρ
παθόντες ὑμᾶς ἀντιδρᾶν ὀφείλομεν.
Θη τί δήποθ' ὑμῖν ἄλλ' ὑπουργῆσαί με χρή;   1180
Αδ χαῖρ'· ἄξιος γὰρ καὶ σὺ καὶ πόλις σέθεν.
Θη ἔσται τάδ'· ἀλλὰ καὶ σὺ τῶν αὐτῶν τύχοις.

Ἀθηνᾶ

ἄκουε, Θησεῦ, τούσδ' Ἀθηναίας λόγους,
ἃ χρή σε δρᾶσαι, δρῶντα δ' ὠφελεῖν τάδε.

Kn   O düstre Rede,
       O Wort der Tränen,
       Du durchbohrst mir das Herz!
Mu   Sohn, wo weilst du?
       Nie seh ich wieder
       Der lieben Mutter
       Liebstes Kleinod.

SCHLUSSZENE

Theseus

Adrastos und ihr Fraun aus Argos Stamm,
Seht in der Knaben Hand, was übrig blieb
Von besten Vätern, die ich freigemacht.
Nehmt dies Geschenk von mir und meiner Stadt,
Denkt stets daran und wahrt uns euren Dank
Im Anblick dessen, was für euch geschah,
Und legt es euren Kindern an das Herz,
Athen zu ehren! Pflanzt auf Kindeskind
Die Kunde weiter unsrer Liebestat!
Zeus weiß es und die Götter im Olymp,
Wie reich beschenkt ihr unsre Stadt verlaßt.

Adrastos

Wir sind uns wohl bewußt, was ihr getan,
Als Argos in den schlimmsten Nöten war,
Und tragen ewig Dank. Wem edle Tat
Zuteil ward, schuldet wieder edle Tat.
The Und womit kann ich euch noch dienlich sein?
Ad   Mit nichts. Seid glücklich, wie ihr es verdient!
The So sei es und dasselbe gelte euch!

Athena *erscheint oben*

Vernimm erst, Theseus, dieser Göttin Rat
Und tu, was deiner Stadt von Segen ist!

μὴ δῷς τάδ᾽ ὀστᾶ τοῖσδ᾽ ἐς Ἀργείαν χθόνα 1185
παισὶν κομίζειν ῥᾳδίως οὕτω μεθείς,
ἀλλ᾽ ἀντὶ τῶν σῶν καὶ πόλεως μοχθημάτων
πρῶτον λάβ᾽ ὅρκον. τόνδε δ᾽ ὀμνύναι χρεών
Ἄδραστον· οὗτος κύριος, τύραννος ὤν,
πάσης ὑπὲρ γῆς Δαναϊδῶν ὀρκωμοτεῖν. 1190
ὁ δ᾽ ὅρκος ἔσται, μήποτ᾽ Ἀργείους χθόνα
ἐς τήνδ᾽ ἐποίσειν πολέμιον παντευχίαν,
ἄλλων τ᾽ ἰόντων ἐμποδὼν θήσειν δόρυ.
ἢν δ᾽ ὅρκον ἐκλιπόντες ἔλθωσιν πόλιν,
κακῶς ὀλέσθαι πρόστρεπ᾽ Ἀργείων χθόνα. 1195
ἐν ᾧ δὲ τέμνειν σφάγια χρή σ᾽, ἄκουέ μου.
ἔστιν τρίπους σοι χαλκόπους ἔσω δόμων,
ὃν Ἰλίου ποτ᾽ ἐξαναστήσας βάθρα
σπουδὴν ἐπ᾽ ἄλλην Ἡρακλῆς ὁρμώμενος
στῆσαί σ᾽ ἐφεῖτο Πυθικὴν πρὸς ἐσχάραν. 1200
ἐν τῷδε λαιμοὺς τρεῖς τριῶν μήλων τεμὼν
ἔγγραψον ὅρκους τρίποδος ἐν κοίλῳ κύτει,
κἄπειτα σῴζειν θεῷ δὸς ᾧ Δελφῶν μέλει,
μνημεῖά θ᾽ ὅρκων μαρτύρημά θ᾽ Ἑλλάδι.
ᾗ δ᾽ ἂν διοίξῃς σφάγια καὶ τρώσῃς φόνον 1205
ὀξύστομον μάχαιραν ἐς γαίας μυχοὺς
κρύψον παρ᾽ αὐτὰς ἑπτὰ πυρκαιὰς νεκρῶν·
φόβον γὰρ αὐτοῖς, ἤν ποτ᾽ ἔλθωσιν πόλιν,
δειχθεῖσα θήσει καὶ κακὸν νόστον πάλιν.
δράσας δὲ ταῦτα πέμπε γῆς ἔξω νεκρούς. 1210
τεμένη δ᾽, ἵν᾽ αὐτῶν σώμαθ᾽ ἡγνίσθη πυρί,
μέθες παρ᾽ αὐτὴν τρίοδον Ἰσθμίαν θεῷ·
σοὶ μὲν τάδ᾽ εἶπον· παισὶ δ᾽ Ἀργείων λέγω·
πορθήσεθ᾽ ἡβήσαντες Ἰσμηνοῦ πόλιν,
πατέρων θανόντων ἐκδικάζοντες φόνον, 1215
σύ τ᾽ ἀντὶ πατρός, Αἰγιαλεῦ, στρατηλάτης
νέος καταστάς, παῖς τ᾽ ἀπ᾽ Αἰτωλῶν μολὼν
Τυδέως, ὃν ὠνόμαζε Διομήδην πατήρ.
ἀλλ᾽ οὐ φθάνειν χρὴ συσκιάζοντας γένυν
καὶ χαλκοπληθῆ Δαναϊδῶν ὁρμᾶν στρατὸν 1220

Laß diese Knaben die Gebeine nicht
So leichthin bringen in ihr andres Land!
Für deine Mühe und für die der Stadt
Nimm vorher einen Eid! Den schwöre dir
Adrast; als König ist er wohlbefugt,
Den Schwur zu leisten für sein ganzes Volk.
Der Eid soll heißen: „Nie soll Argos' Land
Ein Heer in Waffen senden gegen euch!
Auch jeden andren hindre Argos' Speer!
Wenn Eidvergeßne fallen in dies Land,
Verwünscht sie Argos mit dem schwersten Fluch!"
Nun höre, wie dies Opfer sich vollzieht!
Ein Dreifuß ist in deinem Haus verwahrt,
Den Herakles nach Trojas Untergang,
Rasch einer andern Arbeit zugewandt,
Dich weihen hieß am Herd des Pythiers.
Auf ihm vergieße dreier Schafe Blut
Und schreib den Eid auf seine Innenwand,
Dann übergib ihn Delphis hohem Herrn
Als Eidesdenkmal für ganz Griechenland!
Das scharfe Messer, das der Opferung
Der Tiere diente, birg im Erdengrund
Dicht bei dem siebenfachen Scheiterstoß!
Es jagt dem Feind, der euch bedrohen will,
Den Schrecken ein und schlimme Wiederkehr.
Ist dies geschehn, so gib die Toten frei!
Das Feld am Kreuzweg, der zum Isthmus führt,
Wo diese Toten brannten, sei des Gotts!
Soviel für dich. Nun zu den Knaben hier:
Als Männer stürzt ihr des Ismenos Stadt
Und rächt die Väter. Du, Aigíaleus,
Wirst junger Feldherr an des Vaters Statt,
Mit Diomedes aus Ätolien,
Den einst sein Vater Tydeus so genannt.
Sobald der erste Flaum das Kinn verbirgt,
Führt euer rings ins Erz gehülltes Heer

ἑπτάστομον πύργωμα Καδμείων ἔπι·
πικροὶ γὰρ αὐτοῖς ἥξετ᾽, ἐκτεθραμμένοι
σκύμνοι λεόντων, πόλεος ἐκπορθήτορες.
κοὐκ ἔστιν ἄλλως· Ἔκγονοι δ᾽ ἂν Ἑλλάδα
κληθέντες ᾠδὰς ὑστέροισι θήσετε·   1225
τοῖον στράτευμα σὺν θεῷ πορεύσετε.

Θη δέσποιν᾽ Ἀθάνα, πείσομαι λόγοισι σοῖς·
σὺ γάρ μ᾽ ἀνορθοῖς, ὥστε μὴ ᾽ξαμαρτάνειν·
καὶ τόνδ᾽ ἐν ὅρκοις ζεύξομαι· μόνον σύ με
ἐς ὀρθὸν ἵστη· σοῦ γὰρ εὐμενοῦς πόλει   1230
οὔσης τὸ λοιπὸν ἀσφαλῶς οἰκήσομεν.

Χο στείχωμεν, Ἄδρασθ᾽, ὅρκια δῶμεν   an⁴
τῷδ᾽ ἀνδρὶ πόλει τ᾽· ἄξια δ᾽ ἡμῖν
προμεμοχθήκασι σέβεσθαι.

Zu der Kadmeer siebentorgem Wall!
Sie werden stöhnen, daß der Löwen Brut
So stark heranwuchs und ihr Land zerstört.
Dies wird geschehn, und bis in späte Zeit
Singt Hellas dieser Nachgebornen Zug;
So nennt man euch und Gott verleiht den Sieg.

ab

The Herrin Athena, alles sei getan!
Du hältst mich fest und sicher ist der Schritt.
Adrastos schwört. Du zeigst den rechten Weg,
Sei du nur gnädig und die Stadt steht fest.

ab

Chor

Abzugslied

Laßt uns ziehen, Adrast, und schwören den Eid
Diesem Mann und der Stadt.
Was sie uns getan,
Im Kampfe getan,
Bleibt ewig in Ehren
Bestehen!

DER WAHNSINN DES HERAKLES

ΗΡΑΚΛΗΣ

Τὰ τοῦ δράματος πρόσωπα

Ἀμφιτρύων · Μεγάρα · (Παῖδες) · Χορός
Λύκος · Ἡρακλῆς · Ἶρις · Λύσσα
Θεράπων · Θησεύς

Ἀμφιτρύων

Τίς τὸν Διὸς σύλλεκτρον οὐκ οἶδεν βροτῶν,
Ἀργεῖον Ἀμφιτρύων᾿, ὃν Ἀλκαῖός ποτε
ἔτιχθ᾿ ὁ Περσέως, πατέρα τόνδ᾿ Ἡρακλέους;
ὃς τάσδε Θήβας ἔσχον, ἔνθ᾿ ὁ γηγενὴς
σπαρτῶν στάχυς ἔβλαστεν, ὧν γένους Ἄρης   5
ἔσωσ᾿ ἀριθμὸν ὀλίγον, οἳ Κάδμου πόλιν
τεκνοῦσι παίδων παισίν. ἔνθεν ἐξέφυ
Κρέων Μενοικέως παῖς, ἄναξ τῆσδε χθονός.
Κρέων δὲ Μεγάρας τῆσδε γίγνεται πατήρ,
ἣν πάντες ὑμεναίοισι Καδμεῖοί ποτε   10
λωτῷ συνηλάλαξαν, ἡνίκ᾿ εἰς ἐμοὺς
δόμους ὁ κλεινὸς Ἡρακλῆς νιν ἤγετο.

DER WAHNSINN DES HERAKLES

Personen des Dramas

Amphitryon, *Vater des Herakles*
Megara, *Tochter des Kreon, Gattin des Herakles*
Drei kleine Söhne *des Herakles (stumme Rollen)*
Chor *der thebanischen Greise, Freunde des Amphitryon und Herakles*
Lykos, *der neue Herr von Theben* · Herakles
Iris, *Götterbotin, Dienerin der Hera*
Lyssa, *Göttin der Raserei* · Diener *des Amphitryon*
Theseus, *König von Athen* · Gefolge *des Lykos und Theseus*

*Die Szene ist vor dem Palast des Amphitryon und Herakles
in Theben*

VORSZENE

*(Zum Altar des Zeus vor dem Haus des Amphitryon haben sich
Amphitryon, Megara und die drei kleinen Söhne des Herakles
geflüchtet)*

Amphitryon

Wer kennt Perseus' Enkel Amphitryon nicht,
Der sein Weib mit dem höchsten der Götter geteilt
Und sich stolz des Herakles Vater nennt?
Von Argos kam ich zur kadmischen Stadt,
Wo der letzte Rest jener blutgen Saat,
Die die Erde gebar, nun sich weiterverpflanzt
Auf Menoikeus, auf Kreon, auf Megara.
Sie hat Herakles unter dem Jubel der Stadt,
Zu der Flöten Klang, in mein Haus geführt.

λιπὼν δὲ Θήβας, οὗ κατῳκίσθην ἐγώ,
Μεγάραν τε τήνδε πενθερούς τε παῖς ἐμὸς
Ἀργεῖα τείχη καὶ Κυκλωπίαν πόλιν   15
ὠρέξατ' οἰκεῖν, ἣν ἐγὼ φεύγω κτανὼν
Ἠλεκτρύωνα· συμφορὰς δὲ τὰς ἐμὰς
ἐξευμαρίζων καὶ πάτραν οἰκεῖν θέλων,
καθόδου δίδωσι μισθὸν Εὐρυσθεῖ μέγαν,
ἐξημερῶσαι γαῖαν, εἴθ' Ἥρας ὕπο   20
κέντροις δαμασθεὶς εἴτε τοῦ χρεὼν μέτα.
καὶ τοὺς μὲν ἄλλους ἐξεμόχθησεν πόνους,
τὸ λοίσθιον δὲ Ταινάρου διὰ στόμα
βέβηκ' ἐς Ἅιδου, τὸν τρισώματον κύνα
ἐς φῶς ἀνάξων, ἔνθεν οὐχ ἥκει πάλιν.   25

γέρων δὲ δή τις ἔστι Καδμείων λόγος
ὡς ἦν πάρος Δίρκης τις εὐνήτωρ Λύκος
τὴν ἑπτάπυργον τήνδε δεσπόζων πόλιν,
τὼ λευκοπώλω πρὶν τυραννῆσαι χθονὸς
Ἀμφίον' ἠδὲ Ζῆθον, ἐκγόνω Διός.   30
οὗ ταὐτὸν ὄνομα παῖς πατρὸς κεκλημένος,
Καδμεῖος οὐκ ὤν, ἀλλ' ἀπ' Εὐβοίας μολών,
κτείνει Κρέοντα καὶ κτανὼν ἄρχει χθονός,
στάσει νοσοῦσαν τήνδ' ἐπεσπεσὼν πόλιν.
ἡμῖν δὲ κῆδος ἐς Κρέοντ' ἀνημμένον   35
κακὸν μέγιστον, ὡς ἔοικε, γίγνεται.
τοὐμοῦ γὰρ ὄντος παιδὸς ἐν μυχοῖς χθονὸς
ὁ καινὸς οὗτος τῆσδε γῆς ἄρχων Λύκος
τοὺς Ἡρακλείους παῖδας ἐξελεῖν θέλει
κτανὼν δάμαρτά θ', ὡς φόνῳ σβέσῃ φόνον,   40
κἄμ' — εἴ τι δὴ χρὴ κἄμ' ἐν ἀνδράσιν λέγειν
γέροντ' ἀχρεῖον — μή ποθ' οἵδ' ἠνδρωμένοι
μήτρωσιν ἐκπράξωσιν αἵματος δίκην.
ἐγὼ δέ — λείπει γάρ με τοῖσδ' ἐν δώμασιν
τροφὸν τέκνων οἰκουρόν, ἡνίκα χθονὸς   45
μέλαιναν ὄρφνην εἰσέβαινε, παῖς ἐμός —
σὺν μητρί, τέκνα μὴ θάνωσ' Ἡρακλέους,

Doch ließ Theben er, Weib und Sippe des Weibs,
Zog nach Argos' kyklopischer Mauer, die einst
Bei Elektryons Tod mich verstieß. Diesen Bann
Wollt er lösen und wahren die Rechte des Sohns.
Das hat bei Eurystheus er teuer bezahlt,
Hat den Erdkreis gesäubert. Wer türmte die Last?
Die Peitsche der Hera? Sein eigener Fluch?
Noch stand ihm die letzte der Mühen bevor:
Durch des Tainaron Schlucht stieg zum Hades er ab,
Zu entführen der Hölle dreileibigen Hund –
Von dort kehrt kein Sterblicher wieder.

Längst weiß man, daß Lykos, der Dirke Gemahl,
Über Thebens sieben Türme gebot
Vor den Söhnen des Zeus auf schimmerndem Pferd
Amphion und Zethos. Von Lykos entstammt
Im fernen Euböa gleichnamiger Sproß.
Der fällt in die aufruhrgeschüttelte Stadt,
Macht Kreon nieder, erobert das Land,
Lädt schwerste Gefahr auf das Königshaus:

Meinem Sohn, den der Erdgrund gefangen hält,
Strebt Lykos, der neue Gebieter der Stadt,
Die Kinder zu töten, die Gattin zuvor,
Mord löschend mit Mord, ja mich hilflosen Greis,
Der als Mann nicht mehr zählt. Es befiel ihn die Furcht,
Daß, erwachsen, sie rächen die Sippe. –

Mir hat Herakles, scheidend ins finstere Land,
Seine Söhne vertraut. Für ihr Heil flohn wir,

βωμὸν καθίζω τόνδε σωτῆρος Διός,
ὃν καλλινίκου δορὸς ἄγαλμ' ἱδρύσατο
Μινύας κρατήσας οὑμὸς εὐγενὴς τόκος.   50
πάντων δὲ χρεῖοι τάσδ' ἕδρας φυλάσσομεν,
σίτων ποτῶν ἐσθῆτος, ἀστρώτῳ πέδῳ
πλευρὰς τιθέντες· ἐκ γὰρ ἐσφραγισμένοι
δόμων καθήμεθ' ἀπορίᾳ σωτηρίας.
φίλων δὲ τοὺς μὲν οὐ σαφεῖς ὁρῶ φίλους,   55
οἱ δ' ὄντες ὀρθῶς ἀδύνατοι προσωφελεῖν.
τοιοῦτον ἀνθρώποισιν ἡ δυσπραξία·
ἧς μήποθ' ὅστις καὶ μέσως εὔνους ἐμοὶ
τύχοι, φίλων ἔλεγχον ἀψευδέστατον.

Μεγάρα

ὦ πρέσβυ, Ταφίων ὃς ποτ' ἐξεῖλες πόλιν   60
στρατηλατήσας κλεινὰ Καδμείων δορός,
ὡς οὐδὲν ἀνθρώποισι τῶν θείων σαφές.
ἐγὼ γὰρ οὔτ' ἐς πατέρ' ἀπηλάθην τύχης,
ὃς οὕνεκ' ὄλβου μέγας ἐκομπάσθη ποτέ,
ἔχων τυραννίδ', ἧς μακραὶ λόγχαι πέρι   65
πηδῶσ' ἔρωτι σώματ' εἰς εὐδαίμονα,
ἔχων δὲ τέκνα· κἄμ' ἔδωκε παιδὶ σῷ
ἐπίσημον εὐνὴν Ἡρακλεῖ συνοικίσας.
καὶ νῦν ἐκεῖνα μὲν θανόντ' ἀνέπτατο,
ἐγὼ δὲ καὶ σὺ μέλλομεν θνήσκειν, γέρον,   70
οἵ θ' Ἡράκλειοι παῖδες, οὓς ὑπὸ πτεροῖς
σῴζω νεοσσοὺς ὄρνις ὣς ὑφειμένη.
οἱ δ' εἰς ἔλεγχον ἄλλος ἄλλοθεν πίτνων,
ὦ μῆτερ, αὐδᾷ, ποῖ πατὴρ ἄπεστι γῆς;
τί δρᾷ, πόθ' ἥξει; τῷ νέῳ δ' ἐσφαλμένοι   75
ζητοῦσι τὸν τεκόντ'· ἐγὼ δὲ διαφέρω
λόγοισι, μυθεύουσα. θαυμάζων δ' ὅταν
πύλαι ψοφῶσι, πᾶς ἀνίστησιν πόδα,
ὡς πρὸς πατρῷον προσπεσούμενοι γόνυ.

Floh die Mutter zum Herd des errettenden Zeus,
Den mein hoher Sohn stolzem Siege geweiht
Über minysches Volk, und wir wahren den Ort,
Von allem entblößt, ohne Speise und Trank,
Die Glieder gebreitet dem rauhen Stein,
Aus dem Hause gesperrt in verzweifelter Flucht.

Und die Freunde? Die meisten erwiesen sich falsch,
Doch den treuen gebricht es an jeglicher Macht.
Wer mir irgend gewogen, ihm bleibe erspart
Die Not, der Prüfstein des Freundes!

Megara

Ehrwürdiger Greis, der den kadmischen Speer
Gegen Taphos geführt und die Stadt zerstört,
Wie hüllt sich der göttliche Wille in Nacht!
Schon vom Vater her schien ich dem Unheil entrückt:
Man pries seine Schätze, die Macht und den Stamm!
Dann hat er mich Herakles strahlend vermählt!

Nun ist all das entflattert ins Totenhaus,
Das auch unser harrt und der unflüggen Brut,
So eng sie mein schützender Flügel umfängt.
Ach, wie sind sie von Frage zu Frage gestürzt:
„Liebe Mutter, wo treibt sich der Vater herum?"
„Was tut er?" „Wann kommt er?" Ihr kindischer Sinn
Forscht rings nach ihm und ich halte sie hin
Mit listigem Wort. Doch kaum knarrt es am Tor,
Horcht jeder schon auf und stürmt mir davon,
Zu umfassen die Kniee des Vaters.

νῦν οὖν τίν' ἐλπίδ' ἢ πόρον σωτηρίας   80
ἐξευμαρίζῃ, πρέσβυ; πρὸς σὲ γὰρ βλέπω.
ὡς οὔτε γαίας ὅρι' ἂν ἐκβαῖμεν λάθρᾳ·
φυλακαὶ γὰρ ἡμῶν κρείσσονες κατ' ἐξόδους·
οὔτ' ἐν φίλοισιν ἐλπίδες σωτηρίας
ἔτ' εἰσὶν ἡμῖν. ἥντιν' οὖν γνώμην ἔχεις   85
λέγ' ἐς τὸ κοινόν, μὴ θανεῖν ἕτοιμον ᾖ.
Αμ ὦ θύγατερ, οὔτοι ῥᾴδιον τὰ τοιάδε   88
φαύλως παραινεῖν, σπουδάσαντ' ἄνευ πόνου·   89
χρόνον δὲ μηκύνωμεν ὄντες ἀσθενεῖς.   87
Με λύπης τι προσδεῖς ἢ φιλεῖς οὕτω φάος;   90
Αμ καὶ τῷδε χαίρω καὶ φιλῶ τὰς ἐλπίδας.
Με κἀγώ· δοκεῖν δὲ τἀδόκητ' οὐ χρή, γέρον.
Αμ ἐν ταῖς ἀναβολαῖς τῶν κακῶν ἔνεστ' ἄκη.
Με ὁ δ' ἐν μέσῳ με λυπρὸς ὢν δάκνει χρόνος.
Αμ ἔτ' ἂν γένοιτ', ὦ θύγατερ, οὔριος δρόμος   95
ἐκ τῶν παρόντων τῶνδ' ἐμοὶ καὶ σοὶ κακῶν,
ἔλθοι τ' ἔτ' ἂν παῖς οὑμός, εὐνήτωρ δὲ σός.
ἀλλ' ἡσύχαζε καὶ δακρυρρόους τέκνων
πηγὰς ἀφαίρει καὶ παρευκήλει λόγοις,
κλέπτουσα μύθοις ἀθλίους κλοπὰς ὅμως.   100
κάμνουσι γάρ τοι καὶ βροτῶν αἱ συμφοραί,
καὶ πνεύματ' ἀνέμων οὐκ ἀεὶ ῥώμην ἔχει·
οἵ τ' εὐτυχοῦντες διὰ τέλους οὐκ εὐτυχεῖς.
ἐξίσταται γὰρ πάντ' ἀπ' ἀλλήλων δίχα.
οὗτος δ' ἀνὴρ ἄριστος ὅστις ἐλπίσι   105
πέποιθεν αἰεί· τὸ δ' ἀπορεῖν ἀνδρὸς κακοῦ.

Χορός

ὑπόροφα μέλαθρα καὶ   ia⁶ ba   στρ.
  γεραιὰ δέμνι' ἀμφὶ βάκτροις

Nun schau ich auf dich. Winkt ein Hoffnungsstrahl?
Ein errettender Pfad, wo bewaffnete Macht
Jedem Flüchtling die Tore des Landes versperrt?
Wo sind Freunde? Sag laut: wofür leben wir noch?
Es ist Zeit, sich zum Tod zu bereiten!

Am Mein Kind, allzu leicht wöge vorschneller Rat;
     Nur die Zeit bringt Heil, wo die Not so bedrängt.

Me Ach, wie hängst du am Licht und am kommenden Leid!
Am Ich lobpreise das Licht – und den Hoffnungsstrahl!
Me Doch wer hofft noch, wo Hoffnung verloren ist?
Am Kann im Aufschub nicht Rettung verborgen sein?
Me Ach, im Warten verzehrt mich die endlose Not.
Am Der Wind kann drehen, die Wolken zerstreun,
     Kann den Sohn mir bringen und dir den Gemahl!
     Trockne ruhig den Kindern den Tränenquell,
     Berede sie, tröste mit listigem Wort!

Jed Leid geht zur Ruh, wie der Sturm sich legt,
Wie das Glück verweht – wie sich alles zerteilt.
Die Besten sind immer voll Zuversicht
Und nur der Geringe verzweifelt.

EINZUGSLIED

Chor

Strophe

Zum hochgegiebelten Haus, zum Lager des Alten
Stiegen wir auf,

ἔρεισμα θέμενος ἐστάλην   ia⁴
ἰηλέμων γέρων ἀοι-   ia⁴
δὸς ὥστε πολιὸς ὄρνις,   ia² ba   110
ἔπεα μόνον καὶ δόκη-   ia² cr
μα νυκτερωπὸν ἐννύχων ὀνείρων,   ia⁴ ba
τρομερὰ μέν, ἀλλ' ὅμως πρόθυμ'.   ia⁴
ὦ τέκεα, τέκεα πατρὸς ἀπάτορ',   ia⁴
ὦ γεραιὲ σύ τε τάλαινα μᾶ-   ia⁴   115
τερ, ἃ τὸν Ἀίδα δόμοις   ia⁴
πόσιν ἀναστενάζεις.   cr ba

μὴ πόδα κάμητε βαρύ τε   ἀντ.
   κῶλον ὥστε πρὸς πετραῖον   120
λέπας ζυγοφόρος ἔκαμ' ἄναν-
τες ἅρματος βάρος φέρων
τροχηλάτοιο πῶλος.
λαβοῦ χερῶν καὶ πέπλων,
ὅτου λέλοιπε ποδὸς ἀμαυρὸν ἴχνος·
γέρων γέροντα παρακόμιζ',   125
ᾧ ξύνοπλα δόρατα νέα νέῳ   127
τὸ πάρος ἐν ἡλίκων πόνοις   126
ξυνῆν ποτ', εὐκλεεστάτας
πατρίδος οὐκ ὀνείδη.

ἴδετε, πατέρος ὡς γορ-   cr ba   180
γῶπες αἵδε προσφερεῖς   cr ia²
ὀμμάτων αὐγαί,   cr sp
τὸ δὲ κακοτυχὲς οὐ λέλοιπεν ἐκ τέκνων cr ia⁴
οὐδ' ἀποίχεται χάρις.   cr ia²
Ἑλλὰς ὦ ξυμμάχους   cr²   185
οἵους οἵους ὀλέσασα   –hem⏑
τούσδ' ἀποστερήσῃ.   cr ba

Hand am stützenden Stab,
Greise Sänger der Klage,
Weißliche Schwäne;
Worte nur noch,
Nächtliche Schatten,
Nächtlich spukende Traumgestalten,
   Zitternd zum Beistand bereit:
   Kinder, ihr habt nur den Greis,
   Greis und unselige Mutter,
   Die den Gatten im Hades bejammert!

Gegenstrophe

O laßt nicht erlahmen den Fuß, ermatten die Glieder,
Wie im Gebirg
Felsigen Pfad hinan
Pferde ziehen die Last der
Holpernden Wagen.
Faßt meine Hand,
Zipfel des Kleides,
Da mir noch schwindende Kräfte verblieben!
   Greis, gib dem Greis das Geleit,
   Der einst als Mann mit dem Mann
   Warf aus dem Gliede die Lanze,
   Keine Schande der strahlenden Heimat!

Seht, wie der Knaben Augen
Blitzen des Vaters Blick!
Nicht blieb ihnen sein Los erspart,
Nicht sein strahlender Glanz genommen.
Hellas! Wehe! Welche, welche
Kämpfer verlierst du in ihrem Tode!

Χο   ἀλλ' εἰσορῶ γὰρ τῆσδε κοίρανον χθονὸς
      Λύκον περῶντα τῶνδε δωμάτων πέλας.

Λύκος

τὸν Ἡράκλειον πατέρα καὶ ξυνάορον,   140
εἰ χρή μ', ἐρωτῶ· χρὴ δ', ἐπεί γε δεσπότης
ὑμῶν καθέστηχ', ἱστορεῖν ἃ βούλομαι.
τίν' ἐς χρόνον ζητεῖτε μηκῦναι βίον;
τίν' ἐλπίδ' ἀλκήν τ' εἰσορᾶτε μὴ θανεῖν;
ἢ τὸν παρ' Ἅιδῃ πατέρα τῶνδε κείμενον   145
πιστεύεθ' ἥξειν; ὡς ὑπὲρ τὴν ἀξίαν
τὸ πένθος αἴρεσθ', εἰ θανεῖν ὑμᾶς χρεών,
σὺ μὲν καθ' Ἑλλάδ' ἐκβαλὼν κόμπους κενούς,
ὡς σύγγαμός σοι Ζεὺς τέκνου τε κοινεών,
σὺ δ' ὡς ἀρίστου φωτὸς ἐκλήθης δάμαρ.   150
τί δὴ τὸ σεμνὸν σῷ κατείργασται πόσει,
ὕδραν ἕλειον εἰ διώλεσε κτανὼν
ἢ τὸν Νέμειον θῆρα; ὃν ἐν βρόχοις ἑλὼν
βραχίονός φησ' ἀγχόναισιν ἐξελεῖν.
τοῖσδ' ἐξαγωνίζεσθε; τῶνδ' ἄρ' οὕνεκα   155
τοὺς Ἡρακλείους παῖδας οὐ θνήσκειν χρεών;
ὃς ἔσχε δόξαν οὐδὲν ὢν εὐψυχίας
θηρῶν ἐν αἰχμῇ, τἄλλα δ' οὐδὲν ἄλκιμος,
ὃς οὔποτ' ἀσπίδ' ἔσχε πρὸς λαιᾷ χερὶ
οὐδ' ἦλθε λόγχης ἐγγύς, ἀλλὰ τόξ' ἔχων,   160
κάκιστον ὅπλον, τῇ φυγῇ πρόχειρος ἦν.
ἀνδρὸς δ' ἔλεγχος οὐχὶ τόξ' εὐψυχίας,
ἀλλ' ὃς μένων βλέπει τε κἀντιδέρκεται
δορὸς ταχεῖαν ἄλοκα τάξιν ἐμβεβώς.
ἔχει δὲ τοὐμὸν οὐκ ἀναίδειαν, γέρον,   165
ἀλλ' εὐλάβειαν· οἶδα γὰρ κατακτανὼν

ERSTE HAUPTSZENE

Chorführer

Doch sieh: König Lykos! Sie nahen dem Haus!

Lykos *kommt mit Gefolge*

Mit Verlaub – und als Herrscher auch ohne Verlaub –
Befrag ich euch, Herakles' Vater und Weib:
Wollt ihr ewig leben? Was rettet euch noch?

Wer im Hades ruht, kehrt er jemals zurück?
Euer Todesgeschrei steigt über das Maß,
Das Geprahl mit dem eheverbundenen Zeus
Und der Wundergeburt! Mit dem größten Gemahl,
Der den Heldenruhm einzig sich damit gewann,
Daß er Sumpfgetier schoß, daß nemeisches Wild,
In der Schlinge gefangen, er vollends erwürgt!
Dies Getön soll die Kinder erretten vom Tod?

Der gerühmteste Held, ach, er war doch so feig,
Ein Jäger, kein Krieger mit Schild und mit Speer!
Ist der schimpfliche Bogen nicht Bruder der Flucht?
Nie erweist er den Mann wie das Stehen im Glied,
Unerschütterter Blick auf der Lanzen Gewog. –

Nicht die Roheit, nur Klugheit erzwingt mein Tun:
Da ich Kreon erschlug, seinen Thron erstieg,

Κρέοντα πατέρα τῆσδε καὶ θρόνους ἔχων.
οὔκουν τραφέντων τῶνδε τιμωροὺς ἐμοὺς
χρῄζω λιπέσθαι τῶν δεδραμένων δίκην.

Αμ τῷ τοῦ Διὸς μὲν Ζεὺς ἀμυνέτω μέρει   170
παιδός· τὸ δ' εἰς ἔμ', Ἡράκλεις, ἐμοὶ μέλει
λόγοισι τὴν τοῦδ' ἀμαθίαν ὑπὲρ σέθεν
δεῖξαι· κακῶς γάρ σ' οὐκ ἐατέον κλύειν.
πρῶτον μὲν οὖν τἄρρητ' – ἐν ἀρρήτοισι γὰρ
τὴν σὴν νομίζω δειλίαν, Ἡράκλεες –   175
σὺν μάρτυσιν θεοῖς δεῖ μ' ἀπαλλάξαι σέθεν.

Διὸς κεραυνόν τ' ἠρόμην τέθριππά τε,
ἐν οἷς βεβηκὼς τοῖσι γῆς βλαστήμασιν
Γίγασι πλευροῖς πτήν' ἐναρμόσας βέλη
τὸν καλλίνικον μετὰ θεῶν ἐκώμασεν·   180
τετρασκελές θ' ὕβρισμα, Κενταύρων γένος,
Φολόην ἐπελθών, ὦ κάκιστε βασιλέων,
ἐροῦ τίν' ἄνδρ' ἄριστον ἐγκρίνειαν ἄν,
ἢ οὐ παῖδα τὸν ἐμόν, ὃν σὺ φῂς εἶναι δοκεῖν.
Δίρφυν τ' ἐρωτῶν ἥ σ' ἔθρεψ' Ἀβαντίδα –   185
οὐκ ἄν σ' ἐπαινέσειεν· οὐ γὰρ ἔσθ' ὅπου
ἐσθλόν τι δράσας μάρτυρ' ἂν λάβοις πάτραν.
τὸ πάνσοφον δ' εὕρημα, τοξήρη σαγήν,
μέμφῃ· κλύων νῦν τἀπ' ἐμοῦ σοφὸς γενοῦ.
ἀνὴρ ὁπλίτης δοῦλός ἐστι τῶν ὅπλων   190
θραύσας τε λόγχην οὐκ ἔχει τῷ σώματι   193
θάνατον ἀμῦναι, μίαν ἔχων ἀλκὴν μόνον·   194
καὶ τοῖσι συνταχθεῖσιν οὖσι μὴ ἀγαθοῖς   191
αὐτὸς τέθνηκε δειλίᾳ τῇ τῶν πέλας.   192
ὅσοι δὲ τόξοις χεῖρ' ἔχουσιν εὔστοχον,   195
ἓν μὲν τὸ λῷστον, μυρίους οἰστοὺς ἀφεὶς
ἄλλοις τὸ σῶμα ῥύεται μὴ κατθανεῖν,
ἑκὰς δ' ἀφεστὼς πολεμίους ἀμύνεται
τυφλοῖς ὁρῶντας οὐτάσας τοξεύμασιν

Dürfen Rächer der Tat nicht am Leben sein,
Nicht erstehen in Megaras Söhnen!

Amphitryon *betet, in die Ferne gewendet*

Hoher Sohn! Dich beschirme dein Mitvater Zeus!
Ach, ich kann nur mit Reden dir Hilfe stehn
Gegen unleidlich törichte Schmähung des Manns!

Vom unsäglichsten Vorwurf: des feigen Gemüts,
Sei zuerst – alle Götter sind Zeugen! – befreit:

zu Lykos

Ihn bekennt Zeus' Blitz und das Viergespann,
Von dem er, der Erde gigantisch Gewürm
Mit Pfeilen spickend, den Sieg entschied.
Er beging ihn mit Göttern! Und reißendes Tier?
Geh hin zum Kentaurenberg, elender Fürst,
Und frage nach Heldenmut, den du geschmäht –
Dann frage den Berg deines Heimatlands,
Der kein Lob dir zollt, keine Taten bezeugt.

Und des Bogens Erfindung! Sie schmäht nur ein Tor!

Wer im Glied kämpft, ist Knecht seiner Waffe. Zerbricht
Ihm die Lanze, was rettet sein Leben ihm noch?
Versagen die Nachbarn, so ist es verwirkt.

Der Bogner entsendet den tausendsten Pfeil:
Ihn retten noch andre! Von ferne erlegt
Er den sehenden Gegner mit blindem Geschoß

τὸ σῶμά τ' οὐ δίδωσι τοῖς ἐναντίοις,　　　　　200
ἐν εὐφυλάκτῳ δ' ἐστί· τοῦτο δ' ἐν μάχῃ
σοφὸν μάλιστα, δρῶντα πολεμίους κακῶς
σῴζειν τὸ σῶμα, μὴ 'κ τύχης ὡρμισμένον.
λόγοι μὲν οἶδε τοῖσι σοῖς ἐναντίαν
γνώμην ἔχουσι τῶν καθεστώτων πέρι.　　　　205
παῖδας δὲ δὴ τί τούσδ' ἀποκτεῖναι θέλεις;
τί σ' οἶδ' ἔδρασαν; ἔν τί σ' ἡγοῦμαι σοφόν,
εἰ τῶν ἀρίστων τἄγον' αὐτὸς ὢν κακὸς
δέδοικας. ἀλλὰ τοῦθ' ὅμως ἡμῖν βαρύ,
εἰ δειλίας σῆς κατθανούμεθ' εἵνεκα,　　　　210
ὃ χρῆν σ' ὑφ' ἡμῶν τῶν ἀμεινόνων παθεῖν,
εἰ Ζεὺς δικαίας εἶχεν εἰς ἡμᾶς φρένας.
εἰ δ' οὖν ἔχειν γῆς σκῆπτρα τῆσδ' αὐτὸς θέλεις,
ἔασον ἡμᾶς φυγάδας ἐξελθεῖν χθονός·
βίᾳ δὲ δράσῃς μηδέν, ἢ πείσῃ βίαν,　　　　215
ὅταν θεοῦ σοι πνεῦμα μεταβαλὸν τύχῃ.
φεῦ·
ὦ γαῖα Κάδμου· καὶ γὰρ ἐς σὲ ἀφίξομαι
λόγους ὀνειδιστῆρας ἐνδατούμενος·
τοιαῦτ' ἀμύνεθ' Ἡρακλεῖ τέκνοισί τε;
ὃς εἷς Μινύαισι πᾶσι διὰ μάχης μολὼν　　　220
Θήβαις ἔθηκεν ὄμμ' ἐλεύθερον βλέπειν.
οὐδ' Ἑλλάδ' ᾔνεσ' – οὐδ' ἀνέξομαί ποτε
σιγῶν – κακίστην λαμβάνων ἐς παῖδ' ἐμόν,
ἣν χρῆν νεοσσοῖς τοῖσδε πῦρ λόγχας ὅπλα
φέρουσαν ἐλθεῖν, ποντίων καθαρμάτων　　　　225
χέρσου τ' ἀμοιβάς – ὧν ἐμόχθησεν πατήρ.

τὰ δ', ὦ τέκν', ὑμῖν οὔτε Θηβαίων πόλις
οὔθ' Ἑλλὰς ἀρκεῖ· πρὸς δ' ἔμ' ἀσθενῆ φίλον
δεδόρκατ', οὐδὲν ὄντα πλὴν γλώσσης ψόφον.
ῥώμη γὰρ ἐκλέλοιπεν ἣν πρὶν εἴχομεν,　　　　230
γήρᾳ δὲ τρομερὰ γυῖα κἄμαυρὸν σθένος.
εἰ δ' ἦ νέος τε κἄτι σώματος κρατῶν,

Und ist selber gedeckt! Das heißt weise gekämpft:
Vom gesicherten Anker zu schaden dem Feind. –
So steht Sinn gegen Sinn!

                              Und wenn schuldloses Kind
Du bedrohst, so bezeug dir dies eine den Witz:
Der Geringe hat Furcht vor dem edleren Stamm.

Doch träf es uns schwer, von des Elenden Hand
Zu erleiden, was ihm von uns selber gebührt,
Wenn Zeus recht wägt. – Du willst König sein
Im Lande: so laß als Verbannte uns ziehn!

Gewalt bringt Gewalt, wenn der Wind sich dreht!

zur Stadt gewendet

Wehe, Kadmosland, sei auch du geschmäht!
So lohnst du den Kindern des Herakles,
Der dir Freiheit schaffte von minyschem Joch!
Ja, ganz Hellas versagt – laut klag ich es an! –
Und hätte doch müssen mit Feuer und Schwert
Diesen Kleinen helfen zum Dank für die Mühn
Eines Vaters, der Länder und Meere befreit!

zu den Kindern

Euch hilft kein Theben, kein Hellas! Seht her:
Euer einziger Freund ist nur eitles Getön,
Seine Glieder zittern, die Kraft zerrann!
Hätt ich jüngeren Leib, es sollte mein Speer

λαβὼν ἂν ἔγχος τοῦδε τοὺς ξανθοὺς πλόκους
καθημάτωσ' ἄν, ὥστ' Ἀτλαντικῶν πέραν
φεύγειν ὅρων ἂν δειλίᾳ τοὐμὸν δόρυ.   285
Χο ἆρ' οὐκ ἀφορμὰς τοῖς λόγοισιν ἀγαθοὶ
θνητῶν ἔχουσι, κἂν βραδύς τις ᾖ λέγειν;
Λυ σὺ μὲν λέγ' ἡμᾶς οἷς πεπύργωσαι λόγοις,
ἐγὼ δὲ δράσω σ' ἀντὶ τῶν λόγων κακῶς.
ἄγ', οἱ μὲν Ἑλικῶν', οἱ δὲ Παρνασοῦ πτυχὰς   240
τέμνειν ἄνωχθ' ἐλθόντες ὑλουργοὺς δρυὸς
κορμούς· ἐπειδὰν δ' ἐσκομισθῶσιν πόλει,
βωμὸν πέριξ νήσαντες ἀμφήρη ξύλα
ἐμπίμπρατ' αὐτῶν καὶ πυροῦτε σώματα
πάντων, ἵν' εἰδῶσ' οὕνεκ' οὐχ ὁ κατθανὼν   245
κρατεῖ χθονὸς τῆσδ', ἀλλ' ἐγὼ τὰ νῦν τάδε.
ὑμεῖς δέ, πρέσβεις, ταῖς ἐμαῖς ἐναντίοι
γνώμαισιν ὄντες, οὐ μόνον στενάξετε
τοὺς Ἡρακλείους παῖδας, ἀλλὰ καὶ δόμου
τύχας, ὅταν χάσκητε, μεμνήσεσθε δὲ   250
δοῦλοι γεγῶτες τῆς ἐμῆς τυραννίδος.
Χο ὦ γῆς λοχεύμαθ', οὓς Ἄρης σπείρει ποτὲ
λάβρον δράκοντος ἐξερημώσας γένυν,
οὐ σκῆπτρα, χειρὸς δεξιᾶς ἐρείσματα,
ἀρεῖτε καὶ τοῦδ' ἀνδρὸς ἀνόσιον κάρα   255
καθαιματώσεθ', ὅστις οὐ Καδμεῖος ὢν
ἄρχει κάκιστος τῶν ἐμῶν ἔπηλυς ὤν;
ἀλλ' οὐκ ἐμοῦ γε δεσπόσεις χαίρων ποτέ.
οὐδ' ἀπόνησα πόλλ' ἐγὼ καμὼν χερὶ
ἕξεις. ἀπέρρων δ' ἔνθεν ἦλθες ἐνθάδε,   260
ὕβριζ'. ἐμοῦ γὰρ ζῶντος οὐ κτενεῖς ποτε
τοὺς Ἡρακλείους παῖδας. οὐ τοσόνδε γῆς
ἔνερθ' ἐκεῖνος κρύπτεται λιπὼν τέκνα.
ἐπεὶ σὺ μὲν γῆν τήνδε διολέσας ἔχεις,
ὃ δ' ὠφελήσας ἀξίων οὐ τυγχάνει.   265
κἄπειτα πράσσω πόλλ' ἐγώ, φίλους ἐμοὺς
θανόντας εὖ δρῶν, οὗ φίλων μάλιστα δεῖ;
ὦ δεξιὰ χείρ, ὡς ποθεῖς λαβεῖν δόρυ,

Rot färben sein blondes Gelock und feig
Müßt ans Ende der Welt er mir fliehen!

Chf   Auch als Greis sprach er stolz, hat den Adel bewährt.

Ly   Schlimm war sein Geprahl, so sei schlimm meine Tat.

Auf zum Helikon ihr, und ihr zum Parnaß!
Laßt Eichenholz fällen und bringt es zur Stadt,
Häuft es rings am Altar und legt Feuer hinein!

Wenn das Pack verbrennt, soll es zugestehn:
Nicht der Tote dort, ich bin der Herr der Stadt,

Und ihr, störrische Alte, bejammert nicht nur
Des Herakles Stamm, nein, das eigne Geschick,
Lernt lautlos euch ducken vor meiner Gewalt.

Ch   *dringt gegen Lykos vor*
Die die Erde gebar aus der blutigen Saat
Jener Drachenzähne, was schwingen wir nicht
Unsern stützenden Stab auf das blutende Haupt
Dieses elenden Fremdlings, der Theben beherrscht?
Du wirst unseres Jochs, deines Raubs nicht froh!
Scher dich hin, wo du warst, dort betreibe dein Spiel!
Nie sieht unser Aug diesen Kindermord!
So tief deckt die Erde den Vater nicht zu!

im Zurückweichen

Ach, der Hort ist entthront, der Verderber regiert
Und wer einsam die sterbenden Lieben beschützt,
Wird als lästiger Schwätzer gescholten.
Tapfre Rechte, die stets nach dem Speer gelechzt,

ἐν δ' ἀσθενείᾳ τὸν πόθον διώλεσας.
ἐπεί σ' ἔπαυσ' ἂν δοῦλον ἐννέποντά με   270
καὶ τάσδε Θήβας εὐκλεῶς ᾠκήσαμεν.
ἐν αἷς σὺ χαίρεις· οὐ γὰρ εὖ φρονεῖ πόλις
στάσει νοσοῦσα καὶ κακοῖς βουλεύμασιν.
οὐ γάρ ποτ' ἂν σὲ δεσπότην ἐκτήσατο.

Με γέροντες, αἰνῶ· τῶν φίλων γὰρ οὕνεκα   275
ὀργὰς δικαίας τοὺς φίλους ἔχειν χρεών·
ἡμῶν δ' ἕκατι δεσπόταις θυμούμενοι
πάθητε μηδέν. τῆς δ' ἐμῆς, Ἀμφιτρύων,
γνώμης ἄκουσον, ἤν τί σοι δοκῶ λέγειν.
ἐγὼ φιλῶ μὲν τέκνα· πῶς γὰρ οὐ φιλῶ   280
ἅτικτον, ἀμόχθησα; καὶ τὸ κατθανεῖν
δεινὸν νομίζω· τῷ δ' ἀναγκαίῳ τρόπῳ
ὃς ἀντιτείνει σκαιὸν ἡγοῦμαι βροτόν.
ἡμᾶς δ', ἐπειδὴ δεῖ θανεῖν, θνῄσκειν χρεὼν
μὴ πυρὶ καταξανθέντας, ἐχθροῖσιν γέλων   285
διδόντας, οὑμοὶ τοῦ θανεῖν μεῖζον κακόν.
ὀφείλομεν γὰρ πολλὰ δώμασιν καλά·
σὲ μὲν δόκησις ἔλαβεν εὐκλεὴς δορός,
ὥστ' οὐκ ἀνεκτὸν δειλίας θανεῖν σ' ὕπο·
οὑμὸς δ' ἀμαρτύρητος εὐκλεὴς πόσις,   290
ὡς τούσδε παῖδας οὐκ ἂν ἐκσῶσαι θέλοι
δόξαν κακὴν λαβόντας· οἱ γὰρ εὐγενεῖς
κάμνουσι τοῖς αἰσχροῖσι τῶν τέκνων ὕπερ,
ἐμοί τε μίμημ' ἀνδρὸς οὐκ ἀπωστέον.
σκέψαι δὲ τὴν σὴν ἐλπίδ' ᾗ λογίζομαι·   295
ἥξειν νομίζεις παῖδα σὸν γαίας ὕπο;
καὶ τίς θανόντων ἦλθεν ἐξ Ἅιδου πάλιν;
ἀλλ' ὡς λόγοισι τόνδε μαλθάξαιμεν ἄν;
ἥκιστα· φεύγειν σκαιὸν ἄνδρ' ἐχθρὸν χρεών,
σοφοῖσι δ' εἴκειν καὶ τεθραμμένοις καλῶς.   300
ῥᾷον γὰρ αἰδοῦς ὑπολαβὼν φίλ' ἂν τέμοις.
ἤδη δ' ἐσῆλθέ μ' εἰ παραιτησαίμεθα
φυγὰς τέκνων τῶνδ'· ἀλλὰ καὶ τόδ' ἄθλιον,

Wie hat Schwachheit dies Sehnen nun ausgelöscht!
Daß er Knecht mich nennt! Diese Stadt entehrt!
Sich hier brüstet! O übelberatenes Land,
Das durch Zwietracht nur unters Joch fiel!

Megara

Euch ehrt, gute Freunde, der Freundeszorn,
Doch soll euch der Streit mit dem mächtigen Mann
Nicht ins Unheil stürzen. Und ob dir mein Wort,
Amphitryon, gilt, sieh zu und vernimm:

Eine Frau liebt, was sie gebar, erzog:
Und ich hasse den Tod. Doch dem ehernen Zwang
Den Kampf ansagen, ist niedere Art.

Der Tod, der uns droht: in den Flammen verkohlt,
Vor den höhnenden Feinden, ist schlimmer als Tod.
Wir schuldens dem Haus: Du, so speerberühmt,
Darfst nicht schmählich vergehn! Und der Kinder Schimpf,
Wie ertrüg ihn mein zeugenlos hoher Gemahl,
Den der Seinen Schmach wie die eigene trifft?
Muß die Gattin dem Beispiel nicht folgen?

Und berechne die Hoffnung: Kehrt je dein Sohn,
Je ein Mensch aus dem Hades? Du willst doch nicht gar
Diesen Lykos erweichen? O meide den Wicht:

Nur der Weise versteht und verständigt sich. –

Es kam mir zu Sinn, um Verbannung zu flehn:

πενίᾳ σὺν οἰκτρᾷ περιβαλεῖν σωτηρίαν·
ὡς τὰ ξένων πρόσωπα φεύγουσιν φίλοις   305
ἓν ἦμαρ ἡδὺ βλέμμ' ἔχειν φασὶν μόνον.
τόλμα μεθ' ἡμῶν θάνατον, ὃς μένει σ' ὅμως.
προκαλούμεθ' εὐγένειαν, ὦ γέρον, σέθεν·
τὰς τῶν θεῶν γὰρ ὅστις ἐκμοχθεῖ τύχας,
πρόθυμός ἐστιν, ἡ προθυμία δ' ἄφρων·   310
ὃ χρὴ γὰρ οὐδεὶς μὴ χρεὼν θήσει ποτέ.

Χο εἰ μὲν σθενόντων τῶν ἐμῶν βραχιόνων
ἦν τίς σ' ὑβρίζων, ῥᾳδίως ἐπαύσατ' ἄν·
νῦν δ' οὐδέν ἐσμεν. σὸν δὲ τοὐντεῦθεν σκοπεῖν
ὅπως διώσῃ τὰς τύχας, Ἀμφιτρύων.   315
Αμ οὔτοι τὸ δειλὸν οὐδὲ τοῦ βίου πόθος
θανεῖν ἐρύκει μ'. ἀλλὰ παιδὶ βούλομαι
σῶσαι τέκν'· ἄλλως δ' ἀδυνάτων ἔοικ' ἐρᾶν.
ἰδοὺ πάρεστιν ἥδε φασγάνῳ δέρη
κεντεῖν φονεύειν, ἱέναι πέτρας ἄπο.   320
μίαν δὲ νῷν δὸς χάριν, ἄναξ, ἱκνούμεθα·
κτεῖνόν με καὶ τήνδ' ἀθλίαν παίδων πάρος,
ὡς μὴ τέκν' εἰσίδωμεν, ἀνόσιον θέαν,
ψυχορραγοῦντα καὶ καλοῦντα μητέρα
πατρός τε πατέρα. τἄλλα δ', εἰ πρόθυμος εἶ,   325
πρᾶσσ'· οὐ γὰρ ἀλκὴν ἔχομεν ὥστε μὴ θανεῖν.
Με κἀγώ σ' ἱκνοῦμαι χάριτι προσθεῖναι χάριν,
ἡμῖν ἵν' ἀμφοῖν εἷς ὑπουργήσῃς διπλᾶ·
κόσμον πάρες μοι παισὶ προσθεῖναι νεκρῶν,
δόμους ἀνοίξας – νῦν γὰρ ἐκκεκλῄμεθα –   330
ὡς ἀλλὰ ταῦτά γ' ἀπολάχωσ' οἴκων πατρός.
Λυ ἔσται τάδ'· οἴγειν κλῇθρα προσπόλοις λέγω.
κοσμεῖσθ' ἔσω μολόντες· οὐ φθονῶ πέπλων.
ὅταν δὲ κόσμον περιβάλησθε σώμασιν,
ἥξω πρὸς ὑμᾶς νερτέρᾳ δώσων χθονί.   335
Με ὦ τέκν', ὁμαρτεῖτ' ἀθλίῳ μητρὸς ποδὶ
πατρῷον ἐς μέλαθρον, οὗ τῆς οὐσίας
ἄλλοι κρατοῦσι, τὸ δ' ὄνομ' ἔσθ' ἡμῶν ἔτι.

Schlimme Rettung nur brächte sie, Hunger und Not;
Nur am ersten Tag beglückt man den Gast.

So wage mit uns deinen sicheren Tod!
Beweise den Adel! Dem Götterbeschluß
Widerstehen, zeigt Eifer, doch wenig Verstand:
Wer kann Muß in ein Nichtmuß verwandeln?

Chf Solchen Frevel hätte mir keiner gewagt
In der Zeit meiner Kraft; doch sind wir ein Nichts. –
Jetzt stehst du am Kreuzweg, Amphitryon.

Am Nicht Feigheit, nicht Lebensgier hielt mich zurück,
Ich wollte die Kinder erretten: Umsonst
Erstrebt ich Unmögliches. – Sieh mich bereit!
        er steigt vom Altar; zu Lykos:
Schlag zu, töte, morde, stürz alle vom Stein!
Nur noch e i n e Gunst: diese Mutter und mich
Töte v o r her, erspar uns das grausame Bild,
Herzzerreißendes Schreien der Kleinen nach uns!
Sonst tu, was du willst! Nichts errettet uns mehr.

Me *verläßt mit den Kindern den Altar*
Und füge zur Gunst noch die zweite, denn leicht
Gewährst du sie mit: das verschlossene Tor
Tu auf, laß mich legen das letzte Gewand
An die Kinder, ihr Erbteil vom Vaterhaus!
Ly Man öffne das Schloß! Geht hinein und behängt
Euch ganz nach Belieben! Und seid ihr geschmückt,
Kehr ich wieder und send euch ins untere Reich. *ab*

Me *geht mit den Kindern ins Haus*
So folgt eurer Mutter in väterlich Haus,
Wo der Fremdling herrscht, nur der Name verblieb!

Αμ ὦ Ζεῦ, μάτην ἄρ' ὁμόγαμόν σ' ἐκτησάμην,
    μάτην δὲ παιδὸς κοινεῶν' ἐκλῄζομεν·   840
    σὺ δ' ἦσθ' ἄρ' ἥσσων ἢ 'δόκεις εἶναι φίλος.
    ἀρετῇ σε νικῶ θνητὸς ὢν θεὸν μέγαν·
    παῖδας γὰρ οὐ προύδωκα τοὺς ʽΗρακλέους.
    σὺ δ' ἐς μὲν εὐνὰς κρύφιος ἠπίστω μολεῖν,
    τἀλλότρια λέκτρα δόντος οὐδενὸς λαβών,   845
    σῴζειν δὲ τοὺς σοὺς οὐκ ἐπίστασαι φίλους.
    ἀμαθής τις εἶ θεός, ἢ δίκαιος οὐκ ἔφυς.

Χο αἴλινον μὲν ἐπ' εὐτυχεῖ	gl	στρ.
μολπᾷ Φοῖβος ἰαχεῖ,	gl⌢	
τὰν καλλίφθογγον κιθάραν	sp² ch	850
ἐλαύνων πλήκτρῳ χρυσέῳ·	ba–ch	
ἐγὼ δὲ τὸν γᾶς ἐνέρων τ'	ia² ch	
ἐς ὄρφναν μολόντα, παῖδ'	ba ia²	
εἴτε Διός νιν εἴπω,	ch ba	
εἴτ' 'Αμφιτρύωνος ἶνιν,	–ch ba	
ὑμνῆσαι στεφάνωμα μό-	gl	855
χθων δι' εὐλογίας θέλω.	gl	
γενναίων δ' ἀρεταὶ πόνων	gl	
τοῖς θανοῦσιν ἄγαλμα.	gl⌢	
πρῶτον μὲν Διὸς ἄλσος	gl⌢	
ἠρήμωσε λέοντος,	gl⌢	860
πυρσῷ δ' ἀμφεκαλύφθη	gl⌢	
ξανθὸν κρᾶτ' ἐπινωτίσας	gl	
δεινῷ χάσματι θηρός·	gl⌢	

Am *folgt*

O Zeus, dem ich ehelich Lager geteilt,
Wie hast du die Freundschaft so bitter getäuscht!
Der sterbliche Mann überragte den Gott:
Treu war ich den Kindern, du kamst wie ein Dieb
Mir ins Haus und nahmst, was dir keiner gab,
Und weißt nicht zu retten den Freund. Du bist
Unbrauchbarer Gott oder treulos!

ERSTES STANDLIED

Chor

Erste Strophe

Strahlenden Sang des Apoll
Endet ein dumpfer Ruf,
Schriller Schlag mit dem Stab
Schließt frohes Saitenspiel:
Doch mich laßt freudig den Toten rühmen,
Sohn des Zeus,
Sohn auch Amphitryons,
Kränzen die Mühen des Manns, der zum Hades hinabzog.
Taten krönen das Grab des Edlen.

Zeus' nemeischen Hain
Befreit er vom Löwen,
Legt sich das Fell um die Schultern,
Deckt sein jugendlich Haupt mit dem blutigen Rachen.

τάν τ' ὀρεινόμον ἀγρίων   ἀντ.
Κενταύρων ποτὲ γένναν   365
ἔστρωσεν τόξοις φονίοις,
ἐναίρων πτανοῖς βέλεσιν.
ξύνοιδε Πηνειὸς ὁ καλ-
λιδίνας μακραί τ' ἄρου-
ραι πεδίων ἄκαρποι
καὶ Πηλιάδες θεράπναι   370
σύγχορτοί τ' Ὀμόλας ἔναυ-
λοι, πεύκαισιν ὅθεν χέρας
πληροῦντες χθόνα Θεσσαλῶν
ἱππείαις ἐδάμαζον·

τάν τε χρυσοκάρανον   375
δόρκαν ποικιλόνωτον
συλήτειραν ἀγρωστᾶν
κτείνας, θηροφόνον θεὰν
Οἰνωᾶτιν ἀγάλλει·

τεθρίππων τ' ἐπέβα   sp ch   στρ.
καὶ ψαλίοις ἐδάμασε πώλους   ch ia²–   381
Διομήδεος, αἳ φονίαισι φάτναις ἀχάλιν' ἔθόα-   an⁶
3ον κάθαιμα σῖτα γένυσι,   cr ia²◡
χαρμοναῖσιν ἀνδροβρῶσι   ċr ia²◡
δυστράπεζοι· πέραν δ'   cr²   385
ἀργυρορρύτων Ἕβρου   cr ia²
διεπέρασεν ὄχθων,   cr ba
Μυκηναίῳ πονῶν τυράννῳ.   ba cr ba

ἄν τε Πηλιάδ' ἀκτὰν   gl∧
Ἀναύρου παρὰ πηγὰς   ·gl∧   390
Κύκνον ξεινοδαΐκταν   gl∧
τόξοις ὤλεσεν, Ἀμφαναί-   gl
ας οἰκήτορ' ἄμεικτον·   gl∧

Gegenstrophe

Wildem Kentaurenvolk,
Brut, die in Schluchten haust,
Brachte gefiederter Pfeil,
Mordender Bogen den Tod.
Peneios' Strudel, verwüstetes Flachland,
Pelions Hang,
Ossas Nachbargefild
Sahen die schnaubenden Rosse mit Fichten beladen
Niederstampfen thessalische Fluren.

Buntgesprenkelten Hirsch
Mit den goldenen Hörnern,
Aller Saaten Verderben,
Tötet er, weiht das Geweih der jagenden Göttin.

Zweite Strophe

Schirrt vor den Wagen, die kühn er bezähmte
Mit scharfem Gebiß, diomedische Pferde,
Die zum blutgen Trog
Kamen und gierig zermalmten
Menschliche Leichen, froh kannibalischen Mahles.
Vom silberreichen Ufer des Hebros
Bracht er sie heim zu Mykenäs Gebieter.

Nahe an Pelions Hang,
Nah seiner Zwingburg,
Tötet sein Pfeil den Kyknos,
Der die Wandrer erschlug am Flusse Anauros.

ὑμνῳδούς τε κόρας   ἀντ.
ἤλυθεν ἑσπέριον ἐς αὐλάν,   895
χρυσέων πετάλων ἄπο μηλοφόρον χερὶ καρπὸν ἀμέρ-
ξων, δράκοντα πυρσόνωτον,
ὅς σφ' ἄπλατον ἀμφελικτὸς
ἕλικ' ἐφρούρει, κτανών·
ποντίας θ' ἁλὸς μυχοὺς   400
εἰσέβαινε, θνατοῖς
γαλανείας τιθεὶς ἐρετμοῖς·

οὐρανοῦ θ' ὑπὸ μέσσαν
ἐλαύνει χέρας ἕδραν,
Ἄτλαντος δόμον ἐλθών,   405
ἀστρωπούς τε κατέσχεν οἴ-
κους εὐανορίᾳ θεῶν·

τὸν ἱππευτάν τ' Ἀμαζόνων στρατὸν   ba cr ia² στρ.
Μαιῶτιν ἀμφὶ πολυπόταμον ἔβα δι' Εὔ-   ia⁶   410
ξεινον οἶδμα λίμνας,   cr ba
τίν' οὐκ ἀφ' Ἑλλανίας   ia² cr
ἄγορον ἁλίσας φίλων,   cr ia²
κόρας Ἀρείας πέπλων   ia² cr
χρυσεόστολον φάρος,   cr ia²
ζωστῆρος ὀλεθρίους ἄγρας.   ia⁴   415
τὰ κλεινὰ δ' Ἑλλὰς ἔλαβε βαρ-   ia⁴
βάρου κόρας λάφυρα, καὶ   ia⁴
σῴζεται Μυκήναις.   cr ba

τάν τε μυριόκρανον   gl∧
πολύφονον κύνα Λέρνας   gl∧   420
ὕδραν ἐξεπύρωσεν,   gl∧
βέλεσί τ' ἀμφέβαλ' ἰόν,   gl∧
τὸν τρισώματον οἶσιν ἔ-   gl
κτα βοτῆρ' Ἐρυθείας.   gl∧

Gegenstrophe

Singende Mädchen, euch traf er am Westrand
Der Erde und brach sich die goldenen Früchte
Aus des Apfelbaums
Laubigem Schatten; erlegte
Rötlichen Drachen, furchtbar geringelten Wächter.
Er stieg in die Schlüfte des Meeresfürsten,
Brachte den Schiffern den Frieden der Fahrten.

Unter des Himmels Last
Legt er die Hände,
Trug beim Hause des Atlas
Himmels Sternenpalast mit männlicher Kühnheit.

Dritte Strophe

Reiterhorden der Amazonen
Jagte er auf in den stromreichen Steppen,
Nordwärts ziehend vom Schwarzen Meere.
Aller Freunde stolzer Heerbann
Zieht zur wilden Arestochter,
Will den goldgewirkten Gürtel
Sich im schwersten Kampf erringen.
Und den kostbaren Schmuck barbarischer Frau
Trug Hellas davon, Mykenä bewahrt ihn.

Tausendköpfigen Wurm,
Mördrische Hündin der Lerna,
Brannte mit Fackeln er aus,
Träufelt ihr Gift in die Pfeile,
Die dreileibigen Hirten trafen.

δρόμων τ' ἄλλων ἀγάλματ' εὐτυχῆ   ἀντ.
διῆλθε· τόν τε πολυδάκρυον ἔπλευσ' ἐς ˇΑι-   426
δαν, πόνων τελευτάν,
ἵν' ἐκπεραίνει τάλας
βίοτον, οὐδ' ἔβα πάλιν.
στέγαι δ' ἔρημοι φίλων,   430
τὰν δ' ἀνόστιμον τέκνων
Χάρωνος ἐπιμένει πλάτα
βίου κέλευθον ἄθεον ἄδι-
κον· ἐς δὲ σὰς χέρας βλέπει
δώματ' οὐ παρόντος.   435

εἰ δ' ἐγὼ σθένος ἥβων
δόρυ τ' ἔπαλλον ἐν αἰχμᾷ,
Καδμείων τε σύνηβοι,
τέκεσιν ἂν προπαρέσταν
ἀλκᾷ· νῦν δ' ἀπολείπομαι   440
τᾶς εὐδαίμονος ἥβας.

ἀλλ' ἐσορῶ γὰρ τούσδε φθιμένων   an[4]
ἔνδυτ' ἔχοντας, τοὺς τοῦ μεγάλου
δή ποτε παῖδας τὸ πρὶν Ἡρακλέους,
ἄλοχόν τε φίλην ὑπὸ σειραίοις   445
ποσὶν ἕλκουσαν τέκνα, καὶ γεραιὸν
πατέρ' Ἡρακλέους. δύστενος ἐγώ,
δακρύων ὡς οὐ δύναμαι κατέχειν
γραίας ὄσσων ἔτι πηγάς.   450

Gegenstrophe

Ach, noch manche Rennbahn durchlief er
Siegreich. Nun stieg er ins Tal der Tränen,
Hades, die letzte der schweren Mühen;
   Schloß sein Leben, kam nicht wieder,
   Haus steht öde, Charons Ruder
   Harrt des letzten Wegs der Knaben,
   Den die Götter ganz verließen!
Auf deine Hände nun schaut dieses Haus,
Auf deine Hände, du Allzuferner!

Stünd ich in Blüte der Kraft,
Würf ich im Kampfe die Lanze,
Würden die Freunde mit mir
Kühn diese Knaben beschützen –
Doch wir ermangeln der seligen Jugend.

ZWEITE HAUPTSZENE

*Amphitryon, Megara und die Knaben kommen aus dem
Haus*

Chorführer

Sieh die Fürstenkinder im Totengewand,
Eines Toten Kinder! Sein treues Weib,
Zieht sie nach sich, gefolgt von dem greisen Ahn.
Ach, mein altes Aug kann des Tränenquells
Sich nimmer erwehren.

Με εἶέν· τίς ἱερεύς, τίς σφαγεύς τῶν δυσπότμων   451
ἕτοιμ' ἄγειν τὰ θύματ' εἰς Ἅιδου τάδε.   453
ὦ τέκν', ἀγόμεθα ζεῦγος οὐ καλὸν νεκρῶν,
ὁμοῦ γέροντες καὶ νέοι καὶ μητέρες.   455
ὦ μοῖρα δυστάλαιν' ἐμή τε καὶ τέκνων
τῶνδ', οὓς πανύστατ' ὄμμασιν προσδέρκομαι.
ἔτεκον μὲν ὑμᾶς, πολεμίοις δ' ἐθρεψάμην
ὕβρισμα κἀπίχαρμα καὶ διαφθοράν.
φεῦ·
ἦ πολύ με δόξης ἐξέπαισαν ἐλπίδες,   460
ἣν πατρὸς ὑμῶν ἐκ λόγων ποτ' ἤλπισα.
σοὶ μὲν γὰρ Ἄργος ἔνεμ' ὁ κατθανὼν πατήρ,
Εὐρυσθέως δ' ἔμελλες οἰκήσειν δόμους
τῆς καλλικάρπου κράτος ἔχων Πελασγίας,
στολήν τε θηρὸς ἀμφέβαλλε σῷ κάρᾳ   465
λέοντος, ᾗπερ αὐτὸς ἐξωπλίζετο·
σὺ δ' ἦσθα Θηβῶν τῶν φιλαρμάτων ἄναξ,
ἔγκληρα πεδία τἀμὰ γῆς κεκτημένος,
ὡς ἐξέπειθες τὸν κατασπείραντά σε,
ἐς δεξιάν τε σὴν ἀλεξητήριον   470
ξύλον καθίει δαίδαλον, ψευδῆ δόσιν.
σοὶ δ' ἦν ἔπερσε τοῖς ἑκηβόλοις ποτὲ
τόξοισι δώσειν Οἰχαλίαν ὑπέσχετο.
τρεῖς δ' ὄντας ὑμᾶς τριπτύχοις τυραννίσι
πατὴρ ἐπύργου, μέγα φρονῶν εὐανδρίᾳ·   475
ἐγὼ δὲ νύμφας ἠκροθινιαζόμην,
κήδη συνάψους', ἔκ τ' Ἀθηναίων χθονὸς
Σπάρτης τε Θηβῶν θ', ὡς ἀνημμένοι κάλως
πρυμνησίοισι βίον ἔχοιτ' εὐδαίμονα.
καὶ ταῦτα φροῦδα· μεταβαλοῦσα δ' ἡ τύχη   480
νύμφας μὲν ὑμῖν Κῆρας ἀντέδωκ' ἔχειν,
ἐμοὶ δὲ δάκρυα λουτρὰ δυστήνῳ φέρειν.

ἦ τῆς ταλαίνης τῆς ἐμῆς ψυχῆς φονεύς;   452

Megara

So geschehs! Welcher Priester wird opfern das Lamm,
Das zum Todesstoß auf der Schlachtbank liegt?
Ach Kinder, was sind wir für Todesgespann,
Gewürfelt aus Greis und aus Frau und aus Kind!
Unseliges Los! O des letzten Blicks
Auf euch, die dem Feind ich gebar, erzog,
Seinem Hohn, seinem Spott, seiner Mordbegier!

O wie hat mich das Wort eures Vaters getäuscht!
Dir vermachte er Argos, Eurystheus' Palast,
Das fruchtbare alte pelasgische Reich,
Und deckte zum Zeichen dein kleines Haupt
Mit dem Haupt des Löwen, dem eignen Helm.

Dir gab er mein Erbe, thebanische Flur,
Um die du ihn batst; ach er legte umsonst
In die Hand dir der Keule beschlagene Wehr.

Und dir versprach er oichalische Burg,
Die er einst mit verheerendem Bogen gewann.
Drei Reiche gab stolz euch der mächtige Mann;
Drei Frauen hab selber ich auserwählt
Aus Athens, aus Spartas, aus Thebens Geschlecht,
Euer Glück an die sichersten Taue gehängt. –

Nun ist alles dahin – jähes Los hat euch
Mit den Keren vermählt, als bräutliches Bad
Trag ich Tränen, der Alte erstellt euch das Fest

πατὴρ δὲ πατρὸς ἑστιᾷ γάμους ὅδε,
Ἅιδην νομίζων πενθερόν, κῆδος πικρόν.
ὤμοι, τίν' ὑμῶν πρῶτον ἢ τίν' ὕστατον   485
πρὸς στέρνα θῶμαι; τῷ προσαρμόσω στόμα;
τίνος λάβωμαι; πῶς ἂν ὡς ξουθόπτερος
μέλισσα συνενέγκαιμ' ἂν ἐκ πάντων γόους,
ἐς ἓν δ' ἐνεγκοῦσ' ἁθρόον ἀποδοίην δάκρυ;
ὦ φίλτατ', εἴ τις φθόγγος εἰσακούεται   490
θνητῶν παρ' Ἅιδῃ, σοὶ τάδ', Ἡράκλεις, λέγω·
θνῄσκει πατὴρ σὸς καὶ τέκν', ὄλλυμαι δ' ἐγώ,
ἣ πρὶν μακαρία διὰ σ' ἐκληζόμην βροτοῖς.
ἄρηξον, ἐλθέ· καὶ σκιὰ φάνηθί μοι·
ἅλις γὰρ ἐλθὼν κἂν ὄναρ γένοιο σύ·   495
κακοὶ γάρ εἰσιν οἳ τέκνα κτείνουσι σά.

Αμ σὺ μὲν τὰ νέρθεν εὐτρεπῆ ποιοῦ, γύναι,   497
θανεῖν γάρ, ὡς ἔοικ', ἀναγκαίως ἔχει.   502
ἐγὼ δὲ σέ, ὦ Ζεῦ, χεῖρ' ἐς οὐρανὸν δικὼν   498
αὐδῶ, τέκνοισιν εἴ τι τοισίδ' ὠφελεῖν
μέλλεις, ἀμύνειν, ὡς τάχ' οὐδὲν ἀρκέσεις.   500
καίτοι κέκλησαι πολλάκις· μάτην πονῶ.
ἀλλ', ὦ γέροντες, μικρὰ μὲν τὰ τοῦ βίου,   503
τοῦτον δ' ὅπως ἥδιστα διαπεράσετε,
ἐξ ἡμέρας ἐς νύκτα μὴ λυπούμενοι.   505
ὡς ἐλπίδας μὲν ὁ χρόνος οὐκ ἐπίσταται
σῴζειν, τὸ δ' αὑτοῦ σπουδάσας διέπτατο.
ὁρᾶτ' ἔμ' ὅσπερ ἦ περίβλεπτος βροτοῖς
ὀνομαστὰ πράσσων, καί μ' ἀφείλεθ' ἡ τύχη
ὥσπερ πτερὸν πρὸς αἰθέρ' ἡμέρᾳ μιᾷ.   510
ὁ δ' ὄλβος ὁ μέγας ἥ τε δόξ' οὐκ οἶδ' ὅτῳ
βέβαιός ἐστι. χαίρετ'· ἄνδρα γὰρ φίλον
πανύστατον νῦν, ἥλικες, δεδόρκατε.

Με ἔα·
ὦ πρέσβυ, λεύσσω τἀμὰ φίλτατ'· ἢ τί φῶ;
Αμ οὐκ οἶδα, θύγατερ· ἀφασία δὲ κἄμ' ἔχει.   515

Mit dem Brautvater Hades, ein düsteres Werk. –

Wen drück ich zuerst, wen zuletzt an die Brust?
Dir den Kuß? Dir den Arm? Goldner Biene gleich
Möcht ich sammeln die Klagen in einen Laut,
Jede Träne, um jeden, in einzigen Strom. –

knieend zur Erdtiefe betend

Hör, liebster Gemahl – wenn der Hades uns hört:
Hier stirbt dir dein Vater, die Kinder! Auch ich,
Die man selig gepriesen in aller Welt!
Hilf, eile, erscheine! Erscheine als Geist!
Auch dein Schattenbild würde uns retten.

Amphitryon *nach oben betend*

Ja, beschwöre den Hades, ihm sind wir geweiht!
Ich erhebe noch einmal die Hände zu Zeus:
Errette die Kinder, bald ist es zu spät! –
Doch ihn rief man schon oft, mit vergeblicher Müh.

zum Chor

Ihr Freunde, das Leben ist kurz; o so lebt
Aus dem Tag in die Nacht und bekümmert euch nie:
Keine Hoffnung auf morgen erfüllt uns die Zeit,
Sie schenkt uns das Heute und flattert davon.
Seht her: den Gerühmten, der vieles vollbracht,
Bläst heute das Schicksal wie Spreu in den Wind.
Großer Reichtum und Ruhm, ach, wem bleiben sie treu?
Lebt wohl, alte Freunde! Ich scheide vom Licht.

steht auf, blickt die Straße hinab

Me O Himmel! Was seh ich?
    Da kommt ja mein Lieb! Oder ist es ein Traum?
Am Ich weiß nicht, mein Kind, ich erstaune mit dir.

Με δδ' ἐστὶν ὃν γῆς νέρθεν εἰσηκούομεν,
Αμ εἰ μή γ' ὄνειρον ἐν φάει τι λεύσσομεν.
Με τί φημί; ποῖ' ὄνειρα κηραίνουσ' ὁρῶ;
οὐκ ἔσθ' ὅδ' ἄλλος ἀντὶ σοῦ παιδός, γέρον.
δεῦρ', ὦ τέκν', ἐκκρίμνασθε πατρῴων πέπλων,   520
ἴτ' ἐγκονεῖτε, μὴ μεθῆτ', ἐπεὶ Διὸς
σωτῆρος ὑμῖν οὐδέν ἐσθ' ὅδ' ὕστερος.

Ἡρακλῆς

ὦ χαῖρε, μέλαθρον πρόπυλά θ' ἑστίας ἐμῆς,
ὡς ἄσμενός σ' ἐσεῖδον ἐς φάος μολών.
ἔα· τί χρῆμα; τέκν' ὁρῶ πρὸ δωμάτων   525
στολμοῖσι νεκρῶν κρᾶτας ἐξεστεμμένα,
ὄχλῳ τ' ἐν ἀνδρῶν τὴν ἐμὴν ξυνάορον,
πατέρα τε δακρύοντα συμφορὰς τίνας;
φέρ' ἐκπύθωμαι τῶνδε πλησίον σταθείς·
γύναι, τί καινὸν ἦλθε δώμασιν χρέος;   530
Με ὦ φίλτατ' ἀνδρῶν.
Αμ   ὦ φάος μολὼν πατρί,
ἥκεις, ἐσώθης εἰς ἀκμὴν ἐλθὼν φίλοις;
Ηρ τί φής; τίν' ἐς ταραγμὸν ἥκομεν, πάτερ;
Με διολλύμεσθα· σὺ δέ, γέρον, σύγγνωθί μοι,
εἰ πρόσθεν ἥρπασ' ἃ σὲ λέγειν πρὸς τόνδ' ἐχρῆν·   535
τὸ θῆλυ γάρ πως μᾶλλον οἰκτρὸν ἀρσένων,
καὶ τἄμ' ἔθνῃσκε τέκν', ἀπωλλύμην δ' ἐγώ.
Ηρ Ἄπολλον, οἵοις φροιμίοις ἄρχῃ λόγου.
Με τεθνᾶσ' ἀδελφοὶ καὶ πατὴρ οὑμὸς γέρων.
Ηρ πῶς φής; τί δράσας ἢ δορὸς ποίου τυχών;   540
Με Λύκος σφ' ὁ καινὸς γῆς ἄναξ διώλεσεν.
Ηρ ὅπλοις ἀπαντῶν ἢ νοσησάσης χθονός;
Με στάσει· τὸ Κάδμου δ' ἑπτάπυλον ἔχει κράτος.
Ηρ τί δῆτα πρὸς σὲ καὶ γέροντ' ἦλθεν φόβος;
Με κτείνειν ἔμελλε πατέρα κἀμὲ καὶ τέκνα.   545
Ηρ τί φής; τί ταρβῶν ὀρφάνευμ' ἐμῶν τέκνων;

Me   Er ists, den wir alle im Hades geglaubt!

Am   Wenns am hellen Tag nicht Gespenster gibt!

Me   Nein, fort mit Gespenstern und fort mit der Angst,
     Er ist es, er ist es, leibhaftig dein Sohn!
     Kommt, Kinder, und hängt euch an Vaters Gewand,
     Geht, eilt euch und laßt ihn nur nie wieder los!
     Er beschützt euch so sicher wie dieser Altar!

           H e r a k l e s *tritt näher*

     Sei gegrüßt, du mein Haus! Sei gegrüßt, du mein Hof!
     So schau ich euch wieder im oberen Licht!
     Doch was seh ich? Die Kinder im Totenkranz
     Vor dem Haus! Meine Gattin von Männern umringt!
     Und den Vater in Tränen! Ich trete hinzu,
     Zu erfahren das Los, das mein Haus befiel.

Me   Liebster Gatte!

Am   So kehrst du zum Vater, mein Sohn!
     Gerettet! Den Deinen ein rettender Stern!

He   Was sagst du, mein Vater? Was hat euch bestürzt?

Me   *fällt ein*
     Wir sind alle des Todes! – Ach, Alter, verzeih
     Meine vorschnelle Rede dem ängstlichen Weib,
     Dem die Kinder sterben, sie selber zugleich!

Her Apollon, was folgt diesem Vorspruch nach?

Me   Meine Brüder, mein alter Vater sind tot.

Her Wie konnt es geschehen? Sie fielen im Kampf?

Me   König Lykos erschlug sie, der neue Tyrann.

Her Im offenen Kampf? Durch feigen Verrat?

Me   Durch Verrat gewann er das kadmische Land.

Her Das hat dir und dem Alten Gefahren gebracht?

Me   Dem Tod hat er uns und die Knaben geweiht.

Her Und wie haben ihn klägliche Waisen erschreckt?

Με μή ποτε Κρέοντος θάνατον ἐκτεισαίατο.
Ηρ κόσμος δὲ παίδων τίς ὅδε νερτέροις πρέπων;
Με θανάτου τάδ' ἤδη περιβόλαι' ἀνήμμεθα.
Ηρ καὶ πρὸς βίαν ἐθνήσκετ'; ὦ τλήμων ἐγώ.   550
Με φίλων γ' ἔρημοι· σὲ δὲ θανόντ' ἠκούομεν.
Ηρ πόθεν δ' ἐς ὑμᾶς ἥδ' ἐσῆλθ' ἀθυμία;
Με Εὐρυσθέως κήρυκες ἤγγελλον τάδε.
Ηρ τί δ' ἐξελείπετ' οἶκον ἑστίαν τ' ἐμήν;
Με βία, πατὴρ μὲν ἐκπεσὼν στρωτοῦ λέχους –   555
Ηρ κοὐκ ἔσχεν αἰδῶ τὸν γέροντ' ἀτιμάσαι;
Με αἰδῶ γ'· ἀποικεῖ τῆσδε τῆς θεοῦ πρόσω.
Ηρ οὕτω δ' ἀπόντες ἐσπανίζομεν φίλων;
Με φίλοι γὰρ εἰσιν ἀνδρὶ δυστυχεῖ τίνες;
Ηρ μάχας δὲ Μινυῶν ἃς ἔτλην ἀπέπτυσαν;   560
Με ἄφιλον, ἵν' αὖθίς σοι λέγω, τὸ δυστυχές.
Ηρ οὐ ῥίψεθ' Ἅιδου τάσδε περιβολὰς κόμης
    καὶ φῶς ἀναβλέψεσθε, τοῦ κάτω σκότου
    φίλας ἀμοιβὰς ὄμμασιν δεδορκότες;
    ἐγὼ δέ – νῦν γὰρ τῆς ἐμῆς ἔργον χερός –   565
    πρῶτον μὲν εἶμι καὶ κατασκάψω δόμους
    καινῶν τυράννων, κρᾶτα δ' ἀνόσιον τεμὼν
    ῥίψω κυνῶν ἕλκημα· Καδμείων δ' ὅσους
    κακοὺς ἐφηῦρον εὖ παθόντας ἐξ ἐμοῦ,
    τῷ καλλινίκῳ τῷδ' ὅπλῳ χειρώσομαι·   570
    τοὺς δὲ πτερωτοῖς διαφορῶν τοξεύμασι
    νεκρῶν ἅπαντ' Ἰσμηνὸν ἐμπλήσω φόνου,
    Δίρκης τε νᾶμα λευκὸν αἱμαχθήσεται.
    τῷ γάρ μ' ἀμύνειν μᾶλλον ἢ δάμαρτι χρὴ
    καὶ παισὶ καὶ γέροντι; χαιρόντων πόνοι·   575
    μάτην γὰρ αὐτοὺς τῶνδε μᾶλλον ἤνυσα.
    καὶ δεῖ μ' ὑπὲρ τῶνδ', εἴπερ οἵδ' ὑπὲρ πατρός,
    θνήσκειν ἀμύνοντ'· ἢ τί φήσομεν καλὸν
    ὕδρᾳ μὲν ἐλθεῖν ἐς μάχην λέοντί τε
    Εὐρυσθέως πομπαῖσι, τῶν δ' ἐμῶν τέκνων   580
    οὐκ ἐκπονήσω θάνατον; οὐκ ἄρ' Ἡρακλῆς
    ὁ καλλίνικος ὡς πάροιθε λέξομαι.

Me   Als künftige Rächer für Kreons Tod.

Her   Und was soll dieser Schmuck, den man Toten verleiht?

Me   So waren wir schon für das Grab bereit.

Her   Für den Mörder bereit! Ich unseliger Mann!

Me   Aller Freunde entblößt, denn du galtst für tot.

Her   Und wer hat euch die trostlose Kunde gebracht?

Me   Des Eurystheus Boten sprengten sie aus.

Her   Was vertrieb euch vom Haus und vom schützenden Herd?

Me   Die Gewalt hat den Alten vom Lager gezerrt ...

Her   Ohne Scham mißhandelt gebrechlichen Mann?

Me   Eine Göttin der Scham kennt ein Lykos nicht.

Her   So ganz ohne Freunde verblieb unser Haus?

Me   Wer hat je im Unglück noch Freunde gesehn!

Her   Und die Minyerschlacht? Sie war ausgelöscht?

Me   Die Not – hör es nochmal! – vertreibt den Freund.

Her   Nun fort mit den Totenkränzen, o tauscht
Diese Schatten der Nacht mit dem strahlenden Licht!
Ich geh an mein Werk und als erstes sei
Thebens Zwingburg gestürzt! Ich trenne vom Rumpf
Lykos' schamloses Haupt, allen Hunden zum Fraß.
Und die undankbaren Bewohner der Stadt
Erschlägt diese strahlende Waffe, erlegt
Mein schnelles Geschoß; Ismenos füllt
Sich mit Toten und Dirke verfärbt ihre Flut.

zu den Seinen

Ihr seid meinem Beistand die nächsten! Wenn euch
Meine Taten nicht retten, so sind sie vertan!
Heut wart ihr für mich schon zum Sterben bereit;
So wag ichs für euch! Auf Eurystheus' Geheiß
Erschlug ich Drachen und Löwen, und soll
Für die Kinder mich schonen? Wer könnte mich noch
Den strahlenden Herakles nennen?

Χο δίκαιά τοῦσθ' ἑκόντα σ' ὠφελεῖν τέκνα
πατέρα τε πρέσβυν τήν τε κοινωνὸν γάμων.

Αμ πρὸς σοῦ μέν, ὦ παῖ, τοῖς φίλοις τ' εἶναι φίλον   585
τά τ' ἐχθρὰ μισεῖν· ἀλλὰ μὴ 'πείγου λίαν.

Ηρ τί δ' ἐστὶ τῶνδε θᾶσσον ἢ χρεών, πάτερ;   587

Αμ ὤφθης ἐσελθὼν πόλιν· ἐπεὶ δ' ὤφθης, ὅρα   593
ἐχθροὺς ἀθροίσας μὴ παρὰ γνώμην πέσῃς.

Ηρ μέλει μὲν οὐδὲν εἴ με πᾶσ' εἶδεν πόλις·   595
ὄρνιν δ' ἰδών τιν' οὐκ ἐν αἰσίοις ἕδραις,
ἔγνων πόνον τιν' ἐς δόμους πεπτωκότα·
ὥστ' ἐκ προνοίας κρύφιος εἰσῆλθον χθόνα.

Αμ καλῶς· ἐσελθὼν νῦν πρόσειπέ θ' ἑστίαν
καὶ δὸς πατρῴοις δώμασιν σὸν ὄμμ' ἰδεῖν.   600
ἥξει γὰρ αὐτὸς σὴν δάμαρτα καὶ τέκνα
ἕλξων φονεύσων κἄμ' ἐπισφάξων ἄναξ·
μένοντι δ' αὐτοῦ πάντα σοι γενήσεται
τῇ τ' ἀσφαλείᾳ κερδανεῖς· πόλιν δὲ σὴν
μὴ πρὶν ταράξῃς πρὶν τόδ' εὖ θέσθαι, τέκνον.   605

Ηρ δράσω τάδ'· εὖ γὰρ εἶπας· εἶμ' ἔσω δόμων.
χρόνῳ δ' ἀνελθὼν ἐξ ἀνηλίων μυχῶν
Ἅιδου Κόρης τ' ἔνερθεν, οὐκ ἀτιμάσω
θεοὺς προσειπεῖν πρῶτα τοὺς κατὰ στέγας.

Αμ ἦλθες γὰρ ὄντως δώματ' εἰς Ἅιδου, τέκνον;   610

Ηρ καὶ θῆρά γ' ἐς φῶς τὸν τρίκρανον ἤγαγον.

Αμ μάχῃ κρατήσας ἢ θεᾶς δωρήμασιν;

Ηρ μάχῃ· τὰ μυστῶν δ' ὄργι' εὐτύχησ' ἰδών.

Αμ ἦ καὶ κατ' οἴκους ἐστὶν Εὐρυσθέως ὁ θήρ;

Ηρ Χθονίας νιν ἄλσος Ἑρμιών τ' ἔχει πόλις.   615

Αμ οὐδ' οἶδεν Εὐρυσθεύς σε γῆς ἥκοντ' ἄνω;

Ηρ οὐκ οἶδ'· ἵν' ἐλθὼν τἀνθάδ' εἰδείην πάρος.

Αμ πολλοὺς πένητας, ὀλβίους δὲ τῷ λόγῳ   588
δοκοῦντας εἶναι συμμάχους ἄναξ ἔχει,
οἳ στάσιν ἔθηκαν καὶ διώλεσαν πόλιν   590
ἐφ' ἁρπαγαῖσι τῶν πέλας, τὰ δ' ἐν δόμοις
δαπάναισι φροῦδα διαφυγόνθ' ὑπ' ἀργίας.

Chf Große Rettungstat hast du würdig gewählt!

Am Ja, dein Herz brennt heiß für der Deinigen Schutz
Und der Feinde Verderb, doch bedenke die Tat!
Her Die je schneller, je besser geschehen wird!
Am Man sah dein Kommen! Der Feind hat gewiß
Sich zusammengetan und dir Fallen gestellt.
Her Was tuts, wenn die ganze Stadt mich erspäht?
Doch hat mich ein Unglücksvogel gewarnt,
So schlich ich mich heimlich die Straßen entlang.

Am Vortrefflich! So geh und begrüße den Herd,
Laß erstrahlen dein Antlitz im Vaterhaus!
Bald kommt der Tyrann, zu ermorden dein Weib,
Die Kinder, den Vater. Erwart ihn im Haus,
Genieße den Vorteil des sicheren Orts!
Kein Wirbel verwirre bis dahin die Stadt.

Her Du rätst gut und so geh ich und bringe zuerst
Da ich glücklich vom unteren Reiche gekehrt,
Den Göttern des Hauses den schuldigen Dank.

Am Ach, mein Kind, stiegst du wirklich zum Hades hinab?
Her Dreiköpfigen Höllenhund bracht ich herauf.
Am Den die Göttin dir gab? Den der Kampf dir gewann?
Her Der Kampf, von eleusischen Weihen geschützt.
Am Zu Eurystheus hast du das Untier gebracht?
Her In Hermione hegt ihn Persephones Hain.
Am Und Eurystheus erfuhr deine Heimkehr nicht?
Her Noch nicht. Mich verlangte vor allem nach euch.

Αμ χρόνον δὲ πῶς τοσοῦτον ἦσθ' ὑπὸ χθονί;
Ηρ Θησέα κομίζων ἐχρόνισ' ἐξ Ἅιδου, πάτερ.
Αμ καὶ ποῦ 'στιν; ἢ γῆς πατρίδος οἴχεται πέδον;   620
Ηρ βέβηκ' 'Αθήνας νέρθεν ἄσμενος φυγών.
   ἀλλ' εἶ', ὁμαρτεῖτ', ὦ τέκν', ἐς δόμους πατρί·
   καλλίονές τἄρ' εἴσοδοι τῶν ἐξόδων
   πάρεισιν ὑμῖν. ἀλλὰ θάρσος ἴσχετε
   καὶ νάματ' ὄσσων μηκέτ' ἐξανίετε·   625
   σύ τ', ὦ γύναι μοι, σύλλογον ψυχῆς λαβὲ
   τρόμου τε παῦσαι, καὶ μέθεσθ' ἐμῶν πέπλων·
   οὐ γὰρ πτερωτὸς οὐδὲ φευξείω φίλους.
   ἆ,
   οἵδ' οὐκ ἀφιᾶσ', ἀλλ' ἀνάπτονται πέπλων
   τοσῷδε μᾶλλον· ὧδ' ἔβητ' ἐπὶ ξυροῦ;   630
   ἄξω λαβών γε τούσδ' ἐφολκίδας χεροῖν,
   ναῦς δ' ὡς ἐφέλξω· καὶ γὰρ οὐκ ἀναίνομαι
   θεράπευμα τέκνων. πάντα τἀνθρώπων ἴσα·
   φιλοῦσι παῖδας οἵ τ' ἀμείνονες βροτῶν
   οἵ τ' οὐδὲν ὄντες· χρήμασιν δὲ διάφοροι·   635
   ἔχουσιν, οἱ δ' οὔ· πᾶν δὲ φιλότεκνον γένος.

Χο ἁ νεότας μοι φίλον· ἄ-   ch²   στρ.
   χθος δὲ τὸ γῆρας αἰεὶ   ch ba
   βαρύτερον Αἴτνας σκοπέλων   ia² ch
   ἐπὶ κρατὶ κεῖται, βλεφάρων   ia² ch   640
   σκοτεινὸν φάος ἐπικαλύψαν.   ·gl–
   μή μοι μήτ' 'Ασιήτιδος   gl
   τυραννίδος ὄλβος εἴη,   ∧gl–
   μὴ χρυσοῦ δώματα πλήρη   sp×ch–   645
   τᾶς ἥβας ἀντιλαβεῖν,   sp×ch

Am Und was hielt dich so fest in der unteren Welt?
Her Des Theseus Befreiung hat lang mich verweilt.
Am Und kam er mit Glück in die Heimat zurück?
Her Froh ließ er das Dunkel und zog nach Athen. –
Auf, ihr Kinder, ins Haus! Ihr zieht froher hinein
Als heraus! Seid getrost! Löscht den Tränenquell!
Laß die Angst, liebe Gattin, und fasse dein Herz!
Ach, ihr Kleinen, wie hängt ihr an meinem Gewand!
Bin kein Vogel, ich flieg euch nicht wieder davon. –

Und ihr klammert euch fester! So nah war der Tod?
Wie ein Schleppschiff zieh ich euch hinter mir her
Und schäme mich nicht dieser kindlichen Fracht.
Das hat ja der Fürst mit dem Diener gemein:
Der Arme, der Reiche, er liebt sein Kind.

Herakles geht mit den Seinen ins Haus

ZWEITES STANDLIED

Chor

Erste Strophe

Jugend, wie lieb ich dich! Alter, wie lastest du
Schwerer als Ätna auf meinem Haupt!
Nahmst meinem Aug
Süßestes Licht!
Jugend, wie gäb ich dich für aller Könige
Persischen Herrscherprunk, Häuser voll Golds!

ᾇ καλλίστα μὲν ἐν ὄλβῳ,   sp-ch-
καλλίστα δ' ἐν πενίᾳ.   sp-ch
τὸ δὲ λυγρὸν φόνιόν τε γῆ-   gl
ρας μισῶ· κατὰ κυμάτων δ'   gl   650
ἔρροι, μηδέ ποτ' ὤφελεν   gl
θνατῶν δώματα καὶ πόλεις   gl
ἐλθεῖν, ἀλλὰ κατ' αἰθέρ' αἰ-   gl
εἰ πτεροῖσι φορείσθω.   gl⌒   654

εἰ δὲ θεοῖς ἦν ξύνεσις   ἀντ.
καὶ σοφία κατ' ἄνδρας,
δίδυμον ἂν ἥβαν ἔφερον
φανερὸν χαρακτῆρ' ἀρετᾶς
ὅσοισιν μέτα, καὶ θανόντες   660
εἰς αὐγὰς πάλιν ἁλίου
δισσοὺς ἂν ἔβαν διαύλους,
ἁ δυσγένεια δ' ἁπλοῦν ἂν
εἶχεν ζόας βίοτον,
καὶ τῷδ' ἦν τούς τε κακοὺς ἂν   665
γνῶναι καὶ τοὺς ἀγαθούς,
ἴσον ἆτ' ἐν νεφέλαισιν ἄ-
στρων ναύταις ἀριθμὸς πέλει.
νῦν δ' οὐδεὶς ὅρος ἐκ θεῶν
χρηστοῖς οὐδὲ κακοῖς σαφής,   670
ἀλλ' εἱλισσόμενός τις αἰ-
ὼν πλοῦτον μόνον αὔξει.

οὐ παύσομαι τὰς Χάριτας   ia² ch   στρ.
Μούσαις συγκαταμειγνύς,   gl⌒
ἁδίσταν συζυγίαν.   sp-ch 675
μὴ ζῴην μετ' ἀμουσίας,   gl
αἰεὶ δ' ἐν στεφάνοισιν εἴ-   gl
ην· ἔτι τοι γέρων ἀοι-   ch ia²

Fürsten und Bettler
Singen dein Lied!
Aber das bittere, häßliche Alter
Haß ich zum Tode.

Wogen des Meeres, entführt es
Weit von der Menschen Städten und Häusern!
Flügel, tragt es empor,
Ewig soll es in Lüften kreisen!

Gegenstrophe

Götter! habt Einsicht, schenkt Menschen, die weise sind,
Doppeltes Leben, Guten zum Lohn!
Heller erstrahlt,
Wer nach dem Tod
Wieder die Sonne sieht, wieder die Bahn durchmißt,
Denn der Gemeine kehrt nimmer ins Licht.
Edler und Schlechter
Bleiben getrennt
Klar, wie der Schiffer am Himmel der Sterne
Zahl unterscheidet.

Uns verliehen die Götter
Ach, keine Zeichen, die Guten zu scheiden:
Ewig dreht sich das Rad,
Bringt nur ewig das Gold nach oben.

Zweite Strophe

Immerzu sollen die Töchter der Anmut,
Sollen die Musen den Reigen mir schlingen!
Nie will ich leben
Ohne die Musen,
Nie verlasse der Kranz mein Haupt!
Immer noch singt der ergraute Sänger

δὸς κελαδεῖ Μναμοσύναν·	ch²	
ἔτι τὰν Ἡρακλέους	an ch	680
καλλίνικον ἀείδω	gl∧	
παρά τε Βρόμιον οἰνοδόταν	ia² ch	
παρά τε χέλυος ἑπτατόνου	ia² ch	
μολπὰν καὶ Λίβυν αὐλόν·	gl∧	
οὔπω καταπαύσομεν	∧gl	685
Μούσας, αἵ μ' ἐχόρευσαν.	gl∧	

παιᾶνα μὲν Δηλιάδες		ἀντ.
ὑμνοῦσ' ἀμφὶ πύλας τὸν		
Λατοῦς εὔπαιδα γόνον		
εἰλίσσουσαι καλλίχορον·	sp² ch	690
παιᾶνας δ' ἐπὶ σοῖς μελά-		
θροις κύκνος ὡς γέρων ἀοι-		
δὸς πολιᾶν ἐκ γενύων		
κελαδήσω· τὸ γὰρ εὖ		
τοῖς ὕμνοισιν ὑπάρχει·		695
Διὸς ὁ παῖς· τᾶς δ' εὐγενίας	cr–ch	
πλέον ὑπερβάλλων ἀρετᾷ	cr–ch	
μοχθήσας τὸν ἄκυμον		
θῆκεν βίοτον βροτοῖς		
πέρσας δείματα θηρῶν.		700

Λυ ἐς καιρὸν οἴκων, Ἀμφιτρύων, ἔξω περᾷς·
χρόνος γὰρ ἤδη δαρὸς ἐξ ὅτου πέπλοις
κοσμεῖσθε σῶμα καὶ νεκρῶν ἀγάλμασιν.
ἀλλ' εἶα, παῖδας καὶ δάμαρθ' Ἡρακλέους
ἔξω κέλευε τῶνδε φαίνεσθαι δόμων,   705
ἐφ' οἷς ὑπέστητ' αὐτεπάγγελτοι θανεῖν.

Feiernde Weise, und immerzu sing ich
Strahlenden Herakles' Preisgesang.

Bakchos spendet den Wein,
Siebentönige Leier,
Libysche Flöte ertönt:
Schon befeuert die Muse zum Tanze.

Gegenstrophe

Delos' Töchter, sie singen den Päan
Hochgeborenem Sohne der Leto,
Singen und schlingen
Lieblichen Reigen;
So ertöne auch dir mein Lied,
Sohn des Zeus! Aus ersterbender Kehle
Ströme dem alten Singschwan die Weise,
Ströme der fromme, der hymnische Ton!

Tat überragt die Geburt,
Deine unsäglichen Mühen
Brachten den Frieden der Welt,
Haben die Schrecken der Wildnis vernichtet.

DRITTE HAUPTSZENE

*Lykos kommt mit Gefolge, Amphitryon tritt aus dem
Haus*

Lykos

Kommst du endlich, Amphitryon? Endlose Zeit
Habt ihr euch für die Bahre behängt und geputzt.
So rufe die Frau und die Kinder: Ihr habt
Euch aus freien Stücken dem Tod gestellt.

Αμ ἄναξ, διώκεις μ' ἀθλίως πεπραγότα
     ὕβριν θ' ὑβρίζεις ἐπὶ θανοῦσι τοῖς ἐμοῖς·
     ἃ χρῆν σε μετρίως, κεἰ κρατεῖς, σπουδὴν ἔχειν.
     ἐπεὶ δ' ἀνάγκην προστίθης ἡμῖν θανεῖν,   710
     στέργειν ἀνάγκη· δραστέον δ' ἃ σοὶ δοκεῖ.
Λυ ποῦ δῆτα Μεγάρα; ποῦ τέκν' Ἀλκμήνης γόνου;
Αμ δοκῶ μὲν αὐτήν, ὡς θύραθεν εἰκάσαι –
Λυ τί χρῆμα; δόξης τῆσδ' ἔχεις τεκμήριον;
Αμ ἱκέτιν πρὸς ἁγνοῖς Ἑστίας θάσσειν βάθροις –   715
Λυ ἀνόνητά γ' ἱκετεύουσαν ἐκσῷσαι βίον.
Αμ καὶ τὸν θανόντα γ' ἀνακαλεῖν μάτην πόσιν.
Λυ ὃ δ' οὐ πάρεστιν οὐδὲ μὴ μόλῃ ποτέ.
Αμ οὔκ, εἴ γε μή τις θεῶν ἀναστήσειέ νιν.
Λυ χώρει πρὸς αὐτὴν κἀκκόμιζε δωμάτων.   720
Αμ μέτοχος ἂν εἴην τοῦ φόνου δράσας τόδε.
Λυ ἡμεῖς, ἐπειδὴ σοὶ τόδ', ἔστ' ἐνθύμιον,
     οἱ δειμάτων ἔξωθεν ἐκπορεύσομεν
     σὺν μητρὶ παῖδας. δεῦρ' ἕπεσθε, πρόσπολοι,
     ὡς ἂν σχολὴν λύσωμεν ἄσμενοι πόνων.   725
Αμ σὺ δ' οὖν ἴθ', ἔρχῃ δ' οἷ χρεών· τὰ δ' ἄλλ' ἴσως
     ἄλλῳ μελήσει. προσδόκα δὲ δρῶν κακῶς
     κακόν τι πράξειν. ὦ γέροντες, ἐς καλὸν
     στείχει, βρόχοισι δ' ἀρκύων γενήσεται
     ξιφηφόροισι, τοὺς πέλας δοκῶν κτενεῖν   730
     ὁ παγκάκιστος. εἶμι δ', ὡς ἴδω νεκρὸν
     πίπτοντ'· ἔχει γὰρ ἡδονὰς θνῄσκων ἀνὴρ
     ἐχθρὸς τίνων τε τῶν δεδραμένων δίκην.

Χο μεταβολὰ κακῶν· μέγας ὁ πρόσθ' ἄναξ   do²   στρ
     πάλιν ὑποστρέφει βίοτον ἐξ Ἅιδα.   do²   736
     ἰώ·
     δίκα καὶ θεῶν παλίρρους πότμος.   do²

Amphitryon

Den Ärmsten, dem sein Beschützer verstarb,
Bedrängst du, verhöhnst du ganz über das Maß,
Da du Herr bist. Doch hast du den Tod verhängt –
Wir fügen uns willig dem harten Gebot.

Ly   Doch wo steckt sie? Und die Kinder?
Am   Ich vermute, sie wird...
Ly   Warst doch drinnen? Und was sahst du?
Am   Ja, sie kniet am Altar.
Ly   Betet noch für ihr Leben?
Am   Zu dem toten Gemahl!
Ly   Der dahin ist, nie zurückkommt!
Am   Wenn kein Gott ihn erweckt...
Ly   Schnell hinein und bring die Frau jetzt!
Am   Muß ich mitschuldig sein?
Ly   Wie bedenklich! So hol ich sie selber heraus,
      Ohne Furcht, samt den Kindern! Folgt jubelnd mir nach!
      Wir stehen am Ende von Sorge und Not.

mit Gefolge ins Haus

Am   So renn in ein Los, das ein andrer verhängt.
      Deiner Tat folgt der Lohn. Ihr Greise, da läuft
      Er nun selber hinein in das eiserne Netz,
      Der elende Mörder. Ihn fallen zu sehn,
      Tret ich ein: wie erquickt uns der Feinde Verderb!

geht ins Haus

Chorszene

Ch   O Wende der Not!
      Der alte Fürst
      Kehrt lebend zurück
      Aus Hades' Tor!
      Hojoh!
      Das Recht kehrt wieder, das Götterrecht!

ἦλθες χρόνῳ μὲν οὗ δίκην δώσεις θανών,   ia⁶   740
ὕβρεις ὑβρίζων εἰς ἀμείνονας σέθεν.   ia⁶
χαρμοναὶ δακρύων ἔδοσαν ἐκβολάς·   cr² do
πάλιν ἔμολεν —   ia²
ἃ πάρος οὔποτε διὰ φρενὸς ἤλπισ' ἂν   do²   745
παθεῖν — γᾶς ἄναξ.   do
ἀλλ', ὦ γεραιοί, καὶ τὰ δωμάτων ἔσω   ia⁶
σκοπῶμεν, εἰ πράσσει τις ὡς ἐγὼ θέλω.   ia⁶
Λυ ἰὼ μοί μοι.
Χο τόδε κατάρχεται μέλος ἐμοὶ κλύειν   ἀντ.
φίλιον ἐν δόμοις· θάνατος οὐ πόρσω.   752
βοᾷ
φόνου φροίμιον στενάζων ἄναξ.

Λυ ὦ πᾶσα Κάδμου γαῖ', ἀπόλλυμαι δόλῳ.
Χο καὶ γὰρ διώλλυς· ἀντίποινα δ' ἐκτίνων   755
τόλμα, διδούς γε τῶν δεδραμένων δίκην.
τίς ὁ θεοὺς ἀνομίᾳ χραίνων, θνητὸς ὤν,
ἄφρονα λόγον
οὐρανίων μακάρων κατέβαλ', ὡς ἄρ' οὐ
σθένουσιν θεοί;
γέροντες, οὐκέτ' ἔστι δυσσεβὴς ἀνήρ.   760
σιγᾷ μέλαθρα· πρὸς χοροὺς τραπώμεθα.   761

                     στρ.
χοροὶ χοροὶ   ia²   763
καὶ θαλίαι μέλουσι Θή-   ch ia²
βας ἱερὸν κατ' ἄστυ.   ch ba

φίλοι γὰρ εὐτυχοῦσιν οὓς ἐγὼ θέλω.   762

Chf Spät kamst du ans Ziel der Vergeltung: du hast
     Gegen Edle gefrevelt und zahlst mit dem Tod.
Ch   Freudentränen,
     Ich kann sie nicht bändigen.
     Mein Herr wieder hier!
     Wie konnt ich noch hoffen?
Chf Laßt uns lauschen am Tor, was drinnen sich regt,
     Ob er endlich erfährt, was ihm lange gegönnt.
Ly   *ruft von innen*
     O weh mir, ach, ach!
Ch   O süßes Lied,
     Das hier mein Ohr
     Aus dem Haus vernimmt!
     Das ist der Tod!
     Der Fürst
     Stimmt an sein blutiges Sterbelied.
Ly   *ruft von innen*
     Ihr Bürger der Stadt, seht den Meuchelmord!
Chf Hast selber gemeuchelt, so dulde den Lohn!
     Hier wird nur die Tat bezahlt mit der Tat.
Ch   Sterblicher Mensch,
     Wie wagt er, die himmlischen Götter
     Mit sinnlosem Wort
     Der Ohnmacht zu zeihen!
Chf Hört, Freunde! Der Schurke, er lebt nicht mehr,
     Im Haus ist es still. Nun feiert das Fest!

DRITTES STANDLIED

Chor

Erste Strophe

Reigen, Reigen, festliche Mähler,
Füllet Thebens heilige Stadt!

μεταλλαγαὶ γὰρ δακρύων,	ia² ch	765
μεταλλαγαὶ συντυχίας	ia² ch	
... ἔτεκον ἀοιδάς.	ia² ba	
βέβακ' ἄναξ ὁ καινός, ὁ δὲ παλαίτερος	ia⁶	
κρατεῖ, λιμένα λιπών γε τὸν ᾿Αχερόντιον.	ia⁶	770
δοκημάτων	ia²	
ἐκτὸς ἦλθεν ἐλπίς.	cr ba	

θεοὶ θεοὶ		ἀντ.
τῶν ἀδίκων μέλουσι καὶ		
τῶν ὁσίων ἐπάειν.		
ὁ χρυσὸς ἅ τ' εὐτυχία		
φρενῶν βροτοὺς ἐξάγεται,		775
δύνασιν ἄδικον ἐφέλκων.		
Χρόνου γὰρ οὔτις ῥόπαλον εἰσορᾶν ἔτλα		
νόμον παρέμενος, ἀνομίᾳ χάριν διδούς·		
ἔθραυσεν ὄλ-		
βου κελαινὸν ἅρμα.		780

᾿Ισμήν᾿ ὦ στεφαναφόρει,	gl	στρ.
ξεσταί θ' ἑπταπύλου πόλεως	gl	
ἀναχορεύσατ' ἀγυιαί,	gl∧	
Δίρκα θ' ἁ καλλιρρέεθρος,	sp² ch	
σύν τ' ᾿Ασωπιάδες κόραι,	gl	785
πατρὸς ὕδωρ βᾶτε λιποῦσαι συναοιδοί,	ch³-	
Νύμφαι, τὸν ῾Ηρακλέους	sp◡ch	
καλλίνικον ἀγῶνα.	gl∧	
Πυθίου δενδρῶτι πέτρα	tr² ch	790
Μουσῶν θ' ῾Ελικωνιάδων	sp◡◡ch	
δώματ', ὤ,	cr	
ἥξετ' εὐγαθεῖ κελάδῳ	tr² ch	
ἐμὰν πόλιν, ἐμὰ τείχη,	ia² ba	
Σπαρτῶν ἵνα γένος ἔφανε	-ch ba	
χαλκασπίδων λόχος, ὃς γᾶν	×gl∧	795
τέκνων τέκνοις μεταμείβει,	×gl∧	
Θήβαις ἱερὸν φῶς.	∧gl∧	

Wende der Tränen, Ende des Jammers
Rufen die festlichen Lieder herbei.
Fort ist der neue Gebieter; der alte
Herrscht und der Hades behielt ihn nicht.
Wahn wurde Hoffnung, und
Hoffnung zur Tat.

Gegenstrophe

Götter, Götter, sie walten der Bösen,
Walten der Frommen, wahren das Recht.
Fülle des Goldes, Fülle der Ehre
Wirrt alle Herzen mit schwindelnder Macht.
Wer auf dem Wagen des Unrechts dahinfährt,
Scheut vor der Keule des Gottes der Zeit.
Grausam zerschmettert sie
Dunkles Gefährt.

Zweite Strophe

Bekränzt euch, Ismenos!
Strahlende Straßen
Siebentoriger Stadt!
Dirke, lieblicher Quell,
Asopische liebliche Nymphen,
Kommet und singt
Herakles' Taten im Lied!
  Pythisches Waldgebirg,
  Helikonischer Musensitz,
  Stimmt in die freudigen Klänge,
  Preist meine Stadt, meinen Mauerkranz,
  Wo klirrend die Sparten dem Boden entstiegen,
  Stammschar ehrwürdigsten
  Herrschergeschlechts!

ὦ λέκτρων δύο συγγενεῖς   ἀντ.
εὐναί, θνατογενοῦς τε καὶ
Διός, ὃς ἦλθεν ἐς εὐνὰς   800
Νύμφας τᾶς Περσηίδος· καὶ
πιστόν μοι τὸ παλαιὸν ἤ-
δη λέχος, ὦ Ζεῦ, σὸν ἐπ᾽ οὐκ ἐλπίδι φάνθη,
λαμπρὰν δ᾽ ἔδειξ᾽ ὁ χρόνος   805
τὰν Ἡρακλέος ἀλκάν·
γᾶς ὃς ἐξέβα θαλάμων
Πλούτωνος δῶμα λιπὼν   sp-ch
νέρτερον.
κρείσσων μοι τύραννος ἔφυς   sp-⏑ch
ἢ δυσγένει᾽ ἀνάκτων,   810
ἃ νῦν ἐσορᾶν ἔφανε
ξιφηφόρων ἐς ἀγώνων
ἅμιλλαν, εἰ τὸ δίκαιον
θεοῖς ἔτ᾽ ἀρέσκει.

ἔα ἔα·   ia²   815
ἆρ᾽ ἐς τὸν αὐτὸν πίτυλον ἥκομεν φόβου,   ia⁶
γέροντες, οἷον φάσμ᾽ ὑπὲρ δόμων ὁρῶ;   ia⁶

φυγῇ φυγῇ   ia²
νωθὲς πέδαιρε κῶλον, ἐκποδὼν ἔλα.   ia⁶

ὦναξ Παιάν,   ia²   820
ἀπότροπος γένοιό μοι πημάτων.   do²

Gegenstrophe

Der Perseusentstammten
Nahte ihr Gatte,
Nahte auch oberster Gott.
Immer von mir geglaubt,
Ward deine göttliche Herkunft
Herrlich bewährt,
Herakles, Same des Zeus!
   Stiegst aus dem Erdenhaus,
   Plutons finsterem Herrschersitz,
   Warst uns größerer König
   Als dieses Lykos Verworfenheit,
   Die endlich im blutigen Kampfe der Schwerter
   Lernte, daß Götterrecht
   Immer noch gilt.

VIERTE HAUPTSZENE

Iris und Lyssa erscheinen in der Luft, der Chor stiebt auseinander

Chorführer

O seht! O seht!
Schon wieder treibt uns des Schreckens Strom!
O seht die Gespenster dort über dem Haus!

Zweiter Greis

Hinweg, hinweg!
Wen die alten Füße noch tragen, hinweg!

Dritter Greis

Päanischer Gott!
Apollon, errette, steh gnädig uns bei!

Ἶρις

θαρσεῖτε Νυκτὸς τήνδ' ὁρῶντες ἔκγονον   ia⁶
Λύσσαν, γέροντες, κἀμὲ τὴν θεῶν λάτριν
Ἶριν· πόλει γὰρ οὐδὲν ἥκομεν βλάβος,
ἑνὸς δ' ἐπ' ἀνδρὸς σῶμα συστρατεύομεν,   825
ὃν φασιν εἶναι Ζηνὸς 'Αλκμήνης τ' ἄπο.
πρὶν μὲν γὰρ ἄθλους ἐκτελευτῆσαι πικρούς,
τὸ χρή νιν ἐξέσῳζεν, οὐδ' εἴα πατὴρ
Ζεύς νιν κακῶς δρᾶν οὔτ' ἔμ' οὔθ' "Ηραν ποτέ·
ἐπεὶ δὲ μόχθους διεπέρασ' Εὐρυσθέως,   830
"Ηρα προσάψαι κοινὸν αἷμ' αὐτῷ θέλει
παῖδας κατακτείναντι, συνθέλω δ' ἐγώ.
ἀλλ' εἶ', ἄτεγκτον συλλαβοῦσα καρδίαν,
Νυκτὸς κελαινῆς ἀνυμέναιε παρθένε,
μανίας τ' ἐπ' ἀνδρὶ τῷδε καὶ παιδοκτόνους   835
φρενῶν ταραγμοὺς καὶ ποδῶν σκιρτήματα
ἔλαυνε, κίνει, φόνιον ἐξίει κάλων,
ὡς ἂν πορεύσας δι' 'Αχερούσιον πόρον
τὸν καλλίπαιδα στέφανον αὐθέντῃ φόνῳ
γνῷ μὲν τὸν "Ηρας οἷός ἐστ' αὐτῷ χόλος,   840
μάθῃ δὲ τὸν ἐμόν· ἢ θεοὶ μὲν οὐδαμοῦ,
τὰ θνητὰ δ' ἔσται μεγάλα, μὴ δόντος δίκην.

Λύσσα

ἐξ εὐγενοῦς μὲν πατρὸς ἔκ τε μητέρος
πέφυκα, Νυκτὸς Οὐρανοῦ τ' ἀφ' αἵματος·
τιμὰς δ' ἔχω τάσδ' οὐκ ἀγασθῆναι θεοῖς,   845
οὐδ' ἥδομαι φοιτῶσ' ἐπ' ἀνθρώπων φίλους.
παραινέσαι δέ, πρὶν σφαλεῖσαν εἰσιδεῖν,
"Ηρᾳ θέλω σοί τ', ἢν πίθησθ' ἐμοῖς λόγοις.
ἀνὴρ ὅδ' οὐκ ἄσημος οὔτ' ἐπὶ χθονὶ
οὔτ' ἐν θεοῖσιν, οὗ σύ μ' ἐσπέμπεις δόμους·   850
ἄβατον δὲ χώραν καὶ θάλασσαν ἀγρίαν
ἐξημερώσας, θεῶν ἀνέστησεν μόνος
τιμὰς πιτνούσας ἀνοσίων ἀνδρῶν ὕπο·
ὥστ' οὐ παραινῶ μεγάλα βούλεσθαι κακά.

Iris *von oben*

Seid getrost! Wir, Lyssa, die Tochter der Nacht,
Und Iris, ich selbst, die den Göttern dient,
Wir schonen der Stadt, jagen einzig das Wild,
Das von Zeus, wie es heißt, von Alkmene stammt.

Ihn schützte, bevor er die Mühen durchlitt,
Das Geschick, Vater Zeus auch, vor Hera und mir.
Nun steht er am Ziel, da will Hera, will ich
Seine Hände besudeln mit eigenem Blut.

zu Lyssa

Nun schnüre dein Herz, wilde Jungfrau der Nacht!
Kindsmördrischer Wahnsinn verwirre den Mann!
Laß ihn Sprünge tun! Wirf die Taue frei,
Daß mit eigener Hand er die blühende Schar
Seiner Knaben über den Acheron setzt
Und lernt, was es heißt, wenn Hera grollt,
Wenn Iris grollt! Er muß büßen, sonst gibt
Es nur Menschenmacht, keine Götter mehr!

Lyssa

Mit der Nacht hat mich einst hoher Himmel gezeugt,
Doch mein Amt und Rang ist den Göttern verhaßt
Und auch sterblichem Freund nah ich ohne Lust.
Hört warnende Worte, bevor ihr bereut,
Hört es beide: der Mann, auf den ihr mich hetzt,
Hat den Himmel durchstrahlt und die Erde durchglänzt,
Hat Ländern und Meeren den Frieden gebracht,
Die verfallenen Tempel der Götter erneut.
Ihr könnt ihn nicht grausam bestrafen!

Ιρ μὴ σὺ νουθέτει τά θ᾽ Ἥρας κἀμὰ μηχανήματα.   tr⁸∧ 855
Λυ ἐς τὸ λῷον ἐμβιβάζω σ᾽ ἴχνος ἀντὶ τοῦ κακοῦ.
Ιρ οὐχὶ σωφρονεῖν γ᾽ ἔπεμψε δεῦρό σ᾽ ἡ Διὸς δάμαρ.
Λυ Ἥλιον μαρτυρόμεσθα δρῶσ᾽ ἃ δρᾶν οὐ βούλομαι.
   εἰ δὲ δή μ᾽ Ἥρᾳ θ᾽ ὑπουργεῖν σοί τ᾽ ἀναγκαίως ἔχει
   τάχος ἐπιρροίβδην θ᾽ ὁμαρτεῖν ὡς κυνηγέτῃ κύνας,   860
   εἶμί γ᾽· οὔτε πόντος οὕτως κύμασιν στένων λάβρως
   οὔτε γῆς σεισμὸς κεραυνοῦ τ᾽ οἶστρος ὠδῖνας πνέων,
   οἷ᾽ ἐγὼ στάδια δραμοῦμαι στέρνον εἰς Ἡρακλέους·
   καὶ καταρρήξω μέλαθρα καὶ δόμους ἐπεμβαλῶ,
   τέκν᾽ ἀποκτείνασα πρῶτον· ὁ δὲ κανὼν οὐκ εἴσεται   865
   παῖδας οὓς ἔτικτ᾽ ἐναίρων, πρὶν ἂν ἐμὰς λύσσας ἀφῇ.
   ἢν ἰδού· καὶ δὴ τινάσσει κρᾶτα βαλβίδων ἄπο
   καὶ διαστρόφους ἑλίσσει σῖγα γοργωποὺς κόρας.
   ἀμπνοὰς δ᾽ οὐ σωφρονίζει, ταῦρος ὣς ἐς ἐμβολήν,
   δεινὰ μυκᾶται δὲ Κῆρας ἀνακαλῶν τὰς Ταρτάρου.   870
   τάχα σ᾽ ἐγὼ μᾶλλον χορεύσω καὶ καταυλήσω φόβῳ.
   στεῖχ᾽ ἐς Οὔλυμπον πεδαίρουσ᾽, Ἶρι, γενναῖον πόδα·
   ἐς δόμους δ᾽ ἡμεῖς ἄφαντοι δυσόμεσθ᾽ Ἡρακλέους.

Χο ὀτοτοτοτοτοῖ, στέναξον· ἀποκείρεται   ⏑⏑do²   875
   σὸν ἄνθος πόλεος, ὁ Διὸς ἔκγονος·   do²
   μέλεος Ἑλλάς, ἃ τὸν εὐεργέταν   do²
   ἀποβαλεῖς, ὀλεῖς μανίαισιν Λύσσας   do²
   χορευθέντ᾽ ἐναύλοις.   ba²

   βέβακεν ἐν δίφροισιν ἁ πολύστονος,   ia⁶   880
   ἅρμασι δ᾽ ἐνδίδωσι κέντρον   do ba
   ὡς ἐπὶ λώβᾳ Νυκτὸς Γοργών   an⁴

Ir   Lyssa meistert unsere Pläne...
Ly   Zeigt euch nur den rechten Pfad!
Ir   Lyssa kommt und – predigt Weisheit!
Ly   Sonne weiß, was mir verhaßt.
     Muß mich fremdem Willen beugen,
     Kläffen, hetzen wilde Jagd.
     Schlimmer als die Meere toben,
     Als die Erde bebt im Blitz,
     Muß ich seine Brust zerreißen,
     Halle stürz ich und Palast;
     Kinder mord ich eines Blinden –

     Sieh, er schüttelt schon das Haar,
     Rollt die wilden Augensterne,
     Schnaubt zum Sprunge wie der Stier,
     Brüllt nach allen Höllengeistern –
     So nun lehr ich ihn den Tanz.
     Schwebe, Iris, zum Olympos!
     Lyssa schleicht sich in das Haus.

Iris und Lyssa ab

VIERTES STANDLIED

Chor

Stöhnet, stöhnt
Weh und Ach!
Thebens Stern wird ausgelöscht,
Sohn des Zeus, er fährt dahin.
Armes Hellas, dein göttlicher Retter,
Rasend tanzt er zu Lyssas Flöte!

Spuk der Nacht
Fuhr zum Haus!
Marmorantlitz, tränenfeucht,

ἑκατογκεφάλοις ὄφεων ἰαχή-   an⁴
μασιν, Λύσσα μαρμαρωπός.   do ba

ταχὺ τὸν εὐτυχῆ μετέβαλεν δαίμων,   do²   885
ταχὺ δὲ πρὸς πατρὸς τέκν' ἐκπνεύσεται.   do²

Αμ ἰώ μοι μέλεος.   do

Χο ἰὼ Ζεῦ, τὸ σὸν γένος ἄγονον αὐτίκα   do²
    λυσσάδες ὠμοβρῶτες ἄδικοι Ποιναὶ   do²
    κακοῖσιν ἐκπετάσουσιν.   ia² anᴗ   890
Αμ ἰὼ στέγαι.   ia²
Χο κατάρχεται χόρευμα τυμπάνων ἄτερ,   ia⁶
    οὐ βρομίῳ κεχαρισμένα θύρσῳ.   da⁴
Αμ ἰὼ δόμοι.   ia²
Χο πρὸς αἵματ', οὐχὶ τᾶς Διονυσιάδος   ia²ᴗhem
    βοτρύων ἐπὶ χεύμασι λώβας.   an⁴ᴧ   895
Αμ φυγῇ, τέκν', ἐξορμᾶτε.   ia⁶
Χο   δάιον τόδε
    δάιον μέλος ἐπαυλεῖται.   cr do
    κυναγετεῖ τέκνων διωγμόν·   ia⁴ᴗ
    οὔποτ' ἄκραντα δόμοισι   hemᴗ
    Λύσσα βακχεύσει.   cr sp
Αμ αἰαῖ κακῶν.   ia²   900
Χο αἰαῖ δῆτα, τὸν γεραιὸν ὡς στένω   do²
    πατέρα τάν τε παιδοτρόφον, ᾇ μάταν   do²
    τέκεα γεννᾶται.   do
Αμ ἰδοὺ ἰδού,   ia²
    θύελλα σείει δῶμα, συμπίπτει στέγη.   ia⁶   905

Schwingt der Geißel schweren Schimpf.
Hundertköpfiges Schlangengeringel
Züngelt und zischt um Lyssas Locken.

Jäh stirbt Glück,
Jäh die Kinder von Vaters Hand.

FÜNFTE HAUPTSZENE

Chorszene

Amphitryon *von innen*
Weh, ich Armer!

Chor

Zeus, dein Kind, wieder kinderlos,
Bringen die wütenden, gierigen, schurkischen
Geister zu Fall.
Am Wehe, mein Haus!
Ch Ein Tanz wird getanzt, doch kein Becken klirrt,
Dionysischer Tanz ohne Thyrsosstab!
Am Wehe, mein Dach!
Ch Zerstückung beginnt, doch seh ich kein Reh,
Das Mänade zerreißt zu den Strömen des Weins!
Am Flieht, Kinder! Flieht!
Ch Ein grausiges Lied, schlimmer Flötenton!
Jetzt jagt er die Kinder und Lyssa regiert!

Am Wehe und Ach!
Ch Der Greis schreit laut. O des alten Manns,
Der Mutter, die fruchtlos sich Kinder gebar!

Am Sehet, o seht:
Der Sturm packt das Haus, das Dach stürzt ein!

Χο ἢ ἤ· τί δρᾷς, ὦ Διὸς παῖ, μελάθρῳ;   sp ba³
    τάραγμα ταρτάρειον, ὡς   ia⁴
    ἐπʼ Ἐγκελάδῳ ποτέ, Παλλάς,   ᴗhemᴗ
    ἐς δόμους πέμπεις.   cr sp

         Θεράπων

    ὦ λευκὰ γήρᾳ σώματʼ.   ia⁶   910
Χο   ἀνακαλεῖς με τίνα
    βοάν;   ia⁶
Θε   ἄλαστα τὰν δόμοισι.
Χο   μάντιν οὐχ
    ἕτερον ἄξομαι.   do
Θε τεθνᾶσι παῖδες.   ia² ba
Χο   αἰαῖ.
Θε στενάζεθʼ, ὡς στενακτά.   ia⁶
Χο   δάιοι φόνοι,
    δάιοι δὲ τοκέων χέρες.   cr do   915
Θε οὐκ ἄν τις εἴποι μᾶλλον ἢ πεπόνθαμεν.   ia⁶
Χο πῶς παισὶ στενακτὰν ἄταν ἄταν   do²
    πατέρος ἀμφαίνεις;   do
    λέγε, τίνα τρόπον ἔσυτο θεόθεν ἐπὶ   do²
    μέλαθρα κακὰ τάδε,   do   920
    τλήμονάς τε παίδων ψυχάς;   cr do
Αγ ἱερὰ μὲν ἦν πάροιθεν ἐσχάρας Διὸς   ia⁶
    καθάρσιʼ οἴκων, γῆς ἄνακτʼ ἐπεὶ κτανών
    ἐξέβαλε τῶνδε δωμάτων Ἡρακλέης·
    χορὸς δὲ καλλίμορφος εἱστήκει τέκνων   925
    πατήρ τε Μεγάρα τʼ· ἐν κύκλῳ δʼ ἤδη κανοῦν
    εἵλικτο βωμοῦ, φθέγμα δʼ ὅσιον εἴχομεν.
    μέλλων δὲ δαλὸν χειρὶ δεξιᾷ φέρειν,
    ἐς χέρνιβʼ ὡς βάψειεν, Ἀλκμήνης τόκος
    ἔστη σιωπῇ. καὶ χρονίζοντος πατρὸς   930
    παῖδες προσέσχον ὄμμʼ· ὁ δʼ οὐκέθʼ αὑτὸς ἦν,
    ἀλλʼ ἐν στροφαῖσιν ὀμμάτων ἐφθαρμένος
    ῥίζας τʼ ἐν ὄσσοις αἱματῶπας ἐκβαλὼν
    ἀφρὸν κατέσταζʼ εὐτρίχου γενειάδος.

Ch He, he! Was geschieht? Rüttelt Pallas am Haus?
    Wühlt die Tiefen wie einst im Gigantenkampf?

        Diener *stürzt aus dem Haus*

        Altersgraue Häupter!
Ch Was schrillt deine Stimme?

Die Da drinnen das Grauen!
Ch   Du brauchst keinen Deuter!

Die O stöhnet! O Meer des Stöhnens!
Ch   Ein Vater erschlug seine Kinder!

Die Wie kann Zunge beschreiben, was Auge sah?
Ch   Wie bringst du ans Licht
     Der Knaben Jammer? Des Vaters Wahn?
     Wie stürzte der Fluch auf das Haus herab,
     Wie brach er das Auge der Kinder?

Die Unser Haus zu entsühnen von Lykos' Blut,
     Trat Herakles hin zum Altar, umringt
     Von den blühenden Kindern, von Vater und Weib,
     Und schweigend wurde der Korb gereicht.
     Schon taucht er ins heilige Wasser das Scheit,
     Da hält plötzlich er inne und alles schaut hin
     Auf verstummenden, ganz verwandelten Mann,
     Der die rotgeäderten Augen rollt;
     Aus dem Bart troff Schaum.

ἔλεξε δ' ἅμα γέλωτι παραπεπληγμένῳ·   935
Πάτερ, τί θύω πρὶν κτανεῖν Εὐρυσθέα
καθάρσιον πῦρ, καὶ πόνους διπλοῦς ἔχω,
ἐξὸν μιᾶς μοι χειρὸς εὖ θέσθαι τάδε;
ὅταν δ' ἐνέγκω δεῦρο κρᾶτ' Εὐρυσθέως,
ἐπὶ τοῖσι νῦν θανοῦσιν ἁγνιῶ χέρας.   940
ἐκχεῖτε πηγάς, ῥίπτετ' ἐκ χειρῶν κανᾶ.
τίς μοι δίδωσι τόξα; τίς δ' ὅπλον χερός;
πρὸς τὰς Μυκήνας εἶμι· λάζυσθαι χρεὼν
μοχλοὺς δικέλλας θ', ὥστε Κυκλώπων βάθρα
φοίνικι κανόνι καὶ τύκοις ἡρμοσμένα   945
στρεπτῷ σιδήρῳ συντριαινῶσαι πάλιν.
ἐκ τοῦδε βαίνων ἅρματ' οὐκ ἔχων ἔχειν
ἔφασκε δίφρου τ' εἰσέβαινεν ἄντυγα
κἄθεινε, κέντρον δῆθεν ὡς θείνων, χερί.
διπλοῦς δ' ὀπαδοῖς ἦν γέλως φόβος θ' ὁμοῦ.   950
καί τις τόδ' εἶπεν, ἄλλος εἰς ἄλλον δρακών·
Παίζει πρὸς ἡμᾶς δεσπότης ἢ μαίνεται;
ὁ δ' εἷρπ' ἄνω τε καὶ κάτω κατὰ στέγας,
μέσον δ' ἐς ἀνδρῶν' ἐσπεσὼν Νίσου πόλιν
ἥκειν ἔφασκε, δωμάτων τ' ἔσω βεβώς   955
κλιθεὶς ἐς οὖδας ὡς ἔχει σκευάζεται
θοίνην. διελθὼν δ' ἐς βραχὺν χρόνον μονῆς
Ἰσθμοῦ ναπαίας ἔλεγε προσβαίνειν πλάκας.
κἀνταῦθα γυμνὸν σῶμα θεὶς πορπαμάτων,
πρὸς οὐδέν' ἡμιλλᾶτο κἀκηρύσσετο   960
αὐτὸς πρὸς αὑτοῦ καλλίνικος οὐδενός,
ἀκοὴν ὑπειπών. δεινὰ δ' Εὐρυσθεῖ βρέμων
ἦν ἐν Μυκήναις τῷ λόγῳ. πατὴρ δέ νιν
θιγὼν κραταιᾶς χειρὸς ἐννέπει τάδε·
Ὦ παῖ, τί πάσχεις; τίς ὁ τρόπος ξενώσεως   965
τῆσδ'; οὔ τί που φόνος σ' ἐβάκχευσεν νεκρῶν,
οὓς ἄρτι καίνεις; ὁ δέ νιν Εὐρυσθέως δοκῶν
πατέρα προταρβοῦνθ' ἱκέσιον ψαύειν χερός,
ὠθεῖ, φαρέτραν δ' εὐτρεπῆ σκευάζεται
καὶ τόξ' ἑαυτοῦ παισί, τοὺς Εὐρυσθέως   970

Und er lachte verstört:
„Ach, Vater", so rief er, „was töt ich vorher
Nicht Eurystheus und spare gedoppelte Müh?

Fort mit Krügen und Korb! Bringt den Bogen her
Und die Keule und Hebel und Brechgerät!
Nach Mykenä gehts! Was Kyklopen gefügt
Und geglättet, das bringen die Eisen zum Fall."

Und er sprang auf den Wagen, den niemand sah,
Und schritt nur, und lenkte mit leerer Hand.

Ein Gespött und ein Schreck! Wir sahen uns an
Und fragten uns: „Scherzt oder rast unser Herr?"
Der durchwandert das Haus, tritt zum Saal und wähnt
Sich bei Nisos und herbergt und legt sich zum Mahl
Auf den nackten Boden. Nach kurzer Ruh
Gelangt er zum isthmischen Tal; er entblößt
Seinen Leib und ringt und ficht mit der Luft,
Ruft zum Sieger allein, ohne Zeugen, sich aus.

In Mykenä bedroht er Eurystheus laut,
Und Amphitryon faßt seine Hand: „Lieber Sohn!
Was soll dieses Wandern? Verwirrt dir den Sinn
Das vergossene Blut?" Doch der stößt ihn hinweg,
Glaubt Eurystheus' flehenden Vater zu sehn,
Dessen Knaben er nun mit dem Bogen bedroht –
Ach und richtet den Pfeil auf das eigene Blut!

δοκῶν φονεύειν. οἱ δὲ ταρβοῦντες φόβῳ
ὤρουον ἄλλος ἄλλοσ', ἐς πέπλους ὁ μὲν
μητρὸς ταλαίνης, ὁ δ' ὑπὸ κίονος σκιάν,
ἄλλος δὲ βωμὸν ὄρνις ὡς ἔπτηξ' ὕπο.
βοᾷ δὲ μήτηρ· Ὢ τεκών, τί δρᾷς; τέκνα   975
κτείνεις; βοᾷ δὲ πρέσβυς οἰκετῶν τ' ὄχλος.
ὁ δ' ἐξελίσσων παῖδα κίονος κύκλῳ,
τόρνευμα δεινὸν ποδός, ἐναντίον σταθεὶς
βάλλει πρὸς ἧπαρ· ὕπτιος δὲ λαΐνους
ὀρθοστάτας ἔδευσεν ἐκπνέων βίον.   980
ὁ δ' ἠλάλαξε κἀπεκόμπασεν τάδε·
Εἷς μὲν νεοσσὸς ὅδε θανὼν Εὐρυσθέως
ἔχθραν πατρῴαν ἐκτίνων πέπτωκέ μοι.
ἄλλῳ δ' ἐπεῖχε τόξ', ὃς ἀμφὶ βωμίαν
ἔπτηξε κρηπῖδ' ὡς λεληθέναι δοκῶν.   985
φθάνει δ' ὁ τλήμων γόνασι προσπεσὼν πατρός,
καὶ πρὸς γένειον χεῖρα καὶ δέρην βαλών,
Ὢ φίλτατ', αὐδᾷ, μή μ' ἀποκτείνῃς, πάτερ·
σός εἰμι, σὸς παῖς· οὐ τὸν Εὐρυσθέως ὀλεῖς.
ὁ δ' ἀγριωπὸν ὄμμα Γοργόνος στρέφων,   990
ὡς ἐντὸς ἔστη παῖς λυγροῦ τοξεύματος,
μυδροκτύπον μίμημ', ὑπὲρ κάρα βαλὼν
ξύλον καθῆκε παιδὸς ἐς ξανθὸν κάρα,
ἔρρηξε δ' ὀστᾶ. δεύτερον δὲ παῖδ' ἑλών,
χωρεῖ τρίτον θῦμ' ὡς ἐπισφάξων δυοῖν.   995
ἀλλὰ φθάνει νιν ἡ τάλαιν' ἔσω δόμων
μήτηρ ὑπεκλαβοῦσα, καὶ κλῄει πύλας.
ὁ δ' ὡς ἐπ' αὐτοῖς δὴ Κυκλωπίοισιν ὢν
σκάπτει μοχλεύει θύρετρα, κἀκβαλὼν σταθμὰ
δάμαρτα καὶ παῖδ' ἑνὶ κατέστρωσεν βέλει.   1000
κἀνθένδε πρὸς γέροντος ἱππεύει φόνον·
ἀλλ' ἦλθεν εἰκών, ὡς ὁρᾶν ἐφαίνετο,
Παλλὰς κραδαίνουσ' ἔγχος ἐπίλογχον χερὶ
κἄρριψε πέτρον στέρνον εἰς Ἡρακλέους,
ὅς νιν φόνου μαργῶντος ἔσχε, κεἰς ὕπνον   1005
καθῆκε· πίτνει δ' ἐς πέδον, πρὸς κίονα

Wie gescheuchte Vögelchen fliegen sie auf,
Suchen bebend Schutz in der Mutter Kleid,
In des Pfeilers Schatten und hinterm Altar;
Und die Mutter ruft laut, ja, wir alle schrein:
„Wider eigenen Samen erhebst du die Hand?"

Doch er kreist um die Säule in furchtbarem Tanz,
Stellt den Knaben und trifft ihn ins Herz. Der stürzt,
Färbt den steinernen Sockel mit rotem Blut.
Da jubelt mein Herr: „Von Eurystheus' Brut
Hat nun einer bezahlt für des Vaters Haß!"

Und er richtet den Pfeil auf den Knaben, der sich
Schon sicher geglaubt im Versteck des Altars.
Der wirft sich dem Vater zu Füßen, umschlingt
Ihm Nacken und Kinn: „Liebster Vater, o laß
Mich am Leben, ich bin nicht Eurystheus' Kind!"

Der rollt sein medusisches Aug und schlägt,
Weil der Knabe zu nah für den Bogen steht,
Wie ein Schmied ihm die Keule aufs blonde Gelock,
Zertrümmert den Schädel.   Dem zweiten Sohn
Soll der dritte folgen; den hatte im Haus
Seine Mutter versteckt bei verriegelter Tür.
Da wähnt er, es sei die kyklopische Burg,
Bohrt, hebelt und bricht aus der Angel das Tor,
Trifft die Mutter und Sohn mit gleichem Geschoß.

Nun weiter zum Greis! Da erscheint ein Bild:
Speerschüttelnde Pallas, und wirft einen Fels
Auf des Herakles Brust. Der löscht allen Mord
Im tiefen Schlaf; und sein Rücken im Fall

νῶτον πατάξας, ὃς πεσήμασι στέγης
διχορραγὴς ἔκειτο κρηπίδων ἔπι.
ἡμεῖς δ᾽ ἐλευθεροῦντες ἐκ δρασμῶν πόδα   1010
σὺν τῷ γέροντι δεσμὰ σειραίων βρόχων   1009
ἀνήπτομεν πρὸς κίον᾽, ὡς λήξας ὕπνου
μηδὲν προσεργάσαιτο τοῖς δεδραμένοις.
εὕδει δ᾽ ὁ τλήμων ὕπνον οὐκ εὐδαίμονα,
παῖδας φονεύσας καὶ δάμαρτ᾽. ἐγὼ μὲν οὖν
οὐκ οἶδα θνητῶν ὅστις ἀθλιώτερος.   1015

Χο ὁ φόνος ἦν ὃν Ἀργολὶς ἔχει πέτρα   do²
    τότε μὲν περισαμότατος καὶ ἄπιστος Ἑλλάδι   do² ia²
    τῶν Δαναοῦ παίδων· τάδε δ᾽ ὑπερέβαλε, παρ- do²
    έδραμε τὰ τότε κακὰ ... τάλανι διογενεῖ κόρῳ. do³ 1020

    μονοτέκνου Πρόκνης φόνον ἔχω λέξαι   do³
    θυόμενον Μούσαις· σὺ δὲ τέκνα τρίγον᾽, ὦ   do²
    δάιε, τεκόμενος, λυσσάδι συγκατειργάσω μοίρᾳ. do³∧

    αἰαῖ, τίνα στεναγμὸν   ia² ba   1025
    ἢ γόον ἢ φθιτῶν   do
    ᾠδὰν ἢ τὸν Ἅιδα χορὸν ἀχήσω;   do²

Trifft auf Säule des Dachs, die im Einsturz birst.
Daran banden wir ihn, als wir wiedergekehrt,
Auf des Alten Geheiß mit Strick und mit Gurt,
Daß er nicht, neu erwacht, neue Frevel begeh.
Nun schläft dieser Arme unseligen Schlaf
Unseligen Mörders. Noch nie hat ein Mensch
Solchen Gipfel des Elends erklommen.

ab

FÜNFTES STANDLIED

Chor

Bluttat in Argos' felsiger Burg
Galt als unübersteigbare Tat,
Schien unfaßbar dem griechischen Volk,
Bluttat der Töchter des Danaos:
Deine Tat übertraf,
Dein Mord überbot,
Was jene verübt,
Ärmster Mann und Sohn des Höchsten!

Prokne erschlug ihr einziges Kind,
Immer wird Itys im Lied beweint,
Musen bewahren sein Klagelied.
Aber dreifache Saat
War dir aufgeblüht,
Hast du ausgetilgt,
Grausamer Mann, mit Lyssa im Bunde!

Wehe, wo find ich mein Klagelied,
Einen Totenschrei, einen Grabgesang,
Einen Hadestanz,
Zu solchen Greueln!

Χο	φεῦ φεῦ·	sp	
	ἴδεσθε, διάνδιχα κλῇθρα	∪hem∪	
	κλίνεται ὑψιπύλων δόμων.	hem∪–	1030
	ἰώ μοι·	ba	
	ἴδεσθε δὲ τέκνα πρὸ πατρὸς	∪hem∪	
	ἄθλια κείμενα δυστάνου,	hem––	
	εὕδοντος ὕπνον δεινὸν ἐκ παίδων φόνου.	ia⁶	
	περὶ δὲ δεσμὰ καὶ πολύβροχ᾽ ἀμμάτων	do²	1035
	ἐρείσμαθ᾽ Ἡράκλειον	ia² ba	
	ἀμφὶ δέμας τάδε λαΐνοις	hem∪–	
	ἀνημμένα κίοσιν οἴκων.	∪hem–	
	ὁ δ᾽ ὥς τις ὄρνις ἄπτερον καταστένων	ia⁶	
	ὠδῖνα τέκνων, πρέσβυς ὑστέρῳ ποδὶ	ia⁶	1040
	πικρὰν διώκων ἤλυσιν πάρεσθ᾽ ὅδε.	ia⁶	
Αμ	Καδμεῖοι γέροντες, οὐ σῖγα σῖ-	do²	
	γα τὸν ὕπνῳ παρειμένον ἐάσετ᾽ ἐκ-	do²	
	λαθέσθαι κακῶν;	do	
Χο	κατὰ σὲ δακρύοις στένω, πρέσβυ, καὶ	do²	1045
	τέκεα καὶ τὸ καλλίνικον κάρα.	do²	
Αμ	ἑκαστέρω πρόβατε, μὴ	ia⁴	
	κτυπεῖτε, μὴ βοᾶτε, μὴ	ia⁴	
	τὸν εὔδι᾽ ἰαύονθ᾽	do	
	ὑπνώδεά τ᾽ εὐνᾶς ἐγείρετε.	do ia²	1050
Χο	οἴμοι φόνος ὅσος ὅδ᾽ –	do	
Αμ	ἆ ἆ διά μ᾽ ὀλεῖτε.	do² sp	
Χο	κεχυμένος ἐπαντέλλει.		
Αμ	οὐκ ἀτρεμαῖα θρῆνον αἰ-	ia⁴	
	άξετ᾽, ὦ γέροντες;	cr ba	

SCHLUSSZENE

Die Flügel der Eingangstür werden aufgetan, das Innere
des Hofes wird sichtbar gemacht

Chor

Oh, oh!
Seht, da öffnen sich jetzt die Riegel
Hohen Hauses!
Weh, weh!
Seht die Kinder vor ärmsten Vater
Kläglich gestreckt!
Wie lastet des Mörders Schlaf!
Stricke und Knoten
Schnüren ihn fest an die steinerne Säule!

Amphitryon tritt hinzu

Chf Wie ein Vogel zum ausgeplünderten Nest,
   So wankt hier der Alte den bitteren Pfad!

Amphitryon

Seid doch leise, Laßt ihn schlafen,
Laßt die Leiden Ihn vergessen!

Ch Laßt mich klagen Um die Knaben,
   Um den Helden Um dich selber!
Am Still zur Seite! Keinen Laut mehr!
   Seht, wie schlummert Er so glücklich!

Ch O das Mordblut, ...
Am   Habt doch Mitleid
   Mit mir Armem!
Ch   ... wie es funkelt!
Am O dämpft doch das Klaglied, ihr Alten!

ἢ δέσμ' ἀνεγειρόμενος χαλάσας ἀπολεῖ πόλιν, an⁶∧ 1055
ἀπὸ δὲ πατέρα, μέλαθρά τε καταράξει.   ia⁶∧

Χο ἀδύνατ' ἀδύνατά μοι.   do
Αμ σῖγα, πνοὰς μάθω· φέρε πρὸς οὖς βάλω. do²

Χο εὕδει;   do   1060
Αμ   ναί, εὕδει
    ὕπνον γ' ἄυπνον ὀλόμενον, ὃς ἔκανεν ἄλο- do²
    χον, ἔκανε δὲ τέκεα τοξήρει ψαλμῷ.   do²

Χο στέναζέ νυν –   ia² ba 1065
Αμ   στενάζω.
Χο τέκνων ὄλεθρον –   ia² ba
Αμ   ὤμοι.
Χο σέθεν τε παιδὸς –   ia² ba
Αμ   αἰαῖ.
Χο ὦ πρέσβυ.   ia² ba
Αμ   σῖγα σῖγα·
    παλίντροπος ἐξεγειρόμενος στρέφεται· φέρ' ∪ch∪hem∪
    ἀπόκρυφον δέμας ὑπὸ μέλαθρον κρύψω.   do²   1070

Χο θάρσει· νὺξ ἔχει βλέφαρα παιδὶ σῷ.   do²
Αμ ὁρᾶθ' ὁρᾶτε. τὸ φάος ἐκ-   ia⁴
    λιπεῖν μὲν ἐπὶ κακοῖσιν οὐ φεύγω τάλας, ia⁶
    ἀλλ' εἴ με κανεῖ πατέρ' ὄντα,   –hem–
    πρὸς δὲ κακοῖς κακὰ μήσεται   hem∪– 1075
    πρὸς 'Ερινύσι θ' αἷμα σύγγονον ἕξει –   an² do

Χο τότε θανεῖν σ' ἐχρῆν, ὅτε δάμαρτι σᾷ   do²
    φόνον ὁμοσπόρων ἔμολες ἐκπράξας   do²
    περίκλυστον ἄστυ Ταφίων πέρσας.   do²   1080

Αμ φυγὰν φυγάν, γέροντες, ἀποπρὸ δωμάτων ia⁶
    διώκετε· φεύγετε μάργον   ∪hem∪
    ἄνδρ' ἐπεγειρόμενον.   hem

      Er erwacht, bricht die Bande,
      O, er stürzt die Stadt,
      Um den Vater, um die Halle ists getan.

Ch Ich kann nicht, ich kann nicht!

Am Still, ich lausche dem Atem,
      Still, ich horche!

Ch Schläft er? O, schläft er?

Am Ja, er schläft
      Schlaflosen Schlaf des Schützen,
      Der Gattin und Kinder
      Mit schwirrenden Pfeilen erlegte.

Ch So klage du nun!

Am   Ich klage. O seht!

Ch Um der Kinder Tod!

Am   Ich klage. O hört!

Ch Um den eigenen Sohn!

Am   Ich klage. Ach, ach!

Ch Armer Alter!

Am   Keinen Laut mehr!
      Er rührt sich, er wälzt sich, wacht auf!
      Ich muß mich verstecken,
      Die Halle verbirgt mich.

Ch Fasse Mut! Noch bedeckt ihm die Nacht das Lid.

Am Habt acht, habt acht!
      Zwar ich Unglücksmann
      Fürchte den Tod nicht,
      Aber wenn er den Vater ermordet,
      Frevel auf Frevel häuft,
      Eigenes Blut bedroht ...

Ch Ach, wärst du gefallen,
      Als die Gemahlin du rächtest
      Am Mörder der Brüder,
      Als du das stolze Taphos erobert!

Am Hinweg! Hinweg!
      Vom Hause fort, schnell!
      Fürchtet den Tollen, wenn er erwacht!

ἢ τάχα φόνον ἕτερον ἐπὶ φόνῳ βαλών   do²
ἀναβακχεύσει Καδμείων πόλιν.   an² do   1085

Χο ὦ Ζεῦ, τί παῖδ' ἤχθηρας ὧδ' ὑπερκότως   ia⁶
τὸν σόν, κακῶν δὲ πέλαγος ἐς τόδ' ἤγαγες;

Ηρ ἔα·
ἔμπνους μέν εἰμι καὶ δέδορχ' ἅπερ με δεῖ,
αἰθέρα τε καὶ γῆν τόξα θ' Ἡλίου τάδε·   1090
ὡς ἐν κλύδωνι καὶ φρενῶν ταράγματι
πέπτωκα δεινῷ καὶ πνοὰς θερμὰς πνέω
μετάρσι', οὐ βέβαια, πνευμόνων ἄπο.
ἰδού, τί δεσμοῖς ναῦς ὅπως ὡρμισμένος
νεανίαν θώρακα καὶ βραχίονα,   1095
πρὸς ἡμιθραύστῳ λαΐνῳ τυκίσματι
ἧμαι, νεκροῖσι γείτονας θάκους ἔχων;
πτερωτὰ δ' ἔγχη τόξα τ' ἔσπαρται πέδῳ,
ἃ πρὶν παρασπίζοντ' ἐμοῖς βραχίοσιν
ἔσῳζε πλευρὰς ἐξ ἐμοῦ τ' ἐσῴζετο.   1100
οὔ που κατῆλθον αὖθις εἰς Ἅιδου πάλιν
Εὐρυσθέως δίαυλον ἐντολαῖς μολών;
ἀλλ' οὔτε Σισύφειον εἰσορῶ πέτρον
οὐ δώματ' οὐδὲ σκῆπτρα Δήμητρος κόρης.
ἔκ τοι πέπληγμαι· ποῦ ποτ' ὢν ἀμηχανῶ;   1105
ὠή, τίς ἐγγὺς ἢ πρόσω φίλων ἐμῶν,
δύσγνοιαν ὅστις τὴν ἐμὴν ἰάσεται;
σαφῶς γὰρ οὐδὲν οἶδα τῶν εἰωθότων.

Αμ γέροντες, ἔλθω τῶν ἐμῶν κακῶν πέλας;
Χο κἀγώ γε σὺν σοί, μὴ προδοὺς τὰς συμφοράς.   1110

Ηρ πάτερ, τί κλαίεις καὶ συναμπίσχῃ κόρας,
τοῦ φιλτάτου σοι τηλόθεν παιδὸς βεβώς;

Bald vermehrt er die Kette der Morde,
Reißt alle Bürger der Stadt
In den rasenden Taumel!

sie treten zurück

Chf Warum hast du, o Zeus, in maßlosem Zorn
    Deinen eigenen Sohn in dies Meer gestürzt?

Herakles *erwacht*

Ah! Ah!
Ich atme und seh, was mich rings umgibt,
Seh den Himmel, die Erde, den Sonnenstrahl,
Doch mein Sinn ist zerrüttet, mein Atem schlägt
Aus den Lungen mir heiß und unstet herauf.

Und sieh! Wie verankertem Schiff ist mir
An geborstene Säule die Brust und der Arm,
Der starke, gefesselt! Und Leichen ringsum!
Und Pfeile und Bogen am Boden zerstreut,
Mein·Schutz, den ich schützte am eigenen Leib!

Hat Eurystheus mich wieder zum Hades geschickt
Zur zweiten Runde? Kein Sisyphos wälzt
Den Stein und Persephone thront nicht hier!

Wie ist mir? Wo bin ich? Und bringt mir kein Freund,
Ob von nah oder ferne, das Licht in die Nacht?

Am   *im Hintergrund*
    Soll ichs wagen, ihr Freunde? So nah der Gefahr?
Chf Wir wagens mit dir und wir teilen dein Los.

sie treten näher

Her Was weinst du, mein Vater? Verhüllst dir das Aug?
    Sieh hier deinen Sohn, und du hältst dich so fern!

Αμ ὦ τέκνον· εἰ γὰρ καὶ κακῶς πράσσων ἐμός.

Ηρ πράσσω δ' ἐγὼ τί λυπρόν, οὗ δακρυρροεῖς;

Αμ ἃ κἂν θεῶν τις, εἰ μάθοι, καταστένοι. 1115

Ηρ μέγας γ' ὁ κόμπος, τὴν τύχην δ' οὔπω λέγεις.

Αμ ὁρᾷς γὰρ αὐτός, εἰ φρονῶν ἤδη κυρεῖς.

Ηρ εἴπ', εἴ τι καινὸν ὑπογράφῃ τὠμῷ βίῳ.

Αμ εἰ μηκέθ' Ἅιδου βάκχος εἶ, φράσαιμεν ἄν.

Ηρ παπαῖ, τόδ' ὡς ὕποπτον ᾐνίξω πάλιν. 1120

Αμ καί σ' εἰ βεβαίως εὖ φρονεῖς ἤδη σκοπῶ.

Ηρ οὐ γάρ τι βακχεύσας γε μέμνημαι φρένας.

Αμ λύσω, γέροντες, δεσμὰ παιδός; ἢ τί δρῶ;

Ηρ καὶ τόν γε δήσαντ' εἴπ'· ἀναινόμεσθα γάρ.

Αμ τοσοῦτον ἴσθι τῶν κακῶν· τὰ δ' ἄλλ' ἔα. 1125

Ηρ ἀρκεῖ σιωπῇ γὰρ μαθεῖν ὃ βούλομαι;

Αμ ὦ Ζεῦ, παρ' Ἥρας ἆρ' ὁρᾷς θρόνων τάδε;

Ηρ ἀλλ' ἦ τι κεῖθεν πολέμιον πεπόνθαμεν;

Αμ τὴν θεὸν ἐάσας τὰ σὰ περιστέλλου κακά.

Ηρ ἀπωλόμεσθα· συμφορὰν λέξεις τινά. 1130

Αμ ἰδού, θέασαι τάδε τέκνων πεσήματα.

Ηρ οἴμοι· τίν' ὄψιν τήνδε δέρκομαι τάλας;

Αμ ἀπόλεμον, ὦ παῖ, πόλεμον ἔσπευσας τέκνοις.

Ηρ τί πόλεμον εἶπας; τούσδε τίς διώλεσε;

Αμ σὺ καὶ σὰ τόξα καὶ θεῶν ὃς αἴτιος. 1135

Ηρ τί φής; τί δράσας; ὦ κάκ' ἀγγέλλων πάτερ.

Αμ μανείς· ἐρωτᾷς δ' ἄθλι' ἑρμηνεύματα.

Ηρ ἦ καὶ δάμαρτός εἰμ' ἐγὼ φονεὺς ἐμῆς;

Αμ μιᾶς ἅπαντα χειρὸς ἔργα σῆς τάδε.

Ηρ αἰαῖ· στεναγμῶν γάρ με περιβάλλει νέφος. 1140

Αμ τούτων ἕκατι σὰς καταστένω τύχας.

Ηρ ποῦ δ' οἶστρος ἡμᾶς ἔλαβε; ποῦ διώλεσεν; 1144

Αμ ὅτ' ἀμφὶ βωμὸν χεῖρας ἡγνίζου πυρί. 1145

Ηρ ἦ γὰρ συνήραξ' οἶκον ἐν βακχεύμασιν; 1142

Αμ οὐκ οἶδα πλὴν ἕν· πάντα δυστυχεῖ τὰ σά. 1143

Ηρ οἴμοι· τί δῆτα φείδομαι ψυχῆς ἐμῆς 1146
    τῶν φιλτάτων μοι γενόμενος παίδων φονεύς;

Am   Liebes Kind! Auch im Unglück mein liebstes Kind!
Her   Und was stieß mir denn zu, daß du Tränen vergießt?
Am   Auch ein Gott würde weinen um solches Geschick.
Her   Du vergibst große Worte, gesagt ist noch nichts.
Am   Kommst du wieder zu Sinnen, so siehst du es selbst.
Her   Und was ist denn so anders? O sprich es doch aus!
Am   Der Tänzer der Lyssa verstände mich nie!
Her   Schon wieder sprichst du in Rätseln zu mir.
Am   Wär ich sicher, mein Sohn, daß du wieder bei Sinn ...
Her   Mein Sinn ist so hell, wie er immer es war.
Am   *entfesselt ihn*
     So lös ich, ihr Freunde, das fesselnde Band!
Her   Wer hat diese schmachvolle Fessel gelegt?
Am   O frage nicht weiter, dies sei schon genug.
Her   Kann Schweigen mich lehren, mir Rede stehn?
Am   O Zeus, sieht dein Auge der Hera Gewalt?
Her   Hat die Feindin mir neue Leiden verhängt?
Am   Laß die Göttin und schau auf die eigene Not!
Her   O Himmel, du kündest ein Unheil an!
Am   So sieh hier die Knaben zu Boden gestreckt!
Her   Weh mir, wie ertrag ich das furchtbare Bild!
Am   O dein kampfloser Kampf mit der Kinderschar!
Her   Welcher Kampf? Wer vergoß das unschuldige Blut?
Am   Dein Pfeil und die Gottheit, die hinter dir stand.
Her   Unglücksbote, was sagst du! Wie hätt ichs vermocht?
Am   Im Wahnsinn! Dein Fragen trägt bittere Frucht.
Her   O sieh, auch die Gattin! Ermordet durch mich?
Am   Was rings du erblickst, ist ganz dein Werk.
Her   Eine Wolke des Jammers verhüllt mir das Haupt!
Am   Nun siehst du, was mir meine Tränen entlockt.
Her   Wo befiel mich der Wahn, wo begann mein Verderb?
Am   Als am heiligen Herd du die Hände gesühnt.
Her   Und wer stürzte das Haus? Diese rasende Hand?
Am   Ich weiß nur: unselig war, was du begannst.
Her   O Jammer! Was soll dieses Leben noch
     Einem Kindermörder? Ich springe vom Fels,

κοὔκ εἶμι πέτρας λισσάδος πρὸς ἅλματα
ἢ φάσγανον πρὸς ἧπαρ ἐξακοντίσας
τέκνοις δικαστὴς αἵματος γενήσομαι; 1150
ἢ σάρκα τὴν νεᾶνιν ἐμπρήσας πυρί,
δύσκλειαν ἢ μένει μ᾽ ἀπώσομαι βίου;
ἀλλ᾽ ἐμποδών μοι θανασίμων βουλευμάτων
Θησεὺς ὅδ᾽ ἕρπει συγγενὴς φίλος τ᾽ ἐμός.
ὀφθησόμεσθα, καὶ τεκνοκτόνον μύσος 1155
ἐς ὄμμαθ᾽ ἥξει φιλτάτῳ ξένων ἐμῶν.
οἴμοι, τί δράσω; ποῖ κακῶν ἐρημίαν
εὕρω, πτερωτὸς ἢ κατὰ χθονὸς μολών;
φέρ᾽ ... ἄν τι κρατὶ περιβάλω σκότον.
αἰσχύνομαι γὰρ τοῖς δεδραμένοις κακοῖς· 1160
καὶ τῶνδε προστρόπαιον αἷμα προσλαβὼν
οὐδὲν κακῶσαι τοὺς ἀναιτίους θέλω.

Θησεύς

ἥκω σὺν ἄλλοις, οἳ παρ᾽ Ἀσωποῦ ῥοὰς
μένουσιν, ἔνοπλοι γῆς Ἀθηναίων κόροι,
σῷ παιδί, πρέσβυ, σύμμαχον φέρων δόρυ. 1165
κληδὼν γὰρ ἦλθεν εἰς Ἐρεχθειδῶν πόλιν
ὡς σκῆπτρα χώρας τῆσδ᾽ ἀναρπάσας Λύκος
ἐς πόλεμον ὑμῖν καὶ μάχην καθίσταται.
τίνων δ᾽ ἀμοιβὰς ὧν ὑπῆρξεν Ἡρακλῆς
σώσας με νέρθεν, ἦλθον, εἴ τι δεῖ, γέρον, 1170
ἢ χειρὸς ὑμᾶς τῆς ἐμῆς ἢ συμμάχων.
ἔα·
τί νεκρῶν τῶνδε πληθύει πέδον;
οὔ που λέλειμμαι καὶ νεωτέρων κακῶν
ὕστερος ἀφῖγμαι; τίς τάδ᾽ ἔκτεινεν τέκνα;
τίνος γεγῶσαν τήνδ᾽ ὁρῶ ξυνάορον; 1175
οὐ γὰρ δορός γε παῖδες ἵστανται πέλας,
ἀλλ᾽ ἄλλο πού τι καινὸν εὑρίσκω κακόν.
Αμ ὦ τὸν ἐλαιοφόρον ὄχθον ἔχων ἄναξ. do²

Durchbohre als Rächer die eigene Brust,
Übergebe der Flamme den blühenden Leib,
Um der künftigen Schmach zu entrinnen.

während Theseus erscheint

Wer kommt hier und kreuzt meinen Todespfad?
Vetter Theseus. So soll ich gesehen sein?
Soll die Greuel noch zeigen dem teuersten Freund?
Wer verbirgt mich? Die Lüfte? Der Erdenschoß?
So hüll ich mich ganz in der Falten Nacht:
Ich habe gemordet und Mord steckt an.

er verhüllt sich völlig

Theseus *zu Amphitryon*

Ich bringe euch, Alter, bewaffnete Macht
Zum Kampf gegen Lykos, der, wie wir gehört,
Das Szepter sich nahm und den Krieg begann.
Für Herakles, der mich vom Hades erlöst,
Leih ich dankbar den Arm und ein ganzes Heer. –

er sieht die Toten

Gott, ein Meer von Blut! Tote Kinder! Zu spät
Begegn ich der Tat! Wem gehört diese Frau?
Das war Mord, kein Kampf! Kinder kämpfen doch nicht!

Am   Wehe, Herr der
     Olivengefilde!

Θη τί χρῆμά μ’ οἰκτροῖς ἐκάλεσας προοιμίοις; ia⁶
Αμ ἐπάθομεν πάθεα μέλεα πρὸς θεῶν. do² 1180

Θη οἱ παῖδες οἵδε τίνος, ἐφ’ οἷς δακρυρροεῖς; ia⁶
Αμ ἔτεκε μέν νιν οὑμὸς ἶνις τάλας, do²
    τεκόμενος δ’ ἔκανε, φόνιον αἷμα τλάς. do²
Θη εὔφημα φώνει. ia²–
Αμ βουλομένοισιν ἐπαγγέλλῃ da⁴∧ 1185

Θη ὦ δεινὰ λέξας. ia²–
Αμ οἰχόμεθ’ οἰχόμεθα πτανοί. da⁴∧
Θη .   .   .   .
Αμ .   .   .   .
    ἑκατογκεφάλου βαφαῖς ὕδρας. an² ia² 1190

Θη τί φῂς; τί δράσας; ia²– 1188
Αμ μαινομένῳ πιτύλῳ πλαγχθείς. da⁴∧ 1189

Θη ῞Ηρας ὅδ’ ἀγών· τίς δ’ ὅδ’ οὖν νεκροῖς, γέρον; ia⁶ 1191

Αμ ἐμὸς ἐμὸς ὅδε γόνος ὁ πολύπονος, ὃς ἐπὶ do²
    δόρυ γιγαντοφόνον ἦλθεν σὺν θεοῖ- do²
    σι Φλεγραῖον ἐς πεδίον ἀσπιστάς. do²

Θη φεῦ φεῦ· τίς ἀνδρῶν ὧδε δυσδαίμων ἔφυ; ia⁶ 1195
Αμ οὐκ ἂν εἰδείης ἕτερον cr–ch
    πολυμοχθότερον πολυπλαγκτότερόν an⁴
    τε θνατῶν. ba
Θη τί γὰρ πέπλοισιν ἄθλιον κρύπτει κάρα; ia⁶
Αμ αἰδόμενος τὸ σὸν ὄμμα hem∪
    καὶ φιλίαν ὁμόφυλον hem∪ 1200
    αἷμά τε παιδοφόνον. hem

Θη ἀλλ’ ὡς συναλγῶν γ’ ἦλθον, ἐκκάλυπτέ νιν. ia⁶

Αμ ὦ τέκνον· πάρες ἀπ’ ὀμμάτων cr do

The   Was fängst du dein Lied mit dem Wehschrei an?

Am   Gräßliches, Häßliches
      Schickte der Himmel!

The   Wem gehören die Knaben hier, die du beklagst?

Am   Den ich zeugte, der zeugte sie,
      Tötete, mordete Kind.

The   Bewahre die Zunge!

Am   Wie schwieg ich billig,
      Wie willig!

The   O furchtbares Wort!

Am   Ich vergehe, vergehe,
      Entschwebe der Welt.

The   Wie vollbracht er die Tat?

Am   Mit der Keule Hieb,
      Mit der Pfeile Gift!

The   Was hat ihn getrieben?

Am   Ein Wirbel, ein Wahn
      Fiel ihn an.

The   Das war Heras Werk! Doch siehe, wer sitzt
      Dort stumm bei den Leichen?

Am   O mein Sohn, lieber Sohn,
      Dies sein Lohn,
      Daß den Göttern er half
      Auf phlegräischem Feld!

The   Kennt die Erde noch so unseligen Mann?

Am   Die Erde, so weit,
      Weiß kein schlimmeres Leid.

The   Und was deckt er sein Unglückshaupt mit dem Kleid?

Am   Nicht der Freund,
      Nicht die Freunde,
      Nicht dies Blut
      Soll ihn sehen!

The   Ich will teilen sein Leid! So enthülle sein Haupt!

Am   *tritt zu Herakles*
      Lüfte den Mantel, Kind,

πέπλον, ἀπόδικε, ῥέθος ἀελίῳ δεῖξον.	do²	1205
βάρος ἀντίπαλον δακρύοις συναμιλλᾶται,	an⁵	
ἱκετεύομεν ἀμφὶ γενειάδα καὶ	an⁴	
γόνυ καὶ χέρα σὰν προπίτνων, πολιόν	an⁴	
τε δάκρυον ἐκβάλλων· ἰὼ παῖ, κατά-	do²	
σχεθε λέοντος ἀγρίου θυμόν, ὡς	do²	1210
δρόμον ἐπὶ φόνιον ἀνόσιον ἐξάγῃ,	do²	
κακὰ θέλων κακοῖς συνάψαι, τέκνον.	do²	

Θη	εἶέν· σὲ τὸν θάσσοντα δυστήνους ἕδρας	ia⁶	
	αὐδῶ, φίλοισιν ὄμμα δεικνύναι τὸ σόν.		1215
	οὐδεὶς σκότος γὰρ ὧδ' ἔχει μέλαν νέφος,		
	ὅστις κακῶν σῶν συμφορὰν κρύψειεν ἄν.		
	τί μοι προσείων χεῖρα σημαίνεις φόβον;		
	ὡς μὴ μύσος με σῶν βάλῃ προσφθεγμάτων;		
	οὐδὲν μέλει μοι σύν γε σοὶ πράσσειν κακῶς·		1220
	καὶ γάρ ποτ' εὐτύχησα. ἐκεῖσ' ἀνοιστέον,		
	ὅτ' ἐξέσωσάς μ' ἐς φάος νεκρῶν πάρα.		
	χάριν δὲ γηράσκουσαν ἐχθαίρω φίλων,		
	καὶ τῶν καλῶν μὲν ὅστις ἀπολαύειν θέλει,		
	συμπλεῖν δὲ τοῖς φίλοισι δυστυχοῦσιν οὔ.		1225
	ἀνίστασ', ἐκκάλυψον ἄθλιον κάρα,		
	βλέψον πρὸς ἡμᾶς. ὅστις εὐγενὴς βροτῶν,		
	φέρει τὰ τῶν θεῶν πτώματ' οὐδ' ἀναίνεται.		
Ηρ	Θησεῦ, δέδορκας τόνδ' ἀγῶν' ἐμῶν τέκνων;		
Θη	ἤκουσα, καὶ βλέποντι σημαίνεις κακά.		1230
Ηρ	τί δῆτά μου κρᾶτ' ἀνεκάλυψας ἡλίῳ;		
Θη	τί δ'; οὐ μιαίνεις θνητὸς ὢν τὰ τῶν θεῶν.		
Ηρ	φεῦγ', ὦ ταλαίπωρ', ἀνόσιον μίασμ' ἐμόν.		
Θη	οὐδεὶς ἀλάστωρ τοῖς φίλοις ἐκ τῶν φίλων.		
Ηρ	ἐπῄνεσ'· εὖ δράσας δέ σ' οὐκ ἀναίνομαι.		1235
Θη	ἐγὼ δὲ πάσχων εὖ τότ' οἰκτίρω σε νῦν.		
Ηρ	οἰκτρὸς γάρ εἰμι τἄμ' ἀποκτείνας τέκνα.		
Θη	κλαίω χάριν σὴν ἐφ' ἑτέραισι συμφοραῖς.		
Ηρ	ηὗρες δέ γ' ἄλλους ἐν κακοῖσι μείζοσιν;		

Zeige dein Antlitz der Sonne,
Laß meine Tränen besiegen die Scham!
Ich lieg dir zu Füßen,
Fasse Hand, fasse Kinn,
Sieh mich der Tränen Ströme vergießen!
Hemme den Löwensinn,
Der dich den Blutweg führt,
Siehe, er häuft dir nur Leiden, mein Kind!

The Der so traurig hier sitzt, nun so höre den Freund:
Zeig dein Antlitz! Es gibt kein so schwarzes Gewölk,
Das dein Unglück verhüllt! Deine Hand weist erschreckt
Mich hinweg, als beflecke mich dieses Gespräch.
Gern teil ich dein Unglück: ich teilte dein Glück.
Nie vergeß ich den Hades und was du getan!

Wie haß ich am Freund den vergänglichen Dank!
Im Glück und im Unglück: der Freund bleibt Freund!
Steh auf, zeig dein Antlitz, vergönne den Blick!
Der Edle trägt offen, was Götter verhängt.

er enthüllt Herakles' Haupt

Her Sieh die Kinder hier liegen!
The   Ich hörte und seh.
Her Und du zeigst mich der Sonne!
The   Befleckt sie ein Mensch?
Her Flieh Verfluchten!
The   Kein Freund wird dem Freunde zum Fluch.
Her Wie gut, daß ich half!
The   Heute klag ich um dich.
Her Um den Kindermörder!
The   Ihm bleibt mein Dank.
Her O Gipfel des Leids!

Θη ἅπτῃ κάτωθεν οὐρανοῦ δυσπραξίᾳ.   1240
Ηρ τοιγὰρ παρεσκευάσμεθ' ὥστε καὶ κρατεῖν.
Θη δοκεῖς ἀπειλῶν σῶν μέλειν τι δαίμοσιν;
Ηρ αὔθαδες ὁ θεός, πρὸς δὲ τοὺς θεοὺς ἐγώ.
Θη ἴσχε στόμ', ὡς μὴ μέγα λέγων μεῖζον πάθῃς.
Ηρ γέμω κακῶν δή, κοὐκέτ' ἔσθ' ὅπῃ τεθῇ.   1245
Θη δράσεις δὲ δὴ τί; ποῖ φέρῃ θυμούμενος;
Ηρ θανών, ὅθενπερ ἦλθον, εἶμι γῆς ὕπο.
Θη εἴρηκας ἐπιτυχόντος ἀνθρώπου λόγους.
Ηρ σὺ δ' ἐκτὸς ὤν γε συμφορᾶς με νουθετεῖς.
Θη ὁ πολλὰ δὴ τλὰς Ἡρακλῆς λέγει τάδε;   1250
Ηρ οὐκ οὖν τοσαῦτά γ'· ἐν μέτρῳ μοχθητέον.
Θη εὐεργέτης βροτοῖσι καὶ μέγας φίλος;·
Ηρ οἱ δ' οὐδὲν ὠφελοῦσί μ', ἀλλ' Ἥρα κρατεῖ.
Θη οὐκ ἄν σ' ἀνάσχοιθ' Ἑλλὰς ἀμαθίᾳ θανεῖν.
Ηρ ἄκουε δή νυν, ὡς ἁμιλληθῶ λόγοις   1255
    πρὸς νουθετήσεις σάς· ἀναπτύξω δέ σοι
    ἀβίωτον ἡμῖν νῦν τε καὶ πάροιθεν ὄν.
    πρῶτον μὲν ἐκ τοῦδ' ἐγενόμην, ὅστις κτανὼν
    μητρὸς γεραιὸν πατέρα προστρόπαιος ὢν
    ἔγημε τὴν τεκοῦσαν Ἀλκμήνην ἐμέ.   1260
    ὅταν δὲ κρηπὶς μὴ καταβληθῇ γένους
    ὀρθῶς, ἀνάγκη δυστυχεῖν τοὺς ἐκγόνους.
    Ζεὺς δ' – ὅστις ὁ Ζεύς – πολέμιόν μ' ἐγείνατο
    Ἥρᾳ – σὺ μέντοι μηδὲν ἀχθεσθῇς, γέρον·
    πατέρα γὰρ ἀντὶ Ζηνὸς ἡγοῦμαι σὲ ἐγώ –   1265
    ἔτ' ἐν γάλακτί τ' ὄντι γοργωποὺς ὄφεις
    ἐπεισέφρησε σπαργάνοισι τοῖς ἐμοῖς
    ἡ τοῦ Διὸς σύλλεκτρος, ὡς ὀλοίμεθα.
    ἐπεὶ δὲ σαρκὸς περιβόλαι' ἐκτησάμην
    ἡβῶντα, μόχθους οὓς ἔτλην τί δεῖ λέγειν;   1270
    ποίους ποτ' ἢ λέοντας ἢ τρισωμάτους
    Τυφῶνας ἢ Γίγαντας ἢ τετρασκελῆ
    κενταυροπληθῆ πόλεμον οὐκ ἐξήνυσα;
    τήν τ' ἀμφίκρανον καὶ παλιμβλαστῆ κύνα
    ὕδραν φονεύσας μυρίων τ' ἄλλων πόνων   1275

The	Das zum Himmel reicht!
Her	Ich dringe hindurch!
The	Lieferst Göttern den Kampf?
Her	Sind sie kühn, bin ichs auch.
The	Still, vermesse dich nicht!
Her	Ist mein Becher doch voll!
The	Wohin führt dich der Grimm?
Her	In den Hades zurück!
The	Edler redet nicht so!
Her	Leicht spricht, wens nicht traf.
The	Großer Dulder, sei stark!
Her	Auch das Dulden hat Maß.
The	Hoher Retter der Welt,
Her	– Wo nur Hera regiert! –
The	bleibe Hellas' Stern!
Her	O höre mich an! Du vernahmst mich schlecht,
	Ahnst nicht, wie mein Leben seit langem verwirkt.

Hat nicht dieser, vom Blut ihres Vaters befleckt,
Meine Mutter gefreit und schwankenden Grund
Seinem Hause gelegt, seiner Kinder Glück!

Dann hat Zeus, ach, irgendein Zeus mich gezeugt –
Verzeih mir, mein Vater, ich bleibe dein Kind!
Das hat Hera erbost: schon dem saugenden Kind
Hat sie tödliche Schlangen zur Wiege geschickt.

Als dies Kleid mir wuchs, wuchs auch Last und Müh,
Gegen Löwen und Drachen zog ich ins Feld,
Titanen, Giganten, Kentaurengezücht,
Gegen köpfeerneuernde Schlange, dazu
Tausend andre. Dann stieg ich ins Totenreich,

διῆλθον ἀγέλας κἀς νεκροὺς ἀφικόμην,
Ἅιδου πυλωρὸν κύνα τρίκρανον ἐς φάος
ὅπως πορεύσαιμ' ἐντολαῖς Εὐρυσθέως.
τὸν λοίσθιον δὲ τόνδ' ἔτλην τάλας πόνον,
παιδοκτονήσας δῶμα θριγκῶσαι κακοῖς.   1280
ἥκω δ' ἀνάγκης ἐς τόδ'· οὔτ' ἐμαῖς φίλαις
Θήβαις ἐνοικεῖν ὅσιον· ἢν δὲ καὶ μένω,
ἐς ποῖον ἱερὸν ἢ πανήγυριν φίλων
εἶμ'; οὐ γὰρ ἄτας εὐπροσηγόρους ἔχω.
ἀλλ' Ἄργος ἔλθω; πῶς, ἐπεὶ φεύγω πάτραν;   1285
φέρ' ἀλλ' ἐς ἄλλην δή τιν' ὁρμήσω πόλιν;
κἄπειθ' ὑποβλεπώμεθ' ὡς ἐγνωσμένοι,
γλώσσης πικροῖς κέντροισι κληδουχούμενοι·
Οὐχ οὗτος ὁ Διός, ὃς τέκν' ἔκτεινέν ποτε
δάμαρτά τ'; οὐ γῆς τῆσδ' ἀποφθαρήσεται;   1290
ἐς τοῦτο δ' ἥξειν συμφορᾶς οἶμαί ποτε·   1294
φωνὴν γὰρ ἥσει χθὼν ἀπεννέπουσά με   1295
μὴ θιγγάνειν γῆς καὶ θάλασσα μὴ περᾶν
πηγαί τε ποταμῶν, καὶ τὸν ἁρματήλατον
Ἰξίον' ἐν δεσμοῖσιν ἐκμιμήσομαι.   1298
τί δῆτά με ζῆν δεῖ; τί κέρδος ἕξομεν   1301
βίον γ' ἀχρεῖον ἀνόσιον κεκτημένοι;
χορευέτω δὴ Ζηνὸς ἡ κλεινὴ δάμαρ
κρούουσ' Ὀλύμπου δώματ' ἀρβύλῃ ποδός.
ἔπραξε γὰρ βούλησιν ἣν ἐβούλετο,   1305
ἄνδρ' Ἑλλάδος τὸν πρῶτον αὐτοῖσιν βάθροις
ἄνω κάτω στρέψασα. τοιαύτῃ θεῷ
τίς ἂν προσεύχοιθ'; ἣ γυναικὸς οὕνεκα
λέκτρων φθονοῦσα Ζηνὶ τοὺς εὐεργέτας
Ἑλλάδος ἀπώλεσ' οὐδὲν ὄντας αἰτίους.   1310

κεκλημένῳ δὲ φωτὶ μακαρίῳ ποτὲ   1291
αἱ μεταβολαὶ λυπηρόν· ᾧ δ' ἀεὶ κακῶς
ἔστ', οὐδὲν ἀλγεῖ συγγενῶς δύστηνος ὤν.

καὶ ταῦτ' ἄριστα μηδέν' Ἑλλήνων μ' ὁρᾶν,   1299
ἐν οἷσιν εὐτυχοῦντες ἦμεν ὄλβιοι.

Für Eurystheus zu holen dreileibigen Hund.

Nun hab ich die letzte der Taten vollbracht,
Mit dem Kindermord meinen Bau gekrönt,
Und stehe im Zwang: darf in Theben nicht sein,
Wo kein Festmahl, kein Freundkreis Verfemten begrüßt;

Und lädt Argos den Flüchtling? Ein anderes Land?
Sieht nicht jeder scheel auf bekannten Mann
Und stichelt: „Da ist er, der Sohn des Zeus!
Treibt ihn aus, der sein Weib, seine Kinder erschlug!"

Und ich sehe das Ende: jed Land ruft ein Halt,
Jedes Meer, jeder Strom. Dem Ixion gleich,
Der am Radpflock wirbelt, kreis ich umher,
Dem Verfluchten ist Leben nur Strafe und Last.

Sie stampfe dort oben den Siegestanz,
Stolze Gattin des Zeus; sie gewann ihr Ziel,
Hat von Grund aus gestürzt Hellas' ersten Mann.
Wer betet zu ihr? Um ein Weib, nur aus Neid,
Hat sie schuldlosen Schützer des Landes vertilgt.

Θη οὐκ ἔστιν ἄλλου δαιμόνων ἀγὼν ὅδε
     ἢ τῆς Διὸς δάμαρτος· εὖ τόδ' αἰσθάνῃ.

        .   .   .   .

     παραινέσαιμ' ἂν μᾶλλον ἢ πάσχειν κακῶς·
     οὐδεὶς δὲ θνητῶν ταῖς τύχαις ἀκήρατος,
     οὐ θεῶν, ἀοιδῶν εἴπερ οὐ ψευδεῖς λόγοι.   1815
     οὐ λέκτρ' ἐν ἀλλήλοισιν, ὧν οὐδεὶς νόμος,
     συνῆψαν; οὐ δεσμοῖσι διὰ τυραννίδας
     πατέρας ἐκηλίδωσαν; ἀλλ' οἰκοῦσ' ὅμως
     Ὄλυμπον ἠνέσχοντό θ' ἡμαρτηκότες.
     καίτοι τί φήσεις, εἰ σὺ μὲν θνητὸς γεγὼς   1820
     φέρεις ὑπέρφευ τὰς τύχας, θεοὶ δὲ μή;
     Θήβας μὲν οὖν ἔκλειπε τοῦ νόμου χάριν,
     ἕπου δ' ἅμ' ἡμῖν πρὸς πόλισμα Παλλάδος.
     ἐκεῖ χέρας σὰς ἁγνίσας μιάσματος,
     δόμους τε δώσω χρημάτων τ' ἐμῶν μέρος.   1825
     ἃ δ' ἐκ πολιτῶν δῶρ' ἔχω σώσας κόρους
     δὶς ἑπτά, ταῦρον Κνώσιον κατακτανών,
     σοὶ ταῦτα δώσω. πανταχοῦ δέ μοι χθονὸς
     τεμένη δέδασται· ταῦτ' ἐπωνομασμένα
     σέθεν τὸ λοιπὸν ἐκ βροτῶν κεκλήσεται   1830
     ζῶντος· θανόντα δ', εὖτ' ἂν εἰς Ἅιδου μόλῃς,
     θυσίαισι λαΐνοισί τ' ἐξογκώμασι
     τίμιον ἀνάξει πᾶσ' Ἀθηναίων πόλις.
     καλὸς γὰρ ἀστοῖς στέφανος Ἑλλήνων ὕπο
     ἄνδρ' ἐσθλὸν ὠφελοῦντας εὐκλείας τυχεῖν.   1835
     κἀγὼ χάριν σοι τῆς ἐμῆς σωτηρίας
     τήνδ' ἀντιδώσω· νῦν γὰρ εἶ χρεῖος φίλων.   1337
Ηρ οἴμοι· πάρεργα μὲν τάδ' ἔστ' ἐμῶν κακῶν,   1340
     ἐγὼ δὲ τοὺς θεοὺς οὔτε λέκτρ' ἃ μὴ θέμις
     στέργειν νομίζω, δεσμά τ' ἐξάπτειν χεροῖν
     οὔτ' ἠξίωσα πώποτ' οὔτε πείσομαι,
     οὐδ' ἄλλον ἄλλου δεσπότην πεφυκέναι.

     ─────────

     θεοὶ δ' ὅταν τιμῶσιν, οὐδὲν δεῖ φίλων·   1338
     ἅλις γὰρ ὁ θεὸς ὠφελῶν, ὅταν θέλῃ.

The Nur von ihr kam dies Unheil, des sei du gewiß!
      Zwar Wort wiegt leichter als Schuld, doch hör:
      Jeder Sterbliche trägt diese Last, ja selbst
      Die Götter, wenn Wort der Sänger nicht lügt.
      Sie mißhandeln die Väter und brechen die Eh,
      Leben weiter im Himmel mit all ihrer Schuld.
      Du bist nur ein Mensch, trag auch du deinen Teil!

      Das Gesetz zwar verstößt dich aus Theben, so komm
      Nach Athen und sühne die Hände vom Blut
      Und lebe, mit allem von mir versorgt.
      Was die Bürger mir brachten nach knossischer Fahrt,
      Als vom Stier ich ihnen die Kinder erlöst,
      Sei dein eigen.
                    Die Güter im ganzen Land,
      Schon jetzt deines Namens, sie werden im Tod
      Dich ehren mit steinernen Tempeln.

                              Athen
      Wird in Hellas gerühmt, wenn es Große verehrt –
      Ich trage den Dank für die Rettung dem Freund,
      Der noch nie so wie heut eines Freundes bedurft.
Her Soll im Unglück ich rechten? Nie hab ich geglaubt,
      Noch glaub ich, ein Gott habe Ehen versehrt,
      Habe andre gefesselt, zu Knechten gemacht.

δεῖται γὰρ ὁ θεός, εἴπερ ἔστ' ὀρθῶς θεός,   1845
οὐδενός· ἀοιδῶν οἵδε δύστηνοι λόγοι.
ἐσκεψάμην δὲ καίπερ ἐν κακοῖσιν ὤν,
μὴ δειλίαν ὄφλω τιν' ἐκλιπὼν φάος·
ταῖς συμφοραῖς γὰρ ὅστις οὐχ ὑφίσταται,
οὐδ' ἀνδρὸς ἂν δύναιθ' ὑποστῆναι βέλος.   1850
ἐγκαρτερήσω βίοτον· εἶμι δ' ἐς πόλιν
τὴν σήν, χάριν τε μυρίων δώρων ἔχω.
ἀτὰρ πόνων δὴ μυρίων ἐγευσάμην·
ὧν οὔτ' ἀπεῖπον οὐδέν' οὔτ' ἀπ' ὀμμάτων
ἔσταξα πηγάς, οὐδ' ἂν ᾠόμην ποτὲ   1855
ἐς τοῦθ' ἱκέσθαι, δάκρυ' ἀπ' ὀμμάτων βαλεῖν·
νῦν δ', ὡς ἔοικε, τῇ τύχῃ δουλευτέον.
εἶἑν· γεραιέ, τὰς ἐμὰς φυγὰς ὁρᾷς,
ὁρᾷς δὲ παίδων ὄντα μ' αὐθέντην ἐμῶν·
δὸς τούσδε τύμβῳ καὶ περίστειλον νεκροὺς   1860
δακρύοισι τιμῶν – ἐμὲ γὰρ οὐκ ἐᾷ νόμος –
πρὸς στέρν' ἐρείσας μητρὶ δούς τ' ἐς ἀγκάλας,
κοινωνίαν δύστηνον, ἣν ἐγὼ τάλας
διώλεσ' ἄκων. γῇ δ' ἐπὴν κρύψῃς νεκρούς,
οἴκει πόλιν τήνδ', ἀθλίως μέν, ἀλλ' ὅμως   1865
ψυχὴν βιάζου τἀμὰ συμφέρειν κακά.
ὦ τέκν', ὁ φύσας καὶ τεκὼν ὑμᾶς πατὴρ
ἀπώλεσ', οὐδ' ὤνασθε τῶν ἐμῶν καλῶν,
ἁγὼ παρεσκεύαζον ἐκμοχθῶν βίου
εὔκλειαν ὑμῖν, πατρὸς ἀπόλαυσιν καλήν.   1870
σέ τ' οὐχ ὁμοίως, ὦ τάλαιν', ἀπώλεσα
ὥσπερ σὺ τἀμὰ λέκτρ' ἔσῳζες ἀσφαλῶς,
μακρὰς διαντλοῦσ' ἐν δόμοις οἰκουρίας.
οἴμοι δάμαρτος καὶ τέκνων, οἴμοι δ' ἐμοῦ,
ὡς ἀθλίως πέπραγα κἀποζεύγνυμαι   1875
τέκνων γυναικός τ'· ὦ λυγραὶ φιλημάτων
τέρψεις, λυγραὶ δὲ τῶνδ' ὅπλων κοινωνίαι.
ἀμηχανῶ γὰρ πότερ' ἔχω τάδ' ἢ μεθῶ,
ἃ πλευρὰ τἀμὰ προσπίτνοντ' ἐρεῖ τάδε·
Ἡμῖν τέκν' εἷλες καὶ δάμαρθ'· ἡμᾶς ἔχεις   1880

Ein Gott, der ein Gott ist, braucht nichts auf der Welt.
Von Menschen sind all diese Märchen erdacht.

Nun hab ich – inmitten der Not – bedacht:
Aus dem Leben flieht nur der mutlose Mann;
Wer dem Feind trotzt, wankt auch im Unglück nicht.
Ich wage das Leben! Ich ziehe zur Stadt,
Die sich tausendfach meinen Dank verdient.

Ach, tausendfach hab ich mich abgemüht,
Nie versagt und nie eine Träne geweint,
Ach, nie an dies Tränenschicksal gedacht.

Lieber Vater, ich zieh in die Fremde! Begrab
Diese Kinder mir fürstlich, entrichte den Zoll
Der Tränen, der mir, ihrem Mörder, verwehrt;
Leg der Mutter sie treu an die Brust, in den Arm,
Unseligen Bund, den ich schuldlos zerschlug.
Dann bleibe in Theben, im Unglück bereit,
Mit gefaßtem Herzen mir beizustehen.

Liebe Kinder, der Vater erschlug euch und ließ,
Was er lange Jahre mühselig erstritt,
Euch doch nicht als Erbe: den strahlenden Ruf.
Und du Ärmste, wie lang hast du meiner geharrt,
Mir so treu behütet die Ehre des Betts!
Du hast Beßres verdient als den schnöden Pfeil.

O, der Gattin, der Kinder! O wehe auch mir,
Dem Ärmsten von allen! Wie reiß ich mich los?
O bittere Freude im letzten Kuß!
O bitterer Blick auf die Waffen! Ach, soll
Ich sie lassen? Sie tragen? Ach, werden sie nicht
An der Seite mir raunen: „Wir habens vollbracht!

παιδοκτόνους σούς. εἶτ᾽ ἐγὼ τάδ᾽ ὠλέναις
οἴσω; τί φάσκων; ἀλλὰ γυμνωθεὶς ὅπλων,
ξὺν οἷς τὰ κάλλιστ᾽ ἐξέπραξ᾽ ἐν Ἑλλάδι,
ἐχθροῖς ἐμαυτὸν ὑποβαλὼν αἰσχρῶς θάνω;
οὐ λειπτέον τάδ᾽, ἀθλίως δὲ σωστέον.   1885
ἕν μοί τι, Θησεῦ, σύγκαμ᾽· Ἅιδου μοι κυνὸς
κόμιστρ᾽ ἐς Ἄργος συγκατάστησον μολών,
λύπῃ τι παίδων μὴ πάθω μονούμενος.
ὦ γαῖα Κάδμου πᾶς τε Θηβαῖος λεώς,
κείρασθε, συμπενθήσατ᾽, ἔλθετ᾽ ἐς τάφον   1890
παίδων· ἅπαντας δ᾽ ἑνὶ λόγῳ πενθήσετε
νεκρούς τε κἀμέ· πάντες ἐξολώλαμεν
Ἥρας μιᾷ πληγέντες ἄθλιοι τύχῃ.

Θη ἀνίστασ᾽, ὦ δύστηνε· δακρύων δ᾽ ἅλις.
Ηρ οὐκ ἂν δυναίμην· ἄρθρα γὰρ πέπηγέ μου.   1895
Θη καὶ τοὺς σθένοντας γὰρ καθαιροῦσιν τύχαι.
Ηρ φεῦ·
    αὐτοῦ γενοίμην πέτρος ἀμνήμων κακῶν.
Θη παῦσαι· δίδου δὲ χεῖρ᾽ ὑπηρέτῃ φίλῳ.
Ηρ ἀλλ᾽ αἷμα μὴ σοῖς ἐξομόρξωμαι πέπλοις.
Θη ἔκμασσε, φείδου μηδέν· οὐκ ἀναίνομαι.   1400
Ηρ παίδων στερηθεὶς παῖδ᾽ ὅπως ἔχω σ᾽ ἐμόν.

Θη δίδου δέρῃ σὴν χεῖρ᾽, ὁδηγήσω δ᾽ ἐγώ.

Ηρ ζεῦγός γε φίλιον· ἅτερος δὲ δυστυχής.
    ὦ πρέσβυ, τοιόνδ᾽ ἄνδρα χρὴ κτᾶσθαι φίλον.
Αμ ἡ γὰρ τεκοῦσα τόνδε πατρὶς εὔτεκνος.   1405

Ηρ Θησεῦ, πάλιν με στρέψον, ὡς ἴδω τέκνα.

Θη ὡς δὴ τὸ φίλτρον τοῦτ᾽ ἔχων ῥᾴων ἔσῃ;
Ηρ ποθῶ· πατρός τε στέρνα προσθέσθαι θέλω.

Deine Knaben getötet!" Wie soll ich sie da
Noch schultern? Und kann doch nicht ohne sie,
Mit denen ich strahlende Taten vollbracht,
Mich von Knechtschaft retten, von schmählichem Tod.
Ihr seid schaurige Last, doch muß es so sein. –

Hilf, Theseus, das Eine: den höllischen Hund
Nach Argos zu schaffen; denn bleib ich allein
Mit dem Schmerz um die Kinder, wer weiß, was geschieht?

Schert die Locken, ihr Bürger der kadmischen Stadt,
Und trauert am Grab dieser Kinder, klagt laut
Um die Toten und mich, denn mit einem Streich
Hat Hera uns alle vernichtet!

Abzug

The Laß das Weinen, steh auf!
Her   Ach, die Glieder sind starr!
The Auch der Starke erlahmt?

Her   Wär ich fühlloser Stein!
The Gib die Hand!
Her   Sie ist rot, färbt dein Kleid mit Blut!
The Sie befleckt nicht! Greif zu!
Her   Ach, nun bist du mein Sohn
Statt der Toten!
The   So leg mir den Arm um den Hals!
Ich stütz dich!
Her   Wir treues, wir ungleiches Paar!
Sieh, Vater, den Freund!
Am   Sei gepriesen die Stadt,
Die solchen gebar!
Her   O noch einmal zurück!
Ach, Theseus, die Knaben ...
The   Bringt Anblick dir Trost?
Her Auch zum Vaterherzen!

Αμ ἰδοὺ τάδ', ὦ παῖ· τἀμὰ γὰρ σπεύδεις φίλα.

Θη οὕτως πόνων σῶν οὐκέτι μνήμην ἔχεις;   1410

Ηρ ἅπαντ' ἐλάσσω κεῖνα τῶνδ' ἔτλην κακά.
Θη εἴ σ' ὄψεταί τις θῆλυν ὄντ', οὐκ αἰνέσει.
Ηρ ζῶ σοι ταπεινός; ἀλλὰ πρόσθεν οὐ δοκῶ.

Θη ἄγαν γ'· ὁ κλεινὸς Ἡρακλῆς οὐκ εἶ νοσῶν.
Ηρ σὺ ποῖος ἦσθα νέρθεν ἐν κακοῖσιν ὤν;   1415
Θη ὡς ἐς τὸ λῆμα παντὸς ἦν ἥσσων ἀνήρ.
Ηρ πῶς οὖν ἔμ' εἶπας ὅτι συνέσταλμαι κακοῖς;
Θη πρόβαινε.
Ηρ   χαῖρ', ὦ πρέσβυ.
Αμ   καὶ σύ μοι, τέκνον.
Ηρ θάφθ' ὥσπερ εἶπον παῖδας.
Αμ   ἐμὲ δὲ τίς, τέκνον;

Ηρ ἐγώ.
Αμ   πότ' ἐλθών;
Ηρ   ἡνίκ' ἂν θάψῃς τέκνα.   1420
     καὶ σὲ εἰς Ἀθήνας πέμψομαι Θηβῶν ἄπο.
     ἀλλ' ἐσκόμιζε τέκνα δυσκόμιστα γῇ·
     ἡμεῖς δ' ἀναλώσαντες αἰσχύναις δόμον,
     Θησεῖ πανώλεις ἑψόμεσθ' ἐφολκίδες.
     ὅστις δὲ πλοῦτον ἢ σθένος μᾶλλον φίλων   1425
     ἀγαθῶν πεπᾶσθαι βούλεται, κακῶς φρονεῖ.

Χο στείχομεν οἰκτροὶ καὶ πολύκλαυτοι,   an⁴
     τὰ μέγιστα φίλων ὀλέσαντες.

Am	So komm nur, mein Sohn,
	Es schlägt dir so laut!
The	Nun sei wieder der Held
	Deiner Taten!
Her	Was sind sie, gemessen am Heut?
The	Solche Tränen vergießt nur ein Weib!
Her	Hast du je
	Mich niedrig gesehn?
The	So verleugne dich nicht!
Her	Warst du damals im Hades der tapfere Held?
The	Dort war ich verzweifelt!
Her	Verzweifelt wie ich!
The	So, nun komm!
Her	Liebster Vater!
Am	Leb wohl, lieber Sohn!
Her	Bring die Kinder zu Grab!
Am	Und wer bringt einst mich
	Zur Ruhe?
Her	Ich selber.
Am	Wann kommst Du?
Her	Sobald

Diese Toten bestattet. Ich bring dich zu mir
Nach Athen. Doch nun trag diese Kinder hinein,
Eine Bürde des Jammers! Ich folge dem Freund:
Treues Lastschiff schleppt den Verfemten hinweg,
Der sein ganzes Haus unter Trümmern begrub.
Wer Reichtum und Macht einem guten Freund
Voranstellt, ist übelberaten.

*Herakles zieht mit Theseus ab, Amphitryon geht ins Haus,
die Gruppe der Toten verschwindet*

Chor
im Abziehen

So ziehen auch wir und wir klagen laut,
Denn der treueste Freund, der strahlendste Mann
Ist für immer aus Theben geschieden.

DIE TROERINNEN

ΤΡΩΙΑΔΕΣ

Τὰ τοῦ δράματος πρόσωπα

Ποσειδῶν · Ἀθηνᾶ · Ἑκάβη
Χορὸς αἰχμαλωτίδων Τρῳάδων · Ταλθύβιος
Κασάνδρα · Ἀνδρομάχη · Μενέλαος · Ἑλένη

Ποσειδῶν

Ἥκω λιπὼν Αἴγαιον ἁλμυρὸν βάθος
πόντου Ποσειδῶν, ἔνθα Νηρήδων χοροὶ
κάλλιστον ἴχνος ἐξελίσσουσιν ποδός.
ἐξ οὗ γὰρ ἀμφὶ τήνδε Τρωικὴν χθόνα
Φοῖβός τε κἀγὼ λαΐνους πύργους πέριξ   5
ὀρθοῖσιν ἔθεμεν κανόσιν, οὔποτ᾽ ἐκ φρενῶν
εὔνοι᾽ ἀπέστη τῶν ἐμῶν Φρυγῶν πόλει·
ἢ νῦν καπνοῦται καὶ πρὸς Ἀργείου δορὸς
ὄλωλε πορθηθεῖσ᾽· ὁ γὰρ Παρνάσιος
Φωκεὺς Ἐπειός, μηχαναῖσι Παλλάδος   10
ἐγκύμον᾽ ἵππον τευχέων ξυναρμόσας,
πύργων ἔπεμψεν ἐντὸς ὀλέθριον βρέτας·   12
ἔρημα δ᾽ ἄλση καὶ θεῶν ἀνάκτορα   15
φόνῳ καταρρεῖ· πρὸς δὲ κρηπίδων βάθροις
πέπτωκε Πρίαμος Ζηνὸς ἑρκείου θανών.

─────────

ὅθεν πρὸς ἀνδρῶν ὑστέρων κεκλήσεται   18
Δούρειος Ἵππος, κρυπτὸν ἀμπισχὼν δόρυ.

DIE TROERINNEN

Personen des Dramas

Poseidon · Athena · Hekabe, *Gattin des Priamos*
Chor *der gefangenen Trojanerinnen*
Talthybios, *Herold der Griechen*
Kassandra, *Tochter des Priamos*
Andromache, *Gattin des Hektor* · Menelaos
Helena, *seine Gattin*

Der Schauplatz ist vor den Toren des brennenden Troja.
Die Tragödie wurde 415 v. Chr. aufgeführt.

VORSZENE

Poseidon

Poseidon taucht hier aus der Salzflut auf
Des Aigeus, wo der Nereustöchter Fuß
Die schönste Spur gewundnen Tanzes schreibt.
Seit ich mit Phoibos um der Troer Flur
Den Mauerkranz nach ganz genauem Maß
Gezogen, hab ich meine Freundschaft nie
Von dieser meiner Phrygerstadt gewandt.
Nun liegt sie, vom Argiverspeer zerstört,
In Schutt und Rauch: der Phoker vom Parnaß,
Epeios, von Athena klug belehrt,
Erschuf das ganz mit Kriegern schwangre Roß:
Ein Todesbildwerk sandte er der Stadt.
Die Haine sind verlassen und der Sitz
Der Götter blutgerötet, am Altar
Des Herdbeschützers Zeus fiel Priamos.

πολὺς δὲ χρυσὸς Φρύγιά τε σκυλεύματα
πρὸς ναῦς 'Αχαιῶν πέμπεται· μένουσι δὲ
πρύμνηθεν οὖρον, ὡς δεκασπόρῳ χρόνῳ   20
ἀλόχους τε καὶ τέκν' εἰσίδωσιν ἄσμενοι,
οἳ τήνδ' ἐπεστράτευσαν "Ελληνες πόλιν.
ἐγὼ δέ — νικῶμαι γὰρ 'Αργείας θεοῦ
"Ηρας 'Αθάνας θ', αἳ συνεξεῖλον Φρύγας —
λείπω τὸ κλεινὸν "Ιλιον βωμούς τ' ἐμούς·   25
ἐρημία γὰρ πόλιν ὅταν λάβῃ κακή,
νοσεῖ τὰ τῶν θεῶν οὐδὲ τιμᾶσθαι θέλει.
πολλοῖς δὲ κωκυτοῖσιν αἰχμαλωτίδων
βοᾷ Σκάμανδρος δεσπότας κληρουμένων.
καὶ τὰς μὲν 'Αρκάς, τὰς δὲ Θεσσαλὸς λεὼς   30
εἴληχ' 'Αθηναίων τε Θησεῖδαι πρόμοι.
ὅσαι δ' ἄκληροι Τρῳάδων, ὑπὸ στέγαις
ταῖσδ' εἰσί, τοῖς πρώτοισιν ἐξῃρημέναι
στρατοῦ, σὺν αὐταῖς δ' ἡ Λάκαινα Τυνδαρὶς
'Ελένη, νομισθεῖσ' αἰχμάλωτος ἐνδίκως.   35
τὴν δ' ἀθλίαν τήνδ' εἴ τις εἰσορᾶν θέλει,
πάρεστιν 'Εκάβη κειμένη πυλῶν πάρος,
δάκρυα χέουσα πολλὰ καὶ πολλῶν ὕπερ·
ἧ παῖς μὲν ἀμφὶ μνῆμ' 'Αχιλλείου τάφου
λάθρα τέθνηκε τλημόνως Πολυξένη·   40
φροῦδος δὲ Πρίαμος καὶ τέκν'· ἣν δὲ παρθένον
μεθῆκ' 'Απόλλων δρομάδα Κασάνδραν ἄναξ,
τὸ τοῦ θεοῦ τε παραλιπὼν τό τ' εὐσεβὲς
γαμεῖ βιαίως σκότιον 'Αγαμέμνων λέχος.
ἀλλ', ὦ ποτ' εὐτυχοῦσα, χαῖρέ μοι, πόλις   45
ξεστόν τε πύργωμ'· εἴ σε μὴ διώλεσεν
Παλλὰς Διὸς παῖς, ἦσθ' ἂν ἐν βάθροις ἔτι.

'Αθηνᾶ

ἔξεστι τὸν γένει μὲν ἄγχιστον πατρὸς
μέγαν τε δαίμον' ἐν θεοῖς τε τίμιον,
λύσασαν ἔχθραν τὴν πάρος, προσεννέπειν;   50

Als Beute schleppt man ganze Berge Golds
Zur Griechenflotte, und sie warten nur
Des Rückenwinds, der die Belagerer
Der Stadt nach zehen Jahren heimwärts trägt
Zum frohen Wiedersehn mit Weib und Kind.
Die Herrinnen von Argos und Athen,
Hera und Pallas, haben mit der Stadt
Auch mich bezwungen, und so scheid ich denn
Von meinem stolzen Sitz und Heiligtum:
Wenn eine ganze Stadt verödet liegt,
Sinkt auch der Dienst der Götter in den Staub.
Skamandros' Rauschen mischt sich mit dem Schrei
Der Frauen, die das Los schon unterwarf;
Arkadien, Thessalien hat sein Teil,
Die Theseussöhne, Herren von Athen.
Die Unverlosten warten hier im Zelt,
Sie sind des Heeres Führern ausersehn
Zusammen mit der Tyndarstochter Helena,
Die jetzt mit Fug als Kriegsgefangne zählt.
Und fragt ihr nach der armen Königin:
Hekábe liegt am Boden vor der Tür,
Weint viele Tränen über vieles Leid.
Zwar weiß sie nichts vom Tod Polýxenas,
Die an Achilleus' Hügel kläglich starb,
Doch Mann und Söhne fielen, und ihr Kind
Kassandra, das Apoll verstörte, zwingt,
Nicht achtend ihrer hohen Priesterschaft,
Agamemnon in ein dunkles Ehebett.
So leb denn wohl, du einst so stolze Stadt
Im Glanz der Mauern! Hätte Pallas dich
Nicht umgestürzt, du stündest aufrecht da!

Athena *tritt heran*

Du Nächster meines Vaters, hochgeehrt
Von allen Göttern, darf ich, alten Zwist
Begrabend, dir entbieten meinen Gruß?

Πο ἔξεστιν· αἱ γὰρ συγγενεῖς ὁμιλίαι,
ἄνασσ' Ἀθάνα, φίλτρον οὐ σμικρὸν φρενῶν.

Αθ ἐπήνεσ' ὀργὰς ἠπίους· φέρω δὲ σοὶ
κοινοὺς ἐμαυτῇ τ' ἐς μέσον λόγους, ἄναξ.

Πο μῶν ἐκ θεῶν του κοινὸν ἀγγελεῖς ἔπος,   55
ἢ Ζηνὸς ἢ καὶ δαιμόνων τινὸς πάρα;

Αθ οὔκ, ἀλλὰ Τροίας οὕνεκ', ἔνθα βαίνομεν,
πρὸς σὴν ἀφῖγμαι δύναμιν, ὡς κοινὴν λάβω.

Πο ἦ πού νιν, ἔχθραν τὴν πρὶν ἐκβαλοῦσα, νῦν
ἐς οἶκτον ἦλθες πυρὶ κατηθαλωμένης;   60

Αθ ἐκεῖσε πρῶτ' ἄνελθε· κοινώσῃ λόγους
καὶ συμπονήσεις ἃν ἐγὼ πρᾶξαι θέλω;

Πο μάλιστ'· ἀτὰρ δὴ καὶ τὸ σὸν θέλω μαθεῖν·
πότερον Ἀχαιῶν ἦλθες οὕνεκ' ἢ Φρυγῶν;

Αθ τοὺς μὲν πρὶν ἐχθροὺς Τρῶας εὐφρᾶναι θέλω,   65
στρατῷ δ' Ἀχαιῶν νόστον ἐμβαλεῖν πικρόν.

Πο τί δ' ὧδε πηδᾷς ἄλλοτ' εἰς ἄλλους τρόπους
μισεῖς τε λίαν καὶ φιλεῖς ὃν ἂν τύχῃς;

Αθ οὐκ οἶσθ' ὑβρισθεῖσάν με καὶ ναοὺς ἐμούς;

Πο οἶδ', ἡνίκ' Αἴας εἶλκε Κασάνδραν βίᾳ.   70

Αθ κοὐδέν γ' Ἀχαιῶν ἔπαθεν οὐδ' ἤκουσ' ὕπο.

Πο καὶ μὴν ἔπερσάν γ' Ἴλιον τῷ σῷ σθένει.

Αθ τοιγάρ σφε σὺν σοὶ βούλομαι δρᾶσαι κακῶς.

Πο ἕτοιμ' ἃ βούλῃ τἀπ' ἐμοῦ. δράσεις δὲ τί;

Αθ δύσνοστον αὐτοῖς νόστον ἐμβαλεῖν θέλω.   75

Πο ἐν γῇ μενόντων ἢ καθ' ἁλμυρὰν ἅλα;

Αθ ὅταν πρὸς οἴκους ναυστολῶσ' ἀπ' Ἰλίου.
καὶ Ζεὺς μὲν ὄμβρον καὶ χάλαζαν ἄσπετον
πέμψει, δνοφώδη τ' αἰθέρος φυσήματα·
ἐμοὶ δὲ δώσειν φησὶ πῦρ κεραύνιον,   80
βάλλειν Ἀχαιοὺς ναῦς τε πιμπράναι πυρί.
σὺ δ' αὖ, τὸ σόν, παράσχες Αἰγαῖον πόρον
τρικυμίαις βρέμοντα καὶ δίναις ἁλός,
πλῆσον δὲ νεκρῶν κοῖλον Εὐβοίας μυχόν,
ὡς ἂν τὸ λοιπὸν τἄμ' ἀνάκτορ' εὐσεβεῖν   85
εἰδῶσ' Ἀχαιοί, θεούς τε τοὺς ἄλλους σέβειν.

Po   Du darfst es, hohe Pallas, denn das Wort
      Der Lieben tropft wie Balsam in das Herz.

Ath Wie preis ich deine Güte! Doch mein Wort
      Ist unser beider Sorge, hoher Fürst.

Po   Bringst du mir Botschaft aus dem Götterrat,
      Vom Bruder Zeus? Von einem andern Gott?

Ath Nein, diesem Ort zulieb, auf dem wir stehn,
      Ruf ich dich an um deine starke Macht.

Po   So hast du dich vom alten Haß getrennt?
      Fühlst Mitleid mit der rauchgeschwärzten Stadt?

Ath Zuerst gib Antwort: ob mit Rat und Tat
      Du meine neuen Pläne fördern willst?

Po   Ich will es, doch zuvor erkläre dich
      Als Freund der Griechen oder dieser Stadt!

Ath Den alten Feinden spend ich meinen Trost,
      Doch bittre Heimfahrt dem Achäervolk.

Po   Wie springt dein Sinn so wahllos hin und her
      Und liebt und haßt, wen er gerade trifft?

Ath Ich und mein Heiligtum sind ganz entehrt!

Po   Ja, Aias hat Kassandra fortgeschleppt.

Ath Von allen ungehindert, ungestraft!

Po   Und doch fiel Troja nur durch deine Macht!

Ath Sie sollen es entgelten, mir und dir!

Po   Sieh mich bereit zu allem, was du planst!

Ath Der Tag der Heimkehr soll ihr schlimmster sein!

Po   Noch auf dem Lande? Auf der hohen See?

Ath Wenn sie von hier sich heimwärts eingeschifft.
      Zeus sendet Regen, sendet Hagelflut
      Und Stürme aus der schwarzen Himmelsnacht.
      Mir aber leiht er seinen Donnerstrahl
      Und alle Schiffe gehn in Flammen auf.
      Dein Teil ist: daß des Aigeus Meer erdröhnt
      Von Wogenstürmen und vom Wirbelwind,
      Euboias Sund sich ganz mit Leichen deckt.
      Sie sollen wissen, wie man Pallas ehrt
      Und was man Göttertempeln schuldig ist!

Πο ἔσται τάδ'· ἡ χάρις γὰρ οὐ μακρῶν λόγων
δεῖται· ταράξω πέλαγος Αἰγαίας ἁλός.
ἀκταὶ δὲ Μυκόνου Δήλιοί τε χοιράδες
Σκῦρός τε Λῆμνός θ' αἱ Καφήρειοί τ' ἄκραι   90
πολλῶν θανόντων σώμαθ' ἕξουσιν νεκρῶν.
ἀλλ' ἕρπ' Ὄλυμπον καὶ κεραυνίους βολὰς
λαβοῦσα πατρὸς ἐκ χερῶν καραδόκει,
ὅταν στράτευμ' Ἀργεῖον ἐξιῇ κάλως.

μῶρος δὲ θνητῶν ὅστις ἐκπορθεῖ πόλεις,   95
ναούς τε τύμβους θ', ἱερὰ τῶν κεκμηκότων,
ἐρημίᾳ δοὺς αὐτὸς ὤλεθ' ὕστερον.

Ἑκάβη

ἄνα, δύσδαιμον, πεδόθεν κεφαλή·   an⁴
ἐπάειρε δέρην· οὐκέτι Τροία
τάδε καὶ βασιλῆς ἐσμεν Τροίας.   100
μεταβαλλομένου δαίμονος ἀνέχου.
πλεῖ κατὰ πορθμόν, πλεῖ κατὰ δαίμονα,
μηδὲ προσίστω πρῷραν βιότου
πρὸς κῦμα πλέουσα τύχαισιν.
αἰαῖ αἰαῖ.   105
τί γὰρ οὐ πάρα μοι μελέᾳ στενάχειν,
ᾗ πατρὶς ἔρρει καὶ τέκνα καὶ πόσις;
ὦ πολὺς ὄγκος συστελλόμενος
προγόνων, ὡς οὐδὲν ἄρ' ἦσθα.
τί με χρὴ σιγᾶν; τί δὲ μὴ σιγᾶν;   110
δύστηνος ἐγὼ τῆς βαρυδαίμονος   112
ἄρθρων κλίσεως, ὡς διάκειμαι,
νῶτ' ἐν στερροῖς λέκτροισι ταθεῖσ'.
οἴμοι κεφαλῆς, οἴμοι κροτάφων   115

τί δὲ θρηνῆσαι;   111

Po   Es sei gewährt! Mit diesem einen Wort!
Das ganze Aigeusmeer sei aufgewühlt,
Die Delosklippen, Strand von Mykonos,
Skyros und Lemnos, Kephareios' Fels
Von vielen Toten ringsumher gesäumt.
Auf zum Olymp und nimm aus Vaters Hand
Den donnerschweren Blitz und sei bereit,
Wenn das Achäerheer die Taue löst!

Athena ab

Törichter Mensch, der Städte niederbrennt,
Die Tempel und der Toten heilgen Ort
Verödet und dann selber untergeht.

ab

Hekabe *erwacht; Auftakte*

Auf, Unglücksweib! Vom Boden das Haupt
Und den Nacken hoch! Kein Troja ist mehr
Und Könige sind wir gewesen.
Den neuen Daimon, o nimm ihn hin!
Segle im Fahrwind, folge dem Daimon,
Stelle den Kiel deines Schiffes
Nicht der Woge des Schicksals entgegen!
O Wehe und Ach!
Welches Unheil bleibt noch zu klagen?
Keine Heimat mehr, kein Kind, kein Gemahl!
O alter Stolz, von den Ahnen her,
Wie kläglich bist du verronnen!
Was muß ich verhüllen?
Was alles enthüllen?
Seht mich hier liegen, die Glieder schändlich gekrümmt,
Den Rücken auf felsiges Lager gestreckt!
O wehe die Schläfen! O wehe das Haupt!

πλευρῶν θ', ὡς μοι πόθος εἰλίξαι
καὶ διαδοῦναι νῶτον ἄκανθάν τ'
εἰς ἀμφοτέρους τοίχους, μελέων
ἐπὶ τοὺς αἰεὶ δακρύων ἐλέγους.
μοῦσα δὲ χαύτη τοῖς δυστήνοις   120
ἄτας κελαδεῖν ἀχορεύτους.

πρῷραι ναῶν, ὠκείαις   an⁴∧
"Ἰλιον ἱερὰν αἳ κώπαις
δι' ἅλα πορφυροειδέα καὶ   gl
λιμένας Ἑλλάδος εὐόρμους   gl   125
αὐλῶν παιᾶνι στυγνῷ   an⁴∧
συρίγγων τ' εὐφθόγγων φωνᾷ   an⁴
βαίνουσαι πλεκτὰν Αἰγύπτου
παιδείαν ἐξηρτήσασθ',
αἰαῖ, Τροίας ἐν κόλποις   130
τὰν Μενελάου μετανισόμεναι
στυγνὰν ἄλοχον, Κάστορι λώβαν
τῷ τ' Εὐρώτᾳ δυσκλείαν,
ἃ σφάζει μὲν
τὸν πεντήκοντ' ἀροτῆρα τέκνων   135
Πρίαμον, ἐμέ τε μελέαν Ἑκάβαν
ἐς τάνδ' ἐξώκειλ' ἄταν.
ὤμοι, θάκους οἵους θάσσω,
σκηναῖς ἐφέδρους Ἀγαμεμνονίαις.
δούλα δ' ἄγομαι γραῦς ἐξ οἴκων   140
κουρᾷ ξυρήκει πενθήρη
κρᾶτ' ἐκπορθηθεῖσ' οἰκτρῶς.
ἀλλ' ὦ τῶν χαλκεγχέων Τρώων
ἄλοχοι μέλεαι,
καὶ κοῦραι κοῦραι δύσνυμφοι,
τύφεται "Ἰλιον, αἰάζωμεν.   145
μάτηρ δ' ὡσεί τις πτανοῖς
ὄρνισιν, ὅπως ἐξάρξω 'γὼ
κλαγγάν, μολπάν, οὐ τὰν αὐτὰν
οἵαν ποτὲ δὴ

Und die Seiten, wie möcht ich sie immerzu
Wälzen, wie möcht ich den Rücken, das Grat
Verteilen auf beide Seiten des Leibs
Und klagen und stöhnen das Tränenlied.
Das ist der Elenden Musentrost:
Ein Unglückssang ohne Reigentanz.

Lied

Ihr Kiele der Schiffe,
Von schnellen Rudern zur heiligen Troja gebracht
Übers purpurne Meer,
Aus Hellas' sicheren Häfen,
Zum schrillen Liede der Flöten,
Zum lieblichen Sang der Schalmeien!
In unseren Buchten
Knüpftet ihr fest die kunstreichen Taue Ägyptens,
Menelaos' verhaßte Gemahlin verfolgend,
Die Schande des Kastor,
Die Schmach des Eurotas.
Ihr fiel zum Opfer,
Der fünfzig Söhne gesät hat,
Fürst Priamos, seht, und mich selber,
Hekabe, das elende Weib,
Mich hat sie zur Unglücksklippe getrieben.
O weh, wo sitz ich?
Beim Zelt Agamemnons!
Fort schleppt man die Sklavin,
Die trauernde Greisin,
Jammervoll nahm ihr die Schere die Locken.
Unglückliche Frauen der speergewohnten Trojaner,
Ihr Mädchen, der Hochzeit verlustig,
Erhebt die Klage zum Brande der Stadt!
Wie die Mutter den Vöglein.
So stimm ich das Lied an, das helle Getön,
Doch nicht jene Weise, die einst ich,

σκήπτρῳ Πριάμου διερειδομένα   150
ποδὸς ἀρχεχόρου πληγαῖς Φρυγίους
εὐκόμποις ἐξῆρχον θεούς.

Χορός

'Εκάβη, τί θροεῖς; τί δὲ θωΰσσεις;   an⁴   στρ.
ποῖ λόγος ἥκει; διὰ γὰρ μελάθρων
ἄιον οἴκτους οὓς οἰκτίζῃ.   155
διὰ δὲ στέρνων φόβος ἄισσεν
Τρῳάσιν, αἳ τῶνδ' οἴκων εἴσω
δουλείαν αἰάζουσιν.

Εκ ὦ τέκν', 'Αργείων πρὸς ναῦς ἤδη –   –an⁴
Χο – κινεῖται κωπήρης χείρ;   an⁴‸   160
     οἲ ἐγώ, τί θέλουσ', ἦ πού μ' ἤδη   an⁴
     ναυσθλώσουσιν πατρίας ἐκ γᾶς;
Εκ οὐκ οἶδ', εἰκάζω δ' ἄταν.
Χο ἰὼ ἰώ.
     μέλεαι μόχθων ἐπακουσόμεναι   165
     Τρῳάδες, ἔξω κομίσασθ' οἴκων·
     στέλλουσ' 'Αργεῖοι νόστον.
Εκ ἒ ἔ.
     μή νύν μοι τὰν
     ἐκβακχεύουσαν Κασάνδραν,   170

Auf Priamos' Szepter gestützt,
Anstimmte den phrygischen Göttern
Zum Tanz, den so stolz
Ich voranschritt.

EINZUGSLIED

Wechsellied

Erste Strophe

Halbchor

Wen rufst du, Hekábe?
Was stöhnst du so laut? Wohin zielt dein Wort?
Bis ins Zelt hinein
Vernahm ich das Jammern, den kläglichen Schrei,
Und plötzlich hat uns die Furcht durchzuckt,
Uns arme Fraun,
Die drinnen das Los
Ihrer Knechtschaft beklagen.

Hekabe

     Ihr Kinder, schon bei den Schiffen ...
Hch   ... rührt sich der Ruderer Hand?
     Wehe, was wollen sie? Werden wir schon
     Aus der Heimat fort übers Meer geschleppt?
Hek   Ich weiß nicht, doch ahn ich das Ende.
Hch   O Schreckenswort!
     Kommt heraus aus den Zelten,
     Unselige Fraun, und hört euer Los!
     Die Griechen rüsten zur Abfahrt!
Hek   Habt acht!
     Laßt mir nur nicht Kassandra,
     Die gottbegeisterte Schwärmerin,

αἰσχύναν 'Αργείοισιν,   172
πέμψητ' ἔξω,   171
μαινάδ', ἐπ' ἄλγει δ' ἀλγυνθῶ.
ἰώ.
Τροία Τροία δύσταν', ἔρρεις,
δύστανοι δ' οἵ σ' ἐκλείποντες
καὶ ζῶντες καὶ δμαθέντες.   175

Χο οἴμοι. τρομερὰ σκηνὰς ἔλιπον   ἀντ.
      τάσδ' 'Αγαμέμνονος ἐπακουσομένα,
      βασίλεια, σέθεν· μή με κτείνειν
      δόξ' 'Αργείων κεῖται μελέαν;
      ἢ κατὰ πρύμνας ἤδη ναῦται   180
      στέλλονται κινεῖν κώπας;

Εκ ὦ τέκνον, ὀρθρεύου σὰν ψυχάν.

Χο ἐκπληχθεῖσ' ἦλθον φρίκᾳ.
      ἤδη τις ἔβα Δαναῶν κῆρυξ;
      τῷ πρόσκειμαι δούλα τλάμων;   185
Εκ ἐγγύς που κεῖσαι κλήρου.
Χο ἰὼ ἰώ.
      τίς μ' 'Αργείων ἢ Φθιωτᾶν
      ἢ νησαίαν μ' ἄξει χώραν
      δύστανον πόρσω Τροίας;
Εκ φεῦ φεῦ.   190
      τῷ δ' ἁ τλάμων
      ποῦ πᾷ γαίας δουλεύσω γραῦς,
      ὡς κηφήν, ἁ δειλαία,

Zum Spott der Argiver
Heraus aus dem Zelt,
Neue Qualen mir häufen auf Qualen!
Wehe!
Nun bist du dahin, o mein Troja,
Unseliges Troja,
Unselig verlassen
Von übriggebliebenen Sklaven.

Gegenstrophe

Zweiter Halbchor

Mit Zittern und Zagen
Verließ ich das Zelt Agamemnons, um dich,
Hohe Königin,
Zu fragen, ob unseren kläglichen Tod
Soeben der Rat der Argiver beschloß?
Oder gehen schon
Die Schiffer an Bord,
Ihre Ruder zu schlagen?

Hek Ihr Kinder, erhebt eure Seelen ...

Chor

Ach, wir erschraken zu Tod!
Kam schon der Herold der Danaër?
Oh, wer schleppt mich Ärmste als Sklavin fort?

Hek Schon naht sich des Loses Entscheidung ...
Ch   Das Schreckenswort!
Bringt mich einer nach Argos?
Nach Phthia? Fort in ein Inselreich,
Weit, weit von Trojas Gestaden?

Hek Und wem
Muß ich Elende folgen?
Wo, wo verbüß ich mein Sklavenlos,
Die klägliche Drohne,

νεκροῦ μορφά,
νεκύων ἀμενηνὸν ἄγαλμα,
αἰαῖ,
τὰν παρὰ προθύροις φυλακὰν κατέχουσ᾽
ἢ παίδων θρέπτειρ᾽, ἃ Τροίας   195
ἀρχαγοὺς εἶχον τιμάς;

Χο αἰαῖ αἰαῖ, ποίοις δ᾽ οἴκτοις   στρ.
   τάνδ᾽ ἂν λύμαν ἐξαιάζοις;
   οὐκ Ἰδαίοις ἱστοῖς κερκίδα
   δινεύουσ᾽ ἐξαλλάξω.   200
   νέατον τεκέων σώματα λεύσσω,
   νέατον. μόχθους ἔξω κρείσσους
   ἢ λέκτροις πλαθεῖσ᾽ Ἑλλάνων
   – ἔρροι νὺξ αὗτα καὶ δαίμων –
   ἢ Πειρήνας ὑδρευσομένα   205
   πρόσπολος οἰκτρὰ σεμνῶν ὑδάτων.
   τὰν κλεινὰν εἴθ᾽ ἔλθοιμεν
   Θησέως εὐδαίμονα χώραν.
   μὴ γὰρ δὴ δίναν γ᾽ Εὐρώτα,   210
   τὰν ἐχθίσταν θεράπναν Ἑλένας,
   ἔνθ᾽ ἀντάσω Μενέλᾳ δούλα,
   τῷ τᾶς Τροίας πορθητᾷ.

   τὰν Πηνειοῦ σεμνὰν χώραν,   ἀντ.
   κρηπῖδ᾽ Οὐλύμπου καλλίσταν,   215
   ὄλβῳ βρίθειν φάμαν ἤκουσ᾽
   εὐθαλεῖ τ᾽ εὐκαρπείᾳ·
   τάδε δεύτερά μοι μετὰ τὰν ἱερὰν
   Θησέως ζαθέαν ἐλθεῖν χώραν.

Die tote Gestalt,
Leeres Bild aus dem Reiche der Schatten?
Wehe!
Da sitzt sie und hütet die Pforte
Und wartet die Kinder,
Die Fürstin, die einstmals
So stolz über Troja geboten.

Zweite Strophe

Ch   Mit bitter – bitteren Seufzern
Beweinet das allen gemeinsame Los!
Ach, nie mehr am Webstuhl vom Ida
Wend ich das tanzende Schiff,
Nie mehr seh ich die blühenden Kinder.
Ach, gibt es verhaßteren Dienst
Als die Ehe im Bett eines Griechen
(O Unheilsnacht, die dies vollzieht!)
Oder Wasser zu schleppen
Im elenden Kleid
Von Peirenes heiligem Brunnen?
O führen wir doch in die stolzen,
Gepriesenen Gaue des Theseus!
Aber nie, wo Eurotas die Strudel zieht
Um Hélenas ewig verhaßte Burg;
Menelaos bleibe der Sklavin fern,
Trojas Vernichter!

Gegenstrophe

Peneios' ehrwürdige Fluren,
Daraus sich Olympos so herrlich erhebt,
Die reichen gelobten Gefilde,
Strotzend in Blüte und Frucht,
Diese möcht ich als Zweite erwählen
Nach Theseus' hochheiliger Stadt!

καὶ τὰν Αἰτναίαν Ἡφαίστου   220
Φοινίκας ἀντήρη χώραν,
Σικελῶν ὀρέων ματέρ', ἀκούω
καρύσσεσθαι στεφάνοις ἀρετᾶς.
τάν τ' ἀγχιστεύουσαν γᾶν
Ἰονίῳ ναύτᾳ πόντῳ,   225
ἃν ὑγραίνει καλλιστεύων
ὁ ξανθὰν χαίταν πυρσαίνων
Κρᾶθις ζαθέαις πηγαῖσι τρέφων
εὔανδρόν τ' ὀλβίζων γᾶν.

Χο καὶ μὴν Δαναῶν ὅδ' ἀπὸ στρατιᾶς   an⁴   230
κῆρυξ, νεοχμῶν μύθων ταμίας,
στείχει ταχύπουν ἴχνος ἐξανύων.
τί φέρει; τί λέγει; δοῦλαι γὰρ δὴ
Δωρίδος ἐσμὲν χθονὸς ἤδη.

                 Ταλθύβιος

Ἑκάβη, πυκνὰς γὰρ οἶσθά μ' ἐς Τροίαν ὁδοὺς ia⁶   235
ἐλθόντα κήρυκ' ἐξ Ἀχαιικοῦ στρατοῦ,
ἐγνωσμένος δὲ καὶ πάροιθέ σοι, γύναι,
Ταλθύβιος ἥκω καινὸν ἀγγελῶν λόγον.

Εκ αἰαῖ, τόδε   ia²
    τόδε, φίλαι Τρῳάδες, ὃ φόβος ἦν πάλαι.   do²
Τα ἤδη κεκλήρωσθ', εἰ τόδ' ἦν ὑμῖν φόβος.   ia⁶   240
Εκ αἰαῖ, τίν' ἢ   ia²

Und o'Sitz des Hephaistos am Ätna,
Im Anblick des Phönikerstrands,
Edler Maultiere Stammland,
Wie bist du geschmückt
Mit den strahlenden Kränzen des Ruhmes!
Und drüben Italias Ufer,
Umspült von den jonischen Wogen
Und vom Krathis, dem herrlichsten Strom benetzt,
Der rötlich verfärbt alles helle Haar!
Er ernährt mit heiligen Wassern das Land,
Segnet die Bürger.

ERSTE HAUPTSZENE

Chorführerin

Da kommt schon der Herold der Danaer,
Zu walten der neuen Verkündigung,
Schnellfüßig läßt er die Spur zurück.
Was bringt er, befiehlt er? Denn Sklavinnen sind
Wir seit heute des dorischen Bodens.

Talthybios

Hekábe, viele Wege sahst du mich
Vom Griechenheere schon nach Troja gehn,
So ist Talthybios dir längst bekannt,
Der Herold, der euch neue Botschaft bringt.

Hekabe

Jetzt kommt es, jetzt kommts,
Liebe Frauen,
Wovor wir gezittert!
Ta Ihr seid verlost – das war wohl eure Angst?
Hek   Wohin, wohin

Θεσσαλίας πόλιν ἢ   hem
Φθιάδος εἶπας ἢ Καδμείας χθονός;   do²

Τα κατ' ἄνδρ' ἑκάστη κοὐχ ὁμοῦ λελόγχατε.   ia⁶
Εκ τίν' ἄρα τίς ἔλαχε; τίνα πότμος εὐτυχὴς   do²
    'Ιλιάδων μένει;   do   245

Τα οἶδ'· ἀλλ' ἕκαστα πυνθάνου, μὴ πάνθ' ὁμοῦ. ia⁶
Εκ τοὐμὸν τίς ἄρ'   ia²
    ἔλαχε τέκος, ἔνεπε, τλάμονα Κασάνδραν;   do²

Τα ἐξαίρετόν νιν ἔλαβεν 'Αγαμέμνων ἄναξ.   ia⁶
Εκ ἦ τᾷ Λακεδαιμονίᾳ νύμφᾳ   –hem sp
    δούλαν; ἰώ μοί μοι.   ia² sp   250
Τα οὔκ, ἀλλὰ λέκτρων σκότια νυμφευτήρια.   ia⁶
Εκ ἦ τὰν τοῦ Φοίβου παρθένον, ᾇ γέρας ὁ   do²
    χρυσοκόμας ἔδωκ' ἄλεκτρον ζόαν;   do²

Τα ἔρως ἐτόξευσ' αὐτὸν ἐνθέου κόρης.   ia⁶   255
Εκ ῥῖπτε, τέκνον, ζαθέους κλῇ-   hem–
    δας καὶ ἀπὸ χροὸς ἐνδυ-   hem◡
    τῶν στεφέων ἱεροὺς στολμούς.   hem sp

Τα οὐ γὰρ μέγ' αὐτῇ βασιλικῶν λέκτρων τυχεῖν; ia⁶ 259
Εκ τί δ' ὁ νεοχμὸν ἀπ' ἐμέθεν ἐλάβετε τέκος, ποῦ μοι; do² sp

Τα Πολυξένην ἔλεξας, ἢ τίν' ἱστορεῖς;   ia⁶
Εκ ταύταν· τῷ πάλος ἔζευξεν;   hem sp

Τα τύμβῳ τέτακται προσπολεῖν 'Αχιλλέως.   ia⁶
Εκ ὤμοι ἐγώ· τάφῳ πρόσπολον ἐτεκόμαν.   do²   265
    ἀτὰρ τίς ὅδ' ἢ νόμος ἢ τί   ◡hem◡
    θέσμιον, ὦ φίλος, 'Ελλάνων;   hem sp
Τα εὐδαιμόνιζε παῖδα σήν· ἔχει καλῶς.   ia⁶
Εκ τί τόδ' ἔλακες; ἆρά μοι ἀέλιον λεύσσει;   do²

<table>
<tbody></tbody>
</table>

        Schleppt man uns alle fort?
        Ins thessalische Phthia?
        Ins Kadmosland?

Ta   Ihr folgt dem Mann, den euch das Los bestimmt.

Hek   Wer loste wen? Sag, welche
        Von uns Frauen
        Erwartet ein Glück?

Ta   Befragt mich einzeln und nicht insgesamt!

Hek   Mein liebes Kind Kassandra,
        O sag mir, wem
        Fiel die Ärmste zu?

Ta   Agamemnon selber nahm sie sich vorweg.

Hek   Für sein spartanisch Weib
        Als Sklavin? O Graus!

Ta   Nein, für sein eignes Bett als Spielgesell.

Hek   Des Phoibos Jungfrau,
        Vom lockigen Gott
        Dem Leben der Keuschheit erkoren!

Ta   Heiß ist er für die Seherin entflammt!

Hek   Kind, wirf die heiligen Schlüssel
        Von dir,
        Reiße vom Haupt
        Der Priesterin Binden!

Ta   Ist nicht des Königs Bett der größte Stolz?

Hek   Und die jüngst mir entführte,
        Die Tochter, wo steckt sie?

Ta   Polýxena, wen sonst hast du gemeint?

Hek   Ja diese!
        Wem ist sie verlost?

Ta   Dem Grab Achills ward sie zum Dienst bestimmt.

Hek   Weh, eine Grabmagd gebar ich!
        Ist das, mein Lieber, ein Brauch,
        Eine heilige Satzung bei euch?

Ta   Du darfst sie glücklich preisen, ihr ist wohl.

Hek   Was sagst du da?
        Sieht sie die Sonne noch?

Τα ἔχει πότμος νιν, ὥστ' ἀπηλλάχθαι πόνων. ia⁶   270
Εκ τί δ' ἁ τοῦ χαλκεομήστορος Ἕκτορος δάμαρ, ba hem ia²
    Ἀνδρομάχα τάλαινα, τίν' ἔχει τύχαν;   do²

Τα καὶ τήνδ' Ἀχιλλέως ἔλαβε παῖς ἐξαίρετον. ia⁶
Εκ ἐγὼ δὲ τῷ   ia²
    πρόσπολος ἁ τριτοβάμονος χερὶ   hem ia²   275
    δευομένα βάκτρου γεραιῷ κάρᾳ;   do²

Τα Ἰθάκης Ὀδυσσεὺς ἔλαχ' ἄναξ δούλην σ' ἔχειν. ia⁶
Εκ ἒ ἔ.
    ἄρασσε κρᾶτα κούριμον,   ia⁴
    ἕλκ' ὀνύχεσσι δίπτυχον παρειάν.   ch ia² ba 280
    ἰώ μοί μοι.   do∧
    μυσαρῷ δολίῳ λέλογχα φωτὶ δουλεύειν,   an² ia² ba-
    πολεμίῳ δίκας, παρανόμῳ δάκει,   do²
    ὃς πάντα τἀκεῖθεν ἐνθάδε στρέφει,   ia² cr ia² 285
    τὰ δ' ἀντίπαλ' αὖθις ἐκεῖσε διπτύχῳ γλώσσᾳ ∪hem ia² sp
    φίλα τὰ πρότερ' ἄφιλα τιθέμενος πάντων. do²
    γοᾶσθ', ὦ Τρῳάδες, με.   ba cr∪
    βέβακα δύσποτμος, οἴχομαι ἁ   ia² cr ba
    τάλαινα, δυστυχεστάτῳ   ia⁴   290
    προσέπεσον κλήρῳ.   do

Χο τὸ μὲν σὸν οἶσθα, πότνια, τὰς δ' ἐμὰς τύχας ia⁶
    τίς ἄρ' Ἀχαιῶν ἢ τίς Ἑλλήνων ἔχει;
Τα ἴτ', ἐκκομίζειν δεῦρο Κασάνδραν χρεὼν
    ὅσον τάχιστα, δμῶες, ὡς στρατηλάτῃ   295
    ἐς χεῖρα δούς νιν, εἶτα τὰς εἰλημένας
    καὶ τοῖσιν ἄλλοις αἰχμαλωτίδων ἄγω.
    ἔα· τί πεύκης ἔνδον αἴθεται σέλας;
    πιμπρᾶσιν – ἢ τί δρῶσι – Τρῳάδες μυχούς,
    ὡς ἐξάγεσθαι τῆσδε μέλλουσαι χθονὸς   300
    πρὸς Ἄργος, αὑτῶν τ' ἐκπυροῦσι σώματα
    θανεῖν θέλουσαι; κάρτα τοι τοὐλεύθερον

Ta   Ihr fiel ein Schicksal, fern von aller Not.

Hek   Und des ehernen Hektor Weib
       Andromáche, die Arme,
       Was traf sie?

Ta   Die hat Achilleus' Sohn sich auserwählt.

Hek   Und ich selber, wem
       Fiel ich anheim?
       Dieses graue Haupt?
       Diese Hand am stützenden Stab?

Ta   Odysseus führt dich fort nach Ithaka.

Hek   Hand, Hand,
       Schlag das geschorene Haupt!
       Nägel, zerkratzt dieses Wangenpaar!
       Weh mir, wehe!
       Dem verhaßten tückischen Mann
       Soll ich dienen?
       Dem Feind allen Rechts,
       Dem gesetzlosen Tier,
       Der alles verdreht und wieder zurück,
       Doppelzüngig die Liebe in Haß vertauscht!
       O klagt um mich, troische Frauen!
       Ich stürze ins Unglück,
       Ins Meer des Verderbens,
       Mir fiel von allen
       Das schlimmste Los!

Ch   Du kennst dein Schicksal, aber wo, o wo
       Im fernen Hellas droht das unsrige?

Ta   Auf, Leute, schafft mir jetzt Kassandra schnell
       Heraus, daß ich sie unserm hohen Herrn
       Zuführe und das andre Beutevolk
       Den Fürsten, denen sie das Los bestimmt. –
       O seht, im Zelte leuchtet Fackelglanz!
       Verbrennen diese Frauen ihr Verlies,
       Da ihnen fernes Knechtschaftslos verhängt,
       Und suchen in den Flammen ihren Tod?
       Das freie Herz, das stets in ihnen schlug,

ἐν τοῖς τοιούτοις δυσλόφως φέρει κακά.
ἄνοιγ' ἄνοιγε, μὴ τὸ ταῖσδε πρόσφορον
ἐχθρὸν δ' Ἀχαιοῖς εἰς ἔμ' αἰτίαν βάλῃ.   305
Εκ οὐκ ἔστιν, οὐ πιμπρᾶσιν, ἀλλὰ παῖς ἐμὴ
μαινὰς θοάζει δεῦρο Κασάνδρα δρόμῳ.

Κασάνδρα

ἄνεχε, πάρεχε.   ia²   στρ.
φῶς φέρω, σέβω, φλέγω – ἰδού, ἰδού –   cr ia⁴
λαμπάσι τόδ' ἱερόν.   do
ὦ 'Υμέναι' ἄναξ·   do   310
μακάριος ὁ γαμέτας·   do
μακαρία δ' ἐγὼ βασιλικοῖς λέκτροις   do²
κατ' Ἄργος ἁ γαμουμένα.   ia⁴
Ὑμήν, ὦ 'Υμέναι' ἄναξ.   ·gl
ἐπεὶ σύ, μᾶτερ, ἐπὶ δάκρυσι καὶ   ia⁴×   315
γόοισι τὸν θανόντα πατέρα πατρίδα τε   ia⁶
φίλαν καταστένουσ' ἔχεις,   ia⁴
ἐγὼ τόδ' ἐπὶ γάμοις ἐμοῖς   ia⁴
ἀναφλέγω πυρὸς φῶς   cr ba
ἐς αὐγάν, ἐς αἴγλαν,   ba²   320
διδοῦσ', ὦ 'Υμέναιε, σοί,   ·gl
διδοῦσ', ὦ 'Εκάτα, φάος,   ·gl
παρθένων ἐπὶ λέκτροις   gl ∧
ᾇ νόμος ἔχει.   ia²

πάλλε πόδα.   cr   ἀντ. 325
αἰθέριον ἄναγε χορόν· εὐάν, εὐοῖ·
ὡς ἐπὶ πατρὸς ἐμοῦ
μακαριωτάταις
τύχαις· ὁ χορὸς ὅσιος.
ἄγε σύ, Φοῖβε, νῦν· κατὰ σὸν ἐν δάφναις
ἀνάκτορον θυηπολῶ,   330

Fügt sich nicht leicht in die Erniedrigung.
Macht auf, macht auf! Was ihnen frommen mag,
Ist unser Schaden, den ich büßen muß.
Hek Sei unbesorgt, kein Feuer droht! Mein Kind
Kassandra stürmt mänadengleich heraus.

Kassandra

Strophe

Hoch die Fackel, voran!
Lichttragend, sieh,   Ehrfürchtig, schau,
Laß ich erstrahlen die heilige Stätte.
Hymen, o Hymenaios!
Selig der Bräutigam!
Selig die Braut, die nach Argos zieht,
Als Gattin des Königs!
Hymen, o Fürst Hymenaios!
O Mutter, du weinst nur und klagst und klagst
Toten Gemahl, geliebteste Stadt,
Und ich entflamme ganz allein,
Zur eigenen Hochzeit, der Fackel
Hellschimmernden Glanz,
Ich bringe das Licht
Dir, o Fürst, Hymenaios,
Dir, o Fürstin Hekáte,
Wie es die Sitte befiehlt,
Ich verbring es zum Lager der Braut.

Gegenstrophe

Hoch den Fuß, himmelan
Wirble den Tanz,   Euán! Euoi!
Wie zu des Vaters strahlendsten Siegen.
Auf zum heiligen Reigen!
Phoibos, o führ ihn an!
Sieh deines Heiligtums Priesterin
Im Grün deines Lorbeers!

Ὑμήν, ὦ Ὑμέναι', Ὑμήν.
χόρευε, μᾶτερ, ἀναγέλασον·
ἕλισσε τᾷδ' ἐκεῖσε μετ' ἐμέθεν ποδῶν
φέρουσα φιλτάταν βάσιν.
βοᾶτε τὸν Ὑμέναιον, ὦ,   835
μακαρίαις ἀοιδαῖς
ἰαχαῖς τε νύμφαν.
ἴτ', ὦ καλλίπεπλοι Φρυγῶν
κόραι, μέλπετ' ἐμῶν γάμων
τὸν πεπρωμένον εὐνᾷ   840
πόσιν ἐμέθεν.

Χο βασίλεια, βακχεύουσαν οὐ λήψῃ κόρην,
    μὴ κοῦφον αἴρῃ βῆμ' ἐς Ἀργείων στρατόν;
Εκ Ἥφαιστε, δᾳδουχεῖς μὲν ἐν γάμοις βροτῶν,
    ἀτὰρ λυγράν γε τήνδ' ἀναιθύσσεις φλόγα
    ἔξω τε μεγάλων ἐλπίδων. οἴμοι, τέκνον,   345
    ὡς οὐχ ὑπ' αἰχμῆς οὐδ' ὑπ' Ἀργείου δορὸς
    γάμους γαμεῖσθαι τούσδ' ἐδόξαζόν ποτε.
    παράδος ἐμοὶ φῶς· οὐ γὰρ ὀρθὰ πυρφορεῖς
    μαινὰς θοάζουσ', οὐδέ σ' αἱ τύχαι, τέκνον,
    σεσωφρονήκασ', ἀλλ' ἔτ' ἐν ταὐτῷ μένεις.   350
    ἐσφέρετε πεύκας, δάκρυά τ' ἀνταλλάξατε
    τοῖς τῆσδε μέλεσι, Τρῳάδες, γαμηλίοις.
Κα μῆτερ, πύκαζε κρᾶτ' ἐμὸν νικηφόρον,
    καὶ χαῖρε τοῖς ἐμοῖσι βασιλικοῖς γάμοις·
    καὶ πέμπε, κἂν μὴ τἀμά σοι πρόθυμά γ' ᾖ,   355
    ὤθει βιαίως· εἰ γὰρ ἔστι Λοξίας,
    Ἑλένης γαμεῖ με δυσχερέστερον γάμον
    ὁ τῶν Ἀχαιῶν κλεινὸς Ἀγαμέμνων ἄναξ.
    κτενῶ γὰρ αὐτόν, κἀντιπορθήσω δόμους
    ποινὰς ἀδελφῶν καὶ πατρὸς λαβοῦσ' ἐμοῦ –   360
    ἀλλ' αὕτ' ἐάσω· πέλεκυν οὐχ ὑμνήσομεν,
    ὃς ἐς τράχηλον τὸν ἐμὸν εἶσι χἀτέρων·
    μητροκτόνους τ' ἀγῶνας, οὓς οὑμοὶ γάμοι
    θήσουσιν, οἴκων τ' Ἀτρέως ἀνάστασιν.

Hymen, o Fürst Hymenaios!
Tanze, o Mutter, und jauchze laut,
Winde nach hier und winde nach dort
Mit mir des lieben Fußes Schritt!
So ruft Hymenaios und jubelt
Im seligen Lied
Mit Jauchzen der Braut!
Ihr phrygischen Mädchen,
In strahlenden Kleidern
Singet zum Fest dem Gemahl,
Den das Los mir zum Lager bestimmt!

Ch   O Fürstin, halte diesen Wirbel auf,
    Bevor er sie ins Griechenlager weht!
Hek Hephaistos, aller Bräute Fackellicht,
    Wie bittre Flamme hast du heut entfacht!
    So hoffnungslose! Nie hätt ich geglaubt,
    Daß unter der Argiver grimmem Speer
    Mein liebes Kind sich so vermählen soll.
    Gib mir die Leuchte, die du nur entweihst
    Mit deinem Taumel! Ach, dein schweres Los
    Hat dich vom alten Wahnsinn nicht geheilt!
    Ihr Frauen, tragt die Fackeln schnell zurück
    Und löscht mit Tränen diesen Hochzeitswahn!
Ka   O Mutter, kränze meine Siegerstirn,
    Frohlocke diesem königlichen Bund!
    Führ mich zu ihm, und folg ich nicht von selbst,
    So stoß mich hin! So wahr Apollon lebt:
    Weit schlimmres Lager noch als Helenas
    Besteigt nun der Achäer stolzer Fürst.
    Ich bin sein Ende, nieder sinkt sein Haus,
    Mein Vater, meine Brüder sind gerächt ...
    Doch stille! – Schweigen will ich von dem Beil,
    Das meinen Nacken trifft und andere,
    Vom Muttermord, der meiner Hochzeit folgt,
    Von des Atridenhauses Untergang.

πόλιν δὲ δείξω τήνδε μακαριωτέραν   365
ἢ τοὺς Ἀχαιούς, ἔνθεος μέν, ἀλλ᾽ ὅμως
τοσόνδε γ᾽ ἔξω στήσομαι βακχευμάτων·
οἳ διὰ μίαν γυναῖκα καὶ μίαν Κύπριν,
θηρῶντες Ἑλένην, μυρίους ἀπώλεσαν.
ὁ δὲ στρατηγὸς ὁ σοφὸς ἐχθίστων ὕπερ   370
τὰ φίλτατ᾽ ὤλεσ᾽, ἡδονὰς τὰς οἴκοθεν
τέκνων ἀδελφῷ δοὺς γυναικὸς οὕνεκα,
καὶ ταῦθ᾽ ἑκούσης κοὐ βίᾳ λελῃσμένης.
ἐπεὶ δ᾽ ἐπ᾽ ἀκτὰς ἤλυθον Σκαμανδρίους,
ἔθνησκον, οὐ γῆς ὅρι᾽ ἀποστερούμενοι   375
οὐδ᾽ ὑψίπυργον πατρίδ᾽· οὓς δ᾽ Ἄρης ἕλοι,
οὐ παῖδας εἶδον, οὐ δάμαρτος ἐν χεροῖν
πέπλοις συνεστάλησαν, ἐν ξένῃ δὲ γῇ
κεῖνται. τὰ δ᾽ οἴκοι τοῖσδ᾽ ὅμοι᾽ ἐγίγνετο·
χῆραί τ᾽ ἔθνησκον, οἳ δ᾽ ἄπαιδες ἐν δόμοις   380
ἄλλοις τέκν᾽ ἐκθρέψαντες· οὐδὲ πρὸς τάφοις
ἔσθ᾽ ὅστις αὐτῶν αἷμα γῇ δωρήσεται.
ἦ τοῦδ᾽ ἐπαίνου τὸ στράτευμ᾽ ἐπάξιον. —
σιγᾶν ἄμεινον τᾀσχρά, μηδὲ μοῦσά μοι
γένοιτ᾽ ἀοιδὸς ἥτις ὑμνήσει κακά.   385
Τρῶες δὲ πρῶτον μέν, τὸ κάλλιστον κλέος,
ὑπὲρ πάτρας ἔθνησκον· οὓς δ᾽ ἕλοι δόρυ,
νεκροί γ᾽ ἐς οἴκους φερόμενοι φίλων ὕπο
ἐν γῇ πατρῴᾳ περιβολὰς εἶχον χθονός,
χερσὶν περισταλέντες ὧν ἐχρῆν ὕπο·   390
ὅσοι δὲ μὴ θάνοιεν ἐν μάχῃ Φρυγῶν,
ἀεὶ κατ᾽ ἦμαρ σὺν δάμαρτι καὶ τέκνοις
ᾤκουν, Ἀχαιοῖς ὧν ἀπῆσαν ἡδοναί.
τὰ δ᾽ Ἕκτορός σοι λύπρ᾽ ἄκουσον ὡς ἔχει·
δόξας ἀνὴρ ἄριστος οἴχεται θανών,   395
καὶ τοῦτ᾽ Ἀχαιῶν ἵξις ἐξεργάζεται·
εἰ δ᾽ ἦσαν οἴκοι, χρηστὸς ὢν ἐλάνθανεν.   397

Πάρις δ᾽ ἔγημε τὴν Διός· γήμας δὲ μή,   398
σιγώμενον τὸ κῆδος εἶχεν ἐν δόμοις.

Ich sag euch: glücklicher ist unsre Stadt
Als die Achäer; die Prophetin spricht,
Doch sagt sies ohne alle Raserei.
Viel tausend Griechen sanken in den Staub
Für Helena und für ihr Liebesglück.
Der Feldherr gab für das Verhaßteste
Sein Liebstes hin, gab seines Hauses Licht
Für seines Bruders Weib, das treulos floh,
Freiwillig und nicht irgendwie geraubt.
An des Skamandros Ufern starb das Heer
Dahin, nicht für der Heimat Grenzwall, nein,
Fern von den Kindern, keinen bettete
Sein Weib, ein fremder Boden nahm sie auf.
Und ihre Heimat traf das gleiche Leid:
Da starben Witwen, Greise, die den Sohn
Nicht für das Haus erzogen, keiner kommt
Zum Grab und tränkt es mit dem Opferblut.
Seht: solches Preislied singt man diesem Heer!
Vom Schlimmsten schweig ich, meine Muse will
Nicht Sängerin der bösen Dinge sein.
Den Troern aber ward der schönste Ruhm:
Sie starben für die Heimat. Wen es traf,
Den brachte Freundeshand ins eigne Haus,
Die Seinen schmückten ihn nach altem Brauch,
Der liebe Heimatboden nahm ihn auf.
Und wen die Feldschlacht nicht entraffte, blieb
Zu Haus bei Weib und Kindern Tag für Tag,
Genoß, was keinem Griechen je vergönnt.
Was stieß dem großen Hektor zu? Vernehmt:
Im Tod gewann er sich den höchsten Kranz,
Und diesen flocht ihm doch der Griechenzug,
Der einzig seinen hohen Wert enthüllt.

φεύγειν μὲν οὖν χρὴ πόλεμον ὅστις εὖ φρονεῖ·   400
εἰ δ' ἐς τόδ' ἔλθοι, στέφανος οὐκ αἰσχρὸς πόλει
καλῶς ὀλέσθαι, μὴ καλῶς δὲ δυσκλεές.
ὧν οὕνεκ' οὐ χρή, μῆτερ, οἰκτίρειν σε γῆν,
οὐ τἀμὰ λέκτρα· τοὺς γὰρ ἐχθίστους ἐμοὶ
καὶ σοὶ γάμοισι τοῖς ἐμοῖς διαφθερῶ.   405

Χο ὡς ἡδέως κακοῖσιν οἰκείοις γελᾶς,
μέλπεις θ' ἃ μέλπουσ' οὐ σαφῆ δείξεις ἴσως.

Τα εἰ μή σ' Ἀπόλλων ἐξεβάκχευεν φρένας,
οὔ τἂν ἀμισθὶ τοὺς ἐμοὺς στρατηλάτας
τοιαῖσδε φήμαις ἐξέπεμπες ἂν χθονός.   410
ἀτὰρ τὰ σεμνὰ καὶ δοκήμασιν σοφὰ
οὐδέν τι κρείσσω τῶν τὸ μηδὲν ἦν ἄρα.
ὁ γὰρ μέγιστος τῶν Πανελλήνων ἄναξ,
Ἀτρέως φίλος παῖς, τῆσδ' ἔρωτ' ἐξαίρετον
μαινάδος ὑπέστη· καὶ πένης μέν εἰμ' ἐγώ,   415
ἀτὰρ λέχος γε τῆσδ' ἂν οὐκ ἐκτησάμην.
καὶ σοὶ μὲν – οὐ γὰρ ἀρτίας ἔχεις φρένας –
Ἀργεῖ' ὀνείδη καὶ Φρυγῶν ἐπαινέσεις
ἀνέμοις φέρεσθαι παραδίδωμ'· ἕπου δέ μοι
πρὸς ναῦς, καλὸν νύμφευμα τῷ στρατηλάτῃ.   420

σὺ δ', ἡνίκ' ἄν σε Λαρτίου χρήζῃ τόκος
ἄγειν, ἕπεσθαι· σώφρονος δ' ἔσῃ λάτρις
γυναικός, ὥς φασ' οἱ μολόντες Ἴλιον.

Κα ἦ δεινὸς ὁ λάτρις. τί ποτ' ἔχουσι τοὔνομα
κήρυκες, ἓν ἀπέχθημα πάγκοινον βροτοῖς,   425
οἱ περὶ τυράννους καὶ πόλεις ὑπηρέται;
σὺ τὴν ἐμὴν φῂς μητέρ' εἰς Ὀδυσσέως
ἥξειν μέλαθρα; ποῦ δ' Ἀπόλλωνος λόγοι,
οἳ φασιν αὐτὴν εἰς ἔμ' ἡρμηνευμένοι
αὐτοῦ θανεῖσθαι; – τἄλλα δ' οὐκ ὀνειδιῶ.   430
δύστηνος, οὐκ οἶδ' οἷά νιν μένει παθεῖν·
ὡς χρυσὸς αὐτῷ τἀμὰ καὶ Φρυγῶν κακὰ
δόξει ποτ' εἶναι. δέκα γὰρ ἐκπλήσας ἔτη
πρὸς τοῖσιν ἐνθάδ', ἵξεται μόνος πάτραν.

Zwar meidet jeder Weise jeden Krieg,
Doch wenn er kommt, so bringt er Ruhm und Schmach,
Furchtloses Sterben, schimpflichen Entzug.
So sollst du, Mutter, weder diese Stadt
Beklagen noch die Hochzeit, die den Feind,
Meinen und deinen, ganz verderben wird.

Chf Du triumphierst im Schlimmsten, was dich traf,
Und prophezeist, was du zugleich verhüllst.

Ta   Apollon hat dir deinen Sinn verwirrt,
Sonst gäbst du meinem Herrn nicht ungestraft
So üble Sprüche mit auf seinen Weg. –
Wie haben diese hohen klugen Herrn
Nichts vor uns armen Dienenden voraus,
Denn aller Griechen allergrößter Fürst,
Des Atreus Sohn, hat diese Rasende
Dem Bett erkoren – ich, als Niedriger,
Ich hätte solche Beute nie begehrt. –
Ob du die Griechen schmähst, die Troer lobst,
Ich schlage diese Reden in den Wind,
Die Reden einer Närrin. Folge mir
Aufs Schiff als süße Beute unsres Herrn.

zu Hekabe

Und halte du dich für Laertes' Sohn
Bereit und eine Herrin, die im Heer
Ob ihres edlen Sinns gepriesen ist.

Ka   Hört diesen Knecht! Ist nicht der Schergen Dienst,
Ob er Tyrannen oder Städten gilt,
Bei jedermann verrufen und verhaßt?
Nie zieht die Mutter in Odysseus' Haus!
Wo bliebe des Apollon Seherspruch?
Ihr Tod in Troja ward mir klar enthüllt –
Ein Ende, das ich noch verschweigen muß.
Er aber ahnt nicht, was noch seiner harrt.
Wie Gold bedünkt ihn unser aller Los,
Wenn er, nach abermals zehn Jahren, alt
Und einsam heimkehrt in sein Vaterland.

. . . .

οὗ δὴ στενὸν δίαυλον ᾤκισται πέτρας   485
δεινὴ Χάρυβδις, ὠμοβρώς τ' ὀρειβάτης
Κύκλωψ, Λιγυστίς θ' ἡ συῶν μορφώτρια
Κίρκη, θαλάσσης θ' ἁλμυρᾶς ναυάγια,
λωτοῦ τ' ἔρωτες, Ἡλίου θ' ἁγναὶ βόες,
αἳ σάρκα φωνήεσσαν ἤσουσίν ποτε,   440
πικρὰν Ὀδυσσεῖ γῆρυν. ὡς δὲ συντέμω,
ζῶν εἶσ' ἐς Ἅιδου κἀκφυγὼν λίμνης ὕδωρ
κάκ' ἐν δόμοισι μυρί' εὑρήσει μολών.

ἀλλὰ γὰρ τί τοὺς Ὀδυσσέως   tr⁸∧
          ἐξακοντίζω πόνους;
στεῖχ' ὅπως τάχιστ'· ἐς Ἅιδου   445
          νυμφίῳ γημώμεθα.
ἦ κακὸς κακῶς ταφήσῃ
          νυκτός, οὐκ ἐν ἡμέρᾳ,
ὦ δοκῶν σεμνόν τι πράσσειν,
          Δαναϊδῶν ἀρχηγέτα.
κἀμέ τοι νεκρὸν φάραγγες
          γυμνάδ' ἐκβεβλημένην
ὕδατι χειμάρρῳ ῥέουσαι,
          νυμφίου πέλας τάφου,
θηρσὶ δώσουσιν δάσασθαι,   450
          τὴν Ἀπόλλωνος λάτριν.
ὦ στέφη τοῦ φιλτάτου μοι
          θεῶν, ἀγάλματ' εὔια,
χαίρετ'· ἐκλέλοιφ' ἑορτάς,
          αἷς πάροιθ' ἠγαλλόμην.
ἴτ' ἀπ' ἐμοῦ χρωτὸς σπαραγμοῖς,
          ὡς ἔτ' οὖσ' ἁγνὴ χρόα
δῶ θοαῖς αὔραις φέρεσθαί
          σοι τάδ', ὦ μαντεῖ' ἄναξ.
ποῦ σκάφος τὸ τοῦ στρατηγοῦ;   455
          ποῖ ποτ' ἐμβαίνειν με χρή;

Oh, welche Leiden stehen ihm bevor:
Charybdis lauert schon im Klippenloch,
Kyklops, der Menschenfresser, im Gebirg;
Kirke verhängt den Menschen Schweinsgestalt;
Das wilde Meer ist aller Schiffe Tod;
Des Lotos Wonnen drohen; Helios
Singt noch aus seiner heilgen Rinder Fleisch
Grausame Sprüche. Ja, zum Hades steigt
Odysseus! Und entrinnt er auch dem Meer,
So häuft die Heimat neue Berge Leids.

Doch was schleudre ich die Leiden
Des Odysseus euch ins Ohr?
Schnell hinweg, damit der Hades
Mich dem Bräutigam vereint!
Übel wird man ihn verscharren,
Heimlich, nicht beim Tageslicht,
Der den großen Herren spielte,
Feldherrn des Achäerheers.
Und auch meinen nackten Leichnam
Wirft man in die Felsenschlucht,
Daß der Gießbach ihn umspüle
Nah am Grab des Bräutigams.
Und sie wird zum Fraß der Tiere,
Des Apollon Priesterin.
Binden meines liebsten Gottes,
Der Entrückung stolzer Schmuck,
Lebet wohl! Die heilgen Feste,
Ach, ich feire sie nicht mehr,
Und so reiß ich sie vom Leibe,
Vom noch unberührten Leib,
Tragt sie fort, ihr schnellen Lüfte,
Tragt sie zu dem Sehergott!
Wo, wo ist das Schiff des Königs,
Welches ist mir vorbestimmt?

οὐκέτ' ἂν φθάνοις ἂν αὔραν
        ἱστίοις καραδοκῶν,
ὡς μίαν τριῶν Ἐρινὺν
        τῆσδέ μ' ἐξάξων χθονός.
χαῖρέ μοι, μῆτερ· δακρύσῃς
        μηδέν· ὦ φίλη πατρίς,
οἵ τε γῆς ἔνερθ' ἀδελφοὶ
        χὠ τεκὼν ἡμᾶς πατήρ,
οὐ μακρὰν δέξεσθέ μ'· ἥξω δ'   460
        ἐς νεκροὺς νικηφόρος
καὶ δόμους πέρσασ' Ἀτρειδῶν,
        ὧν ἀπωλόμεσθ' ὕπο.

Χο Ἑκάβης γεραιᾶς φύλακες, οὐ δεδόρκατε   ia⁶
δέσποιναν ὡς ἄναυδος ἐκτάδην πίτνει;
οὐκ ἀντιλήψεσθ'; ἢ μεθήσετ', ὦ κακαί,
γραῖαν πεσοῦσαν; αἴρετ' εἰς ὀρθὸν δέμας.   465

Εκ ἐᾶτέ μ' – οὔτοι φίλα τὰ μὴ φίλ', ὦ κόραι –
κεῖσθαι πεσοῦσαν· πτωμάτων γὰρ ἄξια
πάσχω τε καὶ πέπονθα κἄτι πείσομαι.
ὦ θεοί – κακοὺς μὲν ἀνακαλῶ τοὺς συμμάχους,
ὅμως δ' ἔχει τι σχῆμα κικλήσκειν θεούς,   470
ὅταν τις ἡμῶν δυστυχῆ λάβῃ τύχην.
πρῶτον μὲν οὖν μοι τἀγάθ' ἐξᾷσαι φίλον·
τοῖς γὰρ κακοῖσι πλείον' οἶκτον ἐμβαλῶ.
ἦμεν τύραννοι κἀς τύρανν' ἐγημάμην,
κἀνταῦθ' ἀριστεύοντ' ἐγεινάμην τέκνα,   475
οὐκ ἀριθμὸν ἄλλως, ἀλλ' ὑπερτάτους Φρυγῶν·
οὓς Τρῳὰς οὐδ' Ἑλληνὶς οὐδὲ βάρβαρος
γυνὴ τεκοῦσα κομπάσειεν ἄν ποτε.
κἀκεῖνά τ' εἶδον δορὶ πεσόνθ' Ἑλληνικῷ
τρίχας τ' ἐτμήθην τάσδε πρὸς τύμβοις νεκρῶν,   480
καὶ τὸν φυτουργὸν Πρίαμον οὐκ ἄλλων πάρα

Wartet nicht auf gute Winde:
Eure Hoffnung ist umsonst,
Euch entführt von dieser Küste
Eine der Erinyen.
Mutter, lebe wohl, und weine
Nicht! Leb wohl, mein Vaterland,
Brüder in der dunklen Erde,
Vater, der mich einst gezeugt!
Bald empfangt ihr mich! Ich ziehe
Siegreich in das Totenland
Als Zerstörerin des Hauses,
Das uns heut vernichtet hat.

Kassandra mit Talthybios ab. Hekabe ohnmächtig

Chf Der alten Fürstin Frauen, seht ihr nicht,
Wie eure Herrin stumm zu Boden sinkt?
So legt doch Hand an, träges Volk, und laßt
Sie nicht hier liegen! Richtet sie empor!
Hek *kommt zu sich*
O laßt mich, Schlimmes wird nicht wieder gut.
Mich stürzt zu Boden alles, was ich je
Erlitt, erleide, noch erleiden muß.
Ihr Götter ... schlechte Helfer ruf ich an,
Doch stellt sich das Gebet von selber ein,
Wenn unsereiner ins Verderben stürzt.
Mein erstes Wort sei meinem Glück geweiht,
Das größre Mitleid wird mir so zuteil.
Die Königstochter wurde Königin
Und brachte Königssöhne, die nicht nur
An Zahl die Troer übertrafen, nein,
Kein heimisches, kein fremdes Weib hat je
Sich einer solchen edlen Art gerühmt.
Sie alle fällte der Achäerspeer,
An ihrer aller Grab schor ich das Haupt,
Und ihren Vater Priamos beklag

κλύουσ' ἔκλαυσα, τοῖσδε δ' εἶδον ὄμμασιν
αὐτὴ κατασφαγέντ' ἐφ' ἑρκείῳ πυρᾷ,
πόλιν θ' ἁλοῦσαν. ἃς δ' ἔθρεψα παρθένους
ἐς ἀξίωμα νυμφίων ἐξαίρετον,   485
ἄλλοισι θρέψασ' ἐκ χερῶν ἀφῃρέθην.
κοὔτ' ἐξ ἐκείνων ἐλπὶς ὡς ὀφθήσομαι,
αὐτή τ' ἐκείνας οὐκέτ' ὄψομαί ποτε.
τὸ λοίσθιον δέ, θριγκὸς ἀθλίων κακῶν,
δούλη γυνὴ γραῦς 'Ελλάδ' εἰσαφίξομαι.   490
ἃ δ' ἐστὶ γήρᾳ τῷδ' ἀσυμφορώτατα,
τούτοις με προσθήσουσιν, ἢ θυρῶν λάτριν
κλῇδας φυλάσσειν, τὴν τεκοῦσαν "Εκτορα,
ἢ σιτοποιεῖν, κἀν πέδῳ κοίτας ἔχειν
ῥυσοῖσι νώτοις, βασιλικῶν ἐκ δεμνίων,   495
τρυχηρὰ περὶ τρυχηρὸν εἱμένην χρόα
πέπλων λακίσματ', ἀδόκιμ' ὀλβίοις ἔχειν.
οἳ 'γὼ τάλαινα, διὰ γάμον μιᾶς ἕνα
γυναικὸς οἵων ἔτυχον ὧν τε τεύξομαι.
ὦ τέκνον, ὦ σύμβακχε Κασάνδρα θεοῖς,   500
οἵαις ἔλυσας συμφοραῖς ἅγνευμα σόν.
σύ τ', ὦ τάλαινα, ποῦ ποτ' εἶ, Πολυξένη;
ὡς οὔτε μ' ἄρσην οὔτε θήλεια σπορὰ
πολλῶν γενομένων τὴν τάλαιναν ὠφελεῖ.
τί δῆτά μ' ὀρθοῦτ'; ἐλπίδων ποίων ὕπο;   505
ἄγετε τὸν ἁβρὸν δήποτ' ἐν Τροίᾳ πόδα,
νῦν δ' ὄντα δοῦλον, στιβάδα πρὸς χαμαιπετῆ
πέτρινά τε κρήδεμν', ὡς πεσοῦσ' ἀποφθαρῶ
δακρύοις καταξανθεῖσα. τῶν δ' εὐδαιμόνων
μηδένα νομίζετ' εὐτυχεῖν, πρὶν ἂν θάνῃ.   510

Ich nicht auf Hörensagen, dieses Aug
Sah ihn geschlachtet an dem Hausaltar
Bei Trojas Fall. Und Töchter zog ich auf
Als auserlesner Freier hohes Ziel,
Doch Fremde rissen sie aus meiner Hand
Und keine Hoffnung blieb des Wiedersehns.

Das Letzte ist das Schlimmste: heute muß
Das alte Sklavenweib nach Hellas ziehn.
Man legt mir auf, was diesem greisen Leib
Längst nicht mehr ziemt. Die Mutter Hektors hockt
Mit ihrem Schlüsselbund am fremden Tor,
Sie bäckt das Brot, mit krummem Rücken schläft
Am Boden, die das Fürstenbett verließ,
Mit schlechten Fetzen hüllt man schlechten Leib,
Mit Lumpen, wie sie nie ein Edler trug.
Was hat die Hochzeit einer einzgen Frau
Mir zugefügt, was fügt sie mir noch zu!
Mein Kind Kassandra, schnöde nahm man dir
Der Götter Reigen und das Mädchentum!
Und wohin schleppte man Polýxena?
Von vielen Kindern, die ich stolz gebar,
Hat weder Sohn noch Tochter mir genützt.
Mit welcher Hoffnung richtet ihr mich auf
Und stützt den Fuß, der weich durch Troja glitt?
Er geht des Sklaven Gang! Laßt mir die Streu,
Das Bett aus Stein! Da lieg, da sterbe ich,
Von Gram verzehrt. Preist keinen Mächtigen
Je glücklich vor dem allerletzten Tag!

Χο ἀμφί μοι Ἴλιον, ὦ   hem   στρ.
   Μοῦσα, καινῶν ὕμνων   cr-sp
   ἄεισον ἐν δακρύοις ᾠδὰν ἐπικήδειον· ia² an-hem
   νῦν γὰρ μέλος ἐς Τροίαν ἰαχήσω, -ch-cr sp 515
   τετραβάμονος ὡς ὑπ’ ἀπήνας   ∧da⁴
   Ἀργείων ὀλόμαν τάλαινα δοριάλωτος, hem ia² ba
   ὅτ’ ἔλιπον ἵππον οὐράνια   ia⁴
   βρέμοντα χρυσεοφάλαρον ἔνο-   ia⁴   520
   πλον ἐν πύλαις Ἀχαιοί·   ia² ba
   ἀνὰ δ’ ἐβόασεν λεὼς   ia² cr
   Τρῳάδος ἀπὸ πέτρας σταθείς·   ch ia²
   Ἴτ’, ὦ πεπαυμένοι πόνων,   ia⁴
   τόδ’ ἱερὸν ἀνάγετε ξόανον   ia⁴   525
   Ἰλιάδι Διογενεῖ κόρᾳ.   ia⁴
   τίς οὐκ ἔβα νεανίδων,   ia⁴
   τίς οὐ γεραιὸς ἐκ δόμων;   ia⁴
   κεχαρμένοι δ’ ἀοιδαῖς   ia² ba
   δόλιον ἔσχον ἄταν.   cr ba   530

   πᾶσα δὲ γέννα Φρυγῶν   ἀντ.
   πρὸς πύλας ὡρμάθη,
   πεύκᾳ ἐν οὐρείᾳ ξεστὸν λόχον Ἀργείων hem-hem
   καὶ Δαρδανίας ἄταν θεᾷ δώσων,   535
   χάριν ἄζυγος ἀμβροτοπώλου·
   κλωστοῦ δ’ ἀμφιβόλοις λίνοιο ναὸς ὡσεὶ
   σκάφος κελαινόν, εἰς ἕδρανα
   λάϊνα δάπεδά τε φόνια πατρί-   540
   δι Παλλάδος θέσαν θεᾶς.
   ἐπὶ δὲ πόνῳ καὶ χαρᾷ

ERSTES STANDLIED

Chor

Strophe

Singe dieser Stadt
Heut ein neues Lied,
Muse, ein Lied der Seufzer und Tränen!
Selber schrei ichs hinaus,
Wie das vierfüßige Rollwerk der Griechen
Uns versklavte und ganz verdarb,
Als sie das hochauf klirrende Pferd
Mit goldenem Zügel, voll Waffen,
Verließen am Tore.
Lautauf jauchzte das Volk
Von Ilions Felsen:
„Auf, Befreite aus aller Not,
Verbringt das heilige Bildwerk
Freudig hinauf zu der Tochter des Höchsten!"
Welches Mädchen verblieb,
Welcher Greis noch im Hause?
Alle begingen mit fröhlichem Lied
Den Einzug des Unheils.

Gegenstrophe

Trojas ganzes Volk
Lief hinab zum Tor
Holte das kunstreiche Nest der Achäer,
Fichtenes Unheil der Stadt,
Bracht es der Jungfrau, der Herrin der Pferde.
Wie mit Seilen gesponnenen Hanfs
Schiffe man zieht, so verbrachten sies
Zum marmornen Hofe der Göttin,
Zum Orte des Mordens.
Als auf Mühen und Lust

νύχιον ἐπεὶ κνέφας παρῆν,
Λίβυς τε λωτὸς ἐκτύπει
Φρύγιά τε μέλεα, παρθένοι δ'   545
ἀέριον ἀνὰ κρότον ποδῶν
βοὰν ἔμελπον εὔφρον', ἐν
δόμοις δὲ παμφαὲς σέλας
πυρὸς μέλαιναν αἴγλαν
... ἔδωκεν ὕπνῳ.   550

ἐγὼ δὲ τὰν ὀρεστέραν   ia⁴
τότ' ἀμφὶ μέλαθρα παρθένον   ia⁴
Διὸς κόραν ἐμελπόμαν   ia⁴
χοροῖσι· φοινία δ' ἀνὰ   ia⁴   555
πτόλιν βοὰ κατεῖχε Περ-   ia⁴
γάμων ἕδρας· βρέφη δὲ φίλι-   ia⁴
α περὶ πέπλους ἔβαλλε μα-   ia⁴
τρὶ χεῖρας ἐπτοημένας·   ia⁴
λόχου δ' ἐξέβαιν' Ἄρης,   ba ia²   560
κόρας ἔργα Παλλάδος.   ba ia²
σφαγαὶ δ' ἀμφιβώμιοι   ba ia²
Φρυγῶν, ἔν τε δεμνίοις   ba ia²
καράτομος ἐρημία   ba ia²
νεανίδων στέφανον ἔφερεν   ia⁴   565
Ἑλλάδι κουροτρόφον,   ch cr
Φρυγῶν πατρίδι πένθη.   ba²

Χο Ἑκάβη, λεύσσεις τήνδ' Ἀνδρομάχην   an⁴
     ξενικοῖς ἐπ' ὄχοις πορθμευομένην;
     παρὰ δ' εἰρεσίᾳ μαστῶν ἕπεται   570

Der Abend herabsank,
Tönte der libyschen Flöte Klang
Zu heimischen Liedern, die Mädchen
Sangen zum Takt ihrer schwebenden Reigen
Ihren süßen Gesang,
Bis in allen Gemächern
Lichtergefunkel des Festes erlosch
Im Dunkel und Schlummer.

Schluß

Wir verbrachten die Nacht im Tanz,
Sangen der Jungfrau, der Jägerin,
Der Tochter des Zeus,
Vor ihrer Tür. Da durchdrang die Stadt,
Durchdrang die Burg
Wildes Kriegsgeschrei.
Kleine Kinder im Schreck
Streckten die Händchen zum Kleid der Mutter.
Aus seinem Versteck
Trat Ares hervor,
Durch die List der Pallas Athene.
Mord an Altären,
In Kammern Schlachtung, Verödung
Brachte den Griechen
Den Kranz der strahlenden Helden,
Der Stadt der Phryger die Trauer.

ZWEITE HAUPTSZENE

Chorführerin

O Königin, sieh dort Andrómache,
Auf fremdem Wagen hinweggeführt!
Wie der kleine Astýanax, Hektors Sohn,

φίλος Ἀστυάναξ, Ἕκτορος ἶνις.
ποῖ ποτ' ἀπήνης νώτοισι φέρῃ,
δύστανε γύναι, πάρεδρος χαλκέοις
Ἕκτορος ὅπλοις σκύλοις τε Φρυγῶν
δοριθηράτοις,
οἷσιν Ἀχιλλέως παῖς Φθιώτας   575
στέψει ναοὺς ἀπὸ Τροίας;

Ἀνδρομάχη

Ἀχαιοὶ δεσπόται μ' ἄγουσιν.   ba cr ba στρ.

Εκ οἴμοι.   ia² cr ba
Αν   τί παιᾶν' ἐμὸν στενάζεις –
Εκ αἰαῖ.   sp ia²
Αν   τῶνδ' ἀλγέων –
Εκ ὦ Ζεῦ.   sp ia²   580
Αν   καὶ συμφορᾶς;
Εκ τέκεα,   cr ba
Αν   πρίν ποτ' ἦμεν.

Εκ βέβακ' ὅλβος, βέβακε Τροία –   ἀντ.
Αν τλάμων.
Εκ   ἐμῶν τ' εὐγένεια παίδων –
Αν φεῦ φεῦ.
Εκ   φεῦ δῆτ' ἐμῶν –
Αν κακῶν.   ba cr   585
Εκ   οἰκτρὰ τύχα –
Αν πόλεος –
Εκ   ἃ καπνοῦται.

Sich scheu dem wogenden Busen schmiegt!
Wohin trägt dich des Wagens Rücken dahin,
Unselige Frau, und die eherne Wehr
Deines Gatten und all dieses Beutegut,
Das Achilleus' Sohn fort aus Troja schleppt,
Die Tempel von Phthia zu schmücken?

Wechsellied

Strophe

Andromache

Die achäischen Zwingherrn führen mich fort!

Hekabe

	Wehe!
An	Du klagst mit mir ...
Hek	Ach, ach!
An	Das schwere Leid, ...
Hek	O Zeus!
An	Das bittre Los?
Hek	Die Kinder!
An	Dahin, dahin!

Gegenstrophe

Hek	Alles Glück sank dahin, ganz Troja dahin!
An	Wehe!
Hek	Mein Kinderstolz ...
An	Ach, ach!
Hek	Ward schweres Leid ...
An	Ja, Leid!
Hek	Und bittrer Hohn!
An	Dein Troja ...
Hek	Ist Schutt und Rauch.

Αν μόλοις, ὦ πόσις, μοι –   ba²   στρ.
Εκ βοᾷς τὸν παρ᾽ Ἅιδᾳ   ba²
     παῖδ᾽ ἐμόν, ὦ μελέα.   hem
Αν – σᾶς δάμαρτος ἄλκαρ.   cr ba   590

Εκ σύ τ᾽, ὦ λῦμ᾽ Ἀχαιῶν,   ἀντ.
     τέκνων δέσποθ᾽ ἁμῶν,
     πρεσβυγενὲς Πρίαμε,
     κοίμισαί μ᾽ ἐς Ἅιδου.

Αν οἴδε πόθοι μεγάλοι –   da⁶ 595 στρ.
Εκ   σχετλία, τάδε πάσχομεν ἄλγη.
Αν οἰχομένας πόλεως –
Εκ   ἐπὶ δ᾽ ἄλγεσιν ἄλγεα κεῖται.
Αν δυσφροσύναισι θεῶν,
                  ὅτε σὸς γόνος ἔκφυγεν Ἅιδαν,
     ὃς λεχέων στυγερῶν
                  χάριν ὤλεσε πέργαμα Τροίας·
     αἱματόεντα δὲ θεᾷ
                  παρὰ Παλλάδι σώματα νεκρῶν
     γυψὶ φέρειν τέταται·
                  ζυγὰ δ᾽ ἤνυσε δούλια Τροίᾳ.   600

Εκ ὦ πατρίς, ὦ μελέα –   ἀντ.
Αν   καταλειπομέναν σε δακρύω,
Εκ νῦν τέλος οἰκτρὸν ὁρᾷς.
Αν   καὶ ἐμὸν δόμον ἔνθ᾽ ἐλοχεύθην.
Εκ ὦ τέκν᾽, ἐρημόπολις
                  μάτηρ ἀπολείπεται ὑμῶν.

Zweite Strophe

An   O kämst du, mein Gatte!

Hek   Du rufst einen Toten,
      Rufst meinen Sohn, du armes Kind!

An   Komm und errette dein Weib!

Gegenstrophe

Hek   O Schande der Feinde,
      O Herr meiner Kinder,
      O greiser König Priamos,
      Bring mich im Hades zur Ruh!

Dritte Strophe

An   Großes begehrst du, o Weib!

Hek   Doch nicht Größeres, als ich erduldet!

An   Troja sahst du vergehn!

Hek   Und noch türmen sich Leiden auf Leiden!

An   Götter grollen dem Land,
      Das einst deinen Paris verschonte,
      Paris, der unsere Burg
      Seiner schändlichen Ehe geopfert!
      Blutig liegen sie nun
      Zu Füßen der Pallas, die Toten,
      Allen Geiern zum Raub,
      Und Troja liegt in den Ketten!

Gegenstrophe

Hek   Unglückseliges Land!

An   Ich scheide mit bitteren Tränen!

Hek   Siehst du, wie es verging?

An   Samt dem armen Haus meiner Väter!

Hek   Kinder, ich muß euer Grab,
      Muß einsam die Heimat verlassen!

. . . . . οἱ-
οϲ ἰάλεμοϲ, οἷά τε πένθη.
δάκρυά τ' ἐκ δακρύων   605
καταλείβεται ἁμετέροιϲι
† . . . δόμοιϲ†· ὁ θανὼν δ'
ἐπιλάθεται ἀλγέων †ἀδάκρυτοϲ†.

Χο ὡϲ ἡδὺ δάκρυα τοῖϲ κακῶϲ πεπραγόϲι   ia⁶
θρήνων τ' ὀδυρμοὶ μοῦϲά θ' ἣ λύπαϲ ἔχει.

Αν ὦ μῆτερ ἀνδρόϲ, ὅϲ ποτ' Ἀργείων δορὶ   610
πλείϲτουϲ διώλεϲ', Ἕκτοροϲ, τάδ' εἰϲορᾷϲ;

Εκ ὁρῶ τὰ τῶν θεῶν, ὡϲ τὰ μὲν πυργοῦϲ' ἄνω
τὸ μηδὲν ὄντα, τὰ δὲ δοκοῦντ' ἀπώλεϲαν.

Αν ἀγόμεθα λεία ϲὺν τέκνῳ· τὸ δ' εὐγενὲϲ
ἐϲ δοῦλον ἥκει, μεταβολὰϲ τοϲάϲδ' ἔχον.   615

Εκ τὸ τῆϲ ἀνάγκηϲ δεινόν· ἄρτι κἀπ' ἐμοῦ
βέβηκ' ἀποϲπαϲθεῖϲα Καϲάνδρα βίᾳ.

Αν φεῦ φεῦ·
ἄλλοϲ τιϲ Αἴαϲ, ὡϲ ἔοικε, δεύτεροϲ
παιδὸϲ πέφηνε ϲῆϲ. νοϲεῖϲ δὲ χἄτερα.

Εκ ὧν γ' οὔτε μέτρον οὔτ' ἀριθμόϲ ἐϲτί μοι·   620
κακῷ κακὸν γὰρ εἰϲ ἅμιλλαν ἔρχεται.

Αν τέθνηκέ ϲοι παῖϲ πρὸϲ τάφῳ Πολυξένη
ϲφαγεῖϲ' Ἀχιλλέωϲ, δῶρον ἀψύχῳ νεκρῷ.

Εκ οἲ 'γὼ τάλαινα. τοῦτ' ἐκεῖν' ὅ μοι πάλαι
Ταλθύβιοϲ αἴνιγμ' οὐ ϲαφῶϲ εἶπεν ϲαφέϲ.   625

Αν εἶδόν νιν αὐτή, κἀποβᾶϲα τῶνδ' ὄχων
ἔκρυψα πέπλοιϲ κἀπεκοψάμην νεκρόν.

Εκ αἰαῖ, τέκνον, ϲῶν ἀνοϲίων προϲφαγμάτων·
αἰαῖ μάλ' αὖθιϲ, ὡϲ κακῶϲ διόλλυϲαι.

Αν ὄλωλεν ὡϲ ὄλωλεν· ἀλλ' ὅμωϲ ἐμοῦ   630
ζώϲηϲ γ' ὄλωλεν εὐτυχεϲτέρῳ πότμῳ.

Εκ οὐ ταὐτόν, ὦ παῖ, τῷ βλέπειν τὸ κατθανεῖν·
τὸ μὲν γὰρ οὐδέν, τῷ δ' ἔνειϲιν ἐλπίδεϲ.

Αν ὦ μῆτερ, οὐ τεκοῦϲα, κάλλιϲτον λόγον
ἄκουϲον, ὡϲ ϲοι τέρψιν ἐμβαλῶ φρενί.   635

      Schreien und Jammer erfüllt
      Diese Stadt und Klage und Trauer.
      Tränen stürzen herab
      Und benetzen verlassene Lager,
      Nur der Tote vergißt
      Seine Leiden und kennt keine Träne.

Chf Wie labt die Träne unser müdes Herz,
      Wie trösten Klageruf und Trauerklang!

An O Mutter Hektors, dessen starker Speer
      So viele Griechen fällte, siehst du dies?

Hek Ich seh das Werk der Götter: Niedriges
      Steigt hoch und jeder helle Glanz verfliegt.

An So wandte sichs: der Edle wird zum Knecht,
      Zum Beutestück die Mutter mit dem Kind.

Hek Hart ist das neue Muß: soeben wird
      Kassandra fort ins fremde Land geschleppt.

An Weh uns!
      So ist dein Maß nicht voll, und noch einmal
      Erschien ein Aias deinem armen Kind.

Hek Mein Leid ist ohne Maß und ohne Zahl,
      Und jede Wunde will die schwerste sein.

An Tot ist dein Kind Polýxena. Man hat
      Sie des Achilleus Schatten dargebracht.

Hek Ich Ärmste!
      Das also war das dunkle Rätselwort
      Des Boten, das versteckt die Wahrheit sprach.

An Ich sah sie selber, stieg von diesem Sitz,
      Barg sie im Tuch und sang das Totenlied.

Hek Mein Kind, wie ruchlos war die Opferung,
      Mein armes Kind, wie jämmerlich dein Tod!

An Wer starb, der starb und fand ein bessres Los
      Als ich Unselige, die leben muß.

Hek O setze Leben nicht dem Tode gleich:
      Tod ist ein Ende, Leben ein Beginn.

An O zweite Mutter, hör das wahre Wort,
      Das deinen trüben Sinn erhellen kann!

τὸ μὴ γενέσθαι τῷ θανεῖν ἴσον λέγω,
τοῦ ζῆν δὲ λυπρῶς κρεῖσσόν ἐστι κατθανεῖν.
ἀλγεῖ γὰρ οὐδὲν τῶν κακῶν ᾐσθημένος·
ὁ δ' εὐτυχήσας ἐς τὸ δυστυχὲς πεσὼν
ψυχὴν ἀλᾶται τῆς πάροιθ' εὐπραξίας.   640
κείνη δ', ὁμοίως ὥσπερ οὐκ ἰδοῦσα φῶς,
τέθνηκε κοὐδὲν οἶδε τῶν αὑτῆς κακῶν.
ἐγὼ δὲ τοξεύσασα τῆς εὐδοξίας
λαχοῦσα πλεῖον τῆς τύχης ἡμάρτανον.
ἃ γὰρ γυναιξὶ σώφρον' ἔσθ' ηὑρημένα,   645
ταῦτ' ἐξεμόχθουν Ἕκτορος κατὰ στέγας.
πρῶτον μέν, ἔνθα – κἂν προσῇ κἂν μὴ προσῇ
ψόγος γυναιξίν – αὐτὸ τοῦτ' ἐφέλκεται
κακῶς ἀκούειν, ἥτις οὐκ ἔνδον μένει,
τούτου παρεῖσα πόθον ἔμιμνον ἐν δόμοις·   650
ἔσω τε μελάθρων κομψὰ θηλειῶν ἔπη
οὐκ εἰσεφρούμην, τὸν δὲ νοῦν διδάσκαλον
οἴκοθεν ἔχουσα χρηστὸν ἐξήρκουν ἐμοί.
γλώσσης τε σιγὴν ὄμμα θ' ἥσυχον πόσει
παρεῖχον· ᾔδη δ' ἁμὲ χρῆν νικᾶν πόσιν,   655
κείνῳ τε νίκην ὧν ἐχρῆν παριέναι.
καὶ τῶνδε κληδὼν ἐς στράτευμ' Ἀχαιϊκὸν
ἐλθοῦσ' ἀπώλεσέν μ'· ἐπεὶ γὰρ ᾑρέθην,
Ἀχιλλέως με παῖς ἐβουλήθη λαβεῖν
δάμαρτα· δουλεύσω δ' ἐν αὐθεντῶν δόμοις.   660
κεἰ μὲν παρώσασ' Ἕκτορος φίλον κάρα
πρὸς τὸν παρόντα πόσιν ἀναπτύξω φρένα,
κακὴ φανοῦμαι τῷ θανόντι· τόνδε δ' αὖ
στυγοῦσ' ἐμαυτῆς δεσπόταις μισήσομαι.
καίτοι λέγουσιν ὡς μί' εὐφρόνη χαλᾷ   665
τὸ δυσμενὲς γυναικὸς εἰς ἀνδρὸς λέχος·
ἀπέπτυσ' αὐτήν, ἥτις ἄνδρα τὸν πάρος
καινοῖσι λέκτροις ἀποβαλοῦσ' ἄλλον φιλεῖ.
ἀλλ' οὐδὲ πῶλος ἥτις ἂν διαζυγῇ
τῆς συντραφείσης, ῥᾳδίως ἕλξει ζυγόν.   670
καίτοι τὸ θηριῶδες ἄφθογγόν τ' ἔφυ

Dem Ungebornen ist der Tote gleich,
Leidvolles Leben überragt der Tod,
Wer nichts erduldet, spürt auch keinen Schmerz.
Doch wenn ein Glücklicher ins Unglück stürzt,
Verzehrt ihn vollends die Erinnerung.
Dein Kind starb hin, vom Leben kaum berührt,
Und weiß nichts mehr von seinem schweren Los.
Ich aber zielte nach dem höchsten Ruhm,
Gewann den Preis, den ich so ganz verlor.
Was alle Welt an edlen Frauen rühmt,
Hab ich in Hektors Hallen stets geübt.
Ob eine Frau im bösen Leumund steht,
Ob nicht, so wird ihr dieses schon verargt,
Wenn sie sich außer Hauses hält: ich blieb,
Auch wenn das Draußen lockte, im Gemach.
Auch ließ ich Winkelwort der Nachbarfraun
Niemals ins Haus, gebrauchte den Verstand,
Den Gott mir gab, und war mir selbst genug.
Schweigsamen Mund und stilles Auge bot
Ich Hektor, wußte, wo er herrschen muß
Und wo er mir das Herrschen überließ.
So drang mein Ruf auch ins Achäerheer,
Zu meinem Fluch: als ich in Knechtschaft fiel,
Verlangte mich Achilleus' Sohn zum Weib.
Im Haus der Mörder soll ich Sklavin sein!
Vergessen soll ich Hektors teures Haupt?
Mein Herz erschließen einem zweiten Mann,
Zum Hohn des Toten? Und der neue Herr
Wirft seinen Haß auf die, die sich verschließt.
Zwar sagt man, daß die erste Liebesnacht
Im neuen Bett der Frauen Feindschaft bricht –
Doch hab ich nur Verachtung für die Frau,
Die mit dem ersten Bett ein andres tauscht.
Kein Pferd, dem der gewohnte Zwilling fehlt,
Zieht mit dem neuen leicht am gleichen Strang
Und ist doch nur ein Tier, das weder spricht

ξυνέσει τ' ἄχρηστον τῇ φύσει τε λείπεται.
σὲ δ', ὦ φίλ' Ἕκτορ, εἶχον ἄνδρ' ἀρκοῦντά μοι
ξυνέσει γένει πλούτῳ τε κἀνδρείᾳ μέγαν·
ἀκήρατον δέ μ' ἐκ πατρὸς λαβὼν δόμων   675
πρῶτος τὸ παρθένειον ἐζεύξω λέχος.
καὶ νῦν ὄλωλας μὲν σύ, ναυσθλοῦμαι δ' ἐγὼ
πρὸς Ἑλλάδ' αἰχμάλωτος ἐς δοῦλον ζυγόν.
ἆρ' οὐκ ἐλάσσω τῶν ἐμῶν ἔχειν κακῶν
Πολυξένης ὄλεθρος, ἣν καταστένεις;   680
ἐμοὶ γὰρ οὐδ' ὃ πᾶσι λείπεται βροτοῖς
ξύνεστιν ἐλπίς, οὐδὲ κλέπτομαι φρένας
πράξειν τι κεδνόν· ἡδὺ δ' ἐστὶ καὶ δοκεῖν.
Χο ἐς ταὐτὸν ἥκεις συμφορᾶς· θρηνοῦσα δὲ
τὸ σὸν διδάσκεις μ' ἔνθα πημάτων κυρῶ.   685
Εκ αὐτὴ μὲν οὔπω ναὸς εἰσέβην σκάφος,
γραφῇ δ' ἰδοῦσα καὶ κλύουσ' ἐπίσταμαι.
ναύταις γὰρ ἢν μὲν μέτριος ᾖ χειμὼν φέρειν,
προθυμίαν ἔχουσι σωθῆναι πόνων,
ὃ μὲν παρ' οἴαχ', ὃ δ' ἐπὶ λαίφεσιν βεβώς,   690
ὃ δ' ἄντλον εἴργων ναός· ἢν δ' ὑπερβάλῃ
πολὺς ταραχθεὶς πόντος, ἐνδόντες τύχῃ
παρεῖσαν αὑτοὺς κυμάτων δρομήμασιν.
οὕτω δὲ κἀγὼ πόλλ' ἔχουσα πήματα
ἄφθογγός εἰμι καὶ παρεῖσ' ἐῶ στόμα·   695
νικᾷ γὰρ οὑκ θεῶν με δύστηνος κλύδων.
ἀλλ', ὦ φίλη παῖ, τὰς μὲν Ἕκτορος τύχας
ἔασον· οὐ μὴ δάκρυά νιν σώσῃ τὰ σά·
τίμα δὲ τὸν παρόντα δεσπότην σέθεν,
φίλον διδοῦσα δέλεαρ ἀνδρὶ σῶν τρόπων.   700
κἂν δρᾷς τάδ', ἐς τὸ κοινὸν εὐφρανεῖς φίλους
καὶ παῖδα τόνδε παιδὸς ἐκθρέψειας ἂν
Τροίᾳ μέγιστον ὠφέλημ', ἵν' — εἴ ποτε —
ἐκ σοῦ γενόμενοι παῖδες Ἴλιον πάλιν
κατοικίσειαν, καὶ πόλις γένοιτ' ἔτι.   705
ἀλλ' ἐκ λόγου γὰρ ἄλλος ἐκβαίνει λόγος,
τίν' αὖ δέδορκα τόνδ' Ἀχαϊκὸν λάτριν

Noch denken kann, ein niedriges Geschöpf.
Du, lieber Hektor, warst mein ganzer Stolz,
Ein reicher Fürst voll Geist und voller Mut.
Die Unberührte führtest du vom Haus,
Das erste Lager teilte sie mit dir.
Nun bist du tot, mich trägt das Griechenschiff
Als Beute in das ferne Sklavenjoch.
Der Tod Polýxenas, den du beweinst,
Was ist er gegen meinen Leidensweg?
Mir schwand das Letzte, das den Menschen bleibt,
Die Hoffnung. Ich betrüge meinen Sinn
Mit keinem Trost, mit keinem süßen Traum.

Chf Wir teilen gleiches Los, und wenn du deins
Beklagst, wird mir das meine offenbar.

Hek Noch nie betrat mein Fuß ein Schiff, doch sah
Ich Bilder, hörte mancherlei Bericht.
Die Schiffer, wenn der Sturm erträglich ist,
Tun alles, sich zu helfen aus der Not:
Der packt das Steuer, der die Segel, der
Schöpft Wasser aus. Doch wenn die wilde See
Zum Gipfel steigt, so fügt man sich ins Los
Und gibt das Schiff dem Sturz der Wogen preis.
So haben mich die Berge meines Leids
Verstummt, und lautlos treibe ich dahin,
Das Opfer dieser gottgesandten Flut.
Laß Hektors Schicksal ruhen, liebes Kind,
Die heißen Tränen retten ihn nicht mehr.
Erzeige Achtung deinem neuen Herrn,
Gewinne ihn durch deine edle Art,
O tu es, tus zu unser aller Heil!
Da ziehst du noch dies Enkelkind heran
Zum Segen Trojas: können nicht einmal
Die Söhne deines Leibes Ilion
Besiedeln, neu erwecken unsre Stadt?
Doch weicht mein Spruch jetzt einem anderen:
Da naht schon wieder der Achäerknecht

στείχοντα καινῶν ἄγγελον βουλευμάτων;

Τα Φρυγῶν ἀρίστου πρίν ποθ' Ἕκτορος δάμαρ,
    μή με στυγήσῃς· οὐχ ἑκὼν γὰρ ἀγγελῶ.   710
    Δαναῶν δὲ κοινὰ Πελοπιδῶν τ' ἀγγέλματα –
Αν τί δ' ἔστιν; ὡς μοι φροιμίων ἄρχῃ κακῶν.
Τα ἔδοξε τόνδε παῖδα – πῶς εἴπω λόγον;
Αν μῶν οὐ τὸν αὐτὸν δεσπότην ἡμῖν ἔχειν;
Τα οὐδεὶς Ἀχαιῶν τοῦδε δεσπόσει ποτέ.   715
Αν ἀλλ' ἐνθάδ' αὐτοῦ λείψανον Φρυγῶν λιπεῖν;
Τα οὐκ οἶδ' ὅπως σοι ῥᾳδίως εἴπω κακά.
Αν ἐπήνεσ' αἰδῶ, πλὴν ἐὰν λέγῃς καλά.
Τα κτενοῦσι σὸν παῖδ', ὡς πύθῃ κακὸν μέγα.
Αν οἴμοι, γάμων τόδ' ὡς κλύω μεῖζον κακόν.   720

Τα νικᾷ δ' Ὀδυσσεὺς ἐν Πανέλλησιν λέγων –
Αν αἰαῖ μάλ'· οὐ γὰρ μέτρια πάσχομεν κακά.
Τα λέξας ἀρίστου παῖδα μὴ τρέφειν πατρὸς –
Αν τοιαῦτα νικήσειε τῶν αὑτοῦ πέρι.
Τα ῥῖψαι δὲ πύργων δεῖν σφε Τρωικῶν ἄπο.   725
    ἀλλ' ὡς γενέσθω, καὶ σοφωτέρα φανῇ·
    μήτ' ἀντέχου τοῦδ', εὐγενῶς δ' ἄλγει κακοῖς,
    μήτε σθένουσα μηδὲν ἰσχύειν δόκει.
    ἔχεις γὰρ ἀλκὴν οὐδαμῇ. σκοπεῖν δὲ χρή·
    πόλις τ' ὄλωλε καὶ πόσις, κρατῇ δὲ σύ,   730
    ἡμεῖς δὲ πρὸς γυναῖκα μάρνασθαι μίαν
    οἷοί τε. τούτων οὕνεκ' οὐ μάχης ἐρᾶν
    οὐδ' αἰσχρὸν οὐδὲν οὐδ' ἐπίφθονόν σε δρᾶν,
    οὐδ' αὖ σ' Ἀχαιοῖς βούλομαι ῥίπτειν ἀράς.
    εἰ γάρ τι λέξεις ὧν χολώσεται στρατός,   735
    οὔτ' ἂν ταφείη παῖς ὅδ' οὔτ' οἴκτου τύχοι.
    σιγῶσα δ' εὖ τε τὰς τύχας κεκτημένη
    τὸν τοῦδε νεκρὸν οὐκ ἄθαπτον ἂν λίποις
    αὐτή τ' Ἀχαιῶν πρευμενεστέρων τύχοις.
Αν ὦ φίλτατ', ὦ περισσὰ τιμηθεὶς τέκνον,   740

Und kündet uns den neuesten Beschluß.

Talthybios

Die einst des großen Hektor Gattin war,
Verhaßtes muß ich melden ohne Lust.
Der Griechen, der Atriden Ratsbeschluß –

An Schon dieser Anfang läßt mich zittern! Sprich!

Ta Dies Kind hier soll – wie sag ich es heraus?

An Man will uns trennen? An verschiedne Herrn?

Ta In keines Griechen Hände fällt dein Sohn.

An Als letzter seines Volkes bleibt er hier?

Ta Wie kommt die Antwort über meinen Mund?

An Ja, schweige nur, wenn du nichts Gutes bringst!

Ta Vernimm das Schreckliche: dein Söhnlein stirbt!

An Weh mir!
Die neue Ehe ist nicht schrecklicher!

Ta Odysseus hat im Griechenrat gesiegt.

An O weh mir, weh! O übermenschlich Leid!

Ta Er sagte: Solcher Stamm muß untergehn!

An O träfe solcher Sieg sein eignes Kind!

Ta Dies ist sein Rat: der Sturz von Trojas Turm.
Er muß geschehen. Trag es mit Vernunft!
Wozu dich widersetzen? Leide stolz!
Gib dich nicht stärker, als du heute bist.
Niemand beschützt dich! Siehst du nicht die Stadt
Erobert? Tot der Mann, ein Beuteweib
Du selber, ohne Hilfe gegen uns!
So führe keinen Kampf und wage nichts,
Was deinen hohen Ruf nur schmälern kann!
Selbst von Verfluchung halte dich zurück!
Wenn irgend etwas unser Heer erbost,
Bleibt dieser ohne Grab und Klagelied,
Doch wenn du schweigend alles hinnimmst, läßt
Du seinen Leib nicht unbestattet hier
Und selber steigst du in der Feinde Gunst.

An Mein Liebling, aller Troer Stolz, du stirbst

θανῇ πρὸς ἐχθρῶν μητέρ' ἀθλίαν λιπών,
ἢ τοῦ πατρὸς δέ σ' εὐγένει' ἀποκτενεῖ,
ἢ τοῖσιν ἄλλοις γίγνεται σωτηρία,
τὸ δ' ἐσθλὸν οὐκ ἐς καιρὸν ἦλθε σοὶ πατρός.
ὦ λέκτρα τἀμὰ δυστυχῆ τε καὶ γάμοι,   745
οἷς ἦλθον ἐς μέλαθρον Ἕκτορός ποτε,
οὐ σφάγιον υἱὸν Δαναΐδαις τέξουσ' ἐμόν,
ἀλλ' ὡς τύραννον 'Ασιάδος πολυσπόρου.
ὦ παῖ, δακρύεις· αἰσθάνῃ κακῶν σέθεν;
τί μου δέδραξαι χερσὶ κἀντέχῃ πέπλων,   750
νεοσσὸς ὡσεὶ πτέρυγας ἐσπίτνων ἐμάς;
οὐκ εἶσιν Ἕκτωρ κλεινὸν ἁρπάσας δόρυ
γῆς ἐξανελθὼν σοὶ φέρων σωτηρίαν,
οὐ συγγένεια πατρός, οὐκ ἰσχὺς Φρυγῶν·
λυγρὸν δὲ πήδημ' ἐς τράχηλον ὑψόθεν   755
πεσὼν ἀνοίκτως, πνεῦμ' ἀπορρήξεις σέθεν.
ὦ νέον ὑπαγκάλισμα μητρὶ φίλτατον,
ὦ χρωτὸς ἡδὺ πνεῦμα· διὰ κενῆς ἄρα
ἐν σπαργάνοις σε μαστὸς ἐξέθρεψ' ὅδε,
μάτην δ' ἐμόχθουν καὶ κατεξάνθην πόνοις.   760
νῦν – οὔποτ' αὖθις – μητέρ' ἀσπάζου σέθεν,
πρόσπιτνε τὴν τεκοῦσαν, ἀμφὶ δ' ὠλένας
ἕλισσ' ἐμοῖς νώτοισι καὶ στόμ' ἅρμοσον.
ὦ βάρβαρ' ἐξευρόντες Ἕλληνες κακά,
τί τόνδε παῖδα κτείνετ' οὐδὲν αἴτιον;   765
ὦ Τυνδάρειον ἔρνος, οὔποτ' εἶ Διός,
πολλῶν δὲ πατέρων φημί σ' ἐκπεφυκέναι,
'Αλάστορος μὲν πρῶτον, εἶτα δὲ Φθόνου,
Φόνου τε Θανάτου θ' ὅσα τε γῆ τρέφει κακά.
οὐ γάρ ποτ' αὐχῶ Ζῆνά γ' ἐκφῦσαί σ' ἐγώ,   770
πολλοῖσι κῆρα βαρβάροις Ἕλλησί τε.
ὄλοιο· καλλίστων γὰρ ὀμμάτων ἄπο
αἰσχρῶς τὰ κλεινὰ πεδί' ἀπώλεσας Φρυγῶν.
ἀλλ' ἄγετε φέρετε ῥίπτετ', εἰ ῥίπτειν δοκεῖ·
δαίνυσθε τοῦδε σάρκας. ἔκ τε γὰρ θεῶν   775
διολλύμεσθα, παιδί τ' οὐ δυναίμεθ' ἄν

Von Feindeshand und läßt mich ganz allein!
Des Vaters Adel, der doch sonst dem Kind
Das Glück bedeutet, brachte dir den Tod;
Sein hoher Rang war nicht zu deinem Heil.
O armes Brautbett, armes Hochzeitsfest,
Das mich in Hektors Hallen eingeführt
Als künftge Mutter – keines Opfertiers,
Nein, eines Königs in ganz Asien.
Du weinst, mein Söhnlein. ahnst du, was dir droht?
Du packst mich, klammerst dich an mein Gewand,
Ein Vöglein, das im Fittich Hilfe sucht.
Kein Hektor greift zum weitgerühmten Speer,
Steigt aus dem Grab und rettet seinen Sohn,
Kein Vatersbruder, kein Trojanerheer.
Im gnadenlosen Sturz vom hohen Turm
Brichst du den Hals, verhauchst du deinen Geist.
Du süß Umarmtes! Du mein liebes Kind!
O süßer Hauch des Leibes! Ganz umsonst
Hat diese Brust das Windelkind genährt,
Hat dieser Leib sich mühevoll verzehrt!
Zum letzten Male hab die Mutter lieb,
O halt sie fest und schlinge deinen Arm
Um ihren Nacken, küsse ihren Mund! –
Ihr Griechen, Meister aller Barbarei
Und Mörder dieses unschuldvollen Kinds!
O Tyndars Tochter, nie von Zeus entstammt,
Nein, vieler andrer Väter schlimme Brut,
Alastors Tochter und des bösen Neids,
Des Mords, des Tods und allen Erdgezüchts!
Wie kann ich rühmen, daß dich Zeus gezeugt,
Der Griechen und der Troer Würgegeist?
Verflucht sind deine schönen Augen, die
Dies stolze Reich so jammervoll zerstört!
So holt ihn, packt ihn, stürzt ihn, wie ihr wollt,
Und teilt sein Fleisch! Die Götter haben mich
Verlassen und ich kann am Tod des Kinds

θάνατον ἀρῆξαι. κρύπτετ᾽ ἄθλιον δέμας
καὶ ῥίπτετ᾽ ἐς ναῦς· ἐπὶ καλὸν γὰρ ἔρχομαι
ὑμέναιον, ἀπολέσασα τοὐμαυτῆς τέκνον.

Χο τάλαινα Τροία, μυρίους ἀπώλεσας   780
μιᾶς γυναικὸς καὶ λέχους στυγνοῦ χάριν.

Τα ἄγε παῖ, φίλιον πρόσπτυγμα μεθεὶς   an⁴
μητρὸς μογερᾶς, βαῖνε πατρῴων
πύργων ἐπ᾽ ἄκρας στεφάνας, ὅθι σοι
πνεῦμα μεθεῖναι ψῆφος ἐκράνθη.   785
λαμβάνετ᾽ αὐτόν. τὰ δὲ τοιάδε χρὴ
κηρυκεύειν, ὅστις ἄνοικτος
καὶ ἀναιδείᾳ τῆς ἡμετέρας
γνώμης μᾶλλον φίλος ἐστίν.

Εκ ὦ τέκνον, ὦ παῖ παιδὸς μογεροῦ,   790
συλώμεθα σὴν ψυχὴν ἀδίκως
μήτηρ κἀγώ. τί πάθω; τί σ᾽ ἐγώ,
δύσμορε, δράσω; τάδε σοι δίδομεν
πλήγματα κρατὸς στέρνων τε κόπους·
τῶνδε γὰρ ἄρχομεν. οἲ 'γὼ πόλεως,   795
οἴμοι δὲ σέθεν· τί γὰρ οὐκ ἔχομεν;
τίνος ἐνδέομεν μὴ οὐ πανσυδίᾳ
χωρεῖν ὀλέθρου διὰ παντός;

                                                    ‿hem‿hem
Χο μελισσοτρόφου Σαλαμῖνος ὦ βασιλεῦ Τελαμών,   στρ.
νάσου περικύμονος οἰκήσας ἕδραν   –hem–cr 800
τᾶς ἐπικεκλιμένας ὄχθοις ἱεροῖς, ἵν᾽ ἐλαίας   hem–hem–

Nichts ändern. Fort mit meinem armen Leib,
Werft ihn aufs Schiff zum frohen Hochzeitsfest,
Zum Fest der Mutter, die ihr Kind verlor!

ab

Chf Mein armes Troja, tausend Söhne starben dir,
     Weil eine einzge Frau ihr Bett verriet!

Ta   So laß, mein Kind, den Zipfel des Kleids
     Deiner duldenden Mutter, besteige mit mir
     Den ragenden Turm deiner Väterburg,
     Wo die Stimme des Rats dir den Tod bestimmt!
     So führt ihn fort! Solches Heroldsamt
     Soll nur der vollziehen, der herzlos ist
     Und vertrauterer Freund aller Grausamkeit,
     Als meiner Seele gegeben.

ab

Hek O Kind, o Sohn meines Unglückssohns,
     Dein liebes Leben, es wird uns geraubt,
     Deiner Mutter und mir. Was leiden, was tun,
     Für dich, mein Kind? Das ist unser Geschenk,
     Das Schürfen der Wangen, das Schlagen der Brust.
     Das können wir noch. O Stadt, o Stadt!
     O Kind, o Kind! Was erwartet uns sonst?
     Was brauchen wir noch, um die Straße des Leids
     Bis zum letzten Hauch zu durchlaufen?

ZWEITES STANDLIED

Chor

Strophe

O König der bienenumsummten Gestade,
Salamis' Fürst, der wellenumspülten,
Die hinüberschaut zu dem heiligen Felsen,

πρῶτον ἔδειξε κλάδον γλαυκᾶς ᾿Αθάνα,　　hem-cr-
οὐράνιον στέφανον λιπαραῖσί τε κόσμον ᾿Αθήναις,　da⁶
ἔβας ἔβας τῷ τοξοφόρῳ συναρι-　　　　　　ia²-hem
στεύων ἅμ᾿ ᾿Αλκμήνας γόνῳ　　　　　　　　ia⁴　　805
῎Ιλιον ῎Ιλιον ἐκπέρσων πόλιν　　　　　　　hem-cr
ἁμετέραν τὸ πάροιθεν ὅτ᾿ ἔβας ἀφ᾿ ῾Ελλάδος·　hem cr ia²

ὅθ᾿ ῾Ελλάδος ἄγαγε πρῶτον ἄνθος ἀτυζόμενος　　ἀντ.
πώλων, Σιμόεντι δ᾿ ἐπ᾿ εὐρείτᾳ πλάταν　　　810
ἔσχασε ποντοπόρον καὶ ναύδετ᾿ ἀνήψατο πρυμνᾶν
καὶ χερὸς εὐστοχίαν ἐξεῖλε ναῶν,
Λαομέδοντι φόνον· κανόνων δὲ τυκίσματα Φοίβου
πυρὸς πυρὸς φοίνικι πνοᾷ καθελὼν　　　　　815
Τροίας ἐπόρθησε χθόνα.
δὶς δὲ δυοῖν πιτύλοιν τείχη †παρὰ†
Δαρδανίας φονία κατέλυσεν αἰχμά.　　　da³-ba

　　　　　　　　　　　　　　　　　　ˇcr²ˇhem-
μάταν ἄρ᾿, ὦ χρυσέαις ἐν οἰνοχόαις ἁβρὰ βαίνων,　στρ.
Λαομεδόντιε παῖ,　　　　　　　　　　　hem　　821
Ζηνὸς ἔχεις κυλίκων πλήρωμα, καλλίσταν λατρείαν·
　　　　　　　　　　　　　　　　　　hem ia⁴-
ἁ δέ σε γειναμένα πυρὶ δαίεται·　　　　da⁴　　825
ἠιόνες δ᾿ ἅλιαι　　　　　　　　　　　　hem
ἴακχον οἰωνὸς οἷ-　　　　　　　　　　　ia² cr
ον τεκέων ὕπερ βοᾷ,　　　　　　　　　　cr ia²　　830

Wo Athena des schimmernden Ölbaums
Erstes Reis uns gepflanzt hat,
Mit himmlischen Kränzen zu schmücken
Die strahlende Stadt der Athener –
Telamon, einstmals kamst,
Kamst du mit fürstlichem Freund,
Alkmenes bogenstolzem Sohn,
Kamst du nach Troja, nach Troja,
Von Grund auf zu stürzen
Die Stadt unsrer Ahnen –

Gegenstrophe

Er brachte als erster die Blüte der Griechen
Weit übers Meer, im Streit um die Rosse,
Zu Simóeis' Mündung und knüpfte die Taue,
Nahm vom Schiff die unfehlbare Waffe,
Des Laomedon Schicksal.
Apollons kunstreiche Fügung,
Poseidons ragende Mauern
Stürzte er um im Schein,
Feuerschein rötlichen Lichts,
Verheerte Trojas weite Flur.
Damals schon brachte die Lanze,
Die blutige Lanze
Verderben den Mauern.

Zweite Strophe

Goldnes Mundschenkamt verrichten die zierlichen Schritte
Des Laomedonsohnes,
Zeus kredenzt er die Becher: o strahlender Dienst!
Aber drunten die heimische Stadt steht in Flammen,
Des Meeres Gestade
Hallen wider von kläglichen Rufen
All der Vögel, die man der Jungen beraubt,

ᾇ μὲν εὐνάτορας, ᾇ δὲ παῖδας,   cr ch ba
ᾇ δὲ ματέρας γεραιάς.   cr◡cr–
τὰ δὲ σὰ δροσόεντα λουτρὰ   cr²◡
γυμνασίων τε δρόμοι   hem
βεβᾶσι, σὺ δὲ πρόσωπα νεα-   ia⁴   835
ρὰ χάρισι παρὰ Διὸς θρόνοις   ia⁴
καλλιγάλανα τρέφεις· Πριάμοιο δὲ γαῖαν   da⁵
Ἑλλὰς ὤλεσ' αἰχμά.   cr ba

Ἔρως Ἔρως, ὃς τὰ Δαρδάνεια μέλαθρά ποτ' ἦλθες   ἀντ.
οὐρανίδαισι μέλων,   842
ὡς τότε μὲν μεγάλως Τροίαν ἐπύργωσας, θεοῖσι
κῆδος ἀναψάμενος. τὸ μὲν οὖν Διὸς   845
οὐκέτ' ὄνειδος ἐρῶ·
τὸ τᾶς δὲ λευκοπτέρου
φίλιον Ἀμέρας βροτοῖς
φέγγος ὀλοὸν εἶδε γαῖαν,   cr◡cr◡   850
εἶδε περγάμων ὄλεθρον,
τεκνοποιὸν ἔχουσα τᾶσδε
γᾶς πόσιν ἐν θαλάμοις,
ὃν ἀστέρων τέθριππος ἔλα-   855
βε χρύσεος ὄχος ἀναρπάσας,
ἐλπίδα γᾷ πατρίᾳ μεγάλαν· τὰ θεῶν δὲ
φίλτρα φροῦδα Τροίᾳ.

Μενέλαος

ὦ καλλιφεγγὲς ἡλίου σέλας τόδε,   ia⁶   860
ἐν ᾧ δάμαρτα τὴν ἐμὴν χειρώσομαι.   861

Ἑλένην· ὁ γὰρ δὴ πολλὰ μοχθήσας ἐγὼ   862
Μενέλαός εἰμι καὶ στράτευμ' Ἀχαιϊκόν.

Ruf um Gatten und Kinder,
Ruf um ergraute Mütter.
Die kühlen Quellen, die einst dich erquickt,
Der Ringplatz, die Laufbahn,
Sie sanken dahin. Zwar dein liebliches Bild
Glänzt jung und hell am Thron des Zeus,
Aber des Priamos Flur
Hat der Speer der Griechen verwüstet.

Gegenstrophe

Eros, Eros, du zogst herab in die troischen Hallen
Stolze Söhne des Himmels.
Hellauf strahlte die Veste, als ehliches Band
Sie mit Göttern verknüpfte, und niemals beklag ich,
Was Zeus sich gewonnen.
Ach, die Göttin mit schimmernden Flügeln,
Die den Strahl des lieblichen Tages bringt,
Schaut auf öde Gefilde,
Schaut auf zerstörte Zinnen –
Doch zeugt ihr Kinder in ihrem Gemach
Ein Mann dieses Landes,
Den einstmals der goldene Wagen geraubt,
Das Viergespann des Sternenzelts.
Er war die Hoffnung des Lands,
Doch die Götter vergaßen die Troer.

DRITTE HAUPTSZENE

Menelaos

Wie herrlich leuchtet dieser Freudentag,
Da mir die Gattin in die Hände fällt.

ἦλθον δὲ Τροίαν οὐχ ὅσον δοκοῦσί με 864
γυναικὸς οὕνεκ᾽, ἀλλ᾽ ἐπ᾽ ἄνδρ᾽ ὃς ἐξ ἐμῶν 865
δόμων δάμαρτα ξεναπάτης ἐλῄσατο.
κεῖνος μὲν οὖν δέδωκε σὺν θεοῖς δίκην
αὐτός τε καὶ γῆ δορὶ πεσοῦσ᾽ Ἑλληνικῷ.
ἥκω δὲ τὴν τάλαιναν – οὐ γὰρ ἡδέως
ὄνομα δάμαρτος ἥ ποτ᾽ ἦν ἐμὴ λέγω – 870
ἄξων· δόμοις γὰρ τοῖσδ᾽ ἐν αἰχμαλωτικοῖς
κατηρίθμηται Τρῳάδων ἄλλων μέτα.
οἵπερ γὰρ αὐτὴν ἐξεμόχθησαν δορί,
κτανεῖν ἐμοί νιν ἔδοσαν, εἴτε μὴ κτανὼν
θέλοιμ᾽ ἄγεσθαι πάλιν ἐς Ἀργείαν χθόνα. 875
ἐμοὶ δ᾽ ἔδοξε τὸν μὲν ἐν Τροίᾳ μόρον
Ἑλένης ἐᾶσαι, ναυπόρῳ δ᾽ ἄγειν πλάτῃ
Ἑλληνίδ᾽ ἐς γῆν κᾆτ᾽ ἐκεῖ δοῦναι κτανεῖν,
ποινὰς ὅσοις τεθνᾶσ᾽ ἐν Ἰλίῳ φίλοι.
ἀλλ᾽ εἷα χωρεῖτ᾽ ἐς δόμους, ὀπάονες, 880
κομίζετ᾽ αὐτὴν τῆς μιαιφονωτάτης
κόμης ἐπισπάσαντες· οὔριοι δ᾽ ὅταν
πνοαὶ μόλωσι, πέμψομέν νιν Ἑλλάδα.

Εκ ὦ γῆς ὄχημα κἀπὶ γῆς ἔχων ἕδραν,
ὅστις ποτ᾽ εἶ σύ, δυστόπαστος εἰδέναι, 885
Ζεύς, εἴτ᾽ ἀνάγκη φύσεος εἴτε νοῦς βροτῶν,
προσηυξάμην σε· πάντα γὰρ δι᾽ ἀψόφου
βαίνων κελεύθου κατὰ δίκην τὰ θνήτ᾽ ἄγεις.
Με τί δ᾽ ἔστιν; εὐχὰς ὡς ἐκαίνισας θεῶν.
Εκ αἰνῶ σε, Μενέλα᾽, εἰ κτενεῖς δάμαρτα σήν. 890
ὁρᾶν δὲ τήνδε φεῦγε, μή σ᾽ ἕλῃ πόθῳ.
αἱρεῖ γὰρ ἀνδρῶν ὄμματ᾽, ἐξαιρεῖ πόλεις,
πίμπρησιν οἴκους· ὧδ᾽ ἔχει κηλήματα.
ἐγώ νιν οἶδα, καὶ σύ, χοἰ πεπονθότες.

Zwar kam ich ihretwegen nicht hierher,
Wie manche glauben; strafen wollte ich
Den falschen Gast, der mir die Gattin stahl.
Die Götter selber rächten seine Tat,
Sein ganzes Land ist Beute unsers Speers.
Nun hol ich mir die ganz Unselige,
Die Gattin, die ich nicht mehr nennen will.
In diesem Zelte ist sie eingereiht
Als Beutestück wie jedes Troerweib.
Die Männer, die sie schwer mit mir erkämpft,
Sie stellten frei, ob ich sie töten will,
Ob lebend führen in ihr altes Haus,
Und ich beschloß, daß sie nicht hier den Tod
Erleide, sondern mit dem Ruderschiff
Nach Hellas fährt und dort geschlachtet wird
Als Sühne für ein Meer vergoßnen Bluts.
Hinein, ihr Mannen, in das Zelt und packt
Sie an den Mörderhaaren, schleppt sie her!
Sobald der erste gute Fahrwind weht,
Bringt sie das Schiff ins Heimatland zurück.

Hekabe *feierlich*

Du hältst die Erde und du thronst auf ihr!
Wer du auch bist, du rätselhafter Zeus,
Gesetz des Stoffes, höchster Menschengeist,
Dich bet ich an! Mit deiner stillen Hand
Führst du der Menschen Los zum rechten Ziel.

Me   Mit neuen Namen rufst du deinen Gott!
Hek O töte sie, ich preise dich darum!
Schau sie nicht an, sie weckt die alte Glut!
Sie fängt die Männer, sie zerstört die Stadt,
Verbrennt die Häuser mit dem Zauberblick,
Wir alle kennen ihn zu unserm Leid.

'Ελένη

Μενέλαε, φροίμιον μὲν ἄξιον φόβου   895
τόδ' ἐστίν· ἐν γὰρ χερσὶ προσπόλων σέθεν
βίᾳ πρὸ τῶνδε δωμάτων ἐκπέμπομαι.
ἀτὰρ σχεδὸν μὲν οἶδά σοι μισουμένη,
ὅμως δ' ἐρέσθαι βούλομαι· γνῶμαι τίνες
"Ελλησι καὶ σοὶ τῆς ἐμῆς ψυχῆς πέρι;   900
Με   οὐκ εἰς ἀκριβὲς ἦλθες, ἀλλ' ἅπας στρατὸς
κτανεῖν ἐμοί σ' ἔδωκεν, ὅνπερ ἠδίκεις.
Ελ   ἔξεστιν οὖν πρὸς ταῦτ' ἀμείψασθαι λόγῳ,
ὡς οὐ δικαίως, ἢν θάνω, θανούμεθα;
Με   οὐκ ἐς λόγους ἐλήλυθ', ἀλλά σε κτενῶν.   905
Εκ   ἄκουσον αὐτῆς, μὴ θάνῃ τοῦδ' ἐνδεής,
Μενέλαε, καὶ δὸς τοὺς ἐναντίους λόγους
ἡμῖν κατ' αὐτῆς· τῶν γὰρ ἐν Τροίᾳ κακῶν
οὐδὲν κάτοισθα. συντεθεὶς δ' ὁ πᾶς λόγος
κτενεῖ νιν οὕτως ὥστε μηδαμοῦ φυγεῖν.   910
Με   σχολῆς τὸ δῶρον· εἰ δὲ βούλεται λέγειν,
ἔξεστι. τῶν σῶν δ' οὕνεχ' – ὡς μάθῃ – λόγων
δώσω τόδ' αὐτῇ· τῇσδε δ' οὐ δώσω χάριν.
Ελ   ἴσως με, κἂν εὖ κἂν κακῶς δόξω λέγειν,
οὐκ ἀνταμείψῃ πολεμίαν ἡγούμενος.   915
ἐγὼ δ', ἅ σ' οἶμαι διὰ λόγων ἰόντ' ἐμοῦ
κατηγορήσειν, ἀντιθεῖσ' ἀμείψομαι
τοῖς σοῖσι τἀμὰ καὶ τὰ σ' αἰτιάματα.
πρῶτον μὲν ἀρχὰς ἔτεκεν ἥδε τῶν κακῶν,
Πάριν τεκοῦσα· δεύτερον δ' ἀπώλεσε   920
Τροίαν τε κἄμ' ὁ πρέσβυς οὐ κτανὼν βρέφος,
δαλοῦ πικρὸν μίμημ', 'Αλέξανδρόν ποτε.
ἐνθένδε τἀπίλοιπ' ἄκουσον ὡς ἔχει.
ἔκρινε τρισσὸν ζεῦγος ὅδε τριῶν θεῶν·
καὶ Παλλάδος μὲν ἦν 'Αλεξάνδρῳ δόσις   925
Φρυξὶ στρατηγοῦνθ' 'Ελλάδ' ἐξανιστάναι,
"Ηρα δ' ὑπέσχετ' 'Ασιάδ' Εὐρώπης θ' ὅρους
τυραννίδ' ἕξειν, εἴ σφε κρίνειεν Πάρις·

Helena

O Ménelas, schon dieses Vorspiel macht
Mich zittern: deine Diener zerren mich
Mit rauhen Händen aus dem Beutezelt –
Ich glaube fast an deinen blinden Haß!
Doch gönne mir die Frage, welches Los
Die Griechen und du selber mir bestimmt.

Me   Nur dies steht fest: es liegt in meiner Hand,
Ob ich die Ungetreue töten soll.

Hel   Darauf sei eine Antwort noch vergönnt:
Ich sterbe schuldlos, wenn ich sterben muß.

Me   Hier wird getötet! Hier wird nicht verhört!

Hek   Laß sie nur reden, gönn ihr dieses Recht!
Doch dann erteilst du mir das Gegenwort.
Was dieses Weib in Troja noch verbrach –
Das ahnst du nicht. Ihr Maß ist übervoll
Und nichts bewahrt sie vor dem Todesspruch.

Me   Unnützer Aufschub, doch er sei gewährt –
Nicht ihretwegen! Einzig und allein
Um deiner Antwort willen rede sie!

Hel   Die besten Gründe schlägst du in den Wind,
Solang du nur die Feindin in mir siehst.
Doch will ich jedem Vorwurf, den du mir
Vielleicht erhebst, die Spitze bieten, will
Auch selber Klage führen, wo ich muß.
Des Unheils erste Wurzel ist dies Weib,
Des Paris Mutter, dann der Vater, der,
Zu Trojas und zu meinem Fluch, das Kind
Nicht abtat, das als Feuerbrand erschien.
Nun höre Paris' weiteres Geschick:
Er wurde Richter dreier Göttinnen.
Pallas verhieß ihm einen stolzen Sieg
Des Heeres und der Griechen Untergang,
Hera die Herrschaft über Asien
Und ganz Europa für den Richterspruch,

Κύπρις δὲ τοὐμὸν εἶδος ἐκπαγλουμένη
δώσειν ὑπέσχετ᾽, εἰ θεὰς ὑπερδράμοι   980
κάλλει. τὸν ἔνθεν δ᾽ ὡς ἔχει σκέψαι λόγον·
νικᾷ Κύπρις θεάς, καὶ τοσόνδ᾽ οὑμοὶ γάμοι
ὤνησαν Ἑλλάδ᾽· οὐ κρατεῖσθ᾽ ἐκ βαρβάρων,
οὔτ᾽ ἐς δόρυ σταθέντες, οὐ τυραννίδι.
ἃ δ᾽ εὐτύχησεν Ἑλλάς, ὠλόμην ἐγὼ   935
εὐμορφίᾳ πραθεῖσα, κὠνειδίζομαι
ἐξ ὧν ἐχρῆν με στέφανον ἐπὶ κάρᾳ λαβεῖν.
οὔπω με φήσεις αὐτὰ τἀν ποσὶν λέγειν,
ὅπως ἀφώρμησ᾽ ἐκ δόμων τῶν σῶν λάθρα.
ἦλθ᾽ οὐχὶ μικρὰν θεὸν ἔχων αὑτοῦ μέτα   940
ὁ τῆσδ᾽ ἀλάστωρ, εἴτ᾽ Ἀλέξανδρον θέλεις
ὀνόματι προσφωνεῖν νιν εἴτε καὶ Πάριν·
ὅν, ὦ κάκιστε, σοῖσιν ἐν δόμοις λιπὼν
Σπάρτης ἀπῆρας νηὶ Κρησίαν χθόνα.
εἶέν.
οὐ σέ, ἀλλ᾽ ἐμαυτὴν τοὐπὶ τῷδ᾽ ἐρήσομαι·   945
τί δὴ φρονοῦσά γ᾽ ἐκ δόμων ἅμ᾽ ἑσπόμην
ξένῳ, προδοῦσα πατρίδα καὶ δόμους ἐμούς;
τὴν θεὸν κόλαζε καὶ Διὸς κρείσσων γενοῦ,
ὃς τῶν μὲν ἄλλων δαιμόνων ἔχει κράτος,
κείνης δὲ δοῦλός ἐστι· συγγνώμη δ᾽ ἐμοί.   950
ἔνθεν δ᾽ ἔχοις ἂν εἰς ἔμ᾽ εὐπρεπῆ λόγον·
ἐπεὶ θανὼν γῆς ἦλθ᾽ Ἀλέξανδρος μυχούς,
χρῆν μ᾽, ἡνίκ᾽ οὐκ ἦν θεοπόνητά μου λέχη,
λιποῦσαν οἴκους ναῦς ἐπ᾽ Ἀργείων μολεῖν.
ἔσπευδον αὐτὸ τοῦτο· μάρτυρες δέ μοι   955
πύργων πυλωροὶ κἀπὸ τειχέων σκοποί,
οἳ πολλάκις μ᾽ ἐφηῦρον ἐξ ἐπάλξεων
πλεκταῖσιν ἐς γῆν σῶμα κλέπτουσαν τόδε.   958
πῶς οὖν ἔτ᾽ ἂν θνῄσκοιμ᾽ ἂν ἐνδίκως, πόσι,   961
πρὸς σοῦ δικαίως, ἣν ὁ μὲν βίᾳ γαμεῖ,

βίᾳ δ᾽ ὁ καινός μ᾽ οὗτος ἁρπάσας πόσις   959
Δηίφοβος ἄλοχον εἶχεν ἀκόντων Φρυγῶν.

Doch Aphrodite rühmte meinen Reiz
Und setzte mich als Preis, wenn er sie selbst
Die Schönste fände. Was entsprang daraus?
Sieg Aphrodites, und durch meinen Bund
Der Griechen Rettung vom Barbarenjoch,
Vom fremden Szepter und vom fremden Speer.
Das Glück von Hellas hab ich schwer bezahlt:
Man wand mir keine Kränze um das Haupt,
Als feile Schönheit kam ich in Verruf.
Du denkst, dem schlimmsten Vorwurf weich ich aus:
Daß ich mich heimlich aus dem Hause stahl?
Die größte Göttin kam mit diesem Mann,
Der mir ein Teufel heißt, ob ihr ihm auch
Den Namen Paris, Alexándros gebt.
Mit diesem ließest du dein Weib allein
Zurück und fuhrst nach Kreta, Schändlicher.
Und so geschahs.
Da frage ich mich selber und nicht dich:
War ich bei Sinnen, als ich Haus und Land
Verriet und diesem Fremden willig war?
Bestrafe Kypris! Überflügle Zeus,
Der über alle andern Götter herrscht
Und Aphrodite dient! Das spricht mich frei.
Da prunkst du freilich mit dem Einwand, daß,
Als Paris in das Grab gesunken war
Und seiner Ehe Zauberkraft erlosch,
Ich nicht das Haus verließ und zu euch kam.
Ich tat es schleunigst, das bezeugen dir
Die Wächter auf den Mauern und am Tor,
Die oftmals mich betrafen, wenn ich mich
An Stricken heimlich von den Zinnen ließ.
Mein Gatte, glaubst du noch an meine Schuld?
Der Bund mit Paris war des Räubers Werk.

τὰ δ' οἴκοθεν κεῖν' ἀντὶ νικητηρίων
πικρῶς ἐδούλευσ'; εἰ δὲ τῶν θεῶν κρατεῖν
βούλῃ, τὸ χρῄζειν ἀμαθές ἐστί σου τόδε.   965
Χο βασίλει', ἄμυνον σοῖς τέκνοισι καὶ πάτρᾳ
πειθὼ διαφθείρουσα τῆσδ', ἐπεὶ λέγει
καλῶς κακοῦργος οὖσα· δεινὸν οὖν τόδε.
Εκ ταῖς θεαῖσι πρῶτα σύμμαχος γενήσομαι
καὶ τήνδε δείξω μὴ λέγουσαν ἔνδικα.   970
ἐγὼ γὰρ Ἥραν παρθένον τε Παλλάδα
οὐκ ἐς τοσοῦτον ἀμαθίας ἐλθεῖν δοκῶ,
ὥσθ' ἢ μὲν Ἄργος βαρβάροις ἀπημπόλα,
Παλλὰς δ' Ἀθήνας Φρυξὶ δουλεύειν ποτέ,
εἰ παιδιαῖσι καὶ χλιδῇ μορφῆς πέρι   975
ἦλθον πρὸς Ἴδην. τοῦ γὰρ οὕνεκ' ἂν θεὰ
Ἥρα τοσοῦτον ἔσχ' ἔρωτα καλλονῆς;
πότερον ἀμείνον' ὡς λάβῃ Διὸς πόσιν;
ἢ γάμον Ἀθηνᾶ θεῶν τίνος θηρωμένη,
ἢ παρθενείαν πατρὸς ἐξῃτήσατο,   980
φεύγουσα λέκτρα; μὴ ἀμαθεῖς ποίει θεὰς
τὸ σὸν κακὸν κοσμοῦσα, μὴ οὐ πείσῃς σοφούς.
Κύπριν δ' ἔλεξας — ταῦτα γὰρ γέλως πολύς —
ἐλθεῖν ἐμῷ ξὺν παιδὶ Μενέλεω δόμους.
οὐκ ἂν μένουσ' ἂν ἡσυχός σ' ἐν οὐρανῷ   985
αὐταῖς Ἀμύκλαις ἤγαγεν πρὸς Ἴλιον;
ἦν οὑμὸς υἱὸς κάλλος ἐκπρεπέστατος,
ὁ σὸς δ' ἰδών νιν νοῦς ἐποιήθη Κύπρις·
τὰ μῶρα γὰρ πάντ' ἐστὶν Ἀφροδίτη βροτοῖς,
καὶ τοὔνομ' ὀρθῶς ἀφροσύνης ἄρχει θεᾶς.   990
ὃν εἰσιδοῦσα βαρβάροις ἐσθήμασι
χρυσῷ τε λαμπρὸν ἐξεμαργώθης φρένας.
ἐν μὲν γὰρ Ἄργει μίκρ' ἔχουσ' ἀνεστρέφου,
Σπάρτης δ' ἀπαλλαχθεῖσα τὴν Φρυγῶν πόλιν
χρυσῷ ῥέουσαν ἤλπισας κατακλύσειν   995
δαπάναισιν· οὐδ' ἦν ἱκανά σοι τὰ Μενέλεω
μέλαθρα ταῖς σαῖς ἐγκαθυβρίζειν τρυφαῖς.
εἶἑν· βίᾳ γὰρ παῖδα φῂς σ' ἄγειν ἐμόν·

Was ich für Hellas litt, trug keinen Kranz.
Nur bittre Knechtschaft. Göttern kann man nicht
Gebieten! So verlang es nicht von mir!

Chf O Königin, nun sprich für Haus und Land!
Zerreiße dieses Netz! Das böse Weib
Fand schöne Reden, die gefährlich sind.

Hek So sei zuerst der Göttinnen gedacht,
Die sie mit ihren Lügen überfiel.
Wie konnte Hera, konnte Pallas je
Erklimmen solchen Berg des Unverstands,
Daß sie ihr Argos, ihre Stadt Athen
An fremde Fürsten Asiens vergab
Als Preis für jenen Scherz am Ida, wo
Sie, wie man sagt, die Schönheit maßen. War
Sich Hera ihres Glanzes nicht bewußt,
Mit der sie Zeus zum Gatten sich gewann?
Und jagte Pallas einem Freier nach,
Die sich ihr Mädchentum von Zeus erbat?
Stell Götter nicht als Toren hin, wenn du
Dich rein wäschst. Kein Vernünftger glaubt dir das.
Und Kypris kam – dies ist der wahre Hohn –
Mit meinem Sohn in Menelaos' Haus?
Und blieb nicht ruhig sitzen im Olymp?
Versetzte nicht ganz Sparta übers Meer?
Mein Sohn war schön und dieser Anblick schuf
Dein Herz zur Kypris um! Man nenne nicht
Jedwede Torheit Aphrodites Werk,
Wenn schon ihr Name von der Torheit stammt!
Als du ihn sahst in seinem Kleiderprunk
Und goldbehängt, verlorst du den Verstand.
Da wurde dir dein Vaterland zu eng,
Du wolltest Sparta los sein, in der Stadt
Der Phryger ihre Ströme roten Golds
Vergeuden, und das Haus des Ménelas
Bot keinen Prunk und keine Üppigkeit.
Dann sagst du, Paris hat dich mit Gewalt

τίς Σπαρτιατῶν ᾔσθετ'; ἢ ποίαν βοὴν
ἀνωλόλυξας – Κάστορος νεανίου   1000
τοῦ συζύγου τ' ἔτ' ὄντος, οὐ κατ' ἄστρα πω;
ἐπεὶ δὲ Τροίαν ἦλθες Ἀργεῖοί τέ σου
κατ' ἴχνος, ἦν δὲ δοριπετὴς ἀγωνία,
εἰ μὲν τὰ τοῦδε κρείσσον' ἀγγέλλοιτό σοι,
Μενέλαον ᾔνεις, παῖς ὅπως λυποῖτ' ἐμὸς   1005
ἔχων ἔρωτος ἀνταγωνιστὴν μέγαν·
εἰ δ' εὐτυχοῖεν Τρῶες, οὐδὲν ἦν ὅδε.
ἐς τὴν τύχην δ' ὁρῶσα τοῦτ' ἤσκεις, ὅπως
ἕποι' ἄμ' αὐτῇ, τῇ ἀρετῇ δ' οὐκ ἤθελες.
κἄπειτα πλεκταῖς σῶμα σὸν κλέπτειν λέγεις   1010
πύργων καθιεῖσ', ὡς μένουσ' ἀκουσίως;
ποῦ δῆτ' ἐλήφθης ἢ βρόχους ἀρτωμένη
ἢ φάσγανον θήγουσ', ἃ γενναία γυνὴ
δράσειεν ἂν ποθοῦσα τὸν πάρος πόσιν;
καίτοι σ' ἐνουθέτουν γε πολλὰ πολλάκις·   1015
Ὦ θύγατερ, ἔξελθ'· οἱ δ' ἐμοὶ παῖδες γάμους
ἄλλους γαμοῦσι, σὲ δ' ἐπὶ ναῦς Ἀχαιϊκὰς
πέμψω συνεκκλέψασα· καὶ παῦσον μάχης
Ἕλληνας ἡμᾶς τε. ἀλλὰ σοὶ τόδ' ἦν πικρόν.
ἐν τοῖς Ἀλεξάνδρου γὰρ ὕβριζες δόμοις   1020
καὶ προσκυνεῖσθαι βαρβάρων ὕπ' ἤθελες·
μεγάλα γὰρ ἦν σοι. κἀπὶ τοῖσδε σὸν δέμας
ἐξῆλθες ἀσκήσασα κἄβλεψας πόσει
τὸν αὐτὸν αἰθέρ', ὦ κατάπτυστον κάρα·
ἣν χρῆν ταπεινὴν ἐν πέπλων ἐρειπίοις,   1025
φρίκῃ τρέμουσαν, κρᾶτ' ἀπεσκυθισμένην
ἐλθεῖν, τὸ σῶφρον τῆς ἀναιδείας πλέον
ἔχουσαν ἐπὶ τοῖς πρόσθεν ἡμαρτημένοις.
Μενέλα', ἵν' εἰδῇς οἷ τελευτήσω λόγον,
στεφάνωσον Ἑλλάδ' ἀξίως τήνδε κτανὼν   1030
σαυτοῦ, νόμον δὲ τόνδε ταῖς ἄλλαισι θὲς
γυναιξί, θνήσκειν ἥτις ἂν προδῷ πόσιν.
Χο Μενέλαε, προγόνων τ' ἀξίως δόμων τε σῶν
τεῖσαι δάμαρτα κἀφελοῦ, πρὸς Ἑλλάδος,

Geraubt. Doch keiner hörte deinen Schrei,
Kein Bruder, und die beiden waren doch
Im Hause und noch nicht am Firmament.
Als du nach Troja kamst, das Griechenheer
Dir folgte und der Waffentanz begann,
Da hast du Ménelas' Erfolge stets
Beklatscht, um meinen Sohn zu kränken, der
Dem großen Nebenbuhler neidisch war;
Doch wenn die Troer siegten, war er nichts.
Auf deinen Vorteil warst du stets bedacht,
Er war dein Leitstern, doch die Ehre nie.
Dann sagst du, daß du heimlich von der Burg
Die Flucht versucht und nur gezwungen bliebst.
Wann haben wir dich je erhängt gesehn?
Die Hand am Schwert, wie jede edle Frau
Es wagt, die nach dem ersten Gatten bangt?
Und hab ich dir nicht ständig zugesetzt:
„Mein Kind, geh fort! Wir finden eine Frau
Für meinen Sohn! Wir helfen heimlich dir
Ins Griechenlager. Ende diesen Kampf
Uns und den Griechen!" Doch du wolltest nicht,
Du zogst den Prunk in Paris' Hause vor,
Den Kniefall der Barbaren konntest du
Nicht missen. Und nun stehst du aufgeputzt
Vor uns und atmest diese gleiche Luft
Mit deinem Gatten, ganz verhaßtes Haupt!
Und müßtest elend und in Fetzen gehn,
In Ängsten zittern, mit geschornem Haupt,
Bescheiden, nicht in Überheblichkeit,
Denn deiner Übeltaten Maß ist voll.
O Meneláos, hör das letzte Wort:
Bekränze Hellas, töte dieses Weib!
Erfülle dir und allen das Gesetz:
Des Todes ist, die ihren Mann verrät.

Chf   Bewähre deine Ahnen und dein Haus!
Bestrafe sie! Kein Grieche soll fortan

　　　ψόγον τὸ θῆλύ τ', εὐγενὴς ἐχθροῖς φανείς.　　　　1035
Με　ἐμοὶ σὺ συμπέπτωκας ἐς ταὐτὸν λόγου,
　　　ἑκουσίως τήνδ' ἐκ δόμων ἐλθεῖν ἐμῶν
　　　ξένας ἐς εὐνάς· χἠ Κύπρις κόμπου χάριν
　　　λόγοις ἔνεῖται. βαῖνε λευστήρων πέλας
　　　πόνους τ' Ἀχαιῶν ἀπόδος ἐν μικρῷ μακροὺς　　　1040
　　　θανοῦσ', ἵν' εἰδῇς μὴ καταισχύνειν ἐμέ.
Ελ　μή, πρός σε γονάτων, τὴν νόσον τὴν τῶν θεῶν
　　　προσθεὶς ἐμοὶ κτάνῃς με, συγγίγνωσκε δέ.
Εκ　μηδ' οὓς ἀπέκτειν' ἥδε συμμάχους προδῷς·
　　　ἐγὼ πρὸ κείνων καὶ τέκνων σε λίσσομαι.　　　　1045
Με　παῦσαι, γεραιά· τῆσδε δ' οὐκ ἐφρόντισα.
　　　λέγω δὲ προσπόλοισι πρὸς πρύμνας νεῶν
　　　τήνδ' ἐκκομίζειν, ἔνθα ναυστολήσεται.
Εκ　μή νυν νεὼς σοὶ ταὐτὸν ἐσβήτω σκάφος.
Με　τί δ' ἔστι; μεῖζον βρῖθος ἢ πάροιθ' ἔχει;　　　1050
Εκ　οὐκ ἔστ' ἐραστὴς ὅστις οὐκ ἀεὶ φιλεῖ.
Με　ὅπως ἂν ἐκβῇ τῶν ἐρωμένων ὁ νοῦς.
　　　ἔσται δ' ἃ βούλῃ· ναῦν γὰρ οὐκ ἐσβήσεται
　　　ἐς ἥνπερ ἡμεῖς· καὶ γὰρ οὐ κακῶς λέγεις·
　　　ἐλθοῦσα δ' Ἄργος ὥσπερ ἀξία κακῶς　　　　1055
　　　κακὴ θανεῖται καὶ γυναιξὶ σωφρονεῖν
　　　πάσαισι θήσει. ῥάδιον μὲν οὐ τόδε·
　　　ὅμως δ' ὁ τῆσδ' ὄλεθρος ἐς φόβον βαλεῖ
　　　τὸ μῶρον αὐτῶν, κἂν ἔτ' ὦσ' ἐχθίονες.

Χο　οὕτω δὴ τὸν ἐν Ἰλίῳ　　　　　　　gl　　στρ.
　　　ναὸν καὶ θυόεντα βω-　　　　　　　gl　　1061
　　　μὸν προύδωκας Ἀχαιοῖς,　　　　　　gl⌃

Dich weibisch schelten und kein Troer feig!
Me Du sprachst mir aus der Seele mit dem Wort,
Daß sie aus freien Stücken mir entfloh
Ins fremde Bett, und bloße Redensart
Ist diese Kypris. Auf zur Steinigung!
Dein kurzer Tod zahlt langes Leid des Volks
Und zeigt, daß niemand mich verhöhnen darf.
Hel Bei deinen Knieen! Laß die Götterschuld
Mich nicht entgelten und verschone mich!
Hek Wie viele Freunde hat sie umgebracht!
Oh, sie beschwören dich durch meinen Mund.
Me Sei ruhig, Alte! Sie beschwätzt mich nicht.
Durch meine Diener laß ich sie ins Schiff
Verbringen, das sie rasch von dannen trägt.
Hek Doch steig sie nicht mit dir ins gleiche Boot!
Me Sinkt unter ihrer Last das ganze Schiff?
Hek Wer je entbrannt war, löscht nicht wieder aus.
Me Je nach dem Herzen, das die Glut entfacht.
Doch sei es! Ich besteig ein andres Schiff
Als sie und folge deinem guten Rat.
In Argos aber sterbe sie so schlimm,
Wie sie gelebt hat, und es bessere
Ihr Tod das Weibervolk! Was schwer gelingt!
Doch schreckt ihr Ende manche Törin ab,
Ja manche Meisterin des Ehebruchs.

DRITTES STANDLIED

Chor

Strophe

So hast du dein troisches Haus,
Zeus, und den rauchenden Opferherd
Preisgegeben dem Griechenvolk,

ὦ Ζεῦ, καὶ πελάνων φλόγα	gl	
σμύρνης αἰθερίας τε κα-	gl	
πνὸν καὶ Πέργαμον ἱρὰν	gl⌃	1065
'Ιδαῖά τ' 'Ιδαῖα κισσοφόρα νάπη	ia² cr ia²	
χιόνι κατάρυτα ποταμίᾳ	ia⁴	
τέρμονα πρωτόβολόν θ' ἀλίῳ,	hem cr	
τὰν καταλαμπομέναν ζαθέαν θεράπναν.	da³-ba	1070

φροῦδαί σοι θυσίαι χορῶν τ'		ἀντ.
εὔφημοι κέλαδοι κατ' ὄρ-		
φναν τε παννυχίδες θεῶν,		
χρυσέων τε ξοάνων τύποι		
Φρυγῶν τε ζάθεοι σελᾶ-		1075
ναι συνδώδεκα πλήθει.		
μέλει μέλει μοι τάδ' εἰ φρονεῖς, ἄναξ,		
οὐράνιον ἕδρανον ἐπιβεβὼς		
αἰθέρα τε πτόλεως ὀλομένας,		
ἃν πυρὸς αἰθομένα κατέλυσεν ὁρμά.		1080

ὦ φίλος ὦ πόσι μοι,	hem	στρ.
σὺ μὲν φθίμενος ἀλαίνεις	ia² ba	
ἄθαπτος ἄνυδρος, ἐμὲ δὲ πόντιον σκάφος	ia⁶	1085
ἀίσσον πτεροῖσι πορεύσει	×–gl⌃	
ἱππόβοτον Ἄργος, τείχε' ἵνα	ia⁴	
λάινα Κυκλώπι' οὐράνια νέμονται.	ia⁴ ba	
τέκνων δὲ πλῆθος ἐν πύλαις	ia⁴	
δάκρυσι κατάορα στένει·	ia⁴	1090
βοᾷ βοᾷ·	ia²	
Μᾶτερ, ὤμοι, μόναν δή μ' 'Αχαιοὶ κομί-	cr⁴	

Heiliger Kuchen Brand,
Weihrauchs steigenden Rauch,
Ilions Veste,
Des Ida, des Ida
Epheubewachsenen Hang,
Bewässert vom Schneestrom,
Schimmernden Gipfel, im Morgenlicht
Hochheilig erglühende Stätte!

Gegenstrophe

Verhallt ist dein heiliges Fest,
Fröhliches Lärmen beim frommen Tanz,
Nächtliche Feuer im Sternenschein,
Goldener Bilder Gepräg,
Mondes heilige Nacht
Zwölfmal im Jahrlauf!
So sag mir, o sag mir,
Zeus, ob du dieses erschaust
Vom himmlischen Thronsitz
Über dem brennenden Ilion,
Der ringsum wütenden Flamme?

Zweite Strophe

Lieber, o lieber Gemahl,
Abgeschiedener gehst du um
Ohne Grab und Bad!
Mich tragen Flügel des schnellen Schiffs
Zu den Rossen von Argos,
Zu der Burg, die einst
Kyklopische Hand in den Himmel getürmt.
Sieh, wie die Kinder am Tor
Weinen und klagen, klagen und seufzen!
O Schrei, o Schrei:
„Mutter, hilf! Mich schleppen die Griechen

ʒουσι σέθεν ἀπ' ὀμμάτων   cr ia²
κυανέαν ἐπὶ ναῦν   hem
εἰναλίαισι πλάταις   hem   1095
ἢ Σαλαμῖν' ἱερὰν   hem
ἢ δίπορον κορυφὰν   hem
Ἴσθμιον, ἔνθα πύλας   hem
Πέλοπος ἔχουσιν ἕδραι.   ia² ba   1099

εἴθ' ἀκάτου Μενέλα   ἀντ.
μέσον πέλαγος ἰούσας,
δίπαλτον ἱερὸν ἀνὰ μέσον πλατᾶν πέσοι
Αἰγαίου κεραυνοφαὲς πῦρ,
Ἰλιόθεν ὅτε με πολύδακρυν   1105
Ἑλλάδι λάτρευμα γᾶθεν ἐξορίζει,
χρύσεα δ' ἔνοπτρα, παρθένων
χάριτας, ἔχουσα τυγχάνει
Διὸς κόρα·
μηδὲ γαῖάν ποτ' ἔλθοι Λάκαιναν πατρῷ-   1110
όν τε θάλαμον ἑστίας,
μηδὲ πόλιν Πιτάνας
χαλκόπυλόν τε θεάν,
δύσγαμον αἶσχος ἑλὼν
Ἑλλάδι τᾷ μεγάλᾳ   1115
καὶ Σιμοεντιάσιν
μέλεα πάθεα ῥοῆσιν.

Χο ἰὼ ἰώ,   ia²
    καίν' ἐκ καινῶν μεταβάλλουσαι   an⁴
    χθονὶ συντυχίαι. λεύσσετε Τρώων
    τόνδ' Ἀστυάνακτ' ἄλοχοι μέλεαι   1120

Aus deinen Augen
Aufs dunkle Schiff!
Mich treiben die Ruder
Zu Salamis' Ufern,
Zur Landesenge
Des Isthmos am Tor
Der Pelopsgestade!"

Gegenstrophe

Daß ein gezackter Blitz,
Donnernder Feuerstrahl des Zeus,
Auf der hohen See
Träfe des Ménelas Ruderschiff,
Wenn aus Ilions Mauern
Dieser Mann uns jetzt,
Die Weinenden, fort in die Knechtschaft führt,
Während die Tochter des Zeus
Goldenen Spiegel, Wonne der Schönen,
In Händen dreht!
Kehr er nie zu Lakoniens Fluren,
Zum Herd der Väter,
Pitanes Stadt,
Zur Göttin im Erzhaus,
Den Ehbruch im Schiffe,
Die Schmach von Hellas,
Den Kummer, das Leid
Der troischen Ufer!

SCHLUSSZENE

Chf O seht, o seht! Aus altem Leid
Ein neues Leid dieser Troerstadt;
Astýanax' Leiche, ihr armen Fraun,

νεκρόν, ὃν πύργων δίσκημα πικρὸν
Δαναοὶ κτείναντες ἔχουσιν.

Τα	'Εκάβη, νεὼς μὲν πίτυλος εἷς λελειμμένος
λάφυρα τἀπίλοιπ' 'Αχιλλείου τόκου
μέλλει πρὸς ἀκτὰς ναυστολεῖν Φθιώτιδας·	1125
αὐτὸς δ' ἀνῆκται Νεοπτόλεμος, καινάς τινας
Πηλέως ἀκούσας συμφοράς, ὥς νιν χθονὸς
"Ακαστος ἐκβέβληκεν, ὁ Πελίου γόνος.
οὗ θᾶσσον οὕνεκ' ἢ χάριν μονῆς ἔχων,
φροῦδος, μετ' αὐτοῦ δ' 'Ανδρομάχη, πολλῶν ἐμοὶ	1130
δακρύων ἀγωγός, ἡνίκ' ἐξώρμα χθονός,
πάτραν τ' ἀναστένουσα καὶ τὸν "Εκτορος
τύμβον προσεννέπουσα. καὶ σφ' ᾐτήσατο
θάψαι νεκρὸν τόνδ', ὃς πεσὼν ἐκ τειχέων
ψυχὴν ἀφῆκεν "Εκτορος τοῦ σοῦ γόνος·	1135
φόβον τ' 'Αχαιῶν, χαλκόνωτον ἀσπίδα
τήνδ', ἣν πατὴρ τοῦδ' ἀμφὶ πλεύρ' ἐβάλλετο,
μή νυν πορεῦσαι Πηλέως ἐφ' ἑστίαν,
μηδ' ἐς τὸν αὐτὸν θάλαμον, οὗ νυμφεύσεται
μήτηρ νεκροῦ τοῦδ' 'Ανδρομάχη, λύπας ὁρᾶν,	1140
ἀλλ' ἀντὶ κέδρου περιβόλων τε λαΐνων
ἐν τῇδε θάψαι παῖδα· σὰς δ' ἐς ὠλένας
δοῦναι, πέπλοισιν ὡς περιστείλῃς νεκρὸν
στεφάνοις θ', ὅση σοι δύναμις, ὡς ἔχει τὰ σά·
ἐπεὶ βέβηκε, καὶ τὸ δεσπότου τάχος	1145
ἀφείλετ' αὐτὴν παῖδα μὴ δοῦναι τάφῳ.
ἡμεῖς μὲν οὖν, ὅταν σὺ κοσμήσῃς νέκυν,
γῆν τῷδ' ἐπαμπισχόντες ἀροῦμεν δόρυ·
σὺ δ' ὡς τάχιστα πρᾶσσε τἀπεσταλμένα.
ἑνὸς μὲν οὖν μόχθου σ' ἀπαλλάξας ἔχω·	1150
Σκαμανδρίους γὰρ τάσδε διαπερῶν ῥοὰς
ἔλουσα νεκρὸν κἀπένιψα τραύματα.
ἀλλ' εἶμ' ὀρυκτὸν τῷδ' ἀναρρήξων τάφον,

Durch der Griechen Hand von der Zinne des Turms
In grausigem Wirbel geschleudert!

Talthybios *mit dem toten Astyanax*

Achilleus' Erbe Neoptólemos
Ließ hier ein einzig Ruderschiff zurück,
Das ihm der Beute Rest nach Phthia bringt.
Er selbst brach auf, weil neue Botschaft kam,
Akastos habe Peleus fortgejagt.
So litt es ihn nicht länger, er ist fort,
Mit ihm Andrómache. Zu Tränen hat
Sie mich gerührt, als man vom Ufer stieß.
Wie hat sie um ihr Land geklagt, das Grab
Des Gatten angerufen, und wie bat
Sie, diesem Kind ein Grab zu gönnen, dem
Vom Turm gestürzten, deines Hektors Sohn.
Und dieser Erzschild, der Achäer Schreck,
Mit dem ihr Gatte seinen Leib geschirmt,
Sollt ihr nicht folgen in des Peleus Haus,
Ins Schlafgemach des neuen Herrn, ihr Leid
Stets neu zu wecken, nein, statt Zedernholz
Und Marmorstein sollt er das tote Kind
Ihr betten. Und ich soll in deine Hand
Ihn legen, daß du ihn mit Kleid und Kranz
Aufbahrst, so gut es deine Armut kann.
Zum Aufbruch drängte ihres Herren Hast
Und ließ nicht zu, daß sie ihr Kind begrub.
Sobald du es geschmückt hast, decken wirs
Mit Erde und besteigen unser Schiff.
Vollziehe schleunigst das Befohlene!
Von einer Mühe hab ich dich befreit:
Als ich den Strom durchschritt, hab ich das Kind
Gebadet, seine Wunden abgelöscht.
So geh ich jetzt und schaufle ihm das Grab.

ὡς σύντομ' ἡμῖν τἀπ' ἐμοῦ τε κἀπὸ σοῦ
ἐς ἓν ξυνελθόντ' οἴκαδ' ὁρμήσῃ πλάτην.   1155

Εκ θέσθ' ἀμφίτορνον ἀσπίδ' Ἕκτορος πέδῳ,
    λυπρὸν θέαμα κοὺ φίλον λεύσσειν ἐμοί.
    ὦ μεῖζον' ὄγκον δορὸς ἔχοντες ἢ φρενῶν,
    τί τόνδ', Ἀχαιοί, παῖδα δείσαντες φόνον
    καινὸν διειργάσασθε; μὴ Τροίαν ποτὲ   1160
    πεσοῦσαν ὀρθώσειεν; οὐδὲν ἦτ' ἄρα,
    ὅθ' Ἕκτορος μὲν εὐτυχοῦντος ἐς δόρυ
    διωλλύμεσθα μυρίας τ' ἄλλης χερός,
    πόλεως δ' ἁλούσην καὶ Φρυγῶν ἐφθαρμένων
    βρέφος τοσόνδ' ἐδείσατ'· οὐκ αἰνῶ φόβον,   1165
    ὅστις φοβεῖται μὴ διεξελθὼν λόγῳ.
    ὦ φίλταθ', ὥς σοι θάνατος ἦλθε δυστυχής.
    εἰ μὲν γὰρ ἔθανες πρὸ πόλεως, ἥβης τυχὼν
    γάμων τε καὶ τῆς ἰσοθέου τυραννίδος,
    μακάριος ἦσθ' ἄν, εἴ τι τῶνδε μακάριον·   1170
    νῦν δ' αὔτ' ἰδὼν μὲν γνούς τε σῇ ψυχῇ, τέκνον,
    οὐκ οἶσθ', ἐχρήσω δ' οὐδὲν ἐν δόμοις ἔχων.
    δύστηνε, κρατὸς ὥς σ' ἔκειρεν ἀθλίως
    τείχη πατρῷα, Λοξίου πυργώματα,
    ὃν πόλλ' ἐκήπευσ' ἡ τεκοῦσα βόστρυχον   1175
    φιλήμασίν τ' ἔδωκεν, ἔνθεν ἐγγελᾷ
    ὀστέων ῥαγέντων φόνος, ἵν' αἰσχρὰ μὴ λέγω.
    ὦ χεῖρες, ὡς εἰκοὺς μὲν ἡδείας πατρὸς
    κέκτησθ', ἐν ἄρθροις δ' ἔκλυτοι πρόκεισθέ μοι.
    ὦ πολλὰ κόμπους ἐκβαλὸν φίλον στόμα,   1180
    ὄλωλας, ἐψεύσω μ', ὅτ' ἐσπίπτων λέχος,
    Ὦ μῆτερ, ηὔδας, ἦ πολύν σοι βοστρύχων
    πλόκαμον κεροῦμαι, πρὸς τάφον θ' ὁμηλίκων
    κώμους ἀπάξω, φίλα διδοὺς προσφθέγματα.
    σὺ δ' οὐκ ἔμ', ἀλλ' ἐγὼ σὲ τὸν νεώτερον,   1185

Je schneller jeder seine Pflicht getan,
So schneller trägt das Schiff uns beide fort.

ab

Hekabe

So legt den Schild zur Erde, Hektors Schild,
Schmerzvollen Anblick, den mein Auge scheut!
Der Speer und nicht der Geist ist euer Stolz,
Ihr Griechen! Furcht vor einem Kind hat euch
Den neuen Mord gelehrt. Der Knabe läßt
Kein Troja auferstehn! Wer seid ihr denn?
Als Hektor stark war und sein großes Heer,
Da habt ihr uns geschlagen, aber jetzt,
Nach Trojas Fall und aller Troer Tod,
Jagt euch dies Knäblein Angst ein, eine Angst,
Die euch nur zittern, nicht mehr denken läßt.
Mein Liebling, ach, wie traurig war dein Tod.
Wärst du gefallen für die Vaterstadt,
Ein Mann, vermählt, ein göttergleicher Fürst,
O Glück! – wenn Glück in solchen Dingen liegt.
Nun hast du nur gesehen und gestaunt,
Von allem nichts zum Eigentum gemacht.
Wer schor dein Haupt so kläglich, ärmstes Kind?
Ach Trojas Turm, Apollons stolzer Bau!
Die Locke, die die Mutter oft gekämmt,
Mit Küssen deckte – da, wo Mord und Tod
Und Schlimmeres aus offnem Schädel grinst.
Ihr Händchen, Abbild süßer Vaterhand,
Wie hängt ihr so gebrochen im Gelenk!
O lieber Mund, was hast du mir gelobt
Und nicht gehalten! Kamst zu mir ins Bett
Und sagtest: „Mutter, wenn du tot bist, schneid
Ich alle Locken ab, die Knaben bring
Ich alle an dein Grab zum Totenlied."
Nun bring ich dich zu Grab, den Jüngeren,

γραῦς ἄπολις ἄτεκνος, ἄθλιον θάπτω νεκρόν.
οἴμοι, τὰ πόλλ᾽ ἀσπάσμαθ᾽ αἵ τ᾽ ἐμαὶ τροφαὶ
ὕπνοι τ᾽ ἐκεῖνοι φροῦδά μοι. τί καί ποτε
γράψειεν ἄν σε μουσοποιὸς ἐν τάφῳ;
Τὸν παῖδα τόνδ᾽ ἔκτειναν Ἀργεῖοί ποτε   1190
δείσαντες – αἰσχρὸν τοὐπίγραμμά γ᾽ Ἑλλάδι.
ἀλλ᾽ οὖν πατρῴων οὐ λαχὼν ἕξεις ὅμως
ἐν ᾗ ταφήσῃ χαλκόνωτον ἰτέαν.
ὦ καλλίπηχυν Ἕκτορος βραχίονα
σῴζουσ᾽, ἄριστον φύλακ᾽ ἀπώλεσας σέθεν.   1195
ὡς ἡδὺς ἐν πόρπακι σὸς κεῖται τύπος
ἴτυός τ᾽ ἐν εὐτόρνοισι περιδρόμοις ἱδρώς,
ὃν ἐκ μετώπου πολλάκις πόνους ἔχων
ἔσταζεν Ἕκτωρ προστιθεὶς γενειάδι.
φέρετε, κομίζετ᾽ ἀθλίῳ κόσμον νεκρῷ   1200
ἐκ τῶν παρόντων· οὐ γὰρ ἐς κάλλος τύχας
δαίμων δίδωσιν· ὧν δ᾽ ἔχω, λήψῃ τάδε.
θνητῶν δὲ μῶρος ὅστις εὖ πράσσειν δοκῶν
βέβαια χαίρει· τοῖς τρόποις γὰρ αἱ τύχαι,
ἔμπληκτος ὡς ἄνθρωπος, ἄλλοτ᾽ ἄλλοσε   1205
πηδῶσι, κοὐδεὶς αὐτὸς εὐτυχεῖ ποτε.
Χο καὶ μὴν πρόχειρον αἵδε σοι σκυλευμάτων
Φρυγίων φέρουσι κόσμον ἐξάπτειν νεκρῷ.
Εκ ὦ τέκνον, οὐχ ἵπποισι νικήσαντά σε
οὐδ᾽ ἥλικας τόξοισιν, οὓς Φρύγες νόμους   1210
τιμῶσιν, οὐκ ἐς πλησμονὰς θηρωμένη,
μήτηρ πατρός σοι προστίθησ᾽ ἀγάλματα
τῶν σῶν ποτ᾽ ὄντων· νῦν δέ σ᾽ ἡ θεοστυγὴς
ἀφείλεθ᾽ Ἑλένη, πρὸς δὲ καὶ ψυχὴν σέθεν
ἔκτεινε καὶ πάντ᾽ οἶκον ἐξαπώλεσεν.   1215
Χο ἒ ἔ, φρενῶν   ia²
ἔθιγες ἔθιγες· ὦ μέγας ἐμοί ποτ᾽ ὤν   do²
ἀνάκτωρ πόλεως.   do

Εκ ἃ δ᾽ ἐν γάμοισι χρῆν σε προσθέσθαι χροΐ   ia⁶
Ἀσιατίδων γήμαντα τὴν ὑπερτάτην,

Als kinderloses, heimatloses Weib.
Ach, alle süße Pflege ist dahin,
Des Schlafs Beschützung. Welche Verse setzt
Ein Dichter dir auf deinen Leichenstein?
Schmachvolle Inschrift: „Dieses Kind hat einst
Das Griechenheer getötet voller Furcht."
So fiel dir doch ein Vatererbe zu:
Der erzbewehrte Schild, dein frühes Grab.
O, der du Hektors starken Arm beschirmt,
Verloren hast du deinen eignen Hort!
O süße Mulde an dem Riemengriff,
O guter Schweiß, da oben an dem Rand!
Wie oft vergoß dich Hektors Stirn, wenn er
In heißer Schlacht den Schild ans Kinn gedrückt!
So bringt dem armen Kind den Totenschmuck
Aus dem, was uns der Daimon noch beließ.
Es ist kein Prunk, ich gebe, was ich kann.
Der ist ein Tor, der mitten noch im Glück
Sich sicher wähnt. Wie des Beseßnen Sinn,
So wechseln Glückes Launen her und hin,
Und keiner hat es selber in der Hand.

Chf Schon bringt man aus der Phrygerbeute her,
     Was für des Toten Schmuck noch dienen kann.

Hek Nicht weil im Reiter- oder Bogenkampf
     Du obgesiegt nach altem Phrygerbrauch,
     Bringt deine Ahne hier den kargen Schmuck:
     Die Gabe ist dein letztes Eigentum.
     Wie hat die gottverhaßte Helena
     Dich ausgeplündert, grausam umgebracht
     Und ausgerottet unser ganzes Haus!

Ch   Oh, oh! Ans Herz
     Hast du gerührt, mir gerührt!
     Ja, einen mächtigen Herrn
     Hatte dies Land!

Hek Dies Festkleid, dir seit langem vorbestimmt
     Zur Hochzeit mit dem höchsten Fürstenkind,

Φρύγια πέπλων ἀγάλματ' ἐξάπτω χροός.   1220
σύ τ', ὦ ποτ' οὖσα καλλίνικε, μυρίων
μῆτερ τροπαίων, Ἕκτορος φίλον σάκος,
στεφανοῦ· θανῇ γὰρ οὐ θανοῦσα σὺν νεκρῷ·
ἐπεὶ σὲ πολλῷ μᾶλλον ἢ τὰ τοῦ σοφοῦ
κακοῦ τ' Ὀδυσσέως ἄξιον τιμᾶν ὅπλα.   1225

Χο	αἰαῖ αἰαῖ· πικρὸν ὄδυρμα.	sp² cr◡
Εκ	γαῖά σ' ὦ τέκνον δέξεται.	cr do
Χο	στέναζε, μᾶτερ –	ia² ba
Εκ	αἰαῖ.	
Χο	νεκρῶν ἴακχον.	ia² ba
Εκ	οἴμοι.	1230
Χο	οἴμοι δῆτα σῶν ἀλάστων κακῶν.	do²
Εκ	τελαμῶσιν ἕλκη τὰ μὲν ἐγώ σ' ἰάσομαι,	ia⁶

τλήμων ἰατρός, ὄνομ' ἔχουσα, τἄργα δ' οὔ·
τὰ δ' ἐν νεκροῖσι φροντιεῖ πατὴρ σέθεν.

Χο	ἄρασσ' ἄρασσε κρᾶτα	ia² ba 1235
	πιτύλους διδοῦσα χειρός,	ia² ba
	ἰώ μοί μοι.	do∧
Εκ	ὦ φίλταται γυναῖκες.	ia² ba
Χο	Ἑκάβη, σὰς ἔνεπε· τίνα θροεῖς αὐδάν;	do²
Εκ	οὐκ ἦν ἄρ' ἐν θεοῖσι πλὴν οὑμοὶ πόνοι	ia⁶ 1240

Τροία τε πόλεων ἔκκριτον μισουμένη,
μάτην δ' ἐβουθυτοῦμεν. εἰ δὲ μὴ θεὸς
ἔστρεψε τἄνω περιβαλὼν κάτω χθονός,
ἀφανεῖς ἂν ὄντες οὐκ ἂν ὑμνήθημεν ἂν
μούσαις ἀοιδὰς δόντες ὑστέρων βροτῶν.   1245
χωρεῖτε, θάπτετ' ἀθλίῳ τύμβῳ νεκρόν·
ἔχει γὰρ οἷα δεῖ γε νερτέρων στέφη.
δοκῶ δὲ τοῖς θανοῦσι διαφέρειν βραχύ,
εἰ πλουσίων τις τεύξεται κτερισμάτων·
κενὸν δὲ γαύρωμ' ἐστὶ τῶν ζώντων τόδε.   1250

Χο	ἰὼ ἰώ·	ia²
	μελέα μήτηρ, ἣ τὰς μεγάλας	an⁴
	ἐλπίδας ἐν σοὶ κατέκναψε βίου.	

Es hülle deine arme Leiche ein.
Du aber, einst so siegreich, Ahnherr du
So vieler Siegeszeichen, Hektors Schild,
Laß dich bekränzen! Auch im Grabe lebst
Du weiter. Höher als des Ränkeschmieds
Odysseus Waffen glänzt dein stolzer Ruf.

Ch   Wehe! Wehe! Bittre Klage!

Hek   Erde wird mein Kind umfangen!

Ch   Seufze, Mutter, ...

Hek   Weh, o weh!

Ch   Totenlieder!

Hek   Hör, ich tus.

Ch   Wehe, wehe, unheilbares Leid!

Hek Mit Binden heil ich deinen wunden Leib,
Ein schlechter Arzt, der keine Kunst versteht,
Doch drunten sorgt des lieben Vaters Hand.

Ch   Schlage, o schlage das Haupt,
Wirble zum Schlage die Hand,
Wehe, o weh!

Hek   Hört, ihr treuen Frauen!

Ch   Sprich, was will dieser Ruf?

Hek Die Götter wogen uns nur Leiden zu,
Die Stadt war ihnen bis ans Herz verhaßt,
Wertlos die Opfer. Aber hätte nicht
Ein Gott das Oberste zum Grund gekehrt,
So wären wir ein Rauch und würden nicht
Ein Lied der Muse bis in ferne Zeit.
Geht und bestattet dieses arme Kind,
Ihm war der Schmuck der Unteren zuteil.
Zwar kümmert es die Toten selber kaum,
Wenn man sie mit den reichsten Gaben ehrt,
Doch hängt der Lebende am leeren Prunk.

Ch   Oh, Weh und Ach!
Wir beklagen die Mutter, der all ihr Glück,
Die Hoffnung des Lebens mit dir verschwand.

μέγα δ' ὀλβισθεὶς ὡς ἐκ πατέρων
ἀγαθῶν ἐγένου,
δεινῷ θανάτῳ διόλωλας.   1255

ἔα ἔα·   ia²
τίνας 'Ιλιάσιν ταῖσδ' ἐν κορυφαῖς   an⁴
λεύσσω φλογέας δαλοῖσι χέρας
διερέσσοντας; μέλλει Τροίᾳ
καινόν τι κακὸν προσέσεσθαι.

Τα αὐδῶ λοχαγοῖς, οἳ τέταχθ' ἐμπιμπράναι   ia⁶   1260
Πριάμου τόδ' ἄστυ, μηκέτ' ἀργοῦσαν φλόγα
ἐν χειρὶ σῴζειν, ἀλλὰ πῦρ ἐνιέναι,
ὡς ἂν κατασκάψαντες 'Ιλίου πόλιν
στελλώμεθ' οἴκαδ' ἄσμενοι Τροίας ἄπο.
ὑμεῖς δ', ἵν' αὐτὸς λόγος ἔχῃ μορφὰς δύο,   1265
χωρεῖτε, Τρώων παῖδες, ὀρθίαν ὅταν
σάλπιγγος ἠχὼ δῶσιν ἀρχηγοὶ στρατοῦ,
πρὸς ναῦς 'Αχαιῶν, ὡς ἀποστέλλησθε γῆς.
σύ τ', ὦ γεραιὰ δυστυχεστάτη γύναι,
ἕπου. μεθήκουσίν σ' 'Οδυσσέως πάρα   1270
οἶδ', ᾧ σε δούλην κλῆρος ἐκπέμπει πάτρας.
Εκ οἳ 'γὼ τάλαινα· τοῦτο δὴ τὸ λοίσθιον
καὶ τέρμα πάντων τῶν ἐμῶν ἤδη κακῶν·
ἔξειμι πατρίδος, πόλις ὑφάπτεται πυρί.
ἀλλ', ὦ γεραιὲ πούς, ἐπίσπευσον μόλις,   1275
ὡς ἀσπάσωμαι τὴν ταλαίπωρον πόλιν.

ὦ μεγάλα δή ποτ' ἀμπνέουσ' ἐν βαρβάροις
Τροία, τὸ κλεινὸν ὄνομ' ἀφαιρήσῃ τάχα.
πιμπρᾶσί σ', ἡμᾶς δ' ἐξάγουσ' ἤδη χθονὸς
δούλας· ἰὼ θεοί. καὶ τί τοὺς θεοὺς καλῶ;   1280

Das Kind wird fortgebracht

Wie pries man dich glücklich, der solchem Stamm
Der Väter entsprang!
Wie grausam bist du geschieden!

O seht, o seht!
Welche Hände schwingen auf Ilions Wall
Rote Fackeln, entfachen des Feuers Glut?
Ist wieder der Stadt
Ein neues Unheil bereitet?

Ta *kehrt zurück*
Ihr Männer droben, denen man befahl,
Dies Troja einzuäschern, säumt nicht mehr,
Schwingt eure Brände, legt das Feuer an,
Daß freudig, nach Zerstörung dieser Stadt,
Wir nach der Heimat lenken unsre Fahrt.
Ihr aber, – zwei Gesichter hat mein Wort –
Ihr Töchter Trojas, eilt, sobald vom Zelt
Der Fürsten die Posaune schrill erklingt,
Hin zu den Schiffen und verlaßt das Land.
Auch du mußt gehen, ganz unselges Weib,
Odysseus schickt schon seine Leute ab
Und holt das Beuteweib nach Ithaka.

Hek Ich Ärmste! Dieses ist der letzte Schlag,
Der Gipfel meines langen Leidenswegs.
Vor mir die Fremde, dort verbrennt die Stadt.
Ihr alten Füße, tragt mich, wie ihr könnt,
Zum Tor zurück, zum letzten Abschiedsgruß.

sie läuft zur Mauer

O Troja, einst das Haupt ganz Asiens,
Bald ist dein stolzer Name ausgelöscht.
Du gehst in Flammen auf, als Sklaven führt
Man uns davon. Ihr Götter! Wozu ruf

καὶ πρὶν γὰρ οὐκ ἤκουσαν ἀνακαλούμενοι.
φέρ' ἐς πυρὰν δράμωμεν· ὡς κάλλιστά μοι
σὺν τῇδε πατρίδι κατθανεῖν πυρουμένη.
Τα ἐνθουσιᾷς, δύστηνε, τοῖς σαυτῆς κακοῖς.
ἀλλ' ἄγετε, μὴ φείδεσθ'· 'Οδυσσέως δὲ χρὴ   1285
ἐς χεῖρα δοῦναι τήνδε καὶ πέμπειν γέρας.
Εκ ὀττοτοτοτοτοῖ.
    Κρόνιε, πρύτανι Φρύγιε, γενέτα   ia⁴
    πάτερ, ἀνάξια τᾶς Δαρδάνου   crᴗᴗia²
    γονᾶς τάδ' οἷα πάσχομεν δέδορκας;   ia⁴ ba   1290

Χο δέδορκεν, ἁ δὲ μεγαλόπολις   ia⁴
    ἄπολις ὄλωλεν οὐδ' ἔτ' ἔστι Τροία.   ia⁴ ba

Εκ ὀττοτοτοτοτοῖ.
    λέλαμπεν Ἴλιος, Περ-   ia² ba   1295
    γάμων τε πυρὶ καταίθεται τέραμνα   ia⁴ ba
    καὶ πόλις ἄκρα τε τειχέων.   ia⁴
Χο πτέρυγι δὲ καπνὸς ὥς τις οὐ-   ia⁴
    ρανίᾳ πεσοῦσα δορὶ καταφθίνει γᾶ.   ia⁴ ba
    μαλερὰ μέλαθρα πυρὶ κατάδρομα   ia⁴   1300
    δαΐῳ τε λόγχᾳ.   cr ba

Εκ ἰὼ γᾶ τρόφιμε τῶν ἐμῶν τέκνων.   ba cr ia² στρ.
Χο ἒ ἔ.
Εκ ὦ τέκνα, κλύετε, μάθετε ματρὸς αὐδάν. ia⁴ ba

Χο ἰαλέμῳ τοὺς θανόντας ἀπύεις.   ia² cr ia²
Εκ γεραιά γ' ἐς πέδον τιθεῖσα μέλεα καὶ   ia⁶   1305
    χερσὶ γαῖαν κτυποῦσα δισσαῖς.   cr² ba

Ich euch, die mich noch niemals angehört!
Ich spring ins Feuer. Dieses sei mein Trost:
Der Flammentod in der geliebten Stadt.

Ta Das Übermaß der Leiden macht sie toll.
Packt sie mit starker Faust, führt sie hinweg,
Bringt sie Odysseus als sein Eigentum.

Hek Jammer, o Jammer, Jammer, o Leid!
Kronos' Sohn!
Phrygiens Vater und Fürst!
Hat Dardanos, dein Sohn,
Diese Leiden der Enkel verdient?

Ch Er sieht die Leiden,
Doch ist dies Volk
Kein Volk mehr, ausgetilgt die Stadt!

Hek Jammer, o Jammer, Jammer, o Leid!
Wie flammt mein Ilion!
Pergamos' Burg erstrahlt im Feuer,
Die Stadt und die Zinnen!

Ch Wie Rauch, vom Fittich des Himmels verweht,
Schwindet die Stadt
Unterm Speer dahin.
Der Paläste Zeilen durchtobt
Feuer und tödliche Lanze.

Abzugslied

Strophe

Hek *knieend*
O Erde, die treu meine Kinder genährt!
Ch Oh, oh!
Hek Hört, Kinder, vernehmt
Der Mutter Stimme!
Ch Die Toten beschwört dein Klagelied.
Hek Die alten Glieder zum Boden gebeugt,
Schlag ich die Erde
Mit doppelten Händen.

Χο	διάδοχά σοι γόνυ τίθημι γαίᾳ	ia² cr ba
	τοὺς ἐμοὺς καλοῦσα νέρ-	cr ia²
	θεν ἀθλίους ἀκοίτας.	ia² ba
Εκ	ἀγόμεθα φερόμεθ' –	ia⁴ cr 1310
Χο	ἄλγος ἄλγος βοᾷς.	
Εκ	δούλειον ὑπὸ μέλαθρον –	ia⁶
Χο	– ἐκ πάτρας γ' ἐμᾶς.	
Εκ	ἰώ.	
	Πρίαμε Πρίαμε, σὺ μὲν ὀλόμενος	ia⁴
	ἄταφος ἄφιλος	ia²
	ἄτας ἐμᾶς ἄιστος εἶ.	ia⁴
Χο	μέλας γὰρ ὄσσε κατεκάλυ-	ia⁴ 1315
	ψε θάνατος ὅσιος ἀνοσίαις σφαγαῖσιν.	ia⁴ ba

Εκ	ἰὼ θεῶν μέλαθρα καὶ πόλις φίλα,	ἀντ.
Χο	ἒ ἔ.	
Εκ	τὰν φόνιον ἔχετε φλόγα δορός τε λόγχαν.	
Χο	τάχ' ἐς φίλαν γᾶν πεσεῖσθ' ἀνώνυμοι.	
Εκ	κόνις δ' ἴσα καπνῷ πτέρυγι πρὸς αἰθέρα	1320
	ᾷστον οἴκων ἐμῶν με θήσει.	
Χο	ὄνομα δὲ γᾶς ἀφανὲς εἶσιν· ἄλλα δ'	
	ἄλλο φροῦδον, οὐδ' ἔτ' ἔ-	
	στιν ἃ τάλαινα Τροία.	
Εκ	ἐμάθετ', ἐκλύετε –	1325
Χο	Περγάμων γε κτύπον.	
Εκ	ἔνοσις ἅπασαν ἔνοσις –	
Χο	ἐπικλύσει πόλιν.	
Εκ	ἰώ·	
	τρομερὰ μέλεα, φέρετ' ἐμὸν ἴχνος·	
	ἴτ' ἐπί, τάλανα,	

Ch   Wir beugen die Kniee wie du,
      Rufen drunten
      Die armen Gatten.
Hek   Man reißt uns, man schleppt uns ...
Ch   In Leid und in Leid ...
Hek   In Häuser der Knechtschaft ...
Ch   Vom heimischen Strand.
Hek   O Priamos, Priamos, wehe,
      Du sankst dahin,
      Grablos, freundlos,
      Siehst nicht meine Leiden!
Ch   Denn dir hat zuvor
      Deine Augen bedeckt
      Das Dunkel des Tods,
      Voller Gnade im Grauen.

Gegenstrophe

Hek   Ihr Häuser der Götter, geliebteste Stadt!
Ch   Oh, oh!
Hek   Vom Feuer zerstört
      Und Feindes Lanze!
Ch   Bald stürzt ihr zu Boden, namenlos!
Hek   Wie Rauch im Wind wirbelt Asche empor,
      Läßt meine Hallen
      Mich nicht mehr erkennen.
Ch   Verweht ist der Name des Landes,
      Hierhin, dorthin,
      Und fort ist Troja.
Hek   O hört ihr, vernehmt ihr ...
Ch   Die Burg ist gestürzt!
Hek   Dies Beben, dies Beben ...
Ch   Reißt alles dahin!
Hek   Ihr zitternden, zitternden Glieder,
      So schleppt den Schritt,
      Schritt der Greisin,

δούλειον ἀμέραν βίου.   1880

Χο ἰὼ τάλαινα πόλις· ὅμως
δὲ πρόφερε πόδα σὸν ἐπὶ πλάτας ᾿Αχαιῶν.

In den Abend der Knechtschaft!
Ch   Unselige Stadt!
Doch muß es geschehn.
Kaum trägt mich der Fuß
Zu den Schiffen der Griechen.

ELEKTRA

ΗΛΕΚΤΡΑ

Τὰ τοῦ δράματος πρόσωπα

Αὐτουργὸς Μυκηναῖος · Ἠλέκτρα · Ὀρέστης
Πυλάδης, κωφὸν πρόσωπον · Χορός · Πρέσβυς
Ἄγγελος · (Αἴγισθος) · Κλυταιμήστρα · Κάστωρ
Πολυδεύκης, κωφὸν πρόσωπον

ELEKTRA

Personen des Dramas

Bauer *der Umgegend von Mykenä*
Elektra, *Tochter des Agamemnon* · Orestes, *ihr Bruder*
Pylades, *sein Freund (stumme Rolle)*
Chor *der Bauernmädchen der Umgegend*
Der Alte, *einst Erzieher des Agamemnon*
Ein Bote, *Diener des Orestes*
Aigisthos (Ägisth), *Sohn des Thyestes, Vetter des Agamemnon,*
als Toter
Klytämnestra, *Gattin des Agamemnon, Schwester der Helena*
Kastor, *Bruder der Klytämnestra*
Polydeukes, *sein Zwillingsbruder (stumme Rolle)*
Ein Diener *des Pylades* · Gefolge *der Klytämnestra*

Die Szene ist vor dem ärmlichen Gehöft des Bauern
auf den mykenischen Bergen.
Aufführung wohl 413 v. Chr.

Αὐτουργός

Ὦ γῆς παλαιὸν Ἄργος, Ἰνάχου ῥοαί,
ὅθεν ποτ' ἄρας ναυσὶ χιλίαις Ἄρη
ἐς γῆν ἔπλευσε Τρῳάδ' Ἀγαμέμνων ἄναξ.
κτείνας δὲ τὸν κρατοῦντ' ἐν Ἰλιάδι χθονὶ
Πρίαμον, ἑλών τε Δαρδάνου κλεινὴν πόλιν,   5
ἀφίκετ' ἐς τόδ' Ἄργος, ὑψηλῶν δ' ἐπὶ
ναῶν ἔθηκε σκῦλα πλεῖστα βαρβάρων.
κἀκεῖ μὲν εὐτύχησεν· ἐν δὲ δώμασι
θνῄσκει γυναικὸς πρὸς Κλυταιμήστρας δόλῳ
καὶ τοῦ Θυέστου παιδὸς Αἰγίσθου χερί.   10
χὠ μὲν παλαιὰ σκῆπτρα Ταντάλου λιπὼν
ὄλωλεν, Αἴγισθος δὲ βασιλεύει χθονός,
ἄλοχον ἐκείνου Τυνδαρίδα κόρην ἔχων.
οὓς δ' ἐν δόμοισιν ἔλιφ' ὅτ' ἐς Τροίαν ἔπλει,
ἄρσενά τ' Ὀρέστην θῆλύ τ' Ἠλέκτρας θάλος,   15
τὸν μὲν πατρὸς γεραιὸς ἐκκλέπτει τροφεὺς
μέλλοντ' Ὀρέστην χερὸς ὕπ' Αἰγίσθου θανεῖν
Στροφίῳ τ' ἔδωκε Φωκέων ἐς γῆν τρέφειν·
ἡ δ' ἐν δόμοις ἔμεινεν Ἠλέκτρα πατρός,
ταύτην ἐπειδὴ θαλερὸς εἶχ' ἥβης χρόνος,   20
μνηστῆρες ᾔτουν Ἑλλάδος πρῶτοι χθονός.
δείσας δὲ μή τῳ παῖδ' ἀριστέων τέκοι
Ἀγαμέμνονος ποινάτορ', εἶχεν ἐν δόμοις
Αἴγισθος οὐδ' ἥρμοζε νυμφίῳ τινί.
ἐπεὶ δὲ καὶ τοῦτ' ἦν φόβου πολλοῦ πλέων,   25
μή τῳ λαθραίως τέκνα γενναίῳ τέκοι,
κτανεῖν σφε βουλεύσαντος, ὠμόφρων ὅμως

DER MORGEN

VORSZENE

Bauer *tritt beim Morgengrauen aus seiner Hütte und blickt zur Ebene hinab*

Altes Argos-Land!
Meines Stromes Rand!
Von dir trug einst Agamemnon den Krieg
Mit tausend Schiffen ins troische Land,
Erschlug den Fürsten und stürzte die Burg
Und brachte den heimischen Tempeln den Sieg,
Die Beute häufend des fremden Lands.
Dort war sein Glück. Doch schlug ihn im Haus
Klytämnestras List und die Hand des Ägisth.

Des Tantalus Thron ließ verwaist er zurück,
Den Aigisthos bestieg,
Die Gattin des Toten zur Seite.
O der Kinder, die einst der Feldherr verließ!
Den Knaben Orest, von Aigisthos bedroht,
Bringt heimlich der Greis, der den Vater erzog,
Zu Strophios' Haus im phokischen Land.

Die Schwester Elektra erblüht im Palast,
Bis die Ersten im Land ihre Hand begehrt.

Doch Aigisthos aus Angst vor rächendem Sproß
Hält im Haus sie zurück, verwehrt ihr den Mann,
Ja in ewiger Angst vor geheimer Geburt
Beschließt er den Mord, den die Mutter jedoch,

μήτηρ νιν ἐξέσωσεν Αἰγίσθου χερός.
ἐς μὲν γὰρ ἄνδρα σκῆψιν εἶχ' ὀλωλότα,
παίδων δ' ἔδεισε μὴ φθονηθείη φόνῳ. 30
ἐκ τῶνδε δὴ τοιόνδ' ἐμηχανήσατο
Αἴγισθος· ὃς μὲν γῆς ἀπηλλάχθη φυγὰς
'Αγαμέμνονος παῖς, χρυσὸν εἶφ' ὃς ἂν κτάνη,
ἡμῖν δὲ δὴ δίδωσιν 'Ηλέκτραν ἔχειν
δάμαρτα, πατέρων μὲν Μυκηναίων ἄπο 35
γεγῶσιν – οὐ δὴ τοῦτό γ' ἐξελέγχομαι·
λαμπροὶ γὰρ ἐς γένος γε, χρημάτων δὲ δὴ
πένητες, ἔνθεν ηὐγένει' ἀπόλλυται –
ὡς ἀσθενεῖ δοὺς ἀσθενῆ λάβοι φόβον.
εἰ γάρ νιν ἔσχεν ἀξίωμ' ἔχων ἀνήρ, 40
εὕδοντ' ἂν ἐξήγειρε τὸν 'Αγαμέμνονος
φόνον δίκη τ' ἂν ἦλθεν Αἰγίσθῳ τότε.
ἦν οὔποθ' ἀνὴρ ὅδε – σύνοιδέ μοι Κύπρις –
ᾔσχυνεν εὐνῇ· παρθένος δ' ἔτ' ἐστὶ δή. 44
στένω δὲ τὸν λόγοισι κηδεύοντ' ἐμοὶ 47
ἄθλιον 'Ορέστην, εἴ ποτ' εἰς "Αργος μολὼν
γάμους ἀδελφῆς δυστυχεῖς ἐσόψεται.
ὅστις δέ μ' εἶναί φησι μῶρον, εἰ λαβὼν 50
νέαν ἐς οἴκους παρθένον μὴ θιγγάνω,
γνώμης πονηροῖς κανόσιν ἀναμετρούμενος
τὸ σῶφρον, ἴστω καὐτὸς αὖ τοιοῦτος ὤν.

'Ηλέκτρα

ὦ νὺξ μέλαινα, χρυσέων ἄστρων τροφέ,
ἐν ᾗ τόδ' ἄγγος τῷδ' ἐφεδρεῦον κάρα 55
φέρουσα πηγὰς ποταμίας μετέρχομαι –
οὐ δή τι χρείας ἐς τοσόνδ' ἀφιγμένη,
ἀλλ' ὡς ὕβριν δείξωμεν Αἰγίσθου θεοῖς –
γόους τ' ἀφίημ' αἰθέρ' ἐς μέγαν πατρί.

αἰσχύνομαι γὰρ ὀλβίων ἀνδρῶν τέκνα 45
λαβὼν ὑβρίζειν, οὐ κατάξιος γεγώς.

So grausam sonst sie gewaltet, ihm wehrt,
Des Gatten gedenk, den schon sie erschlug,
Und des ehrlosen Rufs kindsmordender Frau.
Da ersinnt sich Ägisth neuen grausamen Plan,
Setzt Gold auf den Kopf des vertriebenen Sohns
Und vermählt Elektra mir ärmstem Mann,
Zwar echtem Mykener altbürtigen Stamms,
Doch des Reichtums bar, der den Adel verbürgt.
Der Geringe nährt nur gering ihm die Furcht,
Die mächtig er hegte vor mächtigem Mann:
Daß er wecke die Strafe des alten Mords.

Doch Kypris weiß, daß ich fürstliches Blut
Niemals geschändet und nie sie berührt,
Denn mich dauert Orest, dem man Schwager mich nennt,
Wenn der Ärmste wieder zur Heimat kehrt
Und der Schwester unrühmliche Ehe gewahrt.
Wer Toren mich schilt, daß ich niemals genoß
Der lieblichen Frucht im eigenen Haus,
Der wisse, daß niedrig er Hohes bemißt,
Dem eigenen Unwert verfallen.

Elektra *tritt aus dem Haus, mit dem Wasserkrug auf dem
Haupt*

O Dunkel der Nacht, goldner Sterne Gewand,
Da den Krug ich trage zur Quelle des Stroms,
Freiwillig in Fron, von Aigisthos den Hohn
Den Göttern zu zeigen, zu senden den Laut
Der Totenklage zum Ätherreich,

ἡ γὰρ πανώλης Τυνδαρίς, μήτηρ ἐμή,   60
ἐξέβαλέ μ' οἴκων, χάριτα τιθεμένη πόσει·
τεκοῦσα δ' ἄλλους παῖδας Αἰγίσθῳ πάρα
πάρεργ' 'Ορέστην κἀμὲ ποιεῖται δόμων.
Αυ τί γὰρ τάδ', ὦ δύστην', ἐμὴν μοχθεῖς χάριν
πόνους ἔχουσα, πρόσθεν εὖ τεθραμμένη,   65
καὶ ταῦτ' ἐμοῦ λέγοντος οὐκ ἀφίστασαι;
Ηλ ἐγώ σ' ἴσον θεοῖσιν ἡγοῦμαι φίλον·
ἐν τοῖς ἐμοῖς γὰρ οὐκ ἐνύβρισας κακοῖς.
μεγάλη δὲ θνητοῖς μοῖρα συμφορᾶς κακῆς
ἰατρὸν εὑρεῖν, ὡς ἐγὼ σὲ λαμβάνω.   70
δεῖ δή με κἀκέλευστον εἰς ὅσον σθένω
μόχθου 'πικουφίζουσαν, ὡς ῥᾷον φέρῃς,
συνεκκομίζειν σοι πόνους. ἅλις δ' ἔχεις
τἄξωθεν ἔργα· τἀν δόμοις δ' ἡμᾶς χρεὼν
ἐξευτρεπίζειν. εἰσιόντι δ' ἐργάτῃ   75
θύραθεν ἡδὺ τἄνδον εὑρίσκειν καλῶς.
Αυ εἴ τοι δοκεῖ σοι, στεῖχε· καὶ γὰρ οὐ πρόσω
πηγαὶ μελάθρων τῶνδ'. ἐγὼ δ' ἅμ' ἡμέρᾳ
βοῦς εἰς ἀρούρας ἐσβαλὼν σπερῶ γύας.
ἀργὸς γὰρ οὐδεὶς θεοὺς ἔχων ἀνὰ στόμα   80
βίον δύναιτ' ἂν ξυλλέγειν ἄνευ πόνου.

'Ορέστης

Πυλάδη, σὲ γὰρ δὴ πρῶτον ἀνθρώπων ἐγὼ
πιστὸν νομίζω καὶ φίλον ξένον τ' ἐμοί·
μόνος δ' 'Ορέστην τόνδ' ἐθαύμαζες φίλων,
πράσσονθ' ἃ πράσσω δείν' ὑπ' Αἰγίσθου παθών,   85
ὅς μου κατέκτα πατέρα χἠ πανώλεθρος
μήτηρ. ἀφῖγμαι δ' ἐκ θεοῦ μυστηρίων
'Αργεῖον οὖδας οὐδενὸς ξυνειδότος,
φόνον φονεῦσι πατρὸς ἀλλάξων ἐμοῦ.
νυκτὸς δὲ τῆσδε πρὸς τάφον μολὼν πατρὸς   90
δάκρυά τ' ἔδωκα καὶ κόμης ἀπηρξάμην
πυρᾷ τ' ἐπέσφαξ' αἷμα μηλείου φόνου,

Die das schurkische Weib, meine Mutter genannt,
Dem Buhlen zulieb aus dem Hause vertrieb,
Bastarde gebärend. Echtbürtiges Kind,
Auch Orestes, sucht in der Fremde das Brot.

Bau Du quälst dich für mich, du unseligste Frau,
Der Fron nicht gewohnt, und mühst dich zu Tod
Und achtest nicht meines so guten Rats.

El Du gottgleicher Freund, den das Unglück bewährt,
Ein gnädig Geschick hat in äußerster Not
Mir in dir den rettenden Helfer gesandt.
So muß ich nach Kräften, auch ohne Gebot
Dir tragen die Last, dir tragen die Not,
Das Haus dem bestellen, der draußen sich müht,
Daß gern er die heimische Schwelle betritt.

Bau So geh, wenn du meinst. Nicht fern ist der Quell.
Die Ochsen führ ich beim Grauen des Tags
Hinaus auf das Feld, das zum Säen bereit.
Kein Fauler, und führt er auch Götter im Mund,
Erwirbt ohne Mühe den irdischen Lohn.

Der Bauer geht aufs Feld, Elektra zur Quelle

Orestes *kommt mit Pylades und zwei Dienern*

Mein Pylades! Du, der treueste Mensch,
Der als einziger Freund den Orestes bekennt
In den Nöten, die ihm von Aigisthos verhängt,
Der mir einst den liebsten Vater erschlug,
Mit der elenden Mutter im furchtbaren Bund.
Von Apollon gesandt und von niemand gekannt,
Betret ich die Heimat, mit mordender Hand
Den Mördern des Vaters zu zahlen die Tat.
Im Schutze der Nacht betrat ich sein Grab,
Zu weinen, zu spenden der Locke Tribut
Und das Blut des eben geschlachteten Schafs.

λαθὼν τυράννους οἳ κρατοῦσι τῆσδε γῆς.
καὶ τειχέων μὲν ἐντὸς οὐ βαίνω πόδα,
δυοῖν δ' ἅμιλλαν ξυντιθεὶς ἀφικόμην   95
πρὸς τέρμονας γῆς τῆσδ', ἵν' ἐκβάλω ποδὶ
ἄλλην ἐπ' αἶαν, εἴ μέ τις γνοίη σκοπῶν,
ζητῶν τ' ἀδελφήν· φασὶ γάρ νιν ἐν γάμοις
ζευχθεῖσαν οἰκεῖν οὐδὲ παρθένον μένειν·
ὡς συγγένωμαι καὶ φόνου ξυνεργάτιν   100
λαβὼν τά γ' εἴσω τειχέων σαφῶς μάθω.
νῦν οὖν – Ἕως γὰρ λευκὸν ὄμμ' ἀναίρεται –
ἔξω τρίβου τοῦδ' ἴχνος ἀλλαξώμεθα.
ἢ γάρ τις ἀροτὴρ ἤ τις οἰκέτις γυνὴ
φανήσεται νῷν, ἥντιν' ἱστορήσομεν   105
εἰ τούσδε ναίει σύγγονος τόπους ἐμή.
ἀλλ' – εἰσορῶ γὰρ τήνδε προσπόλου τινά,
πηγαῖον ἄχθος ἐν κεκαρμένῳ κάρᾳ
φέρουσαν – ἐζώμεσθα κἀκπυθώμεθα
δούλης γυναικός, ἤν τι δεξώμεσθ' ἔπος   110
ἐφ' οἷσι, Πυλάδη, τήνδ' ἀφίγμεθα χθόνα.

Ηλ σύντειν' – ὥρα – ποδὸς ὁρμάν· ὤ,   an⁴   στρ.
ἔμβα, ἔμβα κατακλαίουσα·   an⁴
ἰώ μοί μοι.   an²
ἐγενόμαν Ἀγαμέμνονος   gl   115
κἄτεκέν με Κλυταιμήστρα   gl
στυγνὰ Τυνδάρεω κόρα,   gl
κικλήσκουσι δέ μ' ἀθλίαν   gl
Ἠλέκτραν πολιῆται.   gl∧
φεῦ φεῦ τῶν σχετλίων πόνων   gl   120
καὶ στυγερᾶς ζόας.   ∧∧gl
ὦ πάτερ, σὺ δ' ἐν Ἀίδα   gl
κεῖσαι, σᾶς ἀλόχου σφαγαῖς   gl
Αἰγίσθου τ', Ἀγάμεμνον.   gl∧

Noch meidet mein Fuß die Mauern der Stadt,
Weilt zwiefachen Grunds an der Grenze des Lands:
Den Späher zu fliehn, der zu früh mich erkennt,
Die Schwester zu sehn, die im Lande vermählt,
Ob ich treffe die treue Gehilfin der Tat
Und erkunde, was hinter dem Tore droht.

Doch schon hebt Eos den leuchtenden Blick.
So lenken wir seitwärts der Straße den Pfad,
Wo ein Ackersmann uns, eine Sklavin vielleicht,
Auf dem Weg erscheint und uns Antwort gibt,
Ob die Schwester mir hier in der Nähe haust.
Und sieh: schon erblick ich die dienende Frau,
Die Last des Krugs auf geschorenem Haupt.
Laßt kauernd uns lauschen dem Worte der Magd,
Die Lage im Land zu vernehmen.

Sie verstecken sich

El   *kommt von der Quelle, setzt den Krug ab und schreitet die
      Totenklage*

Strophe

Stunde drängt – beflügle den Schritt,
Schreitendem Fuß gib die Klage mit,
Gellendes Schreien der Klage.
   Ich bin Agamemnons Kind, mich
   Gebar Klytämnestra,
   Tyndaros' verhaßte Tochter.
   Elektra nennt mich
   Ärmste die Stadt.
   Wehe über mein furchtbares Los,
   Mein grausames Leben!
   Vater, du ruhst in Hades' Reich,
   Agamemnon, gefällt von den Schlägen
   Ägisths und der Gattin.

ἴθι τὸν αὐτὸν ἔγειρε γόον,   gl   125
ἄναγε πολύδακρυν ἀδονάν.   gl

σύντειν' – ὦρα – ποδὸς ὁρμάν· ὤ,   ἀντ.
ἔμβα, ἔμβα, κατακλαίουσα·
ἰώ μοί μοι.
τίνα πόλιν, τίνα δ' οἶκον, ὦ   130
τλᾶμον σύγγον', ἀλατεύεις
οἰκτρὰν ἐν θαλάμοις λιπὼν
πατρῴοις ἐπὶ συμφοραῖς
ἀλγίσταισιν ἀδελφάν;
ἔλθοις τῶνδε πόνων ἐμοὶ   135
τᾷ μελέᾳ λυτήρ,
ὦ Ζεῦ Ζεῦ, πατρί θ' αἱμάτων
ἐχθίστων ἐπίκουρος, Ἄρ-
γει κέλσας πόδ' ἀλάταν.

  .   .   .   .   .   .
  .   .   .   .   .   .

  .   .   .   .   .   .   στρ.
  .   .   .   .   .   .
  .   .   .   .   .   .
  .   .   .   .   .   .
  .   .   .   .   .   .
  .   .   .   .   .   .
  .   .   .   .   .   .

θὲς τόδε τεῦχος ἐμῆς ἀπὸ κρατὸς ἑ-   da⁴   140
λοῦσ', ἵνα πατρὶ γόους νυχίους   da⁴⌃

Wieder steige der Wehschrei auf –
Lasse der Flut der Tränen den Lauf.

Gegenstrophe

Stunde drängt – beflügle den Schritt,
Schreitendem Fuß gib die Klage mit,
Gellendes Schreien der Klage.
   Zu welcher Stadt, welchem Haus irrt
   Mein armer Orestes?
   Ließest tränenreiche Schwester
   Daheim zurück in
   Bitterster Not.
   Kämest du, kämst du der Ärmsten hier
   Die Qualen erlösend,
   Furchtbaren Mord, o Zeus, o Zeus,
   Zu vergelten. O lenke zur Heimat
   Die irrenden Schritte!
Wieder steige der Wehschrei auf –
Lasse der Flut der Tränen den Lauf.

Strophe

Schürfet, schürfet,
Nägel, das Haupt!
   Wie der Singschwan
   Am Flußlauf
   Liebstem Vater
   Sein Lied singt,
   Der im Schlingnetz
   Ihm dahinstirbt,
   So dich ärmsten
   Vater beklag ich.

Vom Haupte hob ich den Krug,
Nachtklage dem Vater

ἐπορθροβοάσω,	∧gl∧	
ἰαχάν, Ἀΐδα μέλος,	·gl	
Ἀΐδα, πάτερ, σοι	cr ba	
κατὰ γᾶς ἐνέπω γόους	·gl	
οἷς ἀεὶ τὸ κατ' ἦμαρ	gl∧	145
διέπομαι, κατὰ μὲν φίλαν	gl	
ὄνυχι τεμνομένα δέραν	gl	
χέρα τε κρᾶτ' ἐπὶ κούριμον	gl	
τιθεμένα θανάτῳ σῷ.	gl∧	

αἲ αἴ, δρύπτε κάρα·	gl∧∧	ἀντ.
οἷα δέ τις κύκνος ἀχέτας	da² cr	151
ποταμίοις παρὰ χεύμασιν	gl	
πατέρα φίλτατον καλεῖ,	cr ia²	
ὀλόμενον δολίοις βρόχων	gl	
ἕρκεσιν, ὡς σὲ τὸν ἄθλιον	da² cr	155
πατέρ' ἐγὼ κατακλαίομαι,	gl	

λουτρὰ πανύσταθ' ὑδρανάμενον χροΐ		
κοίτᾳ ἐν οἰκτροτάτᾳ θανάτου.		
ἰώ μοι, ἰώ μοι		
πικρᾶς μὲν πελέκεως τομᾶς		160
σᾶς, πάτερ, πικρᾶς δ' ἐκ		
Τροίας ὁδίου βουλᾶς·		
οὐ μίτραισι γυνή σε		
δέξατ' οὐδ' ἐπὶ στεφάνοις,	cr∪ch	
ξίφεσι δ' ἀμφιτόμοις λυγρὰν		
Αἰγίσθου λώβαν θεμένα	sp² ch	165
δόλιον ἔσχεν ἀκοίταν.		

Zu stöhnen,
Gellende Töne, des Hades Lied.
Dir in der Erde tön ich die Klage,
Die mir füllet die Tage,
Da mir zartesten Hals
Des Nagels Schärfe zerkratzt,
Hand schlägt geschorenes Haupt,
Um deinen Tod, Agamemnon.

Gegenstrophe

Schürfet, schürfet,
Nägel, das Haupt!
Wie der Singschwan
Am Flußlauf
Liebstem Vater
Sein Lied singt,
Der im Schlingnetz
Ihm dahinstirbt,
So dich ärmsten
Vater beklag ich.

Dein letztes erquickendes Bad:
Oh, schreckliches Todbett.
O weh des
Bitteren Beils, das den Vater traf,
Bitterer List, da von Troja du kehrtest!
Nicht mit Bändern empfing dich,
Nicht mit Kränzen dein Weib,
Mit doppelschneidigem Schwert
Wählt sie die Schmach des Ägisth
Und steht zum tückischen Buhlen.

Χορός

'Αγαμέμνονος ὦ κόρα,	‧gl	στρ.
ἤλυθον, 'Ηλέκτρα, ποτὶ	ch ia²	
σὰν ἀγρότειραν αὐλάν.	ch ba	
ἔμολέ τις ἔμολεν γαλακτοπότας ἀνὴρ	ia² gl	
Μυκηναῖος ὀρειβάτας‧	‧gl	170
ἀγγέλλει δ' ὅτι νῦν τριταί-	gl	
αν καρύσσουσιν θυσίαν	sp² ch	
'Αργεῖοι, πᾶσαι δὲ παρ' 'Η-	sp² ch	
ραν μέλλουσιν παρθενικαὶ στείχειν.	sp gl	

Ηλ οὐκ ἐπ' ἀγλαΐαις, φίλαι,	gl	175
θυμὸν οὐδ' ἐπὶ χρυσέοις	gl	
ὅρμοις ἐκπεπόταμαι	gl∧	
τάλαιν', οὐδ' ἱστᾶσα χορούς	×sp×ch	
'Αργείαις ἅμα νύμφαις	gl∧	
εἱλικτὸν κρούσω πόδ' ἐμόν.	sp² ch	180
δάκρυσι νυχεύ-	ia²	
ω, δακρύων δέ μοι μέλει	ch ia²	
δειλαίᾳ τὸ κατ' ἦμαρ.	gl∧	
σκέψαι μου πιναρὰν κόμαν	gl	

DER TAG

EINZUGSLIED

Wechsellied

Der Chor der befreundeten Bäuerinnen eilt herbei

Erste Strophe

Chor

Agamemnons Tochter,
Wir eilen, Elektra, zu deiner Behausung,
Herauf kam, herauf
Aus Mykenä zum Berg
Milchdürstender Bürger.
In zweien Tagen, so sagt er,
Rufen zum Fest die Argiver.
Alle die Mädchen, sie ziehen zu Hera,
Sie rüsten das Fest.

Zweite Strophe

Elektra

Nicht auf Glanz, meine Lieben,
Nicht auf goldnes Geschmeide
Zielt meines Herzens Flug.
Nie werd ich Arme mit euch, ihr Mädchen,
Setzen verschlungenen Fuß
In des Tanzes Windung.
Nächte durchwein ich und weinen
Muß ich Arme des Tags.
   Sieh mein staubiges Haupt!

καὶ τρύχη τάδ' ἐμῶν πέπλων,   gl   185
εἰ πρέποντ' Ἀγαμέμνονος   gl
κούρᾳ τᾷ βασιλείᾳ   gl∧
τᾷ Τροίᾳ θ', ἃ 'μοῦ πατέρος   sp² ch
μέμναταί ποθ' ἁλοῦσα.   gl∧

Χο μεγάλα θεός· ἀλλ' ἴθι,   ἀντ.
καὶ παρ' ἐμοῦ χρῆσαι πολύ-   191
πηνα φάρεα δῦναι,   gl∧
χρύσεά τε χάρισι προσθήματ' ἀγλαΐας.   ia² ba∪ch
δοκεῖς τοῖσι σοῖς δακρύοις   ba∪ch
μὴ τιμῶσα θεούς, κρατή-
σειν ἐχθρῶν; οὔτοι στοναχαῖς,   195
ἀλλ' εὐχαῖσι θεούς σεβί-   gl
ζουσ' ἕξεις εὐαμερίαν, ὦ παῖ.

Ηλ οὐδεὶς θεῶν ἐνοπᾶς κλύει
τᾶς δυσδαίμονος, οὐ παλαι-
ῶν πατρὸς σφαγιασμῶν.   200
οἴμοι τοῦ καταφθιμένου
τοῦ τε ζῶντος ἀλάτα,
ὅς που γᾶν ἄλλαν κατέχει,
μέλεος ἀλαί-
νων ποτὶ θῆσσαν ἑστίαν,   205
τοῦ κλεινοῦ πατρὸς ἐκφύς.
αὐτὰ δ' ἐν χερνῆσι δόμοις   sp² ch
ναίω ψυχὰν τακομένα   sp² ch
δωμάτων πατρίων φυγάς,
οὐρείας ἀν' ἐρίπνας.   210
μάτηρ δ' ἐν λέκτροις φονίοις
ἄλλῳ σύγγαμος οἰκεῖ.

Χο πολλῶν κακῶν Ἕλλησιν αἰτίαν ἔχει   213
σῆς μητρὸς Ἑλένη σύγγονος δόμοις τε σοῖς.

Sieh die zerlumpten Gewänder!
Ziemt es dem Königskind?
Ziemt es so stolzem Triumphe,
Errungen vom Vater?

Erste Gegenstrophe

Ch O lobpreise die Göttin
Und borge von uns dir die bunten Gewänder,
Der goldene Schmuck
Erhöhe den Glanz!
Gedenkst du mit Tränen,
Vergessend der Götter, zu siegen
Über den Feind? Nicht mit Seufzen,
Nein, mit Gebeten und ehrend die Götter,
Gewinnst du das Glück.

Zweite Gegenstrophe

El Kein Gott achtet der Ärmsten,
Achtet der früheren Opfer,
Die der Vater gebracht.
Oh des Toten! Und oh des Lebendigen,
Irrend im fremden Land!
Der unselige Flüchtling
Haust an dem Herde des Knechtes,
Hohem Vater entstammt.
Ich aber, gramverzehrt,
Wohne in niedriger Hütte
Fern vom Palast im Gebirg
Ach, und die Mutter im Mordbett,
Sie freut sich des Buhlen.

Ηλ οἴμοι, γυναῖκες, ἐξέβην θρηνημάτων. 215
ξένοι τινὲς παρ' οἶκον οἵδ' ἐφεστίους
εὐνὰς ἔχοντες ἐξανίστανται λόχου·
φυγῇ σὺ μὲν κατ' οἶμον, ἐς δόμους δ' ἐγὼ
φῶτας κακούργους ἐξαλύξωμεν ποδί.

Ορ μέν', ὦ τάλαινα· μὴ τρέσῃς ἐμὴν χέρα. 220
Ηλ ὦ Φοῖβ' Ἄπολλον· προσπίτνω σε μὴ θανεῖν.
Ορ ἄλλους κτάνοιμι μᾶλλον ἐχθίους σέθεν.
Ηλ ἄπελθε, μὴ ψαῦ' ὧν σε μὴ ψαύειν χρεών.
Ορ οὐκ ἔσθ' ὅτου θίγοιμ' ἂν ἐνδικώτερον.
Ηλ καὶ πῶς ξιφήρης πρὸς δόμοις λοχᾷς ἐμοῖς; 225
Ορ μείνασ' ἄκουσον, καὶ τάχ' οὐκ ἄλλως ἐρεῖς.
Ηλ ἔστηκα· πάντως δ' εἰμὶ σή· κρείσσων γὰρ εἶ.
Ορ ἥκω φέρων σοι σοῦ κασιγνήτου λόγους.
Ηλ ὦ φίλτατ', ἆρα ζῶντος ἢ τεθνηκότος;
Ορ ζῇ· πρῶτα γάρ σοι τἀγάθ' ἀγγέλλειν θέλω. 230
Ηλ εὐδαιμονοίης, μισθὸν ἡδίστων λόγων.
Ορ κοινῇ δίδωμι τοῦτο νῷν ἀμφοῖν ἔχειν.
Ηλ ποῦ γῆς ὁ τλήμων τλήμονας φυγὰς ἔχων;
Ορ οὐχ ἕνα νομίζων φθείρεται πόλεως νόμον.
Ηλ οὔ που σπανίζων τοῦ καθ' ἡμέραν βίου; 235
Ορ ἔχει μέν, ἀσθενὴς δὲ δὴ φεύγων ἀνήρ.
Ηλ λόγον δὲ δὴ τίν' ἦλθες ἐκ κείνου φέρων;
Ορ εἰ ζῇς, ὅπου τε ζῶσα συμφορᾶς ἔχεις.
Ηλ οὐκοῦν ὁρᾷς μου πρῶτον ὡς ξηρὸν δέμας.
Ορ λύπαις γε συντετηκός, ὥστε με στένειν. 240
Ηλ καὶ κρᾶτα πλόκαμόν τ' ἐσκυθισμένον ξυρῷ.
Ορ δάκνει σ' ἀδελφὸς ὅ τε θανὼν ἴσως πατήρ.
Ηλ οἴμοι, τί γάρ μοι τῶνδέ γ' ἐστὶ φίλτερον;

ERSTE HAUPTSZENE

Elektra

O weh, ihr Frauen, schnell ende mein Lied!
Zwei Fremde, hier hinter dem Hause versteckt,
Erheben sich! Fliehet die Straße hinab!
Ich eile ins Haus. So retten wir uns
Vor dem Anschlag ruchloser Männerschar.

Orestes

Unglückliche, steh und fürchte dich nicht!

El   Apollon, so hilf mir in Todesgefahr!

Or Mit Freuden erschlüg ich den wirklichen Feind.

El   Laß los, du berührst mich mit frevelnder Hand!

Or Ach, nichts auf der Erde mit höherem Recht.

El   Was lauerst du hier mit der Waffe ums Haus?

Or So steh doch und hör, bis du alles begreifst!

El   Ich stehe, die Beute der stärkern Gewalt.

Or Vom Bruder bring ich dir treues Wort!

El   O Liebster, er lebt? O sag, ist er tot?

Or Er lebt! Frohe Botschaft, sie stehe voran.

El   Sei gesegnet zum Lohn für den süßesten Spruch.

Or Den Segen verteil ich auf dich und auf mich.

El   Wo vertrauert mein Bruder die traurige Flucht?

Or Keine bleibende Statt ist dem Armen gegönnt.

El   Und er leidet nicht Not? Hat das tägliche Brot?

Or Er hat es, doch bricht ihm die Fremde die Kraft.

El   Was bringst du für Botschaft? Was schickt er dich her?

Or Er fragt, ob du lebst und wie dus erträgst.

El   O siehst du nicht selbst die verzehrte Gestalt?

Or Mit Schrecken ein Bild, allen Jammers voll!

El   Geschoren dies Haupt, seiner Locken beraubt!

Or Aus Schmerz um den Bruder, den Vater im Grab?

El   Sie waren, o weh mir, mein einziges Glück!

Ορ φεῦ φεῦ· τί δαὶ σὺ σῷ κασιγνήτῳ δοκεῖς;
Ηλ ἀπὼν ἐκεῖνος, οὐ παρὼν ἡμῖν φίλος.   245
Ορ ἐκ τοῦ δὲ ναίεις ἐνθάδ' ἄστεως ἑκάς;
Ηλ ἐγημάμεσθ', ὦ ξεῖνε, θανάσιμον γάμον.
Ορ ᾤμωξ' ἀδελφὸν σόν. Μυκηναίων τίνι;

Ηλ οὐχ ᾧ πατήρ μ' ἤλπιζεν ἐκδώσειν ποτέ.
Ορ εἶφ', ὡς ἀκούσας σῷ κασιγνήτῳ λέγω.   250
Ηλ ἐν τοῖσδ' ἐκείνου τηλορὸς ναίω δόμοις.
Ορ σκαφεύς τις ἢ βουφορβὸς ἄξιος δόμων.
Ηλ πένης ἀνὴρ γενναῖος ἔς τ' ἔμ' εὐσεβής.
Ορ ἡ δ' εὐσέβεια τίς πρόσεστι σῷ πόσει;
Ηλ οὐπώποτ' εὐνῆς τῆς ἐμῆς ἔτλη θιγεῖν.   255
Ορ ἅγνευμ' ἔχων τι θεῖον ἤ σ' ἀπαξιῶν;
Ηλ γονέας ὑβρίζειν τοὺς ἐμοὺς οὐκ ἠξίου.
Ορ καὶ πῶς γάμον τοιοῦτον οὐχ ἥσθη λαβών;
Ηλ οὐ κύριον τὸν δόντα μ' ἡγεῖται, ξένε.
Ορ ξυνῆκ'· 'Ορέστῃ μή ποτ' ἐκτείσῃ δίκην.   260
Ηλ τοῦτ' αὐτὸ ταρβῶν, πρὸς δὲ καὶ σώφρων ἔφυ.
Ορ φεῦ·
   γενναῖον ἄνδρ' ἔλεξας, εὖ τε δραστέον
   – εἰ δή ποθ' ἥξει γ' ἐς δόμους ὁ νῦν ἀπών.
   μήτηρ δέ σ' ἡ τεκοῦσα ταῦτ' ἠνέσχετο;
Ηλ γυναῖκες ἀνδρῶν, ὦ ξέν', οὐ παίδων φίλαι.   265
Ορ τίνος δέ σ' οὕνεχ' ὕβρισ' Αἴγισθος τάδε;
Ηλ τεκεῖν μ' ἐβούλετ' ἀσθενῆ, τοιῷδε δούς.
Ορ ὡς δῆθε παῖδας μὴ τέκοις ποινάτορας;
Ηλ τοιαῦτ' ἐβούλευσ'· ὧν ἐμοὶ δοίη δίκην.
Ορ οἶδεν δέ σ' οὖσαν παρθένον μητρὸς πόσις;   270
Ηλ οὐκ οἶδε· σιγῇ τοῦθ' ὑφαιρούμεσθά νιν.
Ορ αἵδ' οὖν φίλαι σοι τούσδ' ἀκούουσιν λόγους;
Ηλ ὥστε στέγειν γε τἀμὰ καὶ σ' ἔπη καλῶς.
Ορ τί δῆτ' 'Ορέστης πρὸς τόδ', "Αργος ἢν μόλῃ;
Ηλ ἤρου τόδ'; αἰσχρόν γ' εἶπας· οὐ γὰρ νῦν ἀκμή;   275
Ορ ἐλθὼν δὲ δὴ πῶς φονέας ἂν κτάνοι πατρός;
Ηλ τολμῶν ὑπ' ἐχθρῶν οἷ' ἐτολμήθη πατήρ.

Or   Ihr Götter! Und du bist dem Bruder ein Nichts?

El   Er weilt in der Ferne, unsichtbarer Freund.

Or   Du wohnst im Gebirge, so weit von der Stadt!

El   Man hat mich vermählt, auf unsägliche Art.

Or   *erschrocken*
     Mich jammert Orest! Und wer wurde dein Mann?

El   Nicht der, den der Vater mir damals verhieß!

Or   Was muß ich dem Bruder berichten? O sprich!

El   Diese einsame Hütte bewohn ich mit ihm.

Or   Eines Taglöhners Heim! Eines Hirten Stall!

El   Doch ist edel der Arme, er ehrt sein Weib.

Or   Wie kann Adel beweisen der niedrige Mann?

El   Noch nie ist er je meinem Lager genaht!

Or   Keusch-fromm? Oder weil du ihm unwert bist?

El   Nicht schänden wollte er fürstliches Blut.

Or   Wie hat er die kostbare Gabe verschmäht?

El   Er hat ihren Spender nicht anerkannt.

Or   Ich seh: er fürchtet den Zorn des Orest!

El   Noch strenger bewahrt ihn sein hohes Gemüt.

Or   Bei Zeus, der Edle hat Dank verdient
     – Wenn jemals der Ferne zurückkehrt ins Land.
     Und die Mutter, sie gab ihren Segen zum Bund?

El   Die Frau sucht den Mann. Was schert sie das Kind?

Or   Und was trieb Ägisth zu dem schurkischen Streich?

El   Die Ohnmacht der Enkel aus niederem Stamm.

Or   Daß nicht rächende Söhne gebäre dein Leib!

El   So war sein Plan – den er teuer bezahlt!

Or   Und weiß dieser Wicht, daß du Mädchen verbliebst?

El   Nichts weiß er, wir halten ihm dieses geheim.

Or   Doch haben es hier diese Frauen gehört!

El   Die Guten sind treu, sie bewahren das Wort.

Or   Doch wie wärs, wenn Orestes kehrte ins Land?

El   Du fragst noch? O Schmach! Wie ist er ersehnt!

Or   Wie bringt er die Mörder des Vaters zu Fall?

El   Kühn wagend, was einst seine Feinde gewagt.

Ορ ἦ καὶ μετ' αὐτοῦ μητέρ' ἂν τλαίης κτανεῖν;
Ηλ ταὐτῷ γε πελέκει τῷ πατὴρ ἀπώλετο.
Ορ λέγω τάδ' αὐτῷ, καὶ βέβαια τἀπὸ σοῦ;   280
Ηλ θάνοιμι μητρὸς αἷμ' ἐπισφάξασ' ἐμῆς.
Ορ φεῦ·
    εἴθ' ἦν Ὀρέστης πλησίον κλύων τάδε.
Ηλ ἀλλ', ὦ ξέν', οὐ γνοίην ἂν εἰσιδοῦσά νιν.
Ορ νέα γάρ, οὐδὲν θαῦμ', ἀπεζεύχθης νέου.
Ηλ εἷς ἂν μόνος νιν τῶν ἐμῶν γνοίη φίλων.   285
Ορ ἆρ' ὃν λέγουσιν αὐτὸν ἐκκλέψαι φόνου;
Ηλ πατρός γε παιδαγωγὸς ἀρχαῖος γέρων.
Ορ ὁ κατθανὼν δὲ σὸς πατὴρ τύμβου κυρεῖ;
Ηλ ἔκυρσεν ὡς ἔκυρσεν, ἐκβληθεὶς δόμων.
Ορ οἴμοι, τόδ' οἷον εἶπας· αἴσθησις γὰρ οὖν   290
    κἀκ τῶν θυραίων πημάτων δάκνει βροτούς.
    λέξον δ', ἵν' εἰδὼς σῷ κασιγνήτῳ φέρω
    λόγους ἀτερπεῖς, ἀλλ' ἀναγκαίους κλύειν.   293
Χο κἀγὼ τὸν αὐτὸν τῷδ' ἔρον ψυχῆς ἔχω.   297
    πρόσω γὰρ ἄστεως οὖσα τἀν πόλει κακὰ
    οὐκ οἶδα, νῦν δὲ βούλομαι κἀγὼ μαθεῖν.
Ηλ λέγοιμ' ἄν, εἰ χρή — χρὴ δὲ πρὸς φίλον λέγειν —   300
    τύχας βαρείας τὰς ἐμὰς κἀμοῦ πατρός.
    ἐπεὶ δὲ κινεῖς μῦθον, ἱκετεύω, ξένε,
    ἄγγελλ' Ὀρέστῃ τἀμὰ καὶ κείνου κακά,
    πρῶτον μὲν οἵοις ἐν πέπλοις αὐλίζομαι,
    πίνῳ θ' ὅσῳ βέβριθ', ὑπὸ στέγαισί τε   305
    οἵαισι ναίω βασιλικῶν ἐκ δωμάτων,
    αὐτὴ μὲν ἐκμοχθοῦσα κερκίσιν πέπλους,
    ἢ γυμνὸν ἕξω σῶμα κἀστερήσομαι,
    αὐτὴ δὲ πηγὰς ποταμίους φορουμένη,
    ἀνέορτος ἱερῶν καὶ χορῶν τητωμένη.   310
    ἀναίνομαι γυναῖκας οὖσα παρθένος,

    ἔνεστι δ' οἶκτος ἀμαθίᾳ μὲν οὐδαμοῦ,   294
    σοφοῖσι δ' ἀνδρῶν· καὶ γὰρ οὐδ' ἀζήμιον
    γνώμην ἐνεῖναι τοῖς σοφοῖς λίαν σοφήν.

Or Beim Muttermord wärst du zum Schlage bereit?
El Mit dem gleichen Beil, das den Vater erschlug.
Or Das künd ich Orest als dein sicheres Wort?
El Gern sterb ich, hat sie erst vergossen ihr Blut.
Or Triumph!
    – O hörte dein Bruder leibhaftig dies an!
El Er wäre mir fremd, stünd er plötzlich vor mir.
Or Kein Wunder, ihr wart schon als Kinder getrennt!
El Nur einer der Freunde erkennt ihn sofort.
Or Der den Knaben heimlich den Mördern entwand?
El Des Vaters Erzieher, ehrwürdiges Haupt.
Or Und fand denn dein armer Vater ein Grab?
El Mehr schlecht als recht, man warf ihn hinaus!
Or O Gott, was hör ich! – Es greift mir ans Herz
    Auch fremdes Geschick. Gib das Schlimmste bekannt,
    Dem Bruder muß alles berichtet sein.

Ch Das gleiche Verlangen erfüllt unser Herz.
    So fern im Gebirg erfährt man nichts
    Von den Freveln der Stadt. O weihe uns ein!
El So darf ich nicht schweigen, muß künden dem Freund
    Mein schweres Geschick und des Vaters Los.
    Und ich bitte dich, Fremder, der reden mich hieß,
    Erzähl es Orest, wie es beiden erging,
    Beschreib ihm die Kleider, in denen ich geh,
    Des Elends Schmutz und das ärmliche Dach,
    Das die Königstochter sich eingetauscht,
    Und wie ich mich mühe am Webstuhl, ein Kleid
    Mir zu schaffen, das decke den nackten Leib,
    Und selber trage zur Quelle den Krug,
    Von den Festen fern und der Reigen beraubt.
    Wie steh ich als Mädchen vor diesen Fraun,

ἀναίνομαι δὲ Κάστορ᾽, ᾧ πρὶν ἐς θεοὺς
ἐλθεῖν ἔμ᾽ ἐμνήστευον, οὖσαν ἐγγενῆ.
μήτηρ δ᾽ ἐμὴ Φρυγίοισιν ἐν σκυλεύμασιν
θρόνῳ κάθηται, πρὸς δ᾽ ἕδραισιν Ἀσίδες   815
δμωαὶ στατίζουσ᾽, ἃς ἔπερσ᾽ ἐμὸς πατήρ,
Ἰδαῖα φάρη χρυσέαις ἐζευγμέναι
πόρπαισιν. αἷμα δ᾽ ἔτι πατρὸς κατὰ στέγας
μέλαν σέσηπεν, ὃς δ᾽ ἐκεῖνον ἔκτανεν,
ἐς ταὐτὰ βαίνων ἅρματ᾽ ἐκφοιτᾷ πατρί,   820
καὶ σκῆπτρ᾽ ἐν οἷς Ἕλλησιν ἐστρατηλάτει
μιαιφόνοισι χερσὶ γαυροῦται λαβών.
Ἀγαμέμνονος δὲ τύμβος ἠτιμασμένος
οὔπω χοάς ποτ᾽ οὐδὲ κλῶνα μυρσίνης
ἔλαβε, πυρὰ δὲ χέρσος ἀγλαϊσμάτων.   825
μέθῃ δὲ βρεχθεὶς τῆς ἐμῆς μητρὸς πόσις
ὁ κλεινός, ὡς λέγουσιν, ἐνθρῴσκει τάφῳ
πέτροις τε λεύει μνῆμα λάινον πατρός,
καὶ τοῦτο τολμᾷ τοὔπος εἰς ἡμᾶς λέγειν·
Ποῦ παῖς Ὀρέστης; ἆρά σοι τύμβῳ καλῶς   830
παρὼν ἀμύνει; ταῦτ᾽ ἀπὼν ὑβρίζεται.
ἀλλ᾽, ὦ ξέν᾽, ἱκετεύω σ᾽, ἀπάγγειλον τάδε.
πολλοὶ δ᾽ ἐπιστέλλουσιν, ἑρμηνεὺς δ᾽ ἐγώ,
αἱ χεῖρες ἡ γλῶσσ᾽ ἡ ταλαίπωρός τε φρήν,
κάρα τ᾽ ἐμὸν ξυρῆκες, ὅ τ᾽ ἐκεῖνον τεκών.   835
αἰσχρὸν γάρ, εἰ πατὴρ μὲν ἐξεῖλεν Φρύγας,
ὁ δ᾽ ἄνδρ᾽ ἕν᾽ εἷς ὢν οὐ δυνήσεται κτανεῖν,
νέος πεφυκὼς κἀξ ἀμείνονος πατρός.

Χο καὶ μὴν δέδορκα τόνδε, σὸν λέγω πόσιν,
λήξαντα μόχθου πρὸς δόμους ὡρμημένον.   840

Αυ ἔα· τίνας τούσδ᾽ ἐν πύλαις ὁρῶ ξένους;
τίνος δ᾽ ἕκατι τάσδ᾽ ἐπ᾽ ἀγραύλους πύλας
προσῆλθον; ἢ ᾽μοῦ δεόμενοι; γυναικί τοι
αἰσχρὸν μετ᾽ ἀνδρῶν ἑστάναι νεανιῶν.

Vor Kastor, der, heut zu den Sternen erhöht,
Einst warb um das nahe geborene Blut.
Doch die Mutter, mit Trojas Trophäen behängt,
Thront prächtig inmitten der Sklavinnen Schar,
Die der Vater dort drüben zur Beute gemacht,
Im bunten Gewirk und im goldenen Schmuck.
Noch zeichnet der schwärzliche Blutfleck die Wand,
Und der Mörder fährt mit des Vaters Gespann,
Hält prahlenden Sinns in der blutigen Hand
Das Szepter, das allen Hellenen gebot.
Agamemnons Grab, von keinem geehrt,
Empfängt keinen Guß, kein Myrtengezweig,
Kein Opferblut netzt seinen trockenen Herd.
Und vom Weine erhitzt springt der hohe Gemahl
Meiner Mutter, so heißt es, am Hügel herum,
Bewirft mit Steinen das ragende Mal
Und geifert dreist seine Reden uns zu:
,Wo bleibt denn Orest? Wie schützt euer Held
Dieses Grab?' So schmäht er den Fernen von fern.

Sag alles dem Bruder, ich bitte dich, Freund,
Im Namen der vielen, für die ich hier sprach:
Diese Hände, sie rufen, mein brechender Mut,
Dies geschorene Haupt, und des Vaters Grab.
Schlug der die Trojaner, so kann doch der Sohn,
Von Jugend geschwellt und aus besserem Stamm,
Allein einen Gegner vernichten.

Ch Elektra, da seh ich, es kehrt dein Gemahl
Nach getaner Arbeit zurück zum Haus.

Bauer

Was seh ich für Fremde vor meinem Gehöft?
Was führt sie herauf zu dem einsamen Haus?
Sie suchen doch mich? Nie hat es der Frau
Bei fremden Männern zu stehen geziemt.

Ηλ ὦ φίλτατ', εἰς ὕποπτα μὴ μόλῃς ἐμοί· 345
τὸν ὄντα δ' εἴσῃ μῦθον· οἴδε γὰρ ξένοι
ἤκουσ' Ὀρέστου πρός με κήρυκες λόγων.
ἀλλ', ὦ ξένοι, σύγγνωτε τοῖς εἰρημένοις.

Αυ τί φασίν; ἀνὴρ ἔστι καὶ λεύσσει φάος;

Ηλ ἔστιν λόγῳ γοῦν, φασὶ δ' οὐκ ἄπιστ' ἐμοί. 350

Αυ ἦ καί τι πατρὸς σῶν τε μέμνηται κακῶν;

Ηλ ἐν ἐλπίσιν ταῦτ'· ἀσθενὴς φεύγων ἀνήρ.

Αυ ἦλθον δ' Ὀρέστου τίν' ἀγορεύοντες λόγον;

Ηλ σκοποὺς ἔπεμψε τούσδε τῶν ἐμῶν κακῶν.

Αυ οὐκοῦν τὰ μὲν λεύσσουσι, τὰ δὲ σύ που λέγεις. 355

Ηλ ἴσασιν, οὐδὲν τῶνδ' ἔχουσιν ἐνδεές.

Αυ οὐκοῦν πάλαι χρῆν τοῖσδ' ἀνεπτύχθαι πύλας;
χωρεῖτ' ἐς οἴκους· ἀντὶ γὰρ χρηστῶν λόγων
ξενίων κυρήσεθ', οἷ' ἐμὸς κεύθει δόμος.
αἴρεσθ', ὀπαδοί, τῶνδ' ἔσω τεύχη δόμων. 360
καὶ μηδὲν ἀντείπητε, παρὰ φίλου φίλοι
μολόντες ἀνδρός· καὶ γὰρ εἰ πένης ἔφυν,
οὔτοι τό γ' ἦθος δυσγενὲς παρέξομαι.

Ορ πρὸς θεῶν, ὅδ' ἀνὴρ ὃς συνεκκλέπτει γάμους
τοὺς σούς, Ὀρέστην οὐ καταισχύνειν θέλων; 365

Ηλ οὗτος κέκληται πόσις ἐμὸς τῆς ἀθλίας.

Ορ φεῦ·
οὐκ ἔστ' ἀκριβὲς οὐδὲν εἰς εὐανδρίαν·
ἔχουσι γὰρ ταραγμὸν αἱ φύσεις βροτῶν.
ἤδη γὰρ εἶδον ἄνδρα γενναίου πατρὸς
τὸ μηδὲν ὄντα, χρηστά τ' ἐκ κακῶν τέκνα, 370
λιμόν τ' ἐν ἀνδρὸς πλουσίου φρονήματι,
γνώμην τε μεγάλην ἐν πένητι σώματι.
πῶς οὖν τις αὐτὰ διαλαβὼν ὀρθῶς κρινεῖ;
πλούτῳ; πονηρῷ τἄρα χρήσεται κριτῇ.
ἢ τοῖς ἔχουσι μηδέν; ἀλλ' ἔχει νόσον 375
πενία, διδάσκει δ' ἄνδρα τῇ χρείᾳ κακόν.
ἀλλ' εἰς ὅπλ' ἔλθω; τίς δὲ πρὸς λόγχην βλέπων
μάρτυς γένοιτ' ἂν ὅστις ἐστὶν ἀγαθός;

El   Mein Liebster, kein Argwohn erfülle dein Herz.
     Erfahre die Wahrheit: es sandte Orest
     Als Boten zu mir diese Männer. Verzeiht,
     Ihr Fremdlinge, was er da eben gesagt.
Bau Was bringen sie? Lebt er und sieht er das Licht?
El   Sie sagen: er lebt, und so muß es wohl sein.
Bau Gedenkt er des Vaters und deines Geschicks?
El   Er hofft, doch gering ist des Flüchtigen Macht.
Bau Und welche die Botschaft, die kommt von Orest?
El   Er schickt sie, zu forschen nach meinem Geschick.
Bau Sie sahen mit Augen; auch hast du erzählt?
El   Sie wissen von allem, verschwiegen ist nichts.
Bau Längst war es Gebot, euch zu öffnen das Tor,
     So tretet ins Haus. Für guten Bericht
     Soll gastlich es spenden, was immer es birgt.
     Das Gefolge verbringe die Sachen ins Haus,
     Und wehret mir nicht, dem Freunde des Freunds;
     Auch der Arme weiß, was die Sitte befiehlt.

Or   *während der Bauer öffnet, zu Elektra*
     Bei den Göttern, ist dieser Bauer dein Mann,
     Der dich schont aus Scheu vor dem Bruder Orest?
El   Ihn nennt man der armen Elektra Gemahl.
Or   O Himmel! Woran wird der Edle erkannt?
     Verwirrt ist das angeborene Blut:
     Von hohem Vater stammt elender Sohn,
     Von schlechten Eltern der gute Sproß,
     Im reichen Mann haust leerer Verstand
     Und große Gesinnung im ärmsten Gewand!
     Was scheidet die Geister? Wer traut noch dem Gold?
     Auch der Mangel hält seine Gefahren bereit,
     Verführt zum Unrecht. Der Waffen Gewalt?
     Wem verbürgt noch die Lanze den Edelmann?

κράτιστον εἰκῇ ταῦτ' ἐᾶν ἀφειμένα.
οὗτος γὰρ ἀνὴρ οὔτ' ἐν Ἀργείοις μέγας   380
οὔτ' αὖ δοκήσει δωμάτων ὠγκωμένος,
ἐν τοῖς δὲ πολλοῖς ὤν, ἄριστος ηὑρέθη.
οὐ μὴ φρονήσεθ', οἳ κενῶν δοξασμάτων
πλήρεις πλανᾶσθε, τῇ δ' ὁμιλίᾳ βροτοὺς
κρινεῖτε καὶ τοῖς ἤθεσιν τοὺς εὐγενεῖς;   385
οἱ γὰρ τοιοῦτοι καὶ πόλεις οἰκοῦσιν εὖ
καὶ δώμαθ'· αἱ δὲ σάρκες αἱ κεναὶ φρενῶν
ἀγάλματ' ἀγορᾶς εἰσιν. οὐδὲ γὰρ δόρυ
μᾶλλον βραχίων σθεναρὸς ἀσθενοῦς μένει·
ἐν τῇ φύσει δὲ τοῦτο κἀν εὐψυχίᾳ.   390
ἀλλ' — ἄξιος γὰρ ὅ τε παρὼν ὅ τ' οὐ παρὼν
Ἀγαμέμνονος παῖς, οὗπερ οὕνεχ' ἥκομεν —
δεξώμεθ' οἴκων καταλύσεις. χωρεῖν χρεών,
δμῶες, δόμων τῶνδ' ἐντός. ὡς ἐμοὶ πένης
εἴη πρόθυμος πλουσίου μᾶλλον ξένος.   395
αἰνῶ μὲν οὖν τοῦδ' ἀνδρὸς ἐσδοχὰς δόμων,
ἐβουλόμην δ' ἄν, εἰ κασίγνητός με σὸς
ἐς εὐτυχοῦντας ἦγεν εὐτυχῶν δόμους.
ἴσως δ' ἂν ἔλθοι· Λοξίου γὰρ ἔμπεδοι
χρησμοί, βροτῶν δὲ μαντικὴν χαίρειν ἐῶ.   400

Χο νῦν ἢ πάροιθεν μᾶλλον, Ἠλέκτρα, χαρᾷ
θερμαινόμεσθα καρδίαν· ἴσως γὰρ ἂν
μόλις προβαίνουσ' ἡ τύχη σταίη καλῶς.

Ηλ ὦ τλῆμον, εἰδὼς δωμάτων χρείαν σέθεν
τί τοῦσδ' ἐδέξω μείζονας σαυτοῦ ξένους;   405
Αυ τί δ'; εἴπερ εἰσὶν ὡς δοκοῦσιν εὐγενεῖς,
οὐκ ἔν τε μικροῖς ἔν τε μὴ στέρξουσ' ὁμῶς;
Ηλ ἐπεί νυν ἐξήμαρτες ἐν σμικροῖσιν ὤν,
ἔλθ' ὡς παλαιὸν τροφὸν ἐμοῦ φίλον πατρός,
ὃς ἀμφὶ ποταμὸν Τάναον Ἀργείας ὅρους   410
τέμνοντα γαίας Σπαρτιάτιδός τε γῆς

So laß ich das Rätsel, das keiner mir löst.
Da ist dieser Bauer, kein Großer des Lands,
Ohne Wappen und Schild, aus den Vielen ein Mann,
Über alle bewährt! O so werdet doch klug,
Die ihr sinnlos wähnt, alter Umgangsbrauch
Mache kenntlich den Edlen. Nein, solche wie der
Sind Bürger von Rang. Fehlt dem Leib hoher Sinn,
Ist er toter Prunk wie das Standbild am Markt.
Selbst den Speer führt oft besser der schwächere Arm,
Der Arm des furchtlos geborenen Manns.

Agamemnons Sohn, von dem ich gesandt,
Sei er nah oder fern, hält würdig dies Haus,
Als Gast ihm zu nahn. So tretet hinein,
Ihr Diener, ins Haus. Der willige Freund,
Ob arm, überragt mir den reichsten Wirt.
Ich preise von Herzen des Mannes Empfang,
Doch wollt ich, es führe dein Bruder Orest
Mich glücklich hinein in sein glückliches Haus.
Bald kommt er wohl. Fest steht Apollons Spruch,
Sind der Menschen Orakel auch eitle Spreu.

Er geht mit Pylades und den Dienern ins Haus

Ch Elektra, heut darf uns die Freude das Herz
    Mehr als immer erfüllen. Nun wendet sich wohl
    Dein Geschick, das lange gezögert, zum Glück.
El *zum Bauern*
    Was tust du? Des Mangels im Hause bewußt,
    Empfingst du doch Gäste aus fürstlichem Stand!
Bau Warum nicht? Sie scheinen von edlem Gemüt,
    Das mit viel und mit wenig zufrieden ist.
El Da du einmal, trotz Armut, den Fehler begingst,
    So geh zu dem Freund, der den Vater erzog,
    Der am Grenzfluß von Argos und spartischem Land,

ποίμναις ὁμαρτεῖ πόλεος ἐκβεβλημένος·
κέλευε δ' αὐτὸν τῶνδ' ἐμοῦ σαφιγμένων
ἐλθεῖν, ξένων τ' ἐς δαῖτα πορσῦναί τινα.
ἡσθήσεταί τοι καὶ προσεύξεται θεοῖς,   415
ζῶντ' εἰσακούσας παῖδ' ὃν ἐκσῴζει ποτέ.
οὐ γὰρ πατρῴων ἐκ δόμων μητρὸς πάρα
λάβοιμεν ἄν τι· πικρὰ δ' ἀγγείλαιμεν ἄν,
εἰ ζῶντ' Ὀρέστην ἡ τάλαιν' αἴσθοιτ' ἔτι.
Αυ ἀλλ', εἰ δοκεῖ σοι, τούσδ' ἀπαγγελῶ λόγους   420
γέροντι· χώρει δ' ἐς δόμους ὅσον τάχος
καὶ τἄνδον ἐξάρτυε. πολλά τοι γυνὴ
χρῄζουσ' ἂν εὕροι δαιτὶ προσφορήματα.
ἔστιν δὲ δὴ τοσαῦτά γ' ἐν δόμοις ἔτι,
ὥσθ' ἕν γ' ἐπ' ἦμαρ τούσδε πληρῶσαι βορᾶς.   425
ἐν τοῖς τοιούτοις δ' ἡνίκ' ἂν γνώμης πέσω,
σκοπῶ τὰ χρήμαθ' ὡς ἔχει μέγα σθένος,
ξένοις τε δοῦναι σῶμά τ' ἐς νόσους πεσὸν
δαπάναισι σῶσαι· τῆς δ' ἐφ' ἡμέραν βορᾶς
ἐς σμικρὸν ἥκει· πᾶς γὰρ ἐμπλησθεὶς ἀνὴρ   430
ὁ πλούσιός τε χὠ πένης ἴσον φέρει.

Χο κλειναὶ νᾶες, αἵ ποτ' ἔβατε Τροίαν   sp gl–   στρ.
τοῖς ἀμετρήτοις ἐρετμοῖς   ch²
πέμπουσαι χορούς μετὰ Νηρήδων,   sp gl
ἵν' ὁ φίλαυλος ἔπαλλε δελ-   gl   435
φὶς πρῴραις κυανεμβόλοι-   gl
σιν εἰλισσόμενος,   x–ch
πορεύων τὸν τᾶς Θέτιδος   ba–ch

Von Mykenä vertrieben, die Herde versorgt.
Heiß ihn schleunigst kommen! Er bringe hierher
Mundvorrat zum Mahl der gekommenen Schar.
Wie wird er die Götter lobpreisen voll Glück,
Wenn er hört, daß sein alter Schützling noch lebt!
Aus des Vaters Palast würde nichts uns zuteil,
Von der Mutter, der bitter nur klänge im Ohr
Das Wort, daß Orest noch das Licht erblickt.
Bau Wenn du meinst, so bestell ich dies gerne dem Greis.
Doch so geh jetzt hinein und rüste das Mahl!
Es findet die Frau so manches hinzu
Und des Hauses Vorrat reicht eben noch hin,
Einen Tag lang zu decken der Gäste Tisch.

In solcher Lage bedenkt es mein Sinn,
Was der Reichtum vermag: zu geben dem Freund
Und zu retten den Leib, der in Krankheit verfiel.
Wie leicht ist die Sorge ums tägliche Brot,
Mehr als satt wird selber der Reiche nicht.

Er geht ab, Elektra hinein

ERSTES STANDLIED

Chor

Strophe

Stolze Schiffe fuhren dereinst nach Troja
Mit ungezählter Ruder Schlag,
Umtanzt von Nereus' selgem Chor,
Wo der Flöte Freund, der Delphin, den
Dunkelgespornten Bug umspielte
In gewundenen Sprüngen,
Geleitend der Thetis Sohn,

κοῦφον ἅλμα ποδῶν Ἀχιλῆ   −◡hem
σὺν Ἀγαμέμνονι Τρωίας   gl   440
ἐπὶ Σιμουντίδας ἀκτάς.   gl∧

Νηρῇδες δ' Εὐβοΐδας ἄκρας λιποῦσαι   ἀντ.
Ἡφαίστου χρυσέων ἀκμόνων   sp² ch
μόχθους ἀσπιστὰς ἔφερον τευχέων,
ἀνά τε Πήλιον ἀνά τε πρυ-   445
μνὰς Ὄσσας ἱερᾶς νάπας,
Νυμφαίας σκοπιάς,
κόραις μάτευσ', ἔνθα πατὴρ   ia² ch
ἱππότας τρέφεν Ἑλλάδι φῶς
Θέτιδος εἰνάλιον γόνον   450
ταχύπορον πόδ' Ἀτρείδαις.

Ἰλιόθεν δ' ἔκλυόν τινος ἐν λιμέσιν   da⁴−   στρ.
Ναυπλίοισι βεβῶτος   gl∧
τᾶς σᾶς, ὦ Θέτιδος παῖ,   gl∧
κλεινᾶς ἀσπίδος ἐν κύκλῳ   gl   455
τοιάδε σήματα, δείματα   da³
Φρύγια, τετύχθαι·   ia²−
περιδρόμῳ μὲν ἴτυος ἕδρᾳ   gl
Περσέα λαιμοτόμαν ὑπὲρ   da³
ἁλὸς ποτανοῖσι πεδί-   ia² ch   460
λοισι φυὰν Γοργόνος ἴ-   ch²
σχειν, Διὸς ἀγγέλῳ σὺν Ἑρμᾷ,   ch ia²−
τῷ Μαίας ἀγροτῆρι κούρῳ·   gl−

ἐν δὲ μέσῳ κατέλαμπε σάκει φαέθων   ἀντ.
κύκλος ἀελίοιο   465

Den leichtbeschwingten Achilleus
Mit Agamemnon nach Trojas
Simuntischem Ufer.

Gegenstrophe

Töchter des Nereus verließen Euböas Gestade,
Der Waffen Prunk verbrachten sie,
Hephaistos' goldnes Amboßwerk,
Zu dem Pelion hin, zu des Ossa
Heiligen Schluchten, der Nymphen Warte,
Helläugig erforschend,
Wo der reisige Vater das Licht
Für Hellas, für die Atriden,
Der Meermaid Knaben heranzog,
Den Schnellfuß Achilleus.

Zweite Strophe

Schiffer, in Nauplias Hafen gelandet,
Kehrend von Troja,
Pries mir, o Sohn der Thetis,
Deines herrlichen Schildes
Zeichen, Bilder voll Schrecken,
Zierde des Rundes.
  Auf umlaufendem Rand
  Perseus, halsabtrennend,
  Auf beflügelten Sohlen
  Schwebend über des Meeres Flut,
  Halte der Gorgo Haupt.
  Bote des Zeus
  Gebe Geleit,
  Flurliebender Sohn der Maja.

Gegenstrophe

Mitten im Schildrunde leuchte erstrahlend
Helios' Scheibe,

ἵπποις ἂμ πτεροέσσαις
ἄστρων τ' αἰθέριοι χοροί,
Πλειάδες, Ὑάδες, Ἕκτορος
ὄμμασι τροπαῖοι·
ἐπὶ δὲ χρυσοτύπῳ κράνει   470
Σφίγγες ὄνυξιν ἀοίδιμον
ἄγραν φέρουσαι· περιπλεύ-
ρῳ δὲ κύτει πύρπνοος ἔ-
σπευδε δρόμῳ λέαινα χαλαῖς
Πειρηναῖον ὁρῶσα πῶλον.   475

ἄορι δ' ἐν φονίῳ τετραβάμονες ἵπποι ἔπαλλον,   da⁶
κελαινὰ δ' ἀμφὶ νῶθ' ἵετο κόνις.   ba cr ia²
τοιῶνδ' ἄνακτα δοριπόνων   ia⁴
ἔκανεν ἀνδρῶν, Τυνδαρίς,   cr ia²   480
σὰ λέχεα, κακόφρων κόρα.   cr ia²
τοιγάρ σέ ποτ' οὐρανίδαι   –hem
πέμψουσιν θανάτοις· ἦ σὰν   gl
ἔτ' ἔτι φόνιον ὑπὸ δέραν   cr ia²   485
ὄψομαι αἷμα χυθὲν σιδάρῳ.   hem ba

Πρέσβυς

ποῦ ποῦ νεᾶνις πότνι' ἐμὴ δέσποινά τε,
Ἀγαμέμνονος παῖς, ὅν ποτ' ἐξέθρεψ' ἐγώ;
ὡς πρόσβασιν τῶνδ' ὀρθίαν οἴκων ἔχει
ῥυσῷ γέροντι τῷδε προσβῆναι ποδί.   490

Hell mit geflügelten Rossen.
Himmlische Chöre der Sterne,
Plejaden, Hyaden erschrecken
Augen des Hektor.
   Auf goldschmiedenem Helm
   Sphingen, Opfer der Lieder
   In den tödlichen Klauen.
   Panzers Schale umlaufe wild
   Löwin, feurigen Mauls.
   Wie sie erschrickt,
   Da sie erblickt
   Peirenes fliegendes Fohlen.

Mordenden Dolch
Ziere bäumendes Viergespann,
Dunkler Staub
Fliegt um die Flanken.
So gewaltiger Helden König
Schlug dein Ehbruch,
Du des Tyndar
Ruchlose Tochter. So werden
Die Götter dich senden zur Hölle.
Es kommt der Tag, da ich schaue
Blut, vom Schwerte vergossen,
Triefend von deinem Nacken.

ZWEITE HAUPTSZENE

Der Alte

Wo steckt meine Herrin, mein fürstliches Kind,
Agamemnons Tochter, den einst ich erzog?
Wie steil ist der Weg herauf zu dem Haus
Für mein altes Gebein! Doch schlepp ich so **gern**

ὅμως δὲ πρός γε τοὺς φίλους ἐξελκτέον
διπλῆν ἄκανθαν καὶ παλίρροπον γόνυ.
ὦ θύγατερ – ἄρτι γάρ σε πρὸς δόμοις ὁρῶ –
ἥκω φέρων σοι τῶν ἐμῶν βοσκημάτων
ποίμνης νεογνὸν θρέμμ' ὑποσπάσας τόδε   495
στεφάνους τε τευχέων τ' ἐξελὼν τυρεύματα,
παλαιόν τε θησαύρισμα Διονύσου τόδε
ὀσμῇ κατῆρες, μικρόν, ἀλλ' ἐπεσβαλεῖν
ἡδὺ σκύφον τοῦδ' ἀσθενεστέρῳ ποτῷ.
ἴτω φέρων τις τοῖς ξένοις τάδ' ἐς δόμους·   500
ἐγὼ δὲ τρύχει τῷδ' ἐμῶν πέπλων κόρας
δακρύοισι τέγξας ἐξομόρξασθαι θέλω.

Ηλ τί δ', ὦ γεραιέ, διάβροχον τόδ' ὄμμ' ἔχεις;
μῶν τἀμὰ διὰ χρόνου σ' ἀνέμνησεν κακά;
ἢ τὰς Ὀρέστου τλήμονας φυγὰς στένεις   505
καὶ πατέρα τὸν ἐμόν, ὅν ποτ' ἐν χεροῖν ἔχων
ἀνόνητ' ἔθρεψας σοί τε καὶ τοῖς σοῖς φίλοις;
Πρ ἀνόνηθ'· ὅμως δ' οὖν τοῦτό γ' οὐκ ἠνεσχόμην.
ἦλθον γὰρ αὐτοῦ πρὸς τάφον πάρεργ' ὁδοῦ
καὶ προσπεσὼν ἔκλαυσ' ἐρημίας τυχών,   510
σπονδάς τε, λύσας ἀσκὸν ὃν φέρω ξένοις,
ἔσπεισα, τύμβῳ δ' ἀμφέθηκα μυρσίνας.
πυρᾶς δ' ἐπ' αὐτῆς οἶν μελάγχιμον πόκῳ
σφάγιον ἐσεῖδον αἷμά τ' οὐ πάλαι χυθὲν
ξανθῆς τε χαίτης βοστρύχους κεκαρμένους.   515
κἀθαύμασ', ὦ παῖ, τίς ποτ' ἀνθρώπων ἔτλη
πρὸς τύμβον ἐλθεῖν· οὐ γὰρ Ἀργείων γέ τις.
ἀλλ' ἦλθ' ἴσως που σὸς κασίγνητος λάθρα,
μολὼν δ' ἐθαύμασ' ἄθλιον τύμβον πατρός.
σκέψαι δὲ χαίτην προστιθεῖσα σῇ κόμῃ,   520
εἰ χρῶμα ταὐτὸν κουρίμης ἔσται τριχός·
φιλεῖ γάρ, αἷμα ταὐτὸν οἷς ἂν ᾖ πατρός,
τὰ πόλλ' ὅμοια σώματος πεφυκέναι.
Ηλ οὐκ ἄξι' ἀνδρός, ὦ γέρον, σοφοῦ λέγεις,
εἰ κρυπτὸν ἐς γῆν τήνδ' ἂν Αἰγίσθου φόβῳ   525

Für die Lieben den Rücken, das wankende Knie.
Elektra, da kommst du zum Hause heraus.
Ich bring aus der Herde das saugende Lamm,
Auch Käse und Kränze in diesem Geschirr
Und den Schlauch voll alten gelagerten Weins,
Stark duftend, zwar klein, doch von feuriger Kraft,
Den schwächeren Becher zu würzen. So geht
Und tragt diese Gaben den Gästen ins Haus,
Derweil mit dem Zipfel des Mantels ich mir
Abtrockne die Tränen von meinem Gesicht.

Elektra

Wovon, alter Freund, ist das Auge dir naß?
Hast immer du nur an mein Elend gedacht?
Beweinst des Orestes so traurige Flucht?
Meinen Vater, den einst du so fruchtlos erzogst
Für dich und all deine Lieben im Haus?

Al   Wohl fruchtlos! Und dennoch, ich hielt es nicht aus,
Ging seitab vom Weg und besuchte sein Grab,
Warf weinend mich hin in der Einsamkeit Schutz,
Vergoß aus dem Schlauch, den in Händen ich trug,
Die Spende und kränzte mit Myrten den Stein.
Da sah auf dem Herd ich geopfertes Schaf,
Schwarzwollig, und Blut, das man eben vergoß,
Und blonde geschorene Locke des Haupts.
Da staunt ich, mein Kind: Dem Grabe zu nahn,
Nur ein Fremder konnte so mutig sein.
Vielleicht kam dein Bruder uns heimlich zurück
Und ehrte des Vaters verlassenes Grab.
So halte die Locke ans eigene Haar
Und sieh, ob die Farbe nicht völlig ihm gleicht.
Es tragen doch oft die Verwandten des Bluts
Die völlig gleiche Gestalt ihres Leibs.

El   Du sprichst nicht weise, mein Freund, wenn du meinst,
Mein tapferer Bruder sei heimlich im Land

δοκεῖς ἀδελφὸν τὸν ἐμὸν εὐθαρσῆ μολεῖν.
ἔπειτα χαίτης πῶς συνοίσεται πλόκος,
ὁ μὲν παλαίστραις ἀνδρὸς εὐγενοῦς τραφείς,
ὁ δὲ κτενισμοῖς θῆλυς; ἀλλ' ἀμήχανον.
πολλοῖς δ' ἂν εὕροις βοστρύχους ὁμοπτέρους   530
καὶ μὴ γεγῶσιν αἵματος ταὐτοῦ, γέρον.

Πρ σὺ δ' εἰς ἴχνος βᾶσ' ἀρβύλης σκέψαι βάσιν
εἰ σύμμετρος σῷ ποδὶ γενήσεται, τέκνον.

Ηλ πῶς δ' ἂν γένοιτ' ἂν ἐν κραταιλέῳ πέδῳ
γαίας ποδῶν ἔκμακτρον; εἰ δ' ἔστιν τόδε,   535
δυοῖν ἀδελφοῖν ποὺς ἂν οὐ γένοιτ' ἴσος
ἀνδρός τε καὶ γυναικός, ἀλλ' ἄρσην κρατεῖ.

Πρ οὐκ ἔστιν, εἰ παρῆν κασίγνητος μολών,
κερκίδος ὅτῳ γνοίης ἂν ἐξύφασμα σῆς,
ἐν ᾧ ποτ' αὐτὸν ἐξέκλεψα μὴ θανεῖν;   540

Ηλ οὐκ οἶσθ', 'Ορέστης ἡνίκ' ἐκπίπτει χθονός,
νέαν μ' ἔτ' οὖσαν; εἰ δὲ κἄκρεκον πέπλους,
πῶς ἂν τότ' ὢν παῖς ταὐτὰ νῦν ἔχοι φάρη,
εἰ μὴ ξυναύξοινθ' οἱ πέπλοι τῷ σώματι;
ἀλλ' ἤ τις αὐτοῦ τάφον ἐποικτίρας ξένος   545
ἐκείρατ', ἢ τῆσδε σκοποὺς λαβὼν χθονός.

Πρ οἱ δὲ ξένοι ποῦ; βούλομαι γὰρ εἰσιδὼν
αὐτοὺς ἔρεσθαι σοῦ κασιγνήτου πέρι.

Ηλ οἶδ' ἐκ δόμων βαίνουσι λαιψηρῷ ποδί.

Πρ ἀλλ' εὐγενεῖς μέν, ἐν δὲ κιβδήλῳ τόδε·   550
πολλοὶ γὰρ ὄντες εὐγενεῖς εἰσιν κακοί.
ὅμως δὲ χαίρειν τοὺς ξένους προσεννέπω.

Ορ χαῖρ', ὦ γεραιέ. – τοῦ ποτ', 'Ηλέκτρα, τόδε
παλαιὸν ἀνδρὸς λείψανον φίλων κυρεῖ;

Ηλ οὗτος τὸν ἀμὸν πατέρ' ἔθρεψεν, ὦ ξένε.   555

Ορ τί φής; ὅδ' ὃς σὸν ἐξέκλεψε σύγγονον;

Ηλ ὅδ' ἔσθ' ὁ σώσας κεῖνον, εἴπερ ἔστ' ἔτι.

Ορ ἔα·
τί μ' ἐσδέδορκεν ὥσπερ ἀργύρου σκοπῶν

In Furcht vor Ägisth. Und der Locke Vergleich?
Der palästrische Mann trägt nicht Frauengelock,
Und viele gleichen und sind nicht verwandt.

Al   So tritt in die Spur und prüfe das Maß!

El   Auf felsigem Grund? in die Sohle des Manns?

Al   Du wirst kennen das Kleid, in dem ich ihn barg!

El   Nicht wob ich als Kind, zur Zeit seiner Flucht,
Noch trägt heut der Mann jenes Knaben Gewand,
Noch wächst das Gewand mit dem Menschen heran.
Ein Fremder hat unseres Toten gedacht
Oder heimlich-nächtlich ein Mann dieses Lands.

Al   Wo sind deine Gäste? Ich möchte sie sehn,
Sie selber befragen nach unserm Orest.
El   Da treten sie schon aus der Hütte heraus.

Orestes, Pylades und die Diener treten heraus

Al   Ein vornehmes Paar! Zwar besagt es nicht viel,
Es hat sich so mancher schon übel bewährt.
Doch seien die Fremden von Herzen begrüßt.
Or   Heil, Alter! An welches verblichene Bild,
Elektra, gemahnt diese Greisengestalt?
El   Der Wärter ists, der unsern Vater erzog.
Or   Was sagst du? der auch deinen Bruder verbarg?
El   Sein Retter – wenn er am Leben ist.
Or   O sieh!
Was schaut er mich an wie Goldes Gepräg,

λαμπρὸν χαρακτῆρ'; ἢ προσεικάζει μέ τῳ;
Ηλ ἴσως 'Ορέστου σ' ἧλιχ' ἥδεται βλέπων.   560
Ορ φίλου γε φωτός. τί δὲ κυκλεῖ πέριξ πόδα;
Ηλ καὐτὴ τόδ' εἰσορῶσα θαυμάζω, ξένε.
Πρ ὦ πότνι', εὔχου, θύγατερ 'Ηλέκτρα, θεοῖς.
Ηλ τί τῶν ἀπόντων ἢ τί τῶν ὄντων πέρι;
Πρ λαβεῖν φίλον θησαυρόν, ὃν φαίνει θεός.   565
Ηλ ἰδού· καλῶ θεούς. ἢ τί δὴ λέγεις, γέρον;
Πρ βλέψον νυν ἐς τόνδ', ὦ τέκνον, τὸν φίλτατον.
Ηλ πάλαι δέδορκα, μὴ σύ γ' οὐκέτ' εὖ φρονῇς.
Πρ οὐκ εὖ φρονῶ 'γὼ σὸν κασίγνητον βλέπων;
Ηλ πῶς εἶπας, ὦ γεραί', ἀνέλπιστον λόγον;   570
Πρ ὁρᾶν 'Ορέστην τόνδε τὸν 'Αγαμέμνονος.
Ηλ ποῖον χαρακτῆρ' εἰσιδών. ᾧ πείσομαι;
Πρ οὐλὴν παρ' ὀφρύν, ἥν ποτ' ἐν πατρὸς δόμοις
    νεβρὸν διώκων σοῦ μέθ' ᾑμάχθη πεσών.
Ηλ πῶς φής; ὁρῶ μὲν πτώματος τεκμήριον.   575
Πρ ἔπειτα μέλλεις προσπίτνειν τοῖς φιλτάτοις;
Ηλ ἀλλ' οὐκέτ', ὦ γεραιέ· συμβόλοισι γὰρ
    τοῖς σοῖς πέπεισμαι θυμόν. – ὦ χρόνῳ φανείς,
    ἔχω σ' ἀέλπτως –
Ορ   κἀξ ἐμοῦ γ' ἔχῃ χρόνῳ.
Ηλ οὐδέποτε δόξασα.   580
Ορ   οὐδ' ἐγὼ γὰρ ἤλπισα.
Ηλ ἐκεῖνος εἶ σύ;
Ορ   σύμμαχός γέ σοι μόνος,
    ἢν ἀνσπάσωμαί γ' ὃν μετέρχομαι βόλον.
    πέποιθα δ'· ἢ χρὴ μηκέθ' ἡγεῖσθαι θεούς,
    εἰ τἄδικ' ἔσται τῆς δίκης ὑπέρτερα.

Χο ἔμολες ἔμολες, ὦ, χρόνιος ἀμέρα,   do²   585
    κατέλαμψας, ἔδειξας ἐμφανῆ   an² ia²
    πόλει πυρσόν, ὃς παλαιᾷ φυγᾷ   do²
    πατρίων ἀπὸ δωμάτων τάλας   an² ia²

Was prüft er? Was sucht er in meinem Gesicht?

El   Er freut sich des Altersgenossen Orests!

Or   Des lieben! – Was tanzt er nur um mich herum?

El   Ich gewahrs mit dem gleichen Erstaunen wie du.

Al   Nun danke den Göttern, Elektra, mein Kind!

El   Für fernes Geschehen? für sichtbares Glück?

Al   Für kostbarsten Schatz! Dir vor Augen gestellt!

El   Wohlan: so dank ich. Doch sprich jetzt, mein Freund!

Al   Sieh hin auf den Liebsten, der neben dir steht!

El   Was ich seh, ist, daß du von Sinnen bist.

Al   Von Sinnen, wenn ich den Bruder seh?

El   Was hast du da, Alter, so plötzlich gesagt?

Al   Agamemnons Sohn, leibhaftig Orest!

El   Wie soll ich es glauben? Wem darf ich vertraun?

Al   Der Narbe der Braue, die stürzend dereinst
Der Knabe sich schlug, als den Hirsch ihr gejagt!

El   O Gott, ich erkenne das Zeichen genau.

Al   Und fällst noch nicht deinem Liebsten ans Herz?

El   Ich muß wohl, mein Alter, denn was du mir zeigst,
Läßt mich glauben. – Orest, der so spät mir erschien!
Ich hab dich so plötzlich!

Or   Nach endloser Zeit!

El   Ungeahnt!

Or   Wer konnte noch hoffen?

El   So bist du es wirklich?

Or   Dein einziger Hort,
Wenn der Wurf, den seit langem ich ziele, gelingt.
Und er wird gelingen. Es gibt keinen Gott,
Wenn das Unrecht siegt, wenn das Recht erliegt.

Chor *Zwischenlied*

Du kamst, du kamst, ersehnter Tag,
Wirfst hellen Schein, zeigst uns leuchtend
Den Mann, der in alter Acht
Vom Vaterhaus ins Elend

ἀλαίνων ἔβα.   do
θεὸς αὖ θεὸς ἁμετέραν τις ἄγει   an⁴   590
νίκαν, ὦ φίλα.   do
ἄνεχε χέρας, ἄνεχε λόγον, ἵει λιτὰς   do²
ἐς θεούς, τύχᾳ σοι τύχᾳ   cr do
κασίγνητον ἐμβατεῦσαι πόλιν.   do²   595

Ορ   εἶέν· φίλας μὲν ἡδονὰς ἀσπασμάτων
     ἔχω, χρόνῳ δὲ καῦθις αὐτὰ δώσομεν.
     σὺ δ', ὦ γεραιέ – καίριος γὰρ ἤλυθες –
     λέξον, τί δρῶν ἂν φονέα τεισαίμην πατρός;   599
     ἔστιν τί μοι κατ' "Αργος εὐμενὲς φίλων;   601
     ἢ πάντ' ἀνεσκευάσμεθ', ὥσπερ αἱ τύχαι;
     τῷ ξυγγένωμαι; νύχιος ἢ καθ' ἡμέραν;
     ποίαν ὁδὸν τραπώμεθ' εἰς ἐχθροὺς ἐμούς;
Πρ   ὦ τέκνον, οὐδεὶς δυστυχοῦντί σοι φίλος.   605
     εὕρημα γάρ τοι χρῆμα γίγνεται τόδε,
     κοινῇ μετασχεῖν τἀγαθοῦ καὶ τοῦ κακοῦ.
     σὺ δ' – ἐκ βάθρων γὰρ πᾶς ἀνήρησαι φίλοις
     οὐδ' ἐλλέλοιπας ἐλπίδ' – ἴσθι μου κλύων,
     ἐν χειρὶ τῇ σῇ πάντ' ἔχεις καὶ τῇ τύχῃ,   610
     πατρῷον οἶκον καὶ πόλιν λαβεῖν σέθεν.
Ορ   τί δῆτα δρῶντες τοῦδ' ἂν ἐξικοίμεθα;
Πρ   κτανὼν Θυέστου παῖδα σήν τε μητέρα.
Ορ   ἥκω 'πὶ τόνδε στέφανον· ἀλλὰ πῶς λάβω;
Πρ   τειχέων μὲν ἐλθὼν ἐντὸς οὐδ' ἂν εἰ θέλοις.   615
Ορ   φρουραῖς κέκασται δεξιαῖς τε δορυφόρων;
Πρ   ἔγνως· φοβεῖται γάρ σε κοὐχ εὕδει σαφῶς.
Ορ   εἶέν· σὺ δὴ τοὐνθένδε βούλευσον, γέρον.
Πρ   κἀμοῦ γ' ἄκουσον· ἄρτι γάρ μ' ἐσῆλθέ τι.
Ορ   ἐσθλόν τι μηνύσειας, αἰσθοίμην δ' ἐγώ.   620
Πρ   Αἴγισθον εἶδον, ἡνίχ' εἷρπον ἐνθάδε.
Ορ   προσηκάμην τὸ ῥηθέν. ἐν ποίοις τόποις;
Πρ   ἀγρῶν πέλας τῶνδ' ἱπποφορβίων ἔπι.

─────────

     μητέρα τε κοινωνὸν ἀνοσίων γάμων;   600

Irrend zog. Ein Gott, ein Gott
Führt uns wieder
Zum Sieg. Geliebte,
Erhebe die Hände, erhebe die Rede,
Sende die Bitten zum Himmel,
Daß zum Heil dir, zum Heil
Der Bruder sich nahe der Stadt.

Or Genug der Umarmung, so reich sie beglückt –
Kommt die Stunde, so wird sie uns wieder erneut.
Doch sage, mein Alter, den glücklich ich traf,
Wie vollbring ich am besten das rächende Werk?
Hab ich Freunde hier im argivischen Land?
Stoben alle dahin mit meinem Geschick?
Wen suche ich heim? Bei Tag oder Nacht?
Wo find ich die Straße? Wie stürzt unser Feind?

Al Mein Sohn, kein Freund steht im Unglück dir bei.
Ein seltener Fund ist der sichere Mann,
Der das Unglück teilt wie die glückliche Zeit.
Du bist ein völlig entblätterter Baum,
Ohne Hoffnung auf Freunde. So sei denn gewiß,
Deine Hand nur allein und das Glück ist bereit,
Zu gewinnen die Stadt und der Väter Thron.

Or Was muß ich beginnen, daß alles geschieht?

Al Erschlage die Mutter und ihren Gemahl!

Or Wie gewinn ich den Kranz und mein einziges Ziel?

Al In der Stadt bist du machtlos, so meide den Ort!

Or Sie wimmelt von Wachen, bewaffnetem Volk?

Al Du siehst, er beschützt seine schlaflose Angst.

Or So meid ich die Stadt, suche anderen Pfad.

Al Hör an, was ich sage. Es kam mir ein Plan.

Or O führ er zum Ziele! So mache ihn kund!

Al Auf dem Weg zu der Hütte hier sah ich Ägisth.

Or Willkommene Botschaft! In welchem Gefild?

Al Nicht fern dieser Gegend, beim Roßweideplatz.

Ορ τί δρῶνθ'; ὁρῶ γὰρ ἐλπίδ' ἐξ ἀμηχάνων.
Πρ Νύμφαις ἐπόρσυν' ἔροτιν, ὡς ἔδοξέ μοι.   625
Ορ τροφεῖα παίδων ἢ πρὸ μέλλοντος τόκου;
Πρ οὐκ οἶδα πλὴν ἕν· βουσφαγεῖν ὡπλίζετο.
Ορ πόσων μετ' ἀνδρῶν; ἢ μόνος δμώων μέτα;
Πρ οὐδεὶς παρῆν 'Αργεῖος, οἰκεία δὲ χείρ.
Ορ οὔ πού τις ὅστις γνωριεῖ μ' ἰδών, γέρον;   630
Πρ δμῶες μέν εἰσιν, οἳ σέ γ' οὐκ εἶδόν ποτε.
Ορ ἡμῖν ἂν εἶεν, εἰ κρατοῖμεν, εὐμενεῖς;
Πρ δούλων γὰρ ἴδιον τοῦτο, σοὶ δὲ σύμφορον.
Ορ πῶς οὖν ἂν αὐτῷ πλησιασθείην ποτέ;
Πρ στείχων ὅθεν σε βουθυτῶν ἐσόψεται.   635
Ορ ὁδὸν παρ' αὐτήν, ὡς ἔοικ', ἀγροὺς ἔχει;
Πρ ὅθεν γ' ἰδών σε δαιτὶ κοινωνὸν καλεῖ.
Ορ πικρόν γε συνθοινάτορ', ἢν θεὸς θέλῃ.
Πρ τοὐνθένδε πρὸς τὸ πῖπτον αὐτὸς ἐννόει.
Ορ καλῶς ἔλεξας. ἡ τεκοῦσα δ' ἐστὶ ποῦ;   640
Πρ 'Άργει· παρέσται δ' ἐν τάχει θοίνην ἔπι.
Ορ τί δ' οὐχ ἅμ' ἐξωρμᾶτ' ἐμὴ μήτηρ πόσει;
Πρ ψόγον τρέμουσα δημοτῶν ἐλείπετο.
Ορ ξυνῆχ'· ὕποπτος οὖσα γιγνώσκει πόλει.
Πρ τοιαῦτα· μισεῖται γὰρ ἀνόσιος γυνή.   645
Ορ πῶς οὖν ἐκείνην τόνδε τ' ἐν ταὐτῷ κτενῶ;

Ηλ ἐγὼ φόνον γε μητρὸς ἐξαρτύσομαι.
Ορ καὶ μὴν ἐκεῖνά γ' ἡ τύχη θήσει καλῶς.
Ηλ ὑπηρετείτω μὲν δυοῖν ὄντοιν ὅδε.
Πρ ἔσται τάδ'· εὑρίσκεις δὲ μητρὶ πῶς φόνον;   650
Ηλ λέγ', ὦ γεραιέ, τάδε Κλυταιμήστρᾳ μολών·
    λεχώ μ' ἀπάγγελλ' οὖσαν ἄρσενος τόκῳ.
Πρ πότερα πάλαι τεκοῦσαν ἢ νεωστὶ δή;
Ηλ δέχ' ἡλίους, ἐν οἷσιν ἀγνεύει λεχώ.
Πρ καὶ δὴ τί τοῦτο μητρὶ προσβάλλει φόνον;   655
Ηλ ἥξει κλύουσα λόχιά μου νοσήματα.
Πρ πόθεν; τί δ' αὐτῇ σοῦ μέλειν δοκεῖς, τέκνον;
Ηλ ναί· καὶ δακρύσει γ' ἀξίωμ' ἐμῶν τόκων.

Or Was tut er? O Licht auf dem finstern Pfad!

Al Er rüstet den Nymphen, so glaub ich, ein Fest.

Or Für der Kinder Gedeihen? Vor neuer Geburt?

Al Ich sah nur: ein Rind stand zum Opfer bereit.

Or Wer war sein Gefolge? Nur Dienergeleit?

Al Nur Leute vom Hause, sonst keiner vom Land.

Or Und keiner erkennt einen Sohn des Palasts?

Al Von den Dienern hat dich noch keiner gesehn.

Or Und erring ich den Sieg, so treten sie bei?

Al Die Art aller Sklaven! Sie bleibt dir gewiß.

Or Doch sage, wie rück ich dem Manne zu Leib?

Al Geh vorüber beim Opfer, so daß er dich sieht!

Or So führt der Weg seinen Feldern vorbei?

Al Erblickt er dich, lädt er zum Mahle dich ein.

Or Als bitterer Gast, wenn der Gott es so will.

Al Alles andre leg ich in deine Hand.

Or Hab Dank. Und wo treibt sich die Mutter herum?

Al Zu Hause, doch kommt sie in Bälde zum Fest.

Or Warum kam sie nicht gleich mit dem Manne heraus?

Al Sie befürchtet Gerede, so blieb sie zurück.

Or Ich sehe, sie kennt ihren düsteren Ruf.

Al So ist es. Man haßt dieses ruchlose Weib.

Or Wie treff ich sie beide, die Mutter und ihn?

El *einfallend*
    Zum Muttermord schmiede ich selber den Plan.

Or Und auch ihn vollendet ein gutes Geschick.

El Der Alte muß uns behilflich sein.

Al Mit Freuden. Wie sinnst du der Mutter den Tod?

El Geh zur Stadt und melde der Königin,
    Daß Elektra ihr erstes Söhnlein gebar.

Al Schon lang? oder erst die vergangene Nacht?

El Sag der Tage zehn, wie die Reinigung währt.

Al Wie bringt solche Botschaft der Mutter den Tod?

El Alsbald bricht sie auf zu der Wöchnerin Haus.

Al Wenn du wirklich so viel bei der Mutter noch giltst.

El Sie hilft mir beweinen die niedre Geburt.

Πρ ἴσως· πάλιν τοι μῦθον ἐς καμπὴν ἄγε.
Ηλ ἐλθοῦσα μέντοι δῆλον ὡς ἀπόλλυται. 660
Πρ καὶ μὴν ἐπ' αὐτάς γ' εἰσίτω δόμων πύλας.
Ηλ οὐκοῦν τραπέσθαι σμικρὸν εἰς Ἅιδου τόδε;
Πρ εἰ γὰρ θάνοιμι τοῦτ' ἰδὼν ἐγώ ποτε.
Ηλ πρώτιστα μέν νυν τῷδ' ὑφήγησαι, γέρον –
Πρ Αἴγισθος ἔνθα νῦν θυηπολεῖ θεοῖς. 665
Ηλ ἔπειτ' ἀπαντῶν μητρὶ τἀπ' ἐμοῦ φράσον.
Πρ ὥστ' αὐτά γ' ἐκ σοῦ στόματος εἰρῆσθαι δοκεῖν.

Ηλ σὸν ἔργον ἤδη· πρόσθεν εἴληχας φόνου.
Ορ στείχοιμ' ἄν, εἴ τις ἡγεμὼν γίγνοιθ' ὁδοῦ.
Πρ καὶ μὴν ἐγὼ πέμποιμ' ἂν οὐκ ἀκουσίως. 670

Ορ ὦ Ζεῦ πατρῷε καὶ τροπαῖ' ἐχθρῶν ἐμῶν –
Ηλ οἴκτιρέ θ' ἡμᾶς· οἰκτρὰ γὰρ πεπόνθαμεν –
Πρ οἴκτιρε δῆτα σούς γε φύντας ἐκγόνους.
Ηλ Ἥρα τε, βωμῶν ἣ Μυκηναίων κρατεῖς –
Ορ νίκην δὸς ἡμῖν, εἰ δίκαι' αἰτούμεθα – 675
Πρ δὸς δῆτα πατρὸς τοῖσδε τιμωρὸν δίκην.

Ορ σύ τ', ὦ κάτω γῆς ἀνοσίως οἰκῶν πάτερ –
Ηλ καὶ Γαῖ' ἄνασσα, χεῖρας ᾗ δίδωμ' ἐμὰς –
Πρ ἄμυν' ἄμυνε τοῖσδε φιλτάτοις τέκνοις.
Ορ νῦν πάντα νεκρὸν ἐλθὲ σύμμαχον λαβών – 680
Ηλ οἵπερ γε σὺν σοὶ Φρύγας ἀνήλωσαν δορὶ –
Πρ χὤσοι στυγοῦσιν ἀνοσίους μιάστορας. 683

Ορ ἤκουσας, ὦ δείν' ἐξ ἐμῆς μητρὸς παθών; 682
Ηλ πάντ', οἶδ', ἀκούει τάδε πατήρ· στείχειν δ' ἀκμή
    καί σοι προφωνῶ πρὸς τάδ' Αἴγισθον θανεῖν· 685
    ὡς εἰ παλαισθεὶς πτῶμα θανάσιμον πεσῇ,
    τέθνηκα κἀγώ, μηδέ με ζῶσαν λέγε·
    παίσω γὰρ ἧπαρ τοὐμὸν ἀμφήκει ξίφει.

Al Kann sein. Doch wie spinnst du den weiteren Plan?
El Ihre Ankunft hier ist der sichere Tod.
Al So betrete des Hauses Pforten sie bald!
El Die sie leicht mit des Hades' Pforten vertauscht!
Al Gern sterb ich, hat dieses mein Auge geschaut.
El Vor allem geleite den Bruder ans Werk!
Al Dahin, wo Aigisthos sein Opfer begeht.
El Dann bringe der Mutter die Botschaft ins Haus!
Al So treu, als spräche dein eigener Mund.
El *zu Orestes*
    Ans Werk! Dein Mord zog das frühere Los!
Or Ich gehe, sobald ich die Straße weiß.
Al Die will ich mit Freuden dir zeigen.

Sie beten zu dreien

Or O Zeus meiner Väter und Feind meines Feinds,
El Erbarme dich unser in äußerster Not,
Al Erbarm dich der eigenen Enkel!
El Und Hera, im ganzen Lande verehrt,
Or Verleih uns den Sieg, die wir Rechtes erflehn,
Al Verleihe die Rache des Vaters!
Or *während sie niederknien*
    O Vater, durch Frevel zum Hades gesandt,
El Mutter Erde, die fromm hier berührt meine Hand,
Al O helft, o helft euren Kindern!
Or Nun sammle die Schatten dir alle zuhauf,
El Die siegreich du einst gegen Troja geführt,
Al Und alle, die hassen den Frevler!

Sie stehen auf

Or Vernahmst dus, den roh meine Mutter erschlug?
El Er hat alles vernommen. Nun mache dich auf,
    Es ist Zeit, da Aigisthos verderben muß.
    Und wenn du erliegst im tödlichen Streit,
    So zähle mich nicht zu den Lebenden:
    Ich treffe die Brust mit der Schärfe des Schwerts!

δόμων ἔσω βᾶσ' εὐτρεπὲς ποήσομαι.
ὡς ἢν μὲν ἔλθῃ πύστις εὐτυχὴς σέθεν,   690
ὀλολύξεται πᾶν δῶμα· θνήσκοντος δέ σου
τἀναντί' ἔσται τῶνδε· ταῦτά σοι λέγω.
Ορ πάντ' οἶδα.
Ηλ   πρὸς τάδ' ἄνδρα γίγνεσθαί σε χρή.

ὑμεῖς δέ μοι, γυναῖκες, εὖ πυρσεύετε
κραυγὴν ἀγῶνος τοῦδε· φρουρήσω δ' ἐγὼ   695
πρόχειρον ἔγχος χειρὶ βαστάζουσ' ἐμῇ.
οὐ γάρ ποτ' ἐχθροῖς τοῖς ἐμοῖς νικωμένη
δίκην ὑφέξω, σῶμ' ἐμὸν καθυβρίσαι.

Χο	ἀταλᾶς ὑπὸ ματρὸς ἄρν'	·gl	στρ.
	'Αργείων	cr	
	ὀρέων ποτὲ κληδὼν ἐν	·gl	700
	πολιαῖσι μένει φήμαις	·gl	
	εὐαρμόστοις ἐν καλάμοις	sp² ch	
	Πᾶνα μοῦσαν ἡδύθροον	tr² ch	
	πνέοντ', ἀγρῶν ταμίαν,	ba ch	
	χρυσέαν καλλιπλόκαμον	tr² ch	705
	πορεῦσαι. πετρίνοις δ' ἐπι-	·gl	
	στὰς κᾶρυξ ἰάχει βάθροις·	gl	
	'Αγορὰν ἀγοράν, Μυκη-	·gl	
	ναῖοι, στείχετε μακαρίων	gl	
	ὀψόμενοι τυράννων	ch ba	710
	φάσματα δείγματα. χοροὶ δ' 'Ατρει-	da² ia²	
	δᾶν ἐγέραιρον οἴκους·	ch ba	

Nun geh ich ins Haus und sehe mich vor,
Und kommt mir die Botschaft des glücklichen Siegs:
Aufjubelt das Haus. Doch wenn du erliegst,
Wird Schlimmes geschehen. Des bleibe gewiß.

Or Ich weiß es.

El   So ziehe als tapferer Mann!

Orestes geht mit dem Alten, mit Pylades und den Dienern

Ihr Frauen, schickt Zeichen des lärmenden Kampfs!
Ich stehe hier Wache, die Hand an dem Schwert.
Erliegen wir, nie wird die Feinde mein Leib
Erwarten zum Leben der Schande.

Sie geht hinein

ZWEITES STANDLIED

Chor

Erste Strophe

Lämmlein zarter Mutter
Hat einst aus den Bergen von Argos,
So weiß es uralte Sage,
Pan geholt, dem gebündelten Rohr
Süße Klänge entlockend,
Der Herr der grünenden Fluren.
O goldenflockiges Lamm!
Von steinernen Schwellen
Rief es jubelnd der Herold:
Zum Markt, zum Markt, ihr Mykener,
Tretet, zu schauen der Fürsten
Neue Zeichen und Wunder.
Chöre zogen festlich zum Haus der Atriden.

θυμέλαι δ' ἐπίτναντο χρυ-   ἀντ.
σήλατοι,
σελαγεῖτο δ' ἀν' ἄστυ πῦρ
ἐπιβώμιον 'Αργείων·   715
λωτὸς δὲ φθόγγον κελάδει
κάλλιστον, Μουσᾶν θεράπων·   sp² ch
μολπαὶ δ' ηὔξοντ' ἐραταί   -sp ch
χρυσέας ἀρνὸς ἐπίλογοι
Θυέστου· κρυφίαις γὰρ εὐ-
ναῖς πείσας ἄλοχον φίλαν   720
'Ατρέως, τέρας ἐκκομί-
ζει πρὸς δώματα· νεόμενος δ'
εἰς ἀγόρους αὐτεῖ
τὰν κερόεσσαν ἔχειν χρυσεόμαλ- hem ch
λον κατὰ δῶμα ποίμναν.   725

τότε δὴ τότε φαεν-   ∧ch cr στρ.
νὰς ἄστρων μετέβασ' ὁδοὺς   gl
Ζεὺς καὶ φέγγος ἀελίου   sp-×ch
λευκόν τε πρόσωπον ἀ-   ∧gl   730
οῦς, τὰ δ' ἕσπερα νῶτ' ἐλαύ- gl
νει θερμᾷ φλογὶ θεοπύρῳ,   gl
νεφέλαι δ' ἔνυδροι πρὸς ἄρ-   ·gl
κτον, ξηραί τ' 'Αμμωνίδες ἕ- sp² ch
δραι φθίνουσ' ἀπειρόδροσοι, tr² ch 735
καλλίστων ὄμβρων Διόθεν στερεῖσαι. sp gl-

λέγεται, τὰν δὲ πί-   ἀντ.
στιν σμικρὰν παρ' ἔμοιγ' ἔχει,
στρέψαι θερμὰν ἀέλιον
χρυσωπὸν ἕδραν ἀλλά-   740
ξαντα δυστυχίᾳ βροτεί-

Gegenstrophe

Goldne Reigenplätze
Erhob man, die Straßen erstrahlten
Vom Opferfeuer der Bürger.
Lotosflöte, der Musen Magd,
Tönte liebliche Weisen,
Und süße Lieder umflossen
Thyestes' goldenes Lamm.
Zu heimlichem Lager
Hat er die Gattin beredet
Des Atreus, schafft sich das Wunder
Heimlich ins Haus und verkündet
Allem Volk, das gehörnte
Goldgeflockte Schaf sei im Haus ihm erschienen.

Zweite Strophe

Da, ja da
Wandte Zeus
Jäh herum die Bahnen der Sterne,
Wandte des Helios Leuchte,
Wandte des Morgens strahlendes Antlitz.
Des Abends Schatten trieb er
Zurück mit dem sengenden Blitzstrahl.
Da zog feuchte Wolke nach Norden,
Trockener Sitz des Ammon
Lechzt nach erquickendem Taufall,
Ewig des seligen Regens beraubt.

Gegenstrophe

So vernahm
Ichs und kann
Kaum dem Wort vertrauen, es habe
Golden glühenden Wagen
Helios wieder rückwärts gewendet,

ᾧ θνατᾶς ἕνεκεν δίκας.
φοβεροὶ δὲ βροτοῖσι μῦ-
θοι κέρδος πρὸς θεῶν θεραπεί-
αν. ὧν οὐ μνασθεῖσα πόσιν   sp² ch   745
κτείνεις, κλεινῶν συγγενέτειρ' ἀδελφῶν.

Χο ἔα ἔα·
    φίλαι, βοῆς ἠκούσατ', ἢ δοκῶ κενῇ   ia⁶
    ὑπῆλθέ μ', ὥστε νερτέρα βροντὴ Διός;
    ἰδού, τάδ' οὐκ ἄσημα πνεύματ' αἴρεται·
    δέσποιν', ἄμειψον δώματ', 'Ηλέκτρα, τάδε.   750

Ηλ φίλαι, τί χρῆμα; πῶς ἀγῶνος ἥκομεν;
Χο οὐκ οἶδα πλὴν ἕν· φόνιον οἰμωγὴν κλύω.
Ηλ ἤκουσα κἀγώ, τηλόθεν μέν, ἀλλ' ὅμως.
Χο μακρὰν γὰρ ἕρπει γῆρυς, ἐμφανής γε μήν.
Ηλ 'Αργεῖος ὁ στεναγμός· ἦ φίλων ἐμῶν;   755
Χο οὐκ οἶδα· πᾶν γὰρ μείγνυται μέλος βοῆς.
Ηλ σφαγὴν ἀυτεῖς τήνδε μοι· τί μέλλομεν;
Χο ἔπισχε, τρανῶς ὡς μάθῃς τύχας σέθεν.
Ηλ οὐκ ἔστι· νικώμεσθα· ποῦ γὰρ ἄγγελοι;
Χο ἥξουσιν· οὔτοι βασιλέα φαῦλον κτανεῖν.   760

                    "Αγγελος

    ὦ καλλίνικοι παρθένοι Μυκηνίδες,
    νικῶντ' 'Ορέστην πᾶσιν ἀγγέλλω φίλοις,
    'Αγαμέμνονος δὲ φονέα κείμενον πέδῳ
    Αἴγισθον· ἀλλὰ θεοῖσιν εὔχεσθαι χρεών.
Ηλ τίς δ' εἶ σύ; πῶς μοι πιστὰ σημαίνεις τάδε;   765

Den Frevelmut der Menschen
Mit rächendem Unheil zu ahnden.
Doch sind Schreckenssagen Gewinn oft,
Heilsamer Ruf der Götter.
Ihrer nicht achtend erschlugst du,
Schwester so stolzer Brüder, den Mann.

DRITTE HAUPTSZENE

Ch Horch! Horch!
Hört ihr fernes Geschrei? Oder täuscht mich ein Wahn?
Es klingt wie grollender Donner des Zeus.
Jetzt mehrt sich so deutlich des Sturmes Getös.
Meine Herrin Elektra, verlasse das Haus!

Elektra

Was ist, ihr Frauen? Wie endet der Kampf?
Ch Wir hörten nur eines: des Mordes Geschrei.
El Auch ich hörte rufen, zwar fern, doch gewiß.
Ch Weither kommt der Schall, doch dröhnt er so laut.
El Schreit Freund oder Feind dieses tödliche Ach?
Ch Noch kann ich nicht scheiden der Stimmen Gewirr.
El Das ruft mich zum Tode. Die Stunde ist da.
Ch Halt ein, bis du sichere Kunde vernimmst.
El Keine Hoffnung des Sieges! Kein Bote erscheint!
Ch Er wird kommen. So leicht wird kein König gefällt!

Bote, *Diener des Orestes, eilt herbei*

Ihr siegreichen Mädchen mykenischen Stamms,
Allen Freunden verkünd ich den Sieg des Orest,
Agamemnons Mörder liegt blutend im Feld.
Die Götter sollen gepriesen sein!
El Wer bist du? Wie kann ich dem Boten vertraun?

Αγ οὐκ οἶσθ' ἀδελφοῦ μ' εἰσορῶσα πρόσπολον;
Ηλ ὦ φίλτατ', ἔκ τοι δείματος δυσγνωσίαν
     εἶχον προσώπου· νῦν δὲ γιγνώσκω σε δή.
     τί φῄς; τέθνηκε πατρὸς ἐμοῦ στυγνὸς φονεύς;
Αγ τέθνηκε· δίς σοι ταῦθ', ἃ γοῦν βούλῃ, λέγω.   770
Ηλ ὦ θεοί, Δίκη τε πάνθ' ὁρῶσ', ἦλθές ποτε.
     ποίῳ τρόπῳ δὲ καὶ τίνι ῥυθμῷ φόνου
     κτείνει Θυέστου παῖδα, βούλομαι μαθεῖν.
Αγ ἐπεὶ μελάθρων τῶνδ' ἀπήραμεν πόδα,
     ἐσβάντες ἦμεν δίκροτον εἰς ἁμαξιτὸν   775
     ἔνθ' ἦν ὁ κλεινὸς τῶν Μυκηναίων ἄναξ.
     κυρεῖ δὲ κήποις ἐν καταρρύτοις βεβώς,
     δρέπων τερείνης μυρσίνης κάρα πλόκους·
     ἰδών τ' ἀυτεῖ· Χαίρετ', ὦ ξένοι· τίνες
     πόθεν πορεύεσθ'; ἔστε τ' ἐκ ποίας χθονός;   780
     ὁ δ' εἶπ' Ὀρέστης· Θεσσαλοί· πρὸς δ' Ἀλφεὸν
     θύσοντες ἐρχόμεσθ' Ὀλυμπίῳ Διί.
     κλύων δὲ ταῦτ' Αἴγισθος ἐννέπει τάδε·
     Νῦν μὲν παρ' ἡμῖν χρὴ συνεστίους ἐμοὶ
     θοίνης γενέσθαι· τυγχάνω δὲ βουθυτῶν   785
     Νύμφαις· ἑῷοι δ' ἐξαναστάντες λέχους
     ἐς ταὐτὸν ἥξετ'. ἀλλ' ἴωμεν ἐς δόμους.
     καὶ ταῦθ' ἅμ' ἠγόρευε καὶ χερὸς λαβὼν
     παρῆγεν ἡμᾶς – οὐδ' ἀπαρνεῖσθαι χρεών.
     ἐπεὶ δ' ἐν οἴκοις ἦμεν, ἐννέπει τάδε·   790
     Λούτρ' ὡς τάχιστα τοῖς ξένοις τις αἱρέτω,
     ὡς ἀμφὶ βωμὸν στῶσι χερνίβων πέλας.
     ἀλλ' εἶπ' Ὀρέστης· Ἀρτίως ἡγνίσμεθα
     λουτροῖσι καθαροῖς ποταμίων ῥείθρων ἄπο.
     εἰ δὲ ξένους ἀστοῖσι συνθύειν χρεών,   795
     Αἴγισθ', ἕτοιμοι κοὐκ ἀπαρνούμεσθ', ἄναξ.
     τοῦτον μὲν οὖν μεθεῖσαν ἐκ μέσου λόγον·
     λόγχας δὲ θέντες δεσπότου φρουρήματα
     δμῶες πρὸς ἔργον πάντες ἵεσαν χέρας·
     οἱ μὲν σφαγεῖον ἔφερον, οἱ δ' ἦρον κανᾶ,   800
     ἄλλοι δὲ πῦρ ἀνῆπτον ἀμφί τ' ἐσχάρας

Bo   Erkennst du den Diener des Bruders nicht mehr?
El   Mein Freund, ich vergaß wohl vor Schreck dein Gesicht.
     Sank wirklich der Mörder des Vaters dahin?

Bo   Er ist tot. Ich sag dirs zum anderen Mal.
El   So kamst du denn endlich, allsehendes Recht!
     Doch sag, wie geschahs? Welches tödliche Los
     Brach über den Sohn des Thyestes herein?
Bo   Von deinem Hause gelangten wir schnell
     Auf dem Fahrweg zum Landsitz des Königs Ägisth.
     Er stand im bewässerten Garten und schnitt
     Sich Myrtenreiser zum festlichen Kranz.
     Er sieht uns und ruft: ‚Seid, Freunde, gegrüßt!
     Wer seid ihr? Woher euer Weg? Welches Lands?‘

     ‚Aus Thessalien,‘ sagt da Orestes, ‚wir ziehn
     Zum Alpheios hin, zum olympischen Zeus.‘
     Kaum hört dies Ägisth, so ruft er: ‚O bleibt
     Als Gäste zum ländlichen Mahle! Ein Rind
     Wird den Nymphen geschlachtet. Brecht zeitig ihr auf
     Beim Morgenrot, holt ihr die Säumnis noch ein.
     So folgt mir ins Haus!‘ Sprichts, nimmt unsre Hand
     Und führt uns hinein ohne Widerspruch.

     Und drinnen im Haus ruft den Dienern er zu:
     ‚Bereitet doch schnell diesen Fremden ein Bad,
     Daß sie treten zum Opfer, zum Spendeguß!‘
     Sagt Orestes: ‚Soeben hat lautere Flut
     Uns rein gewaschen im Flusse, und soll
     Der Fremde teilen das heimische Fest,
     So sieh uns bereit, edler Herrscher Ägisth!‘
     Und es war nicht weiter vom Bade das Wort.
     Ihre Lanzen stellten die Wächter beiseit,
     Die Knechte, und jeder legt Hand an das Werk,
     Schleppt Opfergerät, trägt Körbe herbei,
     Entfacht das Feuer und stellt an den Herd

λέβητας ὤρθουν· πᾶσα δ' ἐκτύπει στέγη.
λαβὼν δὲ προχύτας μητρὸς εὐνέτης σέθεν
ἔβαλλε βωμούς, τοιάδ' ἐννέπων ἔπη·
Νύμφαι πετραῖαι, πολλάκις με βουθυτεῖν   805
καὶ τὴν κατ' οἴκους Τυνδαρίδα δάμαρτ' ἐμὴν
πράσσοντας ὡς νῦν, τοὺς δ' ἐμοὺς ἐχθροὺς κακῶς
– λέγων Ὀρέστην καὶ σέ. δεσπότης δ' ἐμὸς
τἀναντί' ηὔχετ', οὐ γεγωνίσκων λόγους,
λαβεῖν πατρῷα δώματ'. ἐκ κανοῦ δ' ἑλὼν   810
Αἴγισθος ὀρθὴν σφαγίδα, μοσχείαν τρίχα
τεμὼν ἐφ' ἁγνὸν πῦρ ἔθηκε δεξιᾷ,
κἄσφαξ' ἐπ' ὤμων μόσχον ὡς ἦραν χεροῖν
δμῶες, λέγει δὲ σῷ κασιγνήτῳ τάδε·
Ἐκ τῶν καλῶν κομποῦσι τοῖσι Θεσσαλοῖς   815
εἶναι τόδ', ὅστις ταῦρον ἀρταμεῖ καλῶς
ἵππους τ' ὀχμάζει· λαβὲ σίδηρον, ὦ ξένε,
δεῖξόν τε φήμην ἔτυμον ἀμφὶ Θεσσαλῶν.
ὁ δ' εὐκρότητον Δωρίδ' ἁρπάσας χεροῖν,
ῥίψας ἀπ' ὤμων εὐπρεπῆ πορπάματα,   820
Πυλάδην μὲν εἵλετ' ἐν πόνοις ὑπηρέτην,
δμῶας δ' ἀπωθεῖ· καὶ λαβὼν μόσχου πόδα,
λευκὰς ἐγύμνου σάρκας ἐκτείνων χέρα·
θᾶσσον δὲ βύρσαν ἐξέδειρεν ἢ δρομεὺς
δισσοὺς διαύλους ἵππιος διήνυσε,   825
κἀνεῖτο λαγόνας. ἱερὰ δ' ἐς χεῖρας λαβὼν
Αἴγισθος ἤθρει. καὶ λοβὸς μὲν οὐ προσῆν
σπλάγχνοις, πύλαι δὲ καὶ δοχαὶ χολῆς πέλας
κακὰς ἔφαινον τῷ σκοποῦντι προσβολάς.
χὠ μὲν σκυθράζει, δεσπότης δ' ἀνιστορεῖ·   830
Τί χρῆμ' ἀθυμεῖς; – Ὦ ξέν', ὀρρωδῶ τινα
δόλον θυραῖον. ἔστι δ' ἔχθιστος βροτῶν
Ἀγαμέμνονος παῖς πολέμιός τ' ἐμοῖς δόμοις·
ὁ δ' εἶπε· Φυγάδος δῆτα δειμαίνεις δόλον,
πόλεως ἀνάσσων; οὐχ, ὅπως παστήρια   835
θοιwith·σόμεσθα, Φθιάδ' ἀντὶ Δωρικῆς
οἴσει τις ἡμῖν κοπίδ', ἀπορρήξω χέλυν;

Die Kessel. Das ganze Gebäude erdröhnt.
Das Gerstenkorn nimmt deiner Mutter Gespons,
Streuts auf die Altäre und spricht das Gebet:
‚Bergnymphen, laßt oft noch mich feiern das Fest
Und zu Hause die Gattin, im Glück so wie heut,
Und die Feinde im Elend.‘ Orestes und dich
Bedachte sein Sinn. Aber anderen Wunsch
Erflehte mein Herr im stillen Gebet:
Den Sieg im Palast. Da nahm aus dem Korb
Das Messer Ägisth, schnitt dem Jungstier das Haar
Von der Stirne und warfs in die heilige Glut,
Erschlug, wie die Knechte es trugen, das Rind
Noch auf ihren Schultern und sprach zu Orest:
‚Ihr Thessaler habt diesen doppelten Ruhm,
Mit seltener Kunst zu schlachten den Stier
Und zu tummeln die Rosse. So nimm diesen Stahl
Und zeige die Künste des Heimatlands!‘
Da nimmt der das Messer, das scharfe, streift ab
Von der Schulter den Mantel, den Spangenverschluß,
Nimmt Pylades einzig als Helfer zu sich,
Vertreibt alles Volk, packt am Fuße das Rind,
Entblößt ihm das Fleisch mit gewaltigem Schnitt
Und häutet es ab in viel kürzerer Frist,
Als ein Rennpferd die doppelte Laufbahn durchfliegt,
Und öffnet die Flanken. Da prüft noch Ägisth
Die Geweide des Rindes mit eigener Hand.
Kein Kopf bei der Leber! Bei der Galle zu eng
Das Tor und der Sack! Ein übler Befund!
Er runzelt die Stirn, bis mein Herr ihn befragt:
‚Was bist du bestürzt?‘ – ‚Ach, ich fürchte, mein Freund,
Einen Anschlag von draußen. Mein bitterster Feind,
Agamemnons Sohn, bedroht den Palast.‘
Und Orest: ‚Bringt ein einsamer Flüchtling Gefahr
Dem Herren des Lands? Doch nun reicht mir ein Beil,
Daß wir teilen das Rind und zerhacken den Bug.‘

λαβὼν δὲ κόπτει. σπλάγχνα δ' Αἴγισθος λαβὼν
ἤθρει διαιρῶν. τοῦ δὲ νεύοντος κάτω
ὄνυχας ἐπ' ἄκρους στὰς κασίγνητος σέθεν   840
ἐς σφονδύλους ἔπαισε, νωτιαῖα δὲ
ἔρρηξεν ἄρθρα· πᾶν δὲ σῶμ' ἄνω κάτω
ἤσπαιρεν ἠλάλαζε δυσθνήσκων φόνῳ.
δμῶες δ' ἰδόντες εὐθὺς ᾖξαν ἐς δόρυ,
πολλοὶ μάχεσθαι πρὸς δύ'· ἀνδρείας δ' ὕπο   845
ἔστησαν ἀντίπρωρα σείοντες βέλη
Πυλάδης 'Ορέστης τ'. εἶπε δ'· Οὐχὶ δυσμενὴς
ἥκω πόλει τῇδ' οὐδ' ἐμοῖς ὀπάοσιν,
φονέα δὲ πατρὸς ἀντετιμωρησάμην
τλήμων 'Ορέστης· ἀλλὰ μή με καίνετε,   850
πατρὸς παλαιοὶ δμῶες. οἳ δ', ἐπεὶ λόγων
ἤκουσαν, ἔσχον κάμακας· ἐγνώσθη δ' ὑπὸ
γέροντος ἐν δόμοισιν ἀρχαίου τινός.
στέφουσι δ' εὐθὺς σοῦ κασιγνήτου κάρα
χαίροντες ἀλαλάζοντες. ἔρχεται δὲ σοὶ   855
κάρα 'πιδείξων οὐχὶ Γοργόνος φέρων,
ἀλλ' ὃν στυγεῖς Αἴγισθον· αἷμα δ' αἵματος
πικρὸς δανεισμὸς ἦλθε τῷ θανόντι νῦν.

Χο θὲς ἐς χορόν, ὦ φίλα, ἴχνος,   ⏑hem⏑ στρ.
    ὡς νεβρὸς οὐράνιον   hem   860
    πήδημα κουφίζουσα σὺν ἀγλαΐᾳ.   ia²-hem
    νικᾷ στεφαναφορίαν   –hem

Er nimmt es und schlägt. Die Geweide zerteilt,
Sie zu prüfen, Ägisth. Doch wie er sich bückt,
Stellt sich hoch auf die Zehen dein Bruder und trifft
Ihm die Wirbel des Nackens, daß krachend zerbirst
Das Rückgrat. Da wälzt er sich her und sich hin
Und röchelnd verhaucht er des Lebens Rest.
Und die Knechte, dies sehend, sie stürzen zum Speer,
Die vielen zum Kampf gegen zwei. Ohne Furcht
Halten diese sie auf mit bewaffneter Hand,
Pylades und Orest. Und er sagt: ,Nicht als Feind
Nah ich hier dieser Stadt, meinem Dienergefolg.
Den Mörder des Vaters, ihn hab ich bestraft,
Orestes, der arme. Wollt nicht meinen Tod,
Meines Vaters Diener!' Da halten sie an
Ihre Lanzen, dies hörend, und einer erkennt,
Ein Alter des Hauses, den Herren Orest.
Sie kränzen mit Laub deinem Bruder das Haar,
Voll Freude und Jubel. Bald kommt er hierher,
Dir zu zeigen ein Haupt, nicht Gorgonengezücht,
Nein, des Schurken Ägisth. Er hat blutig bezahlt,
Mit bitterem Zins, eine blutige Tat.

Bote geht ab

DRITTES STANDLIED

Wechsellied

Strophe

Chor

Setze zum Tanze, Mädchen, den Fuß
Wie das Reh, leicht, himmelhinan
Springe voll Jubel!
Kränze gewann

†κρείσσω τοῖς† παρ' Ἀλφειοῦ ῥεέθροισι τελέσσας
κασίγνητος σέθεν· ἀλλ' ἐπάειδε   ba hem∪
καλλίνικον ᾠδὰν ἐμῷ χορῷ.   cr ba ia²   865

Ηλ ὦ φέγγος, ὦ τέθριππον ἡλίου σέλας,   ia⁶
     ὦ γαῖα καὶ νὺξ ἣν ἐδερκόμην πάρος,
     νῦν ὄμμα τοὐμὸν ἀμπτυχαί τ' ἐλεύθεροι,
     ἐπεὶ πατρὸς πέπτωκεν Αἴγισθος φονεύς.
     φέρ', οἷα δὴ ᾿χω καὶ δόμοι κεύθουσί μου   870
     κόμης ἀγάλματ' ἐξενέγκωμαι, φίλαι,
     στέψω τ' ἀδελφοῦ κρᾶτα τοῦ νικηφόρου.

Χο σὺ μέν νυν ἀγάλματ' ἄειρε   ἀντ.
     κρατί· τὸ δ' ἀμέτερον
     χωρήσεται Μούσαισι χόρευμα φίλον.   875
     νῦν οἱ πάρος ἀμέτεροι
     γαίας τυραννεύσουσι φίλοι βασιλῆες   ia²-hem-
     δικαίως τοὺς ἀδίκως καθελόντες.
     ἀλλ' ἴτω ξύναυλος βοὰ χαρᾷ.

Ηλ ὦ καλλίνικε, πατρὸς ἐκ νικηφόρου   ia⁶   880
     γεγώς, Ὀρέστα, τῆς ὑπ' Ἰλίῳ μάχης,
     δέξαι κόμης σῆς βοστρύχων ἀνδήματα.
     ἥκεις γὰρ οὐκ ἀχρεῖον ἔκπλεθρον δραμὼν

Wie an Alpheios' Ufern
Des Bruders Tat. Nun singe
Siegeslieder
Zu meinem Tanz.

Elektra

O Licht der Sonne, o Glanz des Gespanns,
O Erde, o Nacht, die mich vorher umfing,
Wie blick ich so hell, wie atm' ich so frei,
Seit des Vaters Mörder Aigisthos verdarb!
Was alles ich hab, was noch drinnen im Haus,
Zu schmücken sein Haar, ich trag es heraus,
Den siegreichen Bruder zu kränzen.

Sie geht hinein

Gegenstrophe

Ch Bring du den Schmuck nur, Kränze dem Haupt.
Unser Tanz wird stürmen dahin,
Freude der Musen.
Herrschen im Land
Werden die alten Fürsten
Gerecht, die Frevler verderbend.
Es töne die Flöte
Zum Ruf der Lust!

VIERTE HAUPTSZENE

Elektra *geht mit Kränzen Orestes und seinen Leuten entgegen, die den toten Ägisth mitführen*

O siegreicher Bruder aus siegreichem Stamm,
O Sohn des Siegers von Troja, Orest,
Nimm hin diese Krone, sie ziere dein Haupt.
Vom Lauf, den du liefst in gewaltiger Bahn,

ἀγῶν’ ἐς οἴκους, ἀλλὰ πολέμιον κτανὼν
Αἴγισθον, ὃς σὸν πατέρα κἀμὸν ὤλεσε.   885
σύ τ’, ὦ παρασπίστ’, ἀνδρὸς εὐσεβεστάτου
παίδευμα Πυλάδη, στέφανον ἐξ ἐμῆς χερὸς
δέχου· φέρῃ γὰρ καὶ σὺ τῷδ’ ἴσον μέρος
ἀγῶνος· αἰεὶ δ’ εὐτυχεῖς φαίνοισθέ μοι.

Ορ   θεοὺς μὲν ἡγοῦ πρῶτον, ’Ηλέκτρα, τύχης   890
     ἀρχηγέτας τῆσδ’, εἶτα κἄμ’ ἐπαίνεσον
     τὸν τῶν θεῶν τε τῆς τύχης θ’ ὑπηρέτην.
     ἥκω γὰρ οὐ λόγοισιν ἀλλ’ ἔργοις κτανὼν
     Αἴγισθον· ὡς δὲ τῷ σάφ’ εἰδέναι τάδε
     προσθῶμεν, αὐτὸν τὸν θανόντα σοι φέρω,   895
     ὃν εἴτε χρῄζεις θηρσὶν ἁρπαγὴν πρόθες,
     ἢ σκῦλον οἰωνοῖσιν, αἰθέρος τέκνοις,
     πήξασ’ ἔρεισον σκόλοπι· σὸς γάρ ἐστι νῦν
     δοῦλος, πάροιθε δεσπότης κεκλημένος.
Ηλ   αἰσχύνομαι μέν, βούλομαι δ’ εἰπεῖν ὅμως.   900
Ορ   τί χρῆμα; λέξον· ὡς φόβου γ’ ἔξωθεν εἶ.
Ηλ   νεκροὺς ὑβρίζειν, μή μέ τις φθόνῳ βάλῃ.
Ορ   οὐκ ἔστιν οὐδεὶς ὅστις ἂν μέμψαιτό σε.
Ηλ   δυσάρεστος ἡμῶν καὶ φιλόψογος πόλις.
Ορ   λέγ’, εἴ τι χρῄζεις, σύγγον’· ἀσπόνδοισι γὰρ   905
     νόμοισιν ἔχθραν τῷδε συμβεβλήκαμεν.

Ηλ   εἶέν· τίν’ ἀρχὴν πρῶτά σ’ ἐξείπω κακῶν,
     ποίας τελευτάς; τίνα μέσον τάξω λόγον;
     καὶ μὴν δι’ ὄρθρων γ’ οὔποτ’ ἐξελίμπανον
     θρυλοῦσ’ ἅ γ’ εἰπεῖν ἤθελον κατ’ ὄμμα σόν,   910
     εἰ δὴ γενοίμην δειμάτων ἐλευθέρα
     τῶν πρόσθε. νῦν οὖν ἐσμεν· ἀποδώσω δέ σοι
     ἐκεῖν’ ἅ σε ζῶντ’ ἤθελον λέξαι κακά.
     ἀπώλεσάς με κἀρφανὴν φίλου πατρὸς
     καὶ τόνδ’ ἔθηκας, οὐδὲν ἠδικημένος,   915

Trägst du heim diesen Kranz: du fälltest den Feind,
Aigisthos, der einst unsern Vater erschlug.
Auch du, ehrwürdigsten Vaters Gebild,
Pylades, Mitstreiter, empfange den Kranz,
Denn des Kampfes trugst du nicht minderen Teil.
Mögt ihr stets mir so glücklich zugegen sein!

Orestes

Die Götter vor allem vollbrachten dies Werk,
O glaub es, Elektra. Dann preise auch mich,
Den Diener der Götter, den Ritter des Glücks!
Denn nicht mit Worten, ich schlug mit der Tat
Aigisthos, und dessen zum klarsten Beweis
Bring ich her diesen Leib des erschlagenen Manns:
Wenn du willst, gib ihn hin allen Hunden zum Raub,
Den Vögeln, den Kindern der Lüfte, zum Fraß,
Gefesselt am Pfahl; deinen Sklaven fortan,
Der vorher stolz deinen Herren gespielt.

El   Ich schäme mich, spräche so gerne ein Wort.
Or   Sprich frei, da vorüber die Tage der Furcht.
El   Dem Toten zu fluchen wird sicher verargt.
Or   Wer kann es dir wehren? Kein Mensch auf der Welt.
El   Mißgünstige Bürger, sie tadeln so gern.
Or   Sprich offen, Schwester, denn Haß ohne Maß,
     Ohne Grenzen schworen wir diesem Mann.

El   *zum toten Aigisthos*
     So seis. Aber wie beginn ich den Fluch?
     Wie end ich ihn, führ ich ihn mitten hindurch?
     Und habe doch Nächte lang Reden geübt,
     Die ich schleudern wollte in dein Gesicht,
     Wär ich einmal frei der alten Gefahr.
     Nun bin ichs. So höre als Toter den Fluch,
     Der dem Lebenden sollte erdröhnen im Ohr.
     Du hast uns vernichtet, zu Waisen gemacht,
     Orestes und mich, unschuldiges Paar,

κἄγημας αἰσχρῶς μητέρ' ἄνδρα τ' ἔκτανες
στρατηλατοῦνθ' Ἕλλησιν, οὐκ ἐλθὼν Φρύγας.
ἐς τοῦτο δ' ἦλθες ἀμαθίας ὥστ' ἤλπισας
ὡς ἐς σὲ ἐμὴν δὴ μητέρ' οὐχ ἕξοις κακὴν
γήμας, ἐμοῦ δὲ πατρὸς ἠδίκεις λέχη.   920
ἴστω δ', ὅταν τις διολέσας δάμαρτά του
κρυπταῖσιν εὐναῖς εἶτ' ἀναγκασθῇ λαβεῖν,
δύστηνός ἐστιν, εἰ δοκεῖ τὸ σωφρονεῖν
ἐκεῖ μὲν αὐτὴν οὐκ ἔχειν, παρ' οἷ δ' ἔχειν.
ἄλγιστα δ' ᾤκεις, οὐ δοκῶν οἰκεῖν κακῶς·   925
ᾔδησθα γὰρ δῆτ' ἀνόσιον γήμας γάμον,
μήτηρ δὲ σ' ἄνδρα δυσσεβῆ κεκτημένη.
ἄμφω πονηρὼ δ' ὄντ' ἀφαιρεῖσθον τύχην
κείνη τε τὴν σὴν καὶ σὺ τοὐκείνης κακόν.
πᾶσιν δ' ἐν Ἀργείοισιν ἤκουες τάδε·   930
Ὁ τῆς γυναικός – οὐχὶ τἀνδρὸς ἡ γυνή.
καίτοι τόδ' αἰσχρόν, προστατεῖν γε δωμάτων
γυναῖκα, μὴ τὸν ἄνδρα· κἀκείνους στυγῶ
τοὺς παῖδας, ὅστις τοῦ μὲν ἄρσενος πατρὸς
οὐκ ὠνόμασται, τῆς δὲ μητρὸς ἐν πόλει.   935
ἐπίσημα γὰρ γήμαντι καὶ μείζω λέχη
τἀνδρὸς μὲν οὐδείς, τῶν δὲ θηλειῶν λόγος.
ὃ δ' ἠπάτα σε πλεῖστον οὐκ ἐγνωκότα,
ηὔχεις τις εἶναι τοῖσι χρήμασι σθένων·
τὰ δ' οὐδὲν εἰ μὴ βραχὺν ὁμιλῆσαι χρόνον.   940
ἡ γὰρ φύσις βέβαιος, οὐ τὰ χρήματα.
ἡ μὲν γὰρ αἰεὶ παραμένουσ' αἴρει κακά·
ὁ δ' ὄλβος ἀδίκως καὶ μετὰ σκαιῶν ξυνὼν
ἐξέπτατ' οἴκων, σμικρὸν ἀνθήσας χρόνον.
ἃ δ' ἐς γυναῖκας – παρθένῳ γὰρ οὐ καλὸν   945
λέγειν – σιωπῶ, γνωρίμως δ' αἰνίξομαι.
ὕβριζες, ὡς δὴ βασιλικοὺς ἔχων δόμους
κάλλει τ' ἀραρώς. ἀλλ' ἔμοιγ' εἴη πόσις
μὴ παρθενωπός, ἀλλὰ τἀνδρείου τρόπου.
τὰ γὰρ τέκν' αὐτῶν Ἄρεος ἐκκρεμάννυται,   950
τὰ δ' εὐπρεπῆ δὴ κόσμος ἐν χοροῖς μόνον.

Freitest frech meine Mutter und zogst nicht ins Feld
Und erschlugst den Feldherrn des griechischen Heers.
Du glaubtest verblendet, da schon du entehrt
Das Bett meines Vaters, es würde sein Weib
Dich als treue Gattin verehren. Du Tor!
Wer jemals das Weib eines andern verführt,
Glaube nie, sie werde den neueren Bund
Mit größerer Strenge verwalten. Das Glück,
Das ihr hofftet, zerstob, doch die Schande verblieb
Des ehrlosen Manns und des scheußlichen Bunds.
Um die Wette verrucht, nahmt ihr beide dahin
Des andern Verhängnis: du ihres, sie deins.

Wie ging es im Lande von Mund zu Mund:
Du warst nicht der Mann, warst der Knecht dieser Frau.
Wie übel, wenn Weiber beherrschen das Haus,
Wenn die Frau statt des Vaters die Kinder benennt!
Der Mann, der ein fürstliches Bette besteigt,
Bleibt im Schatten der Frau, die das Zepter regiert.

Am ärgsten betrog dich der Glaube ans Gold,
Dessen Macht doch so kurz und das niemals besteht
Vor des Menschen ihm eingeborenen Wert.
Der dauert allein in des Schicksals Sturm,
Doch der Reichtum zerrinnt schon nach kurzem Triumph
In der Hand des Frevlers, des Toren zu Staub.

Von des Mädchens Wunsch, nach der Sitte Gebot,
Will ich schweigen, doch deute die Rede ihn an:
Du prahltest, du habest das fürstliche Bett
Durch Schönheit erworben. Du Weibergesicht!
Mein Mann sei ein Mann! Seine Söhne im Krieg
Bewährt, nicht im Tanz nur, ein glattes Gezücht!

ἔρρ', οὐδὲν εἰδὼς ὧν ἐφευρεθεὶς χρόνῳ
δίκην δέδωκας. ὧδέ τις κακοῦργος ὢν
μή μοι τὸ πρῶτον βῆμ' ἐὰν δράμῃ καλῶς,
νικᾶν δοκείτω τὴν Δίκην, πρὶν ἂν πέλας   955
γραμμῆς ἵκηται καὶ τέλος κάμψῃ βίου.

Χο ἔπραξε δεινά, δεινὰ δ' ἀντέδωκε σοὶ
    καὶ τῷδ'· ἔχει γὰρ ἡ Δίκη μέγα σθένος.

Ορ εἶἕν· κομίζειν τοῦδε σῶμ' ἔσω χρεὼν
    σκότῳ τε δοῦναι, δμῶες, ὥς, ὅταν μόλῃ   960
    μήτηρ, σφαγῆς πάροιθε μὴ εἰσίδῃ νεκρόν.

Ηλ ἐπίσχες· ἐμβάλωμεν εἰς ἄλλον λόγον.

Ορ τί δ'; ἐκ Μυκηνῶν μῶν βοηδρόμους ὁρῶ;

Ηλ οὔκ, ἀλλὰ τὴν τεκοῦσαν ἥ μ' ἐγείνατο.

Ορ καλῶς ἄρ' ἄρκυν ἐς μέσην πορεύεται.   965

Ηλ καὶ μὴν ὄχοις γε καὶ στολῇ λαμπρύνεται.

Ορ τί δῆτα δρῶμεν μητέρ'; ἦ φονεύσομεν;

Ηλ μῶν σ' οἶκτος εἷλε, μητρὸς ὡς εἶδες δέμας;

Ορ φεῦ·
    πῶς γὰρ κτάνω νιν, ἥ μ' ἔθρεψε κἄτεκεν;

Ηλ ὥσπερ πατέρα σὸν ἥδε κἀμὸν ὤλεσεν.   970

Ορ ὦ Φοῖβε, πολλήν γ' ἀμαθίαν ἐθέσπισας.

Ηλ ὅπου δ' Ἀπόλλων σκαιὸς ᾖ, τίνες σοφοί;

Ορ ὅστις μ' ἔχρησας μητέρ', ἣν οὐ χρῆν, κτανεῖν.

Ηλ βλάπτῃ δὲ δὴ τί πατρὶ τιμωρῶν σέθεν;

Ορ μητροκτόνος νῦν φεύξομαι, τόθ' ἁγνὸς ὤν.   975

Ηλ καὶ μή γ' ἀμύνων πατρὶ δυσσεβὴς ἔσῃ.

Ορ ἐγὼ δὲ μητρὸς τοῦ φόνου δώσω δίκας;

Ηλ τῷ δ' ἢν πατρῴαν διαμεθῇς τιμωρίαν;

Ορ ἆρ' αὔτ' ἀλάστωρ εἶπ' ἀπεικασθεὶς θεῷ;

Ηλ ἱερὸν καθίζων τρίποδ'; ἐγὼ μὲν οὐ δοκῶ.   980

Ορ οὐδ' ἂν πιθοίμην εὖ μεμαντεῦσθαι τάδε.

Ηλ οὐ μὴ κακισθεὶς εἰς ἀνανδρίαν πεσῇ.

Ορ ἀλλ' ἦ τὸν αὐτὸν τῇδ' ὑποστήσω δόλον;

Ηλ ᾧ καὶ πόσιν καθεῖλες, Αἴγισθον κτανών.

Nun fort! Alte Schulden hast blind du bezahlt.
Kein Schurke, dem glücklich das Erste gelang,
Soll sich Sieger wähnen im Kampf mit dem Recht
Vor dem Ende des Laufs, vor des Lebens Ziel!

Ch Für schwere Schuld hat er schwer euch gezahlt,
Das Recht blieb Recht, das Recht hat gesiegt.
Or Genug! nun schafft diese Leiche hinein
Und versteckt sie im Haus, daß die Mutter nicht,
Eh sie selber stirbt, diesen Toten erblickt.
El *blickt in die Ferne*
Halt! Mach dich zu neuem Beginnen bereit!
Or Was ist? Ziehen Helfer heraus aus der Stadt?
El Keine Helfer! Die leibliche Mutter erscheint!
Or Wie gerufen läuft sie in unser Netz!
El Hoch zu Wagen! In stolzer Gewänder Prunk!
Or *zögernd*
Muß sie wirklich fallen? Von unserer Hand?
El Entwaffnet dich schon die erblickte Gestalt?
Or Weh mir!
Wie erschlag ich sie, die mich erzog, mich gebar?
El So wie sie den Vater erschlagen hat!
Or O Phoibos, dein Spruch, aller Weisheit so bar!
El Irrt Phoibos, wer kann dann noch weise sein?
Or Befahlst mir des Muttermords furchtbares Werk!
El Was schadets, zu rächen des Vaters Tod?
Or Zum Frevler gestempelt ich schuldloser Mann!
El Auch zu lassen die Rache, ist Freveltat!
Or Muß zahlen der Mutter vergossenes Blut!
El Und dem Gott das verzögerte Rachewerk!
Or Gab ein Teufel den Spruch in des Gottes Gestalt?
El Auf dem delphischen Dreifuß ein Teufelsspuk?
Or Mir fehlt das Vertrauen in solchen Bescheid.
El Ermanne dich, werde kein feiges Weib!
Or Mit der gleichen Tücke begegn ich auch ihr ...?
El Mit der du den Buhlen erschlagen hast.

Ορ ἔσειμι· δεινοῦ δ' ἄρχομαι προβλήματος   985
καὶ δεινὰ δράσω γε – εἰ θεοῖς δοκεῖ τάδε,
ἔστω· πικρὸν δ' οὐχ ἡδὺ τἀγώνισμά μοι.

Χο ἰώ,
βασίλεια γύναι χθονὸς Ἀργείας,   an⁴
παῖ Τυνδάρεω,
καὶ τοῖν ἀγαθοῖν ξύγγονε κούροιν   990
Διός, οἳ φλογερὰν αἰθέρ' ἐν ἄστροις
ναίουσι, βροτῶν ἐν ἁλὸς ῥοθίοις
τιμὰς σωτῆρας ἔχοντες·
χαῖρε, σεβίζω σ' ἴσα καὶ μάκαρας
πλούτου μεγάλης τ' εὐδαιμονίας.   995
τὰς σὰς δὲ τύχας θεραπεύεσθαι
καιρός. χαῖρ', ὦ βασίλεια.

Κλυταιμήστρα

ἔκβητ' ἀπήνης, Τρῳάδες, χειρὸς δ' ἐμῆς
λάβεσθ', ἵν' ἔξω τοῦδ' ὄχου στήσω πόδα.
σκύλοισι μὲν γὰρ θεῶν κεκόσμηνται δόμοι   1000
Φρυγίοις, ἐγὼ δὲ τάσδε, Τρῳάδος χθονὸς
ἐξαίρετ', ἀντὶ παιδὸς ἣν ἀπώλεσα
σμικρὸν γέρας, καλὸν δὲ κέκτημαι δόμοις.

Ηλ οὔκουν ἐγώ – δούλη γὰρ ἐκβεβλημένη
δόμων πατρῴων δυστυχεῖς οἰκῶ δόμους –   1005
μῆτερ, λάβωμαι μακαρίας τῆς σῆς χερός;
Κλ δοῦλαι πάρεισιν αἵδε, μὴ σύ μοι πόνει.

Or So geh ich, beginne ein furchtbares Werk
    Und führ es zum End. Hat ein Gott es gewollt,
    Dann gut. Mir kann es nur bitter sein.

Er geht mit seinen Leuten ins Haus. Klytämnestra fährt
heran

Chor *Zwischenlied*

Heil!
Königin, Fürstin unseres Lands!
Tochter des Tyndaros,
Schwester der helfenden
Dioskuren, die unter Sternen
Flammenden Äther bewohnen,
Von meerschiffenden Männern
Geehrt als Retter.
Heil!
Selig preisen wir dich ob deines
Großen Reichtums, deines Glücks.
Dein Los zu rühmen,
Ist heut uns vergönnt.
Heil dir, Herrin!

Klytämnestra *zu den Sklavinnen*

Steigt herunter, ihr Mädchen, erfaßt meine Hand,
Daß auch ich dann setze vom Wagen den Fuß.
Als die Tempel sich luden mit phrygischem Schmuck,
Der Beute des Kriegs, da fielt ihr mir zu,
Trojanischen Landes erlesenste Schar,
Zwar geringes Entgelt für verlorenes Kind,
Doch stets meinem Hause ein kostbares Gut.

El Ach Mutter, darf die verstoßene Magd,
    Die fern dem Palast ihre Hütte bewohnt,
    Dienstfertig erfassen erhabene Hand?

Kl Hier sind ja die Mägde, so mühe dich nicht!

Ηλ   τί δ'; αἰχμάλωτόν τοί μ' ἀπῴκισας δόμων,
      ᾐρημένων δὲ δωμάτων ᾐρήμεθα,
      ὡς αἵδε, πατρὸς ὀρφαναὶ λελειμμέναι.   1010
Κλ   τοιαῦτα μέντοι σὸς πατὴρ βουλεύματα
      ἐς οὓς ἐχρῆν ἥκιστ' ἐβούλευσεν φίλων.
      λέξω δέ· καίτοι δόξ' ὅταν λάβῃ κακὴ
      γυναῖκα, γλώσσῃ πικρότης ἔνεστί τις.
      ὡς μὲν παρ' ἡμῖν, οὐ καλῶς· τὸ πρᾶγμα δὲ   1015
      μαθόντας, ἢν μὲν ἀξίως μισεῖν ἔχῃς,
      στυγεῖν δίκαιον· εἰ δὲ μή, τί δεῖ στυγεῖν;
      ἡμᾶς δ' ἔδωκε Τυνδάρεως τῷ σῷ πατρί,
      οὐχ ὥστε θνῄσκειν, οὐδ' ἃ γειναίμην ἐγώ.
      κεῖνος δὲ παῖδα τὴν ἐμὴν Ἀχιλλέως   1020
      λέκτροισι πείσας ᾤχετ' ἐκ δόμων ἄγων
      πρυμνοῦχον Αὖλιν, ἔνθ' ὑπερτείνας πυρᾶς
      λευκὴν διῆμησ' Ἰφιγόνης παιδὸς δέρην.
      κεἰ μὲν πόλεως ἅλωσιν ἐξιώμενος,
      ἢ δῶμ' ὀνήσων τἄλλα τ' ἐκσῴζων τέκνα,   1025
      ἔκτεινε πολλῶν μίαν ὕπερ, συγγνώστ' ἂν ἦν·
      νῦν δ' οὕνεχ' Ἑλένη μάργος ἦν ὅ τ' αὖ λαβὼν
      ἄλοχον κολάζειν προδότιν οὐκ ἠπίστατο,
      τούτων ἕκατι παῖδ' ἐμὴν διώλεσεν.
      ἐπὶ τοῖσδε τοίνυν καίπερ ἠδικημένη   1030
      οὐκ ἠγριώμην οὐδ' ἂν ἔκτανον πόσιν·
      ἀλλ' ἦλθ' ἔχων μοι μαινάδ' ἔνθεον κόρην
      λέκτροις τ' ἐπεισέφρηκε, καὶ νύμφα δύο
      ἐν τοῖσιν αὐτοῖς δώμασιν κατεῖχ' ὁμοῦ.
      μῶρον μὲν οὖν γυναῖκες, οὐκ ἄλλως λέγω·   1035
      ὅταν δ', ὑπόντος τοῦδ', ἁμαρτάνῃ πόσις
      τἄνδον παρώσας λέκτρα, μιμεῖσθαι θέλει
      γυνὴ τὸν ἄνδρα χἄτερον κτᾶσθαι φίλον.
      κἄπειτ' ἐν ἡμῖν ὁ ψόγος λαμπρύνεται,
      οἱ δ' αἴτιοι τῶνδ' οὐ κλύουσ' ἄνδρες κακῶς.   1040
      εἰ δ' ἐκ δόμων ἥρπαστο Μενέλεως λάθρᾳ,
      κτανεῖν μ' Ὀρέστην χρῆν, κασιγνήτης πόσιν
      Μενέλαον ὡς σώσαιμι; σὸς δὲ πῶς πατὴρ

El Warum nicht? Du stießest die Sklavin vom Haus,
    Aus erbeutetem Haus das erbeutete Weib,
    Wie diese verwaist, ihres Vaters beraubt.
Kl Solch Los hat dein Vater den Seinen verhängt
    In bitterem Unrecht. So höre mich an.
    Zwar bin ich verfemt und die Rede klingt herb,
    Doch schmäht man mich grundlos. Vernimm, wie es war,
    Und glaubst du, du findest zum Haß noch ein Recht,
    So hasse nur zu! Sonst werde mein Freund!

    Mein Vater vermählte mich hier diesem Haus
    Nicht zu meinem und nicht zu der Tochter Verderb,
    Doch dein Vater entführte sein Kind dem Palast
    Als Braut des Achilleus zum aulischen Strand,
    Seiner Schiffe Haft, schleppt sie hin zum Altar,
    Tief trifft ihren strahlenden Nacken das Schwert
    Und hätt er zur Rettung der fallenden Stadt,
    Zu des Hauses, der anderen Kinder Gewinn
    Das eine getötet, es ginge noch an.
    Doch Helenas Tollheit und daß ihr Gemahl
    Das zuchtlose Weib nicht zu zähmen verstand,
    War einzig der Grund, daß mein Kind er erschlug.
    Nicht deshalb, und war ich auch bitter gekränkt,
    Entflammte mein Zorn und erschlug ich den Mann,
    Doch bracht er von Troja das rasende Weib,
    Die Seherin, die er dem Bette gesellt!
    Zwei Frauen hielt er im nämlichen Haus!
    Nun sind wir Frauen von kindischer Art,
    Und bricht uns der Gatte die Treue des Betts,
    So trachten auch wir nach dem neueren Freund.
    Aber dann wird nur auf die Frauen geschmäht,
    Der schuldvolle Mann bleibt immer im Recht!

    Wie, wär Menelaos entflohen dem Haus,
    Hätt des Schwagers wegen ich müssen Orest
    Erschlagen? Wie hätte dein Vater getobt!

ἠνέσχετ' ἂν ταῦτ'; εἶτα τὸν μὲν οὐ θανεῖν
κτείνοντα χρῆν τἄμ', ἐμὲ δὲ πρὸς κείνου παθεῖν; 1045
ἔκτειν', ἐτρέφθην ἥνπερ ἦν πορεύσιμον
πρὸς τοὺς ἐκείνῳ πολεμίους. φίλων γὰρ ἂν
τίς ἂν πατρὸς σοῦ φόνον ἐκοινώνησέ μοι;
λέγ', εἴ τι χρῄζεις, κἀντίθες παρρησίᾳ,
ὅπως τέθνηκε σὸς πατὴρ οὐκ ἐνδίκως. 1050

Ηλ δίκαι' ἔλεξας· ἡ δίκη δ' αἰσχρῶς ἔχει.
γυναῖκα γὰρ χρὴ πάντα συγχωρεῖν πόσει,
ἥτις φρενήρης· ᾗ δὲ μὴ δοκεῖ τάδε,
οὐδ' εἰς ἀριθμὸν τῶν ἐμῶν ἥκει λόγων.
μέμνησο, μῆτερ, οὓς ἔλεξας ὑστάτους 1055
λόγους, διδοῦσα πρὸς σέ μοι παρρησίαν.

Κλ καὶ νῦν γέ φημι κοὐκ ἀπαρνοῦμαι, τέκνον.

Ηλ οὐκ ἄρα κλύουσα, μῆτερ, εἶτ' ἔρξεις κακῶς;

Κλ οὐκ ἔστι, τῇ σῇ δ' ἡδὺ προσθήσω φρενί.

Ηλ λέγοιμ' ἄν· ἀρχὴ δ' ἥδε μοι προοιμίου· 1060
εἴθ' εἶχες, ὦ τεκοῦσα, βελτίους φρένας.
τὸ μὲν γὰρ εἶδος αἶνον ἄξιον φέρειν
Ἑλένης τε καὶ σοῦ, δύο δ' ἔφυτε συγγόνω,
ἄμφω ματαίω Κάστορός τ' οὐκ ἀξίω.
ἡ μὲν γὰρ ἁρπασθεῖσ' ἑκοῦσ' ἀπώλετο, 1065
σὺ δ' ἄνδρ' ἄριστον Ἑλλάδος διώλεσας,
σκῆψιν προτείνουσ', ὡς ὑπὲρ τέκνου πόσιν
ἔκτεινας· οὐ γάρ σ' ὡς ἔγωγ' ἴσασιν εὖ.
ἥτις, θυγατρὸς πρὶν κεκυρῶσθαι σφαγάς,
νέον τ' ἀπ' οἴκων ἀνδρὸς ἐξωρμημένου, 1070
ξανθὸν κατόπτρῳ πλόκαμον ἐξήσκεις κόμης.
γυνὴ δ', ἀπόντος ἀνδρός, ἥτις ἐκ δόμων
ἐς κάλλος ἀσκεῖ, διάγραφ' ὡς οὖσαν κακήν.
οὐδὲν γὰρ αὐτὴν δεῖ θύρασιν εὐπρεπὲς
φαίνειν πρόσωπον, ἤν τι μὴ ζητῇ κακόν. 1075
μόνην δὲ πασῶν οἶδ' ἐγώ σ' Ἑλληνίδων,
εἰ μὲν τὰ Τρώων εὐτυχοῖ, κεχαρμένην,
εἰ δ' ἥσσον' εἴη, συννεφοῦσαν ὄμματα,
'Αγαμέμνον' οὐ χρῄζουσαν ἐκ Τροίας μολεῖν.

So mußte der Mörder erleiden den Tod,
Nicht ich ihn von jenem erdulden. Ich schlug
Ihn tot, so fand ich den einzigen Weg:
Zu der Schar seiner Feinde. Nie hätte ein Freund
Dem Werk der Rache geliehen den Arm.
Nun hast du das Wort. Bekenne es frei,
Daß der Vater zu Unrecht gestorben ist!

El Du standest Rede, doch standst du sie schlecht.
Eine Frau, die noch zählt, steht in allem zum Mann!
Das sinnlose Weib, das dem Mann sich entzieht,
Nenn ich niemals Gattin. Nun, Mutter, bedenk,
Daß du freie Rede mir eben versprachst.

Kl Noch einmal tu ichs und streit es nicht ab.
El Und nimmst keine Rache, sobald du vernahmst?
Kl Ich schwör es, nur Gutes ist zu dir gedacht.
El So red ich, und also beginn ich mein Lied:
O hättest du, Mutter, ein besseres Herz!
Der Schönheit Preis, du teilst ihn allein
Mit der Schwester, doch seid ihr auch schwesterlich **Paar**
Im eitlen Sinn, eurer Brüder nicht wert!
Sie wurde geraubt, doch wie litt sie es gern!
Du erschlugst erlauchtesten Fürsten des Lands,
Beriefst die Rache des eigenen Kinds,
Doch kenn ich dich besser, du eitles Geschöpf,
Das, eh noch die Tochter dort fiel am Altar,
Als kaum noch der Gatte gezogen ins Feld,
Schon im Spiegel erprobte das neue Gelock.
Eine Frau, die sich putzt, wenn der Gatte ihr fern,
Ist durchschaut. Wem zeigt sie der Künste Gewinn,
Wenn nicht heimliche Lust ihren Busen beseelt?

Als einzige Frau im griechischen Land
Warst du hoch erfreut, wenn Troja gewann,
Und fiel es, so trübte die Träne den Blick,
Aus Angst, Agamemnon kehre ins Haus.

καίτοι καλῶς γε σωφρονεῖν παρεῖχέ σοι·   1080
ἄνδρ' εἶχες οὐ κακίον' Αἰγίσθου πόσιν,
ὃν Ἑλλὰς αὑτῆς εἴλετο στρατηλάτην·
Ἑλένης δ' ἀδελφῆς τοιάδ' ἐξειργασμένης
ἐξῆν κλέος σοι μέγα λαβεῖν· τὰ γὰρ κακὰ
παράδειγμα τοῖς ἐσθλοῖσιν εἴσοψίν τ' ἔχει.   1085
εἰ δ', ὡς λέγεις, σὴν θυγατέρ' ἔκτεινεν πατήρ,
ἐγὼ τί σ' ἠδίκησ' ἐμός τε σύγγονος;
πῶς οὐ πόσιν κτείνασα πατρῴους δόμους
ἡμῖν προσῆψας, ἀλλ' ἐπηνέγκω λέχει
τἀλλότρια, μισθοῦ τοὺς γάμους ὠνουμένη;   1090
κοὔτ' ἀντιφεύγει παιδὸς ἀντὶ σοῦ πόσις,
οὔτ' ἀντ' ἐμοῦ τέθνηκε, δὶς τόσως ἐμὲ
κτείνας ἀδελφῆς ζῶσαν. εἰ δ' ἀμείψεται
φόνον δικάζων φόνος, ἀποκτενῶ σ' ἐγὼ
καὶ παῖς Ὀρέστης πατρὶ τιμωρούμενοι·   1095
εἰ γὰρ δίκαι' ἐκεῖνα, καὶ τάδ' ἔνδικα.   1096

Κλ ὦ παῖ, πέφυκας πατέρα σὸν στέργειν ἀεί·   1102
ἔστιν δὲ καὶ τόδ'· οἱ μέν εἰσιν ἀρσένων,
οἱ δ' αὖ φιλοῦσι μητέρας μᾶλλον πατρός.
συγγνώσομαί σοι· καὶ γὰρ οὐχ οὕτως ἄγαν   1105
χαίρω τι, τέκνον, τοῖς δεδραμένοις ἐμοί.
σὺ δ' ὧδ' ἄλουτος καὶ δυσείματος χρόα
λεχὼ νεογνῶν ἐκ τόκων πεπαυμένη;
οἴμοι τάλαινα τῶν ἐμῶν βουλευμάτων·
ὡς μᾶλλον ἢ χρῆν ἤλασ' εἰς ὀργὴν πόσιν.   1110
Ηλ ὀψὲ στενάζεις, ἡνίκ' οὐκ ἔχεις ἄκη.
πατὴρ μὲν οὖν τέθνηκε· τὸν δ' ἔξω χθονὸς
πῶς οὐ κομίζῃ παῖδ' ἀλητεύοντα σόν;

ὅστις δὲ πλοῦτον ἢ εὐγένειαν εἰσιδὼν   1097
γαμεῖ πονηράν, μῶρός ἐστι· μικρὰ γὰρ
μεγάλων ἀμείνω σώφρον' ἐν δόμοις λέχη.
Χο τύχῃ γυναικῶν ἐς γάμους. τὰ μὲν γὰρ εὖ,   1100
τὰ δ' οὐ καλῶς πίπτοντα δέρκομαι βροτῶν.

Der schuf dir bei Gott zum Verrat keinen Grund,
Kein geringerer Mann als dein Buhle Ägisth,
Ganz Griechenland ehrte den Führer des Heers.
Und da deine Schwester so traurig mißriet,
Fiel Ruhm dir zu, denn ruchlose Tat
Spornt zum leuchtenden Beispiel den Edleren an.
Und erschlug, wie du sagst, der Vater dein Kind,
Was haben denn ich und der Bruder getan?
Als der Vater starb, warum hast du nicht uns
Übergeben das Haus? Nahmst den anderen Mann,
Erkauftest mit Gold neuen scheußlichen Bund?
Nicht irrt dieser Mann wie Orestes umher,
Nicht starb er wie ich, die ich doppelten Tod
Der Schwester erlitt bei lebendigem Leib.
Will das Recht, daß mit Blut nur bezahlt wird das Blut,
Mußt du sterben durch uns, durch Orestes und mich,
Für des Vaters Mord. War jener gerecht,
Ist auch unsere Rache gerechtestes Werk.

Kl   Unbeugsam stehst du zum Vater allein.
Es gibt solche Seelen, gibt andere auch,
Die einzig der Mutter verschrieben den Sinn.
Ich zürne dir nicht, bin selbst nicht so stolz,
Mein Kind, auf vergangene Taten. Doch wie?
Die Frau, die vor kurzem des Kindes genas,
Geht noch ohne Bad, steckt in rauhem Gewand.
Wie beklag ich heute mein eigenes Spiel,
Das im Unmaß den Gatten so bitter gemacht.

El   Dein Seufzen kommt spät, macht nichts wieder gut.
Der Vater ist tot. So ruf ihn doch heim,
Den verbannten Sohn, der die Fremde durchirrt.

Κλ δέδοικα· τοὐμὸν δ', οὐχὶ τοὐκείνου, σκοπῶ.
   πατρὸς γάρ, ὡς λέγουσι, θυμοῦται φόνῳ.   1115
Ηλ τί δαὶ πόσιν σὸν ἄγριον εἰς ἡμᾶς ἔχεις;
Κλ τρόποι τοιοῦτοι· καὶ σὺ δ' αὐθάδης ἔφυς.
Ηλ ἀλγῶ γάρ· ἀλλὰ παύσομαι θυμουμένη.
Κλ καὶ μὴν ἐκεῖνος οὐκέτ' ἔσται σοι βαρύς.

Ηλ φρονεῖ μέγ'· ἐν γὰρ τοῖς ἐμοῖς ναίει δόμοις.   1120
Κλ ὁρᾷς; ἀν' αὖ σὺ ζωπυρεῖς νείκη νέα.
Ηλ σιγῶ· δέδοικα γάρ νιν ὡς δέδοικ' ἐγώ.
Κλ παῦσαι λόγων τῶνδε. ἀλλὰ τί μ' ἐκάλεις, τέκνον;
Ηλ ἤκουσας, οἶμαι, τῶν ἐμῶν λοχευμάτων·
   τούτων ὕπερ μοι θῦσον – οὐ γὰρ οἶδ' ἐγώ –   1125
   δεκάτῃ σελήνῃ παιδὸς ὡς νομίζεται·
   τρίβων γὰρ οὐκ εἴμ', ἄτοκος οὖσ' ἐν τῷ πάρος.
Κλ ἄλλης τόδ' ἔργον, ἥ σ' ἔλυσεν ἐκ τόκων.
Ηλ αὐτὴ 'λόχευον κἄτεκον μόνη βρέφος.
Κλ οὕτως ἀγείτων οἶκος ἵδρυται φίλων;   1130
Ηλ πένητας οὐδεὶς βούλεται κτᾶσθαι φίλους.
Κλ ἀλλ' εἶμι, παιδὸς ἀριθμὸν ὡς τελεσφόρον
   θύσω θεοῖσι· σοὶ δ' ὅταν πράξω χάριν
   τήνδ', εἶμ' ἐπ' ἀγρὸν οὗ πόσις θυηπολεῖ
   Νύμφαισιν. ἀλλὰ τούσδ' ὄχους, ἀπάονες,   1135
   φάτναις ἄγοντες πρόσθεθ'· ἡνίκ' ἂν δέ με
   δοκῆτε θυσίας τῆσδ' ἀπηλλάχθαι θεοῖς,
   πάρεστε· δεῖ γὰρ καὶ πόσει δοῦναι χάριν.

Ηλ χώρει πένητας ἐς δόμους· φρούρει δέ μοι
   μή σ' αἰθαλώσῃ πολύκαπνον στέγος πέπλους.   1140
   θύσεις γὰρ οἷα χρή σε δαίμοσιν θύειν.
   κανοῦν δ' ἐνῆρκται καὶ τεθηγμένη σφαγίς,
   ἥπερ καθεῖλε ταῦρον, οὗ πέλας πεσῇ
   πληγεῖσα· νυμφεύσῃ δὲ κἀν Ἅιδου δόμοις

Kl Voll Sorge bedenk ich mein eigenes Heil.
    Er brütet, so sagt man, nur Rache aus.
El Warum wütet dein Gatte so blind gegen mich?
Kl So ist seine Art. Warst ja selber nicht zahm!
El Weil ich litt. Doch will ich gebieten dem Zorn.
Kl So mäßigt auch jener den grausamen Sinn.
El *zweideutig*
    Der Prahler bewohnt jetzt mein eigenes Haus.
Kl Du siehst, wie von neuem den Streit du entfachst.
El So schweig ich, aus Angst vor allmächtigem Mann.
Kl Nun laß diese Reden. Du riefst mich, mein Kind?
El Du hast wohl gehört, daß ein Kind ich gebar.
    Vollzieh mir das Opfer der Reinigung heut,
    Ich bin noch ein Neuling, unkundig des Brauchs.

Kl Das besorgt dir die andere, die dich entband.
El Allein kam ich nieder und löste die Frucht.
Kl So einsam wohnst du, im freundlosen Haus?
El Kein Nachbar erwählt sich den Armen zum Freund.
Kl So geh ich hinein, um am Tage des Brauchs
    Den Göttern zu opfern. Ist dieses vollbracht,
    Eil ich weiter zum Landgut, da opfert Ägisth
    Den Nymphen. Ihr Diener, ihr führt mein Gespann
    Zur Krippe und füttert. Doch steht mir bereit,
    Wenn ihr seht, daß das Opfer ich glücklich vollbracht!
    Nicht länger warte mein Gatte auf mich.

        Gefolge mit Wagen ab

El *während die Mutter hineingeht*
    So betrete die ärmliche Hütte. Gib acht,
    Daß die rußige Wand nicht beschmutze dein Kleid.
    Du vollziehst ein Opfer, dir selber bestimmt.
    Bereit ist der Korb und das Beil schon geschärft,
    Das den Stier erschlug, dem zur Seite du fällst,
    Geschlachtet. So bist du im Hades vermählt

ᾧπερ ξυνῇῦδες ἐν φάει. τοσήνδ' ἐγὼ   1145
δώσω χάριν σοι, σὺ δὲ δίκην ἐμοὶ πατρός.

Χο ἀμοιβαὶ κακῶν· μετάτροποι πνέου-   do²   στρ.
σιν αὖραι δόμων. τότε μὲν ἐν λουτροῖς   do²
ἔπεσεν ἐμὸς ἐμὸς ἀρχέτας,   ia⁴
ἰάχησε δὲ στέγα λάινοί τε θριγκοὶ δόμων,   do³   1150
τάδ' ἐνέποντος· 'Ὠ σχετλία· τί με, γύναι, do²
φονεύσεις φίλαν πατρίδα δεκέτεσιν   do²
σποραῖσιν ἐλθόντ' ἐμάν;   ia² cr

παλίρρους δὲ τάνδ' ὑπάγεται δίκα   ἀντ.
διαδρόμου λέχους, μέλεον ἃ πόσιν   1156
χρόνιον ἱκόμενον εἰς οἴκους
Κυκλώπειά τ' οὐράνια τείχε' ὀξυθήκτῳ βέλει
ἔκανεν αὐτόχειρ, πέλεκυν ἐν χεροῖν
λαβοῦσ'· ἃ τλάμων πόσις, ὃ τί ποτε τὰν
τάλαιναν ἔσχεν κακόν;   1161

ὀρεία τις ὡς λέαιν' ὀργάδων   do²
δρύοχα νεμομένα, τάδε κατήνυσεν.   do²

Diesem Mann wie im Lichte. Das sei dir gegönnt.
Doch zahlst du jetzt für des Vaters Tod.

Sie geht hinein

VIERTES STANDLIED

Chor

Strophe

Unheil, es wendet sich, andre Winde
Wehen im Haus.
Damals im Bade
Fiel unser Fürst, unser Herr.
Dach erdröhnte, das steinerne
Sims des Hauses vom Schrei: O
Furchtbare Frau, was mordest
Du den Gatten, der nach zehn
Sommern kehrt ins liebe Land?

Gegenstrophe

Rückflut der Rache verwirrten Bettes
Schleift sie dahin,
Welche den Armen,
Glücklich gekehrt in sein Haus
Und gigantische Burg, erschlug,
Schlug mit eigener Hand, das
Grausame Mordbeil schwingend.
Armer Gatte! Welcher Wahn
Fiel da auf die Unselige!

Wie die Löwin der Berge,
Die am Waldrand der Fluren
Haust, so tat sie
Dieses Werk.

Κλ ὦ τέκνα, πρὸς θεῶν, μὴ κτάνητε μητέρα.   ia⁶   1165
Χο κλύεις ὑπώροφον βοάν;   ia⁴
Κλ ἰώ μοί μοι.

Χο ᾤμωξα κἀγὼ πρὸς τέκνων χειρουμένης.   ia⁶
    νέμει τοι δίκαν θεός, ὅταν τύχῃ·   do²
    σχέτλια μὲν ἔπαθες, ἀνόσια δ' εἰργάσω,   do²   1170
    τάλαιν', εὐνέταν.   do

Klytämnestra *im Haus*

    Ihr Kinder, bei Gott, schlagt die Mutter nicht tot!

Ch Hörst du drinnen den Schrei?

Kl *im Haus*
    Oh weh mir, o weh!

Ch Der Tod dieser Mutter durchschneidet mein Herz.
    Naht die Stunde, vergilt der Gott!
    Schrecklich dein Los,
    Ruchlos dein Tun,
    Unselige, am Eheherrn!

Χο ἀλλ' οἵδε μητρὸς νεοφόνοις ἐν αἵμασι   ia⁶
    πεφυρμένοι βαίνουσιν ἐξ οἴκων πόδα,
    τροπαῖα δείγματ' ἀθλίων προσφθεγμάτων.
    οὐκ ἔστιν οὐδεὶς οἶκος ἀθλιώτερος   1175
    τῶν Ταντaλείων οὐδ' ἔφυ ποτ' ἐκγόνων.

Ορ ἰὼ Γᾶ καὶ Ζεῦ πανδερκέτα   ba sp ia² στρ.
    βροτῶν, ἴδετε τάδ' ἔργα φόνι-   ia⁴
    α μυσαρά, δίγονα σώματ' ἐν   ia⁴
    χθονὶ κείμενα πλαγᾷ   an²–   1180
    χερὸς ὑπ' ἐμᾶς, ἄποιν' ἐμῶν   ia⁴
    πημάτων.   .   .   .   cr
    .   .   .   .   .   .

Ηλ δακρύτ' ἄγαν, ὦ σύγγον', αἰτία δ' ἐγώ.   ia⁶
    διὰ πυρὸς ἔμολον ἁ τάλαινα ματρὶ. τᾷδ',   ia⁶
    ἃ μ' ἔτικτε κούραν.   cr ba

DER ABEND

SCHLUSSZENE

*Elektra, Orestes, Pylades treten heraus; später werden die
Bahren herausgetragen*

Chor

Da kommen die beiden zur Türe heraus,
Bespritzt mit der Mutter vergossenem Blut,
Leibhaftiges Zeugnis des furchtbaren Schreis.
Unseliger gibt es auf Erden kein Haus
Als Tantalos' Kinder und Kindesstamm.

Dreigesang: Strophe

Orestes

Mutter Erde!
Vater Zeus,
Dessen Aug
Alles erblickt!
Saht ihr dies blutige häßliche Werk,
Doppelte Leiche zu Boden gestreckt,
Erschlagen von meinen Händen,
Bußgeld für meine Leiden?

Elektra

Weine, weine! O mein Bruder!
Schuld bin ich.
Feuerschnaubend tat ich
Solches meiner Mutter,
Deren Schoß mich gebar.

Χο ἰὼ τύχας, σᾶς τύχας,   ia² cr   1185
   μᾶτερ τεκοῦσ' ...,   ia²
   ἄλαστα μέλεα καὶ πέρα   ia⁴
   παθοῦσα σῶν τέκνων ὑπαί.   ia⁴
   πατρὸς δ' ἔτεισας φόνον δικαίως.   ia² cr ba

Ορ ἰὼ Φοῖβ', ἀνύμνησας δίκαι'   ba² cr   ἀντ.
   ἄφαντα, φανερὰ δ' ἐξέπρα-   1191
   ξας ἄχεα, φόνια δ' ὤπασας
   λάχε' ἀπὸ γᾶς Ἑλλανίδος.   ia⁴
   τίνα δ' ἑτέραν μόλω πόλιν;
   τίς ξένος, τίς εὐσεβὴς   cr ia²   1195
   ἐμὸν κάρα προσόψεται   ia⁴
   ματέρα κτανόντος;   cr ba
Ηλ ἰὼ ἰώ μοι. ποῖ δ' ἐγώ, τίν' ἐς χορόν,
   τίνα γάμον εἶμι; τίς πόσις με δέξεται
   νυμφικὰς ἐς εὐνάς;   1200

Χο πάλιν, πάλιν φρόνημα σὸν   ia⁴
   μετεστάθη πρὸς αὔραν·   ia² ba
   φρονεῖς γὰρ ὅσια νῦν, τότ' οὐ   ia⁴
   φρονοῦσα, δεινὰ δ' εἰργάσω,   ia⁴
   φίλα, κασίγνητον οὐ θέλοντα.   ia² cr ba 1205

Ορ κατεῖδες, οἷον ἁ τάλαιν' ἔξω πέπλων   ia⁶   στρ.
   ἔβαλεν, ἔδειξε μαστὸν ἐν φοναῖσιν,   ia⁴ ba
   ἰώ μοι, πρὸς πέδῳ   ba cr
   τιθεῖσα γόνιμα μέλεα; τακόμαν δ' ἐγώ.   ia⁶

Χο σάφ' οἶδα, δι' ὀδύνας ἔβας,   ia⁴   1210
   ἰήιον κλύων γόον   ia⁴
   ματρός, ἅ σ' ἔτικτε.   cr ba

Ch   Schwer ist dein Los, dein mütterlich Los.
       Häßliches, Gräßliches, ja noch mehr
       Schufen dir eigene Kinder.
       Doch bezahltest du nur ihres Vaters Mord.

Gegenstrophe

Or   Du, Apollon,
       Sangst den Fluch,
       Hebst ans Licht
       Schlummerndes Leid,
       Machst mich zum Mörder und treibst mich hinaus.
       Wird eine Stadt, wird ein Gastfreund je
       Sein frommes Aug auf das Haupt des
       Muttermörders noch richten?
El   Wehe, wehe! Wohin geh ich?
       Welcher Tanz,
       Welche Hochzeit ruft mich?
       Welcher Gatte wird mich
       Führen ins Brautgemach?
Ch   Wieder und wieder drehst du den Sinn.
       Fromme Gedanken, nun kommen sie dir,
       Kamen dir nicht bei der Mordtat,
       Als der Bruder sich sträubte, mein Kind, mein Kind.

Zweigesang: Strophe

Or   Sahst du die Ärmste, wie sie das Kleid
       Aufriß mit der Hand?
       Zeigte die Brust,
       Unterm Mordstahl,
       Weh mir, am Boden
       Kniend, die Mutter! Es schnitt mir durchs Herz.
Ch   Wohl weiß ich, du schrittest durch Schmerzen
       Beim Wehschrei der Mutter,
       Die dich geboren.

Ορ βοὰν δ' ἔλασκε τάνδε, πρὸς γένυν ἐμὰν   ἀντ.
    τιθεῖσα χεῖρα· Τέκος ἐμόν, λιταίνω·   1215
    παρήδων τ' ἐξ ἐμᾶν
    ἐκρίμναθ', ὥστε χέρας ἐμὰς λιπεῖν βέλος.

Χο τάλαινα· πῶς ἔτλας φόνον
    δι' ὀμμάτων ἰδεῖν σέθεν
    ματρὸς ἐκπνεούσας;   1220

Ορ ἐγὼ μὲν ἐπιβαλὼν φάρη κόραις ἐμαῖς   ia⁶   στρ.
    φασγάνῳ κατηρξάμαν   cr ia²
    ματέρος ἔσω δέρας μεθείς.   ia⁴
Ηλ ἐγὼ δ' ἐπεγκέλευσά σοι   ia⁴
    ξίφους τ' ἐφηψάμαν ἅμα.   ia⁴   1225
Χο δεινότατον παθέων ἔρεξας.   hem ba

Ορ λαβοῦ, κάλυπτε μέλεα ματέρος πέπλοις   ἀντ.
    καὶ καθάρμοσον σφαγάς.
    φονέας ἔτικτες ἄρά σοι.
Ηλ ἰδού, φίλᾳ τε κοὔ φίλᾳ   1230
    φάρεα τάδ' ἀμφιβάλλομεν.
Χο τέρμα κακῶν μεγάλων δόμοισιν.

    ἀλλ' οἵδε δόμων ὑπὲρ ἀκροτάτων   an⁴
    φαίνουσι τίνες, δαίμονες ἢ θεῶν

Gegenstrophe

Or Dies war ihr Rufen, als sie ans Kinn
    Mir legte die Hand:
    ‚Liebes Kind!
    Laß dich bitten!'
    An meinen Wangen
    Hing sie, die Waffe entsank meiner Hand.
Ch Elektra, wie trugst du, zu schauen
    Ermordete Mutter,
    Verhauchend ihr Leben?

Dreigesang *vor der Bahre der Mutter*

Strophe

Or Ich hüllte die Augen mir mit dem Kleid,
    Faßte das Schwert, ach, senkte es
    Tief in der Mutter Nacken.
El Ich trieb dich noch an, o mein Bruder,
    Faßt es mit an, das Schwert.
Ch Schreckliche Tat geschah da.

Gegenstrophe

Or Faß an das Gewand, wir verhüllen den Leib,
    Fügen das ganz Zerschlagene.
    Mörder gebar dein Schoß dir.
El Wohlan, die Geliebte, Gehaßte,
    Hüllen wir ein im Tuch.
Ch Furchtbarer Fluch erfüllt sich.

Die Dioskuren erscheinen über dem Dach der Hütte

Ch *in die Höhe blickend*
    Doch sieh: auf des Daches Zinnen
    Nahen Geister, himmlische Götter,

τῶν οὐρανίων; οὐ γὰρ θνητῶν γ'   1235
ἥδε κέλευθος· τί ποτ' ἐς φανερὰν
ὄψιν βαίνουσι βροτοῖσιν;

Κάστωρ

'Αγαμέμνονος παῖ, κλῦθι· δίπτυχοι δέ σε   ia⁶
καλοῦσι μητρὸς σύγγονοι Διόσκοροι,
Κάστωρ κασίγνητός τε Πολυδεύκης ὅδε.   1240
δεινὸν δὲ ναυσὶν ἀρτίως πόντου σάλον
παύσαντ' ἀφίγμεθ' Ἄργος, ὡς ἐσείδομεν
σφαγὰς ἀδελφῆς τῆσδε, μητέρος δὲ σῆς.
δίκαια μέν νυν ἥδ' ἔχει, σὺ δ' οὐχὶ δρᾷς·
Φοῖβός τε, Φοῖβος – ἀλλ' ἄναξ γάρ ἐστ' ἐμός,   1245
σιγῶ· σοφὸς δ' ὢν οὐκ ἔχρησέ σοι σοφά.
αἰνεῖν δ' ἀνάγκη ταῦτα· τἀντεῦθεν δὲ χρὴ
πράσσειν ἃ Μοῖρα Ζεύς τ' ἔκρανε σοῦ πέρι.
Πυλάδῃ μὲν 'Ηλέκτραν δὸς ἄλοχον ἐς δόμους,
σὺ δ' Ἄργος ἔκλιπ'· οὐ γὰρ ἔστι σοι πόλιν   1250
τήνδ' ἐμβατεύειν, μητέρα κτείναντι σήν.
δειναὶ δὲ κῆρές σ' αἱ κυνώπιδες θεαὶ
τροχηλατήσουσ' ἐμμανῆ πλανώμενον.
ἐλθὼν δ' 'Αθήνας Παλλάδος σεμνὸν βρέτας
πρόσπτυξον· εἴρξει γάρ νιν ἐπτοημένας   1255
δεινοῖς δράκουσιν ὥστε μὴ ψαύειν σέθεν,
γοργῶπ' ὑπερτείνουσά σου κάρα κύκλον.
ἔστιν δ' Ἄρεώς τις ὄχθος, οὗ πρῶτον θεοὶ
ἕζοντ' ἐπὶ ψήφοισιν αἵματος πέρι,
'Αλιρρόθιον ὅτ' ἔκταν' ὠμόφρων Ἄρης,   1260
μῆνιν θυγατρὸς ἀνοσίων νυμφευμάτων,
πόντου κρέοντος παῖδ', ἵν' εὐσεβεστάτη
ψῆφος βεβαία τ' ἐστὶν ἔκ τέ του θεῶν.
ἐνταῦθα καὶ σὲ δεῖ δραμεῖν φόνου πέρι.
ἴσαι δέ σ' ἐκσῴζουσι μὴ θανεῖν δίκῃ   1265
ψῆφοι τεθεῖσαι· Λοξίας γὰρ αἰτίαν
ἐς αὐτὸν οἴσει, μητέρος χρήσας φόνον.

Dies ist nicht der Sterblichen Pfad.
Was enthüllen sie sich
Den Menschen?

Kastor *und Polydeukes, aus der Höhe*

Agamemnons Sohn, vernimm unser Wort.
Dioskuren, die Brüder der Mutter, sind hier,
Polydeukes dieser, und Kastor ich selbst.
Wir geboten dem Sturm, der soeben getobt
Um die Schiffe, und flogen nach Argos, zu schaun,
Wie du unsere Schwester, die Mutter, erschlugst.
Ihr geschah nur ihr Recht und du trägst keine Schuld,
Nur Apollon, Apollon – doch ist er mein Herr,
Ich schweige. Der Weise gab unweisen Spruch.
Wir müssen uns fügen. Nun gilt es zu tun,
Was die Moira und Zeus verhängt über dich.
Dem Pylades sei deine Schwester vermählt,
Du selbst mußt Argos verlassen, du darfst
Nicht als Muttermörder betreten die Stadt.
Der Furien wilde, hundsäugige Schar
Wird im Wahnsinn dich jagen von Orte zu Ort.
In Athen umklammre das heilige Bild
Der Pallas: sie wird mit den Schlangen den Schwarm
Vertreiben und ihn dir halten vom Leib,
Mit dem Gorgo-Schild beschirmend dein Haupt.
Beim Felsen des Ares, wo göttlich Gericht
Zum ersten Mal stimmte ob blutiger Schuld,
Als Ares erschlug des Meerherrschers Sohn,
Ergrimmt durch der Tochter unheiliges Bett,
Dort findest du Recht und geheiligten Spruch,
Dort suche die Richter des Mordes.

Den Tod
Wehrt dir ab der Stimmsteine Gleichzahl. Apoll
Übernimmt die Tat und den blutigen Spruch.

καὶ τοῖσι λοιποῖς ὅδε νόμος τεθήσεται,
νικᾶν ἴσαις ψήφοισι τὸν φεύγοντ' ἀεί.
δειναὶ μὲν οὖν θεαὶ τῷδ' ἄχει πεπληγμέναι   1270
πάγον παρ' αὐτὸν χάσμα δύσονται χθονός,
σεμνὸν βροτοῖσιν εὐσεβὲς χρηστήριον·
σὲ δ' Ἀρκάδων χρὴ πόλιν ἐπ' Ἀλφειοῦ ῥοαῖς
οἰκεῖν Λυκαίου πλησίον σηκώματος·
ἐπώνυμος δὲ σοῦ πόλις κεκλήσεται.   1275
σοὶ μὲν τάδ' εἶπον· τόνδε δ' Αἰγίσθου νέκυν
Ἄργους πολῖται γῆς καλύψουσιν τάφῳ.
μητέρα δὲ τὴν σὴν ἄρτι Ναυπλίαν παρὼν
Μενέλαος, ἐξ οὗ Τρωικὴν εἷλε χθόνα,
Ἑλένη τε θάψει· Πρωτέως γὰρ ἐκ δόμων   1280
ἥκει λιποῦσ' Αἴγυπτον οὐδ' ἦλθεν Φρύγας·
Ζεὺς δ', ὡς ἔρις γένοιτο καὶ φόνος βροτῶν,
εἴδωλον Ἑλένης ἐξέπεμψ' ἐς Ἴλιον.
Πυλάδης μὲν οὖν κόρην τε καὶ δάμαρτ' ἔχων
Ἀχαιίδος γῆς οἴκαδ' ἐσπορευέτω,   1285
καὶ τὸν λόγῳ σὸν πενθερὸν κομιζέτω
Φωκέων ἐς αἶαν καὶ δότω πλούτου βάρος·
σὺ δ' Ἰσθμίας γῆς αὐχέν' ἐμβαίνων ποδὶ
χώρει πρὸς οἶκον Κεκροπίας εὐδαίμονα.
πεπρωμένην γὰρ μοῖραν ἐκπλήσας φόνου   1290
εὐδαιμονήσεις τῶνδ' ἀπαλλαχθεὶς πόνων.

Χο ὦ παῖδε Διός, θέμις ἐς φθογγὰς   an⁴
     τὰς ὑμετέρας ἡμῖν πελάθειν;
Κα θέμις, οὐ μυσαραῖς τοῖσδε σφαγίοις.
Ηλ κἀμοὶ μύθου μέτα, Τυνδαρίδαι;   1295

Κα καὶ σοί· Φοίβῳ τήνδ' ἀναθήσω
     πρᾶξιν φονίαν.
Χο πῶς ὄντε θεὼ τῇσδέ τ' ἀδελφὼ

Auch künftig ist der von der Strafe erlöst,
Dem mit gleichen Stimmen entschied das Gericht.
Die Furien tauchen, vom Kummer gebeugt,
Ganz nahe dem Felsen hinab in den Spalt,
Ehrwürdig Orakel begründend der Stadt.
Du suche den Ort im arkadischen Land,
Wo Alpheios strömt am Lykaios-Bezirk,
Er trage fortan deinen Namen mit Stolz.
So befehle ich dir. Und dem Leib des Ägisth
Werden Argos' Bürger bereiten das Grab.
Die Mutter begräbt Menelaos, der jetzt
Erst landet von Troja, und Helena selbst;
Sie kommt aus Ägypten, aus Proteus' Palast,
War niemals in Troja, es hatte nur Zeus,
Den Krieg zu entfesseln, ihr Trugbild entsandt.

Doch Pylades kehre mit seinem Gemahl,
Jungfräulicher Braut, in die Heimat zurück
Und bringe den Mann, der Schwager dir schien,
Nach Phokis und häuf ihm die Güter des Glücks.
Du zieh, an des Isthmus Nacken vorbei,
Hinauf zu des Kekrops hochseligem Haus,
Bezahle des Mordes dir fälliges Los,
Dann lebe du glücklich und frei aller Not.

Wechselgesang

Ch	Söhne des Zeus, dürfen wir nahn,
	Euer Wort zu vernehmen?
Ka	Ihr dürft, unschuldig am grausigen Werk.
El	Und darf auch ich
	Wagen ein Wort,
	Söhne des Tyndaros?
Ka	Auch du. Apollon bürd ich auf
	Die blutige Tat.
Ch	Seid Götter, seid Brüder

τῆς καπφθιμένης
οὐκ ἠρκέσατον κῆρας μελάθροις;   1800

Κα μοῖραν ἀνάγκης ἦγεν τὸ χρεών,
     Φοίβου τ' ἄσοφοι γλώσσης ἐνοπαί.
Ηλ τίς δ' ἔμ' Ἀπόλλων, ποῖοι χρησμοὶ
     φονίαν ἔδοσαν μητρὶ γενέσθαι;
Κα κοιναὶ πράξεις, κοινοὶ δὲ πότμοι,   1805
     μία δ' ἀμφοτέρους
     ἄτη πατέρων διέκναισεν.

Ορ ὦ σύγγονέ μοι, χρονίαν σ' ἐσιδὼν
     τῶν σῶν εὐθὺς φίλτρων στέρομαι
     καὶ σ' ἀπολείψω σοῦ λειπόμενος.   1810
Κα πόσις ἔστ' αὐτῇ καὶ δόμος· οὐχ ἥδ'
     οἰκτρὰ πέπονθεν, πλὴν ὅτι λείπει
     πόλιν Ἀργείων.
Ηλ καὶ τίνες ἄλλαι στοναχαὶ μείζους
     ἢ γῆς πατρίας ὅρον ἐκλείπειν;   1815
Ορ ἀλλ' ἐγὼ οἴκων ἔξειμι πατρὸς
     καὶ ἐπ' ἀλλοτρίαις ψήφοισι φόνον
     μητρὸς ὑφέξω.
Κα   θάρσει· Παλλάδος
     ὁσίαν ἥξεις πόλιν· ἀλλ' ἀνέχου.   1820
Ηλ περί μοι στέρνοις στέρνα πρόσαψον,
     σύγγονε φίλτατε·
     διὰ γὰρ ζευγνῦσ' ἡμᾶς πατρίων
     μελάθρων μητρὸς φόνιοι κατάραι.
Ορ βάλε, πρόσπτυξον σῶμα· θανόντος δ'   1825
     ὡς ἐπὶ τύμβῳ καταθρήνησον.
Κα φεῦ φεῦ· δεινὸν τόδ' ἐγηρύσω
     καὶ θεοῖσι κλύειν.
     ἔνι γὰρ κἀμοὶ τοῖς τ' οὐρανίδαις
     οἶκτοι θνητῶν πολυμόχθων.   1830

       Dieser verstorbenen Frau,
       Und wehrtet nicht
       Mordgeister dem Hause?

Ka   Eherner Zwang brachte dies Schicksal
       Und Apollons unweise Losung.

El   Welcher Apollon, welche Orakel
       Machten aus mir Mördrin der Mutter?

Ka   Gleiche Tat, gleiches Los.
       Ein Väterfluch
       Hat euch beide getroffen.

Abschiedsgesang: Dreigesang

Or   Schwesterherz, endlich gewonnen!
       Verlier ich so schnell deine liebe Nähe?
       Muß dich lassen, einsam ziehen.

Ka   Sie hat Gatten und Haus. Sie
       Trägt kein Jammerlos, doch muß sie
       Verlassen die Heimat.

El   Und welche Seufzer sind schwerer als die:
       Zu lassen der Heimat Fluren?

Or   Auch ich muß fort aus dem Haus,
       Fremdem Gericht stellen anheim
       Des Mordes Strafe.

Ka   Sei getrost! Ziehe zu Pallas'
       Heiligem Sitz! Harre des Spruchs.

El   O drücke an meine
       Deine Brust, Bruder liebster,
       Es reißen uns vom Vaterhaus
       Des Muttermordes Flüche.

Or Umarme, umschlinge mich eng. Wie am Grab
       Eines Toten weine und weine!

Ka   Ach, wie bitter klingt diese Klage
       Auch dem göttlichen Ohr.
       Denn auch mich und die Himmlischen
       Rührt der Menschen hartes Geschick.

Ορ οὐκέτι σ' ὄψομαι.
Ηλ οὐδ' ἐγὼ ἐς σὸν βλέφαρον πελάσω.
Ορ τάδε λοίσθιά μοι προσφθέγματά σου.

Ηλ ὦ χαῖρε, πόλις·
     χαίρετε δ' ὑμεῖς πολλά, πολίτιδες.   1835
Ορ ὦ πιστοτάτη, στείχεις ἤδη;
Ηλ στείχω βλέφαρον τέγγουσ' ἁπαλόν.

Ορ Πυλάδη, χαίρων ἴθι, νυμφεύου   1840
     δέμας Ἠλέκτρας.

Κα τοῖσδε μελήσει γάμος· ἀλλὰ κύνας
     τάσδ' ὑποφεύγων στεῖχ' ἐπ' Ἀθηνῶν·
     δεινὸν γὰρ ἴχνος βάλλουσ' ἐπὶ σοὶ
     χειροδράκοντες χρῶτα κελαιναί,   1845
     δεινῶν ὀδυνῶν καρπὸν ἔχουσαι.

     νὼ δ' ἐπὶ πόντον Σικελὸν σπουδῇ
     σῴσοντε νεῶν πρῴρας ἐνάλους.
     διὰ δ' αἰθερίας στείχοντε πλακὸς
     τοῖς μὲν μυσαροῖς οὐκ ἐπαρήγομεν,   1850
     οἷσιν δ' ὅσιον καὶ τὸ δίκαιον
     φίλον ἐν βιότῳ, τούτους χαλεπῶν
     ἐκλύοντες μόχθων σῴζομεν.
     οὕτως ἀδικεῖν μηδεὶς θελέτω
     μηδ' ἐπιόρκων μέτα συμπλείτω·   1855
     θεὸς ὢν θνητοῖς ἀγορεύω.

Or	Nie dich wiederzusehen!
El	Niemals wieder dein Auge zu schauen!
Or	Dies mein letztes Grüßen!
El	*scheidet mit Pylades und Dienern*

Leb wohl, meine Heimat!
Lebt von Herzen, Freundinnen, wohl!

Or   Treueste Seele, so gehst du schon?

El   Ich gehe, das zarte Lid
Netzend mit Tränen.

Or   Pylades, geh mit Gott, dir vermähl ich
Elektras liebes Bild.

Schlußtakte

Ka   Sie werden Hochzeit feiern. Und du
Geh nach Athen, diese Drachen zu fliehn.
Hart setzen dir nach die schwarzen
Schlangenhändigen Mädchen,
Grimmiger Schmerzen frohlockend.

Orestes enteilt

Wir fliegen stracks zum sizilischen Meer.
Die Kiele zu retten seefahrender Schiffe.
Schreitend durch luftige Flur,
Helfen wir niemals den Frevlern,
Doch die heilig und recht
Führen ihr Leben, die retten
Wir aus schwerer Bedrängnis.
So wage keiner das Unrecht,
Keiner schiffe mit Frevlern sich ein!
Es warnt ein Gott die Menschen.

Sie verschwinden

Χο χαίρετε· χαίρειν δ' ὅστις δύναται
   καὶ ξυντυχίᾳ μή τινι κάμνει
   θνητῶν, εὐδαίμονα πράσσει.

Ch   *Elektra und Orestes nachblickend*
      Lebt wohl!
      Lebt je ein Sterblicher wohl?
      Wem die Freude den Weg erhellt,
      Wen kein Kummer ermattet,
      Glücklich sei er gepriesen.

                    Der Chor zieht ab.

NACHWORT VON ERNST BUSCHOR

Die bittflehenden Mütter

Herrscherlicher Weitblick, die Stärke eines königlich-goldenen Mitleids haben als innere Erfahrung des Dichters am Ende der zwanziger Jahre die farbigreiche Szenenfolge dieser Tragödie hervorgebracht.

Gegenüber den in einer Person versammelten Leiden eines Hippolytos, einer Hekabe, einer Andromache ist hier, ähnlich wie in den „Herakleskindern", das Leiden einer Gruppe eingefangen, und der Titel besteht zu Recht. Aber ähnlich wie die drei genannten Schicksalsträger, und wie vor allem König Oidipus von einem Ring Mithandelnder, Mitfühlender umgeben ist, so gruppieren sich die Sieben bittflehenden Mütter mit echt dramatischem Schwergewicht um eine Einzelgestalt, um das Ziel ihrer Bitte, um den hilfreichen König Theseus. Man wird in der Tat an die Vorszene des Königs Oidipus erinnert, dessen Aufführung zwischen beiden Stücken liegt.

Das Anliegen des Bittgangs ist jeweils ein anderes. Die erste übergreifende Tat Altathens, die Euripides in den Herakleskindern auf die Bühne stellte, steigert sich, als ob der Dichter die Wahl gehabt hätte, nunmehr in die Innerlichkeit: die Kinder waren verfolgte Vertriebene, heimatlose S c h u t z - flehende, die Mütter sind freiwillig aus ihrer Heimat aufgebrochene B i t t f l e h e n d e, denen es nur darum geht, die Söhne nach dem Totenrecht bestatten zu können. Der Bewährungskampf führt dort zur Heimkehr der Vertriebenen, hier zur Verbrennung der Leichen und zur Rückkehr mit den Urnen. Gemeinsam ist wieder die abschließende Warnung Athens an den Frevler (Argos-Sparta, Theben).

Die Pilger von Marathon hatten eine große, verzweigte Familie gebildet, die von Eleusis sind (im dichterischen Symbolbild) eine feste Gruppe, sind die Sieben um ihre Söhne trauernden Fürstinnen, Frauen, denen die Bestattung ihrer

Kinder obliegt und die sich zur Erlangung dieses heiligen Rechts
an die mächtige gottesfürchtige Stadt Athen wenden. Es lag
auf dem Weg einer neuen szenischen Durchdringung, daß der
Dichter den Chor nicht mehr als freundlich-ernste Helfergruppe
den Bittenden gegenüberstellte, sondern ihn gerade aus dieser
Müttergruppe und ihren Dienerinnen bildete, so daß zwei
Halbchöre von je 7 Choreuten ins lebhafte dramatische Spiel
gezogen wurden; diese choregische Situation erinnerte ohne-
hin an frühere Zeiten des Dramas und war dem sakralen
Charakter der Pilgerszenen, der Bestattungsriten, der Toten-
klagen angemessen.

Trotzdem wurde der Tragödie keine altertümliche Schwere
auferlegt; der Dichter schritt auf dem Weg seiner Durchbrüche
fort. Keine Rückkehr zu den alten Hauptszenenpaaren, zu den
alten betrachtenden und preisenden Strophengruppen der
Chöre; dafür eine lockere Folge von acht Szenen, deren vorletzte, die Euadne-Szene, durch zwei eingelegte Wechsellieder
musikalisch aufgelöst ist und das Ende der eigentlichen Handlung „einläutet". Die dazwischen liegenden sieben knappen
Chorpartieen sind zum Teil bittflehende Handlung voll Dank
und Anteilnahme, zum größten Teil eine lockere Kette ritueller
Klagelieder, die von den Müttern im Wechsel mit den Mägden,
mit Adrastos, mit den sechs Knaben der Toten gesungen werden.

Die Klänge, die zu diesen Liedern ertönten, sind uns unbekannt; wir müssen sie uns auf der Stufe des gesamten dramatischen Aufbaus denken; locker, verschwebend, bei aller Wild-
heit der Klagen vom Ernst des auf sich gestellten Menschen,
von der Schwere des Mutterleids und der Verantwortung für
die Bürger getragen.

Die Gedankenwelt, in die uns dieses Drama, aktiv und pas-
siv, einführt, ist neu in zweierlei Hinsicht. Über ältere Stufen
hinaus ist sie an sich denkerischer, schärfer geschliffen, zur
Auseinandersetzung verlockend. Die Gestalten des Dramas
werden da und dort zur Beschaulichkeit, zum Spiel des Wort-
wechsels, zur Errichtung neuer Gedankengebäude geradezu
gedrängt. Besonders in den Gesprächen des Staatslenkers mit

König Adrast und mit dem Herold (über das Vorherrschen des Guten oder Schlechten, über Segen und Unsegen der Volksherrschaft, über den Unsegen der Kriege und den Fluch ihrer plötzlichen Auslösung, über die Macht der edlen Erziehung) steckt neues Nachdenken. Darüber hinaus werden wir in ein lichteres Reich der Nachdenklichkeit und Innerlichkeit gehoben. Die schmerzlichen Früchte des langen Krieges werden geerntet. Die großen und tiefen Entscheidungen des Staatslenkers gegenüber Adrastos, Aithra, Herold, seine Anteilnahme an der Vorgeschichte der fünf gefallenen „Sieben gegen Theben", sein Wissen von Seele und Leib im Tode erheben ihn über seinen eigenen alten und frischen Waffenruhm, stellen ihn als lichten Geist neben Pallas Athena. Wenn dieser strahlende Inbegriff der Stadt zum Schluß erscheint, um des Königs Tat durch ihre Klugheit zum dauernden Frieden mit Argos auszubauen, spürt man nichts von einem entwirrenden, zauberischen „Theatergott", wohl aber etwas von der verklärenden Zusammenfassung des königlichen Wirkens des Theseus.

Diesem hohen Gedankenreich der Tragödie steht der ununterbrochene, nie endende Wellenschlag der Leiden und der warme Herzschlag fühlender Menschen zur Seite. Die große Schmach der Mütter, daß man sie ihr Liebstes nicht begraben läßt, vereinigt die sieben Fürstinnen von Argos am Altar von Eleusis zu einer Gruppe hekabeähnlicher Gestalten, und es zeichnet diese Leidträgerinnen aus, daß die Königin von Athen sich mitfühlend unter sie einreiht, ihre Schmach symbolisch auf sich nimmt, um sie ihrem Sohn sinnfällig zu machen. Mit hoher Kunst ist die alte Mutter als Vorläuferin, als Bodenbereiterin, als Mahnerin zu hellenischer Menschlichkeit und attischer Ehre vorausgeschickt: was der kriegsschuldige König Adrastos nicht vermag, das gelingt der echten Herzensstimme.

Der Kampf des Theseus wird einzig und allein für die Rechte der hilflosen Toten geführt. Noch kurz vor der Schlacht macht er in ihrem Namen ein Angebot; der Siegreiche zieht nicht ins offene Tor ein, er kam nicht als Zerstörer, „nur als Freund der toten Schar". Und wie wird seines Herzens Gesinnung offenbar, wenn er die Kriegerschar der Gemeinen selbst zu bestatten unternimmt, ohne Sklavenzutun, mit der eignen „zarten" Hand sie waschend, bettend, verhüllend. Das war für ihn kein „ekles Amt, das keinem König ziemt," sondern ein „menschlich Amt und keines Menschen Schmach." Und dann, bei den fürstlichen Sieben Toten angekommen, welche Abkehr von feierlichen Leichenreden der üblichen Art! Ein Zwiegespräch von Mann zu Mann, doch so, daß die jungen Athener es hören können; nicht über unkontrollierbare Schlachtfeldepisoden, sondern über die inneren Ursprünge ihrer unerhörten Tapferkeit, über Geburt, Erziehung, Aufwachsen, Lieblingsneigungen jedes Einzelnen der fünf zu Begrabenden, zu denen er selbst die abwesenden Amphiaraos und Polyneikes hinzunennt. Dabei stellen sich unbekannte rührende Züge heraus wie das maßvolle Dasein des als unmäßig verschrienen Kapaneus. Ein wahrer Wendepunkt in der Beschreibung von Kriegen und Kriegern!

Nach Anhörung dieses Berichtes ordnet er zur Schonung der Mütter die Verbrennung der furchtbar entstellten Leichen und die Überreichung der Urnen an die heimziehenden Mütter an. Dies alles das stillschweigende Werk eines Fremden mit großem Herzen.

Für die Mütter selbst war die Erreichung ihres so heiß ersehnten Ziels nur die Fortsetzung ihrer alten Totenklage; was im Einzugslied intoniert war, setzen nach dem dramatischen Zwischenspiel der ersten drei Standlieder die letzten drei fort. In das letzte von ihnen klingen die sechs kläglichen Strophen der sechs Söhne der Gefallenen, die den abziehenden Müttern mit den Aschenkrügen der Väter voranschreiten. Wie ihre Lieder an einer Stelle und die Schlußworte Athenas besagen, werden sie dereinst, als Männer, ihre Väter mit der Götter Hilfe an den thebanischen Frevlern rächen; ihr Erscheinen steht ganz am Rande.

Das geballte Gruppenleid der Mütter, an dem Aithra und vor allem ihr Sohn Theseus so innigen Anteil nehmen, wird, als ob es dieses Gegengewichts bedürfe, am Schluß der eigentlichen Handlung, vor dem Abzug der Mütter, jäh und schrill von einem Einzellied übertönt. Wieder ist es der vielgeschmähte Kapaneus, dessen Gedächtnis die höchste Ehrung zuteil wird: der freiwillige Todesgang seiner hinterbliebenen Gattin Euadne, Tochter des Augenzeugen Iphis und Schwester des mit dem Gatten gefallenen Etoklos. Wie eine Endwelle im langen Wogenzug des Leids braust diese Szene, die in manchem an die Kassandraszene der Troerinnen erinnert, gegen den Felsen des Endes. Der Opfergang setzt den der Makaria, der Polyxene, den angetretenen der Andromache fort, hilft das Signum dieser Jahre verstärken.

Die „bittflehenden Mütter" kehren sozusagen dem Krieg den Rücken. Nicht nur daß Frevel wie die Totenverweigerung angeprangert werden; man hat gelernt, daß Oben und Unten wechseln, daß der Krieg die Besten hinwegnimmt, daß die schwere Niederlage die Schuld begleicht, daß man nur gegen den Frevler zu Felde ziehen und nur mit den Göttern im Rükken kämpfen darf, daß man keinen Krieg vom Zaune brechen, kein Friedensangebot leichthin ausschlagen kann. Adrastos bekennt: „Wir irrten und wir fielen" und warnt am Ende der 5. Hauptszene die Sterblichen vor der mühevollen und nutzlosen Waffenherstellung; selbst der gewalttätige thebanische Herold sagt ironisch, wenn bei Abstimmungen über den Krieg neben der Urne schon das dem Wähler bestimmte Todeslos erschiene, wäre der Friede in Hellas gesichert. Die Stimmen kommen von allen Seiten, sind nicht allzu häufig, nicht immer tief; man hofft seit 422 auf Frieden, auf neue Verträge und Verständigung. Was in die Tiefe reicht, ist das ständige Mahnmal der Sieben Mütter und Aithras am Altar, das Wiedersehen der Frauen mit den armseligen Resten der Söhne, der hochfliegende Sinn des verantwortlichen Königs, seine ärztlich hilfreiche Empfindung bei der Bestattung, seine brennende Anteilnahme am Leiden der Sieben – und, nicht zu vergessen, der Felsensprung der treuen Liebenden, der zur großen Symphonie des Mitleids ausgleichend den Ton des Schauders hinzufügt.

Herakles

Drei hohe Schönheiten heben sich aus der Fülle dieses Heraklesdramas heraus: der starke eigenartige Bau, die Wärme und Tiefe der Empfindungswelt, der seherische Blick ins Göttlich-Menschliche. In diesen drei Reichen war der Dichter vorwärtsdrängender einsamer Entdecker, reifer vollendeter Gestalter.

Der Bau des Dramas hängt aufs engste mit dem Gegenstand, mit der neuen Erfassung der Sage zusammen. Hauptanliegen war, den „rasenden Herakles" zu zeigen, nach dem das Stück später benannt wurde. Die Wahnsinnstat der Ermordung der Söhne der Megara war in der thebanischen Lokalsage schon vorgegeben, aber sie war ohne große Bedeutung für das mythische Gesamtbild des Helden geblieben; einige Darsteller hatten wohl den Abzug von Theben nach Mykenä mit der Bluttat begründet, die Knechtschaft bei Eurystheus als Sühne für den unverschuldeten Kindermord ausgegeben. Euripides hat jener Tat ein neues schweres Gewicht verliehen; nicht nur, indem er sie mit den bewährten Waffen vollziehen ließ und auf die unglückliche Mutter der Kinder ausdehnte, sondern vor allem, indem er das Geschehnis jenseits der Knechtschaftsperiode legte. Nachdem Herakles in der Hadesfahrt seine letzte, schwerste Tat vollbracht und die würdelose drückende Knechtschaft glücklich hinter sich gebracht hat, wird der gefeierte Befreier der Welt durch die Wahnsinnstat entehrt und vernichtet; eine vom Schicksal vorbereitete, aber lange zurückgehaltene Katastrophe bricht über ihn herein; an die Stelle der strahlenden Auffahrt zum Olymp setzt der Dichter erniedrigendste Demütigung, an die Stelle des göttlichen Lohns schwerste Bestrafung. Dem großen Erretter steht nach dem unerforschlichen Willen der Götter, nach der tiefen Konzeption des Dichters der jählings und schimpflich Gestürzte gegenüber, und die kompositorische Kunst des Dichters hat es vermocht, diese beiden Gestalten im gleichen dramatischen Vorgang zu vereinigen, die Einheit in der Zweiheit zu schaffen:

eine neu ersonnene Rettungstat, die Bestrafung des Usurpators Lykos, läßt die glorreiche Tatenreihe am Ort der folgenden Bluttat, in Theben, auslaufen; ja, die letzte große Rettungstat gilt denselben Kindern und derselben Gattin, die dann als Opfer des Wahnsinns fallen; die Gestalt des greisen Vaters, vom Protagonisten gespielt, begleitet alle Geschehnisse in unverminderter Eindringlichkeit und faßt sie ihrerseits als Einheit zusammen.

Die hohe Schönheit der Architektur dieses Dramas besteht nun darin, daß die beiden Gegenbilder des Erretters und des Verzweifelten so schroff als nur irgend möglich einander gegenübergestellt sind und doch sich in einem höchsten Sinn bedingen und abstufen. Zwei Dramenhälften scheinen erbarmungslos auseinanderzuklaffen. Mit dem dritten Standlied schließt triumphal das Erretterdrama, das Lykosdrama, das etwa vier Siebentel der Verse umfaßt. Etwas knapper ist, dem Gefälle des Dramas entsprechend, die zweite Hälfte, das eigentliche Wahnsinnsdrama, gehalten, das am Anfang der vierten Hauptszene unvermittelt und schrill mit dem Erscheinen von Iris und Lyssa einsetzt. Diese Spaltung des Dramas, die auf die Zuschauer eine ungeheure Wirkung ausgeübt haben muß, ist höchste Kunst. Sie zerreißt nicht etwa eine fortlaufende Szenenreihe oder stellt neben eine abgelaufene eine zweite; es wird vielmehr eine bestimmte Dramenform als ausgespielt verlassen und es wird auf einer neuen höheren Ebene weitergespielt; dem spannungsreichen und verflochtenen Handlungsdrama folgt das anders gebaute tiefmenschliche Schaubilddrama. Das Lykosdrama erscheint als ein achtgliedriger Körper mit ausgewogenem Wechsel von Szenen und Chorgesängen, als in sich geschlossenes Drama mit seinen eigenen Verflechtungen, Steigerungen, Umkehrungen, mit seinem gewichtigen Angelpunkt in der Mitte der zweiten Hauptszene, mit seinem abrundenden Ausklang; der Chor der Greise besingt in feierlichen strophischen Liedern die eigene Hilflosigkeit und die strahlende Kraft des Herakles, der sich schließlich als echter Zeussohn bewährt. Das Wahnsinnsdrama scheint zwar in seinem ersten Drittel die kurzteilige Beweglichkeit aufzunehmen, mit der das Lykosdrama schließt; ja das Amphitryon-Echo der fünften Hauptszene nimmt das Lykos-Echo der dritten auf. Aber dazwischen liegt die alles verwandelnde Iris-Lyssa-Szene der vierten, die gleichsam als neuer Prolog, als „Prolog im Himmel" eine neue überörtliche, überzeitliche Sphäre schafft und gerade auch dem Amphitryon-Echo des Chors seinen visionären Rang verleiht, den Botenbericht zur Wiederholung des schon Geschauten stempelt. Die beiden raschen Hauptszenen werden von knappsten Chorliedern beendet; der ganze bewegliche Eingangsteil dieser Dramenhälfte, der das äußere Geschehen spiegelt, gibt bald das Wort an die breite dreiteilige Schlußszene ab, das große Schaubild des gebrochenen Helden, das Bild seines äußeren und inneren Erwachens, das in der Errettung des großen Erretters durch den attischen Vetter gipfelt. Die barmherzige Lyssa und der helfende Theseus umstehen diese Szenenfolge des Wahnsinnsdramas, das sich wie eine Kuppel über den gewohnteren Säulenbau des Lykosdramas erhebt. Weit über die anderen zweigeteilten Dramen des Dichters hinaus entsteht eine neue, gelöstere und doch zwingendere Form.

Die Kunst des Bauens wird begleitet von dem Herzschlag eines tiefen Fühlens, eines menschlich warmen Empfindens, das in Wort und Handlung ergreifende Gestalt gewinnen kann. Der große Seelenkünder hat sich in seinem späteren siebenten Lebensjahrzehnt die Möglichkeit erobert, ein Drama geradezu aus Herzenstönen aufzubauen, das äußere Geschehen gleichsam nur als Träger seelischer Schwingungen oder doch als reiches Gerüst für solche Entladungen stehen zu lassen. Im „Herakles" und den „Troerinnen" sind für unsere Kenntnis diese Möglichkeiten erstmalig in großem Umfang und starker Geschlossenheit angebahnt; ja, man könnte den „Herakles" als ersten Durchbruch der neuen dramatischen Gestaltung auffassen. Das Lykosdrama steht hier als Gebilde älteren Stils hinter dem Wahnsinnsdrama zurück, aber auch dieses vorbereitende Stück läßt in dem äußeren Rahmen der verzweifelten

Situation die fraulich-fürstliche Stimme der Megara und die Kindergespräche aufklingen, läßt die Totengewänder erscheinen, läßt die Kinder im Schlepptau des Vaters abziehen. Das rührende Bild der hilflosen Greise wird über das altgewohnte Maß hinaus noch einmal gesteigert, wird im Einzugslied und zweiten Standlied dichterisch zum Bild des greisen Sängers erhoben und mündet so fast in eine Selbstdarstellung des Dichters ein, der damals den Siebzigern schon naherückte; das Gelöbnis der zweiten Strophe des zweiten Standlieds, den Musen bis ans Ende die Treue zu wahren, scheint ganz aus der Seele des Dichters gesprochen. Die seelischen Schätze des Lykosdramas werden dann von denen des Wahnsinnsdramas weit überstrahlt. Lyssas Zögern, die dionysische Vision des Chors, die Bilder der zunehmenden Geistesgestörtheit und Raserei, der behütete Schlaf, das beschämende Wiedererwachen der Vernunft, die unbewegliche verhüllte Gestalt, ihr Verstummen, das langsame Schmelzen des Eises unter dem Freundeswort, der Abschied, das treue Schleppschiff: hier ist nicht nur im einzelnen, sondern auch im Zusammenklang, in Steigerung und Abklingen über „Hippolytos" hinaus ein neues Maß erreicht, und auch hier setzt das Wahnsinnsdrama dem Lykosdrama einen neuen, gesteigerten Oberbau, einen seelischeren Oberbau auf.

Das Heraufströmen neuer seelischer Regungen hängt eng mit einer anderen Sphäre zusammen, die nun diesem Drama erst seinen wahren Rang verleiht und das Werk unter die großen und führenden Bekenntnisse aller Dichtung einreiht: eine neue Stufe des Menschseins wird im seherischen Bild erfahren, die Größe des Herakles wird aus dem Rahmen und Maß der alten Heroensage herausgenommen und auf einen neuen Boden verpflanzt. Auch hier erhebt sich das Wahnsinnsdrama über das Lykosdrama. Zwar wird auch in diesem – wie ja letztlich in allem griechischem Drama – um ein neues Menschenbild gerungen und das Bild der Götter steht auch hier im euripideischen Zwielicht. Die frauliche Gattin bescheidet sich mit der Klage über die Undurchsichtigkeit des göttlichen Waltens;

in der höchsten Not betet sie zum toten Gemahl; der Heimgekehrte steht ihr nicht hinter dem Retter Zeus zurück. Amphitryon geht über diese Zurückhaltung hinaus; er wirft die
Fragen nach der Allmacht des Schicksals, der hassenden Hera,
des Zeus, nach der Rechtlichkeit des Zeus, nach der Rolle des
Mitvaters eindringlich auf. Höher als die göttliche Geburt
stehen dem Chor die Taten; diese erst und nicht die fromme
Überlieferung bezeugen die Abstammung von Zeus. Als der
Totgeglaubte vom Hades zurückkehrt und die Seinen errettet,
erlebt der alte Glaube an die Vaterschaft des Zeus seine schönste Bewährung. An die Stelle der trügerischen Scheinwelt der
Verzweiflung tritt die Wahrheitswelt des göttlichen Rechtes.

Kaum sind die bekennenden Worte des dritten Standlieds
verklungen, so sinkt auch dieses Gebäude als Schein in sich
zusammen: um die Befreiten, ja auch um den Befreier ist es
geschehen; im Wahnsinnsdrama wird das Zwielicht um die
Götter vollends zum Dunkel. Mit schneidender Schärfe zeigt
der neue Prolog, daß sich zwar göttlicher Wille erfüllt, aber
ein unsinniger Wille, den das Schicksal und Vater Zeus nur
eben gewähren lassen und den selbst die Vollstreckerin verab-
scheut. Der Frömmste der Frommen wird mitten in der heiligen Handlung angefallen und mit eigenem Blut befleckt. Kein
göttlicher Vater kommt zu Hilfe, Athene verhindert nur eben
noch den Vatermord. Immer wieder wird Hera als die eigentliche Täterin benannt; ja, Theseus läßt die Götter als eine
Gesellschaft von Schuldigen im Olympos tafeln und Herakles
sieht seine ungerechte Feindin, zu der niemand im Ernst beten
kann, im Olymp ihren höhnischen Siegestanz stampfen. Die
Götter haben nicht nur das Haus des Herakles von den
Ahnen her mit Mordfluch belastet, sondern tragen auch ihre
eigenen Zwiste, ihre Ehebrüche, Eifersüchte und Rachegelüste
grausam auf dem Haupt des völlig schuldlosen Sterblichen aus.

Es ist unverkennbar, daß der Dichter die alte Heldensage
aufs eindringlichste zuspitzt, um ihren Wahrheitsgehalt zu er-
gründen, ja daß er sich im Grunde von dem Mythus loszu-
sagen beginnt, den er in so bewegender Weise verkündet. Von

schmerzlichen inneren Erfahrungen geführt, lotet er in neue
Tiefen. Die Ehebrüche, Racheakte und Gewalttaten der Götter
sind nur Erfindungen der Märchendichter; in Wahrheit sind
die Götter rein geistige Wesen, die keines Sterblichen zur
Stillung ihrer Wünsche und Triebe bedürfen. Über ihnen steht
ein unabwendbares „Muß"; neben den Olympiern walten
alte, dunkle Mächte mit sinnlos erscheinender Dämonie. Herakles fühlt sich im Grunde als Sohn des Amphitryon, nicht als
Stiefsohn der Hera; kein Gedanke an eine Erhöhung durch den
Vater drängt sich vor. Wenn er immer wieder und bis zuletzt
mit Hera abrechnet, so steht für den Dichter hinter diesem
Namen eigentlich die uralte Göttin des Wahnsinns und hinter
dieser wieder das undurchschaubare Muß, das auch den
Größten stürzen, den Glücklichsten vernichten kann.

Die neuen Einsichten des Dichters in das Walten der Götter
stehen im tiefsten Zusammenhang mit einem starken Erleben
des Menschlichen: die Götter geben in diesen Zeiten etwas
von ihrer Führung an die menschliche Empfindung ab. „Was
euch in den alten Bildern gezeigt worden ist, ihr müßt es selbst
in eurem schwankenden Herzen entdecken und gründen!",
so scheinen sie jetzt den Sterblichen zuzurufen und wohl keiner
hat diesen Anruf früher vernommen als der einsame Dichter
Euripides. Wenn er den Zeitgenossen, ja sogar dem großen
Sophokles sein „Anders!" entgegenstellt, so geschieht es unter
dem schmerzhaften Zwang dieser neuen Erfahrung, die nicht
nur die mythologische Aussage, sondern auch die dramatische
Gestaltung bis in die Vertonung und das Bühnenbild hinein
unter Opfern erneuern muß.

Weit über das Maß der sophokleischen „Trachinierinnen"
hinaus ist Herakles ein Mensch, ein Schicksalsträger, ein auf
sich Gestellter, ein von den Göttern Verlassener und schuldlos
Verfolgter geworden. „Du stehst allein, Himmel und Erde speit
dich aus!" muß er sich selber bekennen, und er steht vor der
schweren Frage, ob ein solches Leben noch weiter gelebt werden muß.

In höchstem innerem Kampf ringt sich Herakles zu der

klaren Erkenntnis, zu dem feierlich ausgesprochenen Bekenntnis durch, daß auch das entehrendste Dasein nicht weggeworfen werden darf, sondern mannhaft bestanden werden muß. Aus dem starken Mann der kindlichen alten Sagen wird nicht nur ein Gebrochener, sondern auch ein Starker neuer Art. Der von keinem Erfolg ermutigte Dichter, auch er ein einsam Gewordener, steht mit seiner bitteren Lebenserfahrung und der im zweiten Standlied ausgesprochenen unerschütterten Sängertreue hinter diesem Wort.

Das dritte starke Bekenntnis des Schwergeprüften ist der Preis der Freundschaft, das letzte Wort des Scheidenden. Die Freundschaft sieht der Erwachende über seiner dunklen Nacht aufgehen wie einen hellen Stern. Er erblickt den treuen Theseus neben sich, der in schlichter Dankbarkeit mit ihm leidet, keine Befleckung eines Freundes durch einen Freund gelten läßt, alle innere und äußere Hilfe gewährt.

Die drei Bekenntnisse neu erlebten Menschentums sind nicht als Zutaten in Gespräche eingeflochten, sondern in drei großen dramatischen Bildern der Schlußszene verdichtet: der gebrochen Sitzende, der sich Erhebende, der Scheidende sprechen sie aus in dem großen Ecce homo, in das das Wahnsinnsdrama nach kurzer Bewegtheit einmündet. Keine abschließende, alles ordnende Göttererscheinung wird bemüht. An der dramaturgischen Stelle des „Theatergotts" steht hier das erwachende Selbstvertrauen des Verzweifelten, der warme Herzenston des menschlichen Helfers. Endet das Lykosdrama triumphal mit der Vernichtung des Feindes, so wird das Wahnsinnsdrama von innen her gelöst, ohne Triumph, durch einen stilleren, stetigeren Stern: das menschliche Fühlen und Lieben.

Troerinnen

Als Euripides, etwa in seinem siebzigsten Lebensjahr, die „Frauen von Troja" aufführen ließ, stellte er sich in eine alte Überlieferung: das Lied von der Eroberung Trojas, die „Iliupérsis", war schon jahrhundertelang von den Sängern des Epos und den Meistern der bildenden Kunst gesungen worden. Den Trojanern bezeichnete eine Folge dunkler Episoden, von der Einbringung des hölzernen Pferdes bis zur Abfahrt des letzten Griechen, den Leidensweg dieser Eroberung, und nur ein einziger Lichtblick hellte ihn auf: die Auslieferung der verhaßten Helena an die Rache des betrogenen Gatten Menelaos.

Euripides hat den episch überlieferten Stoff nicht nur dramatisiert, sondern ausnahmsweise zum krönenden Schlußdrama einer, wenn auch lockeren Trilogie erhoben. Das erste Stück „Alexandros" deckte die Wurzeln der Katastrophe des dritten auf. Wir erfahren, daß der Priamossohn Paris seiner mit ihm schwangeren Mutter Hekabe im Traum als Brandfackel erschien, nach seiner Geburt auf Kassandras Rat getötet werden sollte, von den mitleidigen Eltern aber nur im Idagebirge ausgesetzt, dann von einem mitleidigen Hirten aufgefunden wurde, der den Unbekannten als Alexandros aufzog. Wir erleben, daß Priamos viele Jahre später Leichenspiele für den toten Sohn ausschreibt, an denen der unbekannte Alexandros teilnimmt, als Preissieger seinen Lieblingsstier gewinnt, nach Bedrohung seines Lebens erkannt und wieder in die Familie aufgenommen wird, nicht ohne daß Hekabe von Kassandras Sehersprüchen vor dem Untergang Trojas gewarnt wird. Das zweite Stück „Palamedes" saß lockerer in der Trilogie. Eine der erbärmlichsten Episoden des griechischen Heerlagers vor Troja wird gezeigt: die todbringende Verleumdung des edlen großen Erfinders Palamedes durch den rachsüchtigen verlogenen Ränkeschmied Odysseus. Der Vater des Palamedes wirkt später als Rächer am Untergang der Griechenflotte mit, das schreckliche Los des Rechtsverdrehers Odysseus wird im dritten Stück prophezeit; so gibt es lose Fäden der Verbindung, das stärkste Band bleibt doch der dunkle Schatten frevelhafter Erniedrigung, der auf die späteren Sieger fällt und sie ihrerseits als reif zum Untergang erkennen läßt. Es entsteht ein sich steigernder Dreischritt Troja – Griechenlager – Eroberung mit Ausblick auf die gerechten Katastrophen der Heimkehr.

Dem lockeren Gefüge seiner „Trilogie" ist das dritte Stück
von vornherein wenig schuldig gewesen. Stärkere Richtlinien
empfing es durch das Erbe der „Hekabe", in der der Dichter
schon einmal, etwa zehn Jahre früher, die greise Königin mit
den gefangenen trojanischen Frauen umgeben und die Ereignisse vor dem Abtransport zum Thema gemacht hatte: Hekabe
verliert zuletzt noch die hochgesinnte Tochter Polyxene und
den Sohn Polydoros, sie verwandelt sich aus der klagenden
Mutter in die grausame Bestraferin eines barbarischen Mörders. Ein innerer und ein äußerer trojanischer Triumph schlie-
ßen, dramatisch verknüpft, die Eroberungsepisoden ab, das
Aufgebot blutiger Szenen übertönt den Opfergang der Tochter,
Hekabe wird reif für die prophezeite Verwandlung in die
Hündin. Von dieser Art der Dramatisierung haben sich die
Wege des Dichters im folgenden Jahrzehnt, im siebenten seines
Lebens immer weiter entfernt, der Iliupersisstoff arbeitete in
ihm weiter, bis er die große Gestaltung des Jahres 415 erfuhr.
Mit innerem Zwang führten diese Wege zur Größe, zur Weite,
zur geraden Linie, zur Einfachheit, zur Anspannung und Ent-
spannung, zur Allgemeinbedeutung, zum Ausdruck der menschlichen Vereinsamung und Vertiefung. Es mag sein, daß manches schwere Wort gegen Krieg und unmenschliche Siegertaten,
ja das warnende Gesamtbild des dritten Stücks unter dem Eindruck der Zeitgeschehnisse geschrieben wurden; vielleicht
sollte auch die trilogische Fassung dem Wettbewerb des Früh-
jahrs 415 eine besondere Eindringlichkeit verschaffen: wich-
tiger war dem Dichter gewiß die befreiende Entladung inneren
Wachstums in einer neuen, großen, tiefschürfenden Formung
des alten Stoffs.

Daß der Schauplatz von der gegenüberliegenden Küste wieder nach Troja zurückverlegt wurde, ergab sich von selbst,
aber wie gewaltig wirkt nun dieser Rahmen, weit über das
Maß der ersten beiden Stücke hinaus: die brennende Stadt
als Abschluß der Alexandros-Szenen und der Belagerung, ja als
Symbol jedes Kriegsendes! Und wenn wieder, wie in der
„Hekabe", die greise Königin von Troja in allen Szenen an-

wesend ist, ja die Bühne nie verläßt, und wenn sie wie dort vom Chor der kriegsgefangenen Frauen der Stadt umringt ist, die bang ihre Zwingherrn erwarten, so bildet diese Gruppe nunmehr mit den zerstörten Mauern gleichsam eine dicht-gefügte Schicksalsgemeinschaft. Und dieser großen symbolhalti-gen Einheit fügen sich auch die ausgewählten Iliupersis-Episo-den ein: es werden keine eigenwilligen Seitenwege gegangen, nicht die Mittel einer betonten Rührung oder Entsetzung der Zuschauer angestrengt, sondern drei sehr zentrale Figuren in die drei Hauptszenen gestellt, eine Tochter und zwei Schwie-gertöchter der Königin, die das gleiche Schicksal wie die Königin und den Chor erwartet: Kassandra, Andromache, Helena, die als Gefangene an Agamemnon, Neoptolemos und Menelaos fallen. Das Todeslos Polyxenes, großer Gegenstand der „Hekabe", ist (diesmal als reiner Gewaltakt) den ersten beiden Szenen eingeschmolzen, das Söhnlein des Hektor er-scheint stumm in der zweiten, tot in der Schlußszene. Nimmt man hinzu, daß die Einbringung des hölzernen Pferdes, die Abschlachtung der schlafenden Troer, der Tod des Priamos, die Zerstörung der Stadt, die Abfahrt der Griechen mit der Beute als eindringliche Bilder vor die Phantasie der Zuhörer gebracht werden, so wird deutlich, daß es sich in diesem Drama nicht mehr wie im früheren um „ausgewählte Szenen aus der Iliupersis", sondern um ein monumentales Bild der ganzen Iliupersis handelt, das im Abtransport der Frauen zusammen-gefaßt ist.

Jedes Drama weist über sich hinaus, und so wird auch hier der Blick zurückgeführt zum Krieg des Laomedon, zu den Begebenheiten um Páris, zur Belagerung und nach vorwärts zur Heimkehr der Flotte, zu den Ereignissen in Mykenä und Sparta, zu den Irrfahrten des Odysseus. Die Weissagungen der Kassandra verkünden das düstere Los der frevelnden Sieger; ja schon die erste Prologszene, das Gespräch zwischen Athena und Poseidon, stellt das ganze Drama unter dieses Zeichen, so daß hinter jedem Vers vom Unglück der Troer das der Griechen mitklingt, der Triumph der Sieger von vornherein

als unterhöhlt erscheint, der ganze große Krieg in seiner Wesen-
losigkeit enthüllt wird. Der hochdramatischen Szenenführung
der „Hekabe" legt der fast Siebzigjährige eine neue ausglei-
chende Weite unter, die einen neuen dramatischen Stil bedingt.
Die Findung dieser neuen Form war offenbar der eigentlichste
Anstoß zur Neufassung des Iliupersis-Themas.

Die neue Form besteht in der Aufreihung von fünf Hekabe-
Szenen, in denen die Königin als zur Handlungslosigkeit ver-
urteilt erscheint; in denen die alte kontrastierende Verflech-
tung kaum eine Stelle hat; in denen aber trotzdem ein einheit-
liches, reich bewegtes und sich steigerndes dramatisches Gefälle den Bau bestimmt. Wenn man die gewaltige Handlung
des Stückes etwa kurz so umreißen kann, daß die einst so
mächtige Königin in den Stunden vor der Abfahrt der Griechenflotte durch grausam niederprasselnde Geißelhiebe in die
Verzweiflung gepeitscht wird, so vollzieht sich diese Handlung
in einem klaren, spannungsreichen Aufbau.

Die Geißelhiebe werden im Grund von den Griechenfürsten
versetzt, auf der Bühne durch ihren Boten Talthybios voll-
streckt. Nachdem die Götter der Vorszene (der zweite und
dritte Schauspieler) die Bühne verlassen haben, wird diese nur
von zwei Griechen (als drittem Schauspieler) betreten: dem
Talthybios der ersten beiden Hauptszenen und der Schlußszene, sowie von dem die Helena persönlich abholenden Menelaos in der dritten Hauptszene. Die drei großen Rollen der Kassandra, Andromache und Helena fielen dem zweiten Schauspieler zu, Hekabe bleibt als erster ständig auf der Bühne, ihre
Begegnungen bilden den eigentlichen Inhalt des Stücks, ähnlich wie Elektras Begegnungen in der etwa gleichzeitigen Tragödie des Sophokles. Hekabes Begegnungen flechten vor allem
eine Kette von Klageliedern zum Netz der Handlung.

Die erste Begegnung ist die der einsam Erwachenden mit
ihrem eigenen neuen Sklavenlos, noch in der Vorszene: Auftakte und ein Klagelied, das unmittelbar zum „Einzugslied
des Chors" hinüberführt, zur nun immer währenden Begegnung mit den trojanischen Schicksalsgenossinnen, die aus den

Zelten gestürzt sind; das „Einzugslied" ist ein Klagelied im
Wechsel. Ihm folgt – in der ersten Hauptszene – die erste
Begegnung mit Talthybios, dessen grausamer Bericht über das
Los der Kassandra, Polyxena, Andromache, Hekabe in Klage-
liedern widerhallt und in den Brautgesang der rasenden
Kassandra übergeht, dem die prophetische Abrechnung folgt.
Die unglückselige Mutter, nunmehr erklärte Sklavin des ver-
haßten Odysseus, bricht zusammen. Das erste Standlied des
Chors bestöhnt die Einbringung des Hölzernen Pferdes und
die ihr folgende Schreckensnacht.

Die zweite Strecke des Leidensweges (in der zweiten Hauptszene) ist nicht nur Fortsetzung, sondern auch Steigerung. Sie
birgt keine Genugtuung, wie sie doch in Kassandras Weis-
sagung steckt; die Begegnung mit Andromache, die auch
Polyxenes Todeslos enthält, ist in Wechsellied und Wechsel-
rede ein einziger Wettgesang der Klage. Das grausame Todesurteil über Hektors Söhnlein macht das Maß voll. Es gibt
keine Hoffnung mehr für Priamos' Stamm, nur die Verfluchung Helenas tröstet. Das zweite Standlied des Chors singt
vom ersten Brand der Stadt, von den Troern Ganymedes und
Tithonos, denen ihre göttlichen Liebhaber Zeus und Eos
nichts zuliebe taten.

In der dritten Hauptszene erreicht die dramatische Handlung ihren Höhepunkt, ihren Tiefpunkt. Die beiden ersten
Hauptszenen hatten schon, mit gesteigertem Gefäll, bis zur
Sohle des Tales geführt; eine dritte Hiobspost hätte keine
Stelle mehr, hätte auch nur vom Drama in eine Bilderreihe
geführt. Es blieb noch die Auslöschung des letzten Trostes
im Leide: die kriegsgefangene Helena, die Ursache allen Jammers, sterben zu sehen. Ihre Wiedererbeutung durch Menelaos
wurde nicht im Botenbericht abgetan, sondern leibhaftig dramatisch vor Augen gestellt, zu einer Begegnung mit Hekabe
gemacht. Das Todesurteil wird vom Dichter geradezu zum
Höhepunkt des Stückes erhoben, wenn die von Gott verlas-
sene Hekabe plötzlich in den Preis eines sicheren, stillen
Weltenlenkers ausbricht, sei er nun der Zeus des Volksglau-

bens, sei es der unpersönliche Gott der Philosophen. Aber sie merkt, daß sie zu früh frohlockt hat. Es bedarf noch eines heißen Redegefechts, inständiger Beschwörungen, und kopfschüttelnd ahnt die Greisin am Ende, daß auch dieser letzte Trost dahinsinkt. Das dritte Standlied ist voller Vorwürfe an Zeus, gedenkt der bestatteten Männer und geraubten Kinder, verwünscht die ihrer Schönheit sichere heimsegelnde Helena.

Damit ist die eigentliche dramatische Handlung am Ende. Die Schlußszene fügt noch zwei ergreifende Bilder hinzu. Wenn das Söhnlein Hektors auf Geheiß des Boten von der Großmutter im ehrwürdigen Schild des großen Vaters begraben wird, so ist damit die Brücke zur zweiten Hauptszene zurückgeschlagen, das Gefüge des Dramas neu verfestigt. Zur Bestattung erschallen die Klagelieder der Frauen, und sie ertönen von neuem, wenn Talthybios die Einäscherung der Burg befiehlt und Hekabe vom Sturz in die Flammen zurückgerissen wird: Wechsellieder begleiten den Abschied vom heimischen Boden, die Abschleppung der gebrochenen Fürstin und der Frauen. Keine Göttererscheinung wird um Trost oder um höhere Weisheit bemüht, der verzweifelte Mensch steht am Ende dieses Dramas, das er eröffnet, erfüllt, färbt und baut, als letzte Weisheit. Die von der brennenden Stadt zu den Griechenschiffen wankende Königin steht über den Göttern, die sich anrufen lassen, aber die Ohren verschließen; die ihre Diener, ihre Lieblinge verraten; die ihre eigenen Tempel und Opferstätten der Verödung preisgeben.

Das Mitleid, das die Götter verweigern, spenden nach ihren bescheidenen Kräften die Menschen, die Sänger der kommenden Zeiten: hätten die Götter Ilion nicht dem Erdboden gleichgemacht, so würde niemand mehr von dieser Stadt reden. So aber singt man von dem armen Troja bis ans Ende der Tage, und die Dichtung, das Lied des Euripides setzt der brennenden Stadt und seiner versklavten greisen Königin noch nach Jahrhunderten ein Denkmal auf der Bühne Athens und in den Herzen der Athener.

Von hier aus enthüllt sich die letzte Nötigung, **der letzte**

Anstoß, der dieses Drama erzwungen hat: die Verzweiflung der Hekabe ist der Spiegel eines grundstürzenden Vorgangs im Innern des Dichters. Der etwa 5–6 Jahre früher aufgeführte „Herakles" führt im Bild des völlig verzweifelten, vom Menschenmitleid geretteten Großen an die Schwelle dieses Vorgangs; die zwei Jahre nach den „Troerinnen" gedichtete „Elektra" zeigt den Fluch der unweisen Führung absterbender Götter und die im freien Menschen erwachende Reue. Auf dem Weg dieses bedeutungsvollen Jahrzehnts, dieses siebenten Lebensjahrzehnts des Dichters, steht mit innerer Notwendigkeit das dramatische Wort der „Troerinnen".

Elektra

Das vorletzte Jahrzehnt des fünften Jahrhunderts sah im Theater des Dionysos in Athen ein bedeutsames Ereignis: der achtzigjährige Sophokles und der siebzigjährige Euripides stellten noch einmal die Rachetat des Orestes vor Augen. Es mag wohl so gewesen sein, daß Sophokles voranging, Euripides ihm bald darauf antwortete; die Antwort wird mit guten Gründen ins Jahr 413 gesetzt.

Die Grundlage dieser späten Orestien bot das Mittelstück der 45 Jahre früher aufgeführten Orestie des Aischylos, das Kernstück dieser Trilogie, das „Totenopfer". Welchen Platz die Orestesdramen der jüngeren Dichter innerhalb ihrer Trilogien einnahmen, ist nicht bekannt; zu den Nachbarstücken hatten sie kaum engere Beziehung.

Daß diese drei Elektradramen erhalten sind, gewährt uns einen erstaunlichen Einblick in den inneren Wettstreit der dramatischen Dichter, der neben dem äußeren des Dionysosfestes herging. Der Mythus ist im ständigen schöpferischen Fluß, Spiegel eines sich entfaltenden Menschentums, Träger einer von der Neuverkündigung bedingten dramatischen Form. So haben zwar alle drei Dichter den heiligen Rächer zur Dar-

stellung gebracht, den Sendboten Apollons, den vom toten
Vater Gerufenen, der mit Hilfe der treuen Schwester Elektra
nach klugem Listplan die schuldige Mutter und ihren Buhlen
erschlägt; doch hat sich im Grunde jeder sein eigenes Thema
gestellt, aus seinem eigenen Bericht eine eigene Dramenform
entwickelt. Die beiden jüngeren stehen gemeinsam an einem
neueren Ort und sind auch wieder durch eigene Thematik und
Dramatik voneinander getrennt.

Aischylos hätte sein Drama „Orestes" nennen können, wenn
in seiner Trilogie nicht noch ein zweites Orestesdrama gefolgt
wäre. Der heilige Rächer erfüllt das ganze Stück. Der Heimkehrer erkennt am Grab des Vaters seine Schwester, die zusammen mit ihren Dienerinnen dort Spenden darbringt. Nach
diesem Chor ist das Stück benannt, und sicher ist der große
Wechselgesang der Frauen mit den vereinigten Geschwistern
sein wuchtigster Teil: das unerbittliche Muß des jugendlichen
Helden wird dem Zuschauer gleichsam mit ehernem Griffel
in die Seele geschrieben. Die anklagende Elektra kommt hier
bedeutsam zum Wort, drängt sich aber keineswegs aus dem
Hintergrund nach vorn. In der zweiten Dramenhälfte, die
der Ausführung des Listplans, dem Doppelmord gewidmet ist,
betritt sie die Bühne nicht mehr. Der heilige Rächer schaudert
nur einen kurzen Augenblick vor dem Muttermord zurück.
In der Schlußszene fällt er dann freilich unweigerlich der Rache
der Erdmächte, der Verfolgung der Furien anheim, von der
ihn – wie er weiß – Apollon befreien wird. Die gottbefohlene
Tat wird vom Chor und den einfachen Zwiegesprächen ver-
kündigt und abgerollt, in dem wuchtigen Säulenbau der Szenen
lagern die Chorlieder wie breite Gebälke.

Diesem schlicht monumentalen Breitbau setzen etwa ein
halbes Jahrhundert später Sophokles und Euripides ihre stei-
leren, kurvenreicheren, kunstvoller verschmolzenen Tragödien
gegenüber, in denen der Chor zurücktritt, der dritte Schauspieler stärker einbezogen wird, die Personen stärker aufein-
ander abgestimmt sind, die Szenen kontrastreicher vibrieren.
Mit den Bausteinen des dramatischen Geschehens erscheinen

auch die der Thematik in bedeutsamer Weise umgelegt und umgeformt. Schon der gemeinsame Titel gibt darüber Aufschluß: aus dem Orestesdrama ist jeweils ein Elektradrama gemacht. Die kühne Verlegung des Schwergewichts war ganz im Sinne einer Entwicklung, deren Träger vor allem Euripides gewesen ist; auf dem Feld des Orestesmythus ist sie offensichtlich von Sophokles vollzogen worden. Sein Drama steht und fällt mit dieser Neuordnung und setzt mit ihr auch ein früheres Thema des Dichters in unverkennbarer Steigerung fort: das der Antigone. Die gewaltige Trägerin des väterlichen Bluterbes, die treueste Tochter des Vaters und Schwester des Bruders, das heftigere Gegenbild der besonneneren Schwester (Ismene-Chrysothemis), die unerbittliche Hasserin der pietätlosen Gewalthaber, die treue Verwalterin der Totenrechte, die zum Äußersten entschlossene Täterin taucht wieder auf, zum riesenhaften reichgegliederten Standbild erhoben und doch auch wieder in dieser neuen Vielgliedrigkeit und Beweglichkeit entfestigt und gebrochen. Das organische Weiterwachsen einer gewaltigen alten Konzeption hat den achtzigjährigen Dichter zu einer durchgreifenden Neufassung des Bildes vom heimkehrenden und rächenden Orestes geführt. Zwar bleibt der junge Königssohn der gottgesandte Rächer, der seinen Listplan durchführt und die Tat vollzieht, ja völlig bedenkenlos vollzieht, ohne die rächenden Fluchgeister auf sich selber zu lenken; doch ist die Tat und ihre Verklärung nicht das eigentliche Thema. Mit großer dramatischer Kunst wird der Heimgekehrte lange Zeit von der Bühne ferngehalten, wird er als der Ersehnte, Verlorene, Tote und Begrabene gespiegelt. Erst in der letzten Hauptszene führen die Wege des leibhaftigen und des gespiegelten Orestes zusammen, und erst die Schlußszene bringt, fast nur mehr als Anhängsel und ohne starke innere Akzente, die Tat. Die inneren Akzente sind vom Bruder auf die Schwester, vom mythologischen Täter auf die menschliche Helferin verlegt. Die wechselnden Begegnungen Elektras mit den Freundinnen, mit den Angehörigen, mit den vermeintlichen Fremden werden vom Dichter mit der unvergleichlich sicheren dramaturgischen „Spielkunst" vorgeführt, die er seit dem „König Ödipus" beherrscht. Diese Begegnungen und das, was sie in Elektras Seele auslösen, sind der eigentliche Inhalt des Dramas; der Entschluß Elektras, die Tat selbst und ganz allein auf sich zu nehmen, ist der innere Höhepunkt der Handlung. Es ist nach wie vor das göttliche Recht, dem sie zum Sieg verhelfen will; aber der Vollzug liegt hier nicht in den Händen des göttlichen Sendboten, sondern im verzweifelten Entschluß einer grausam verstoßenen, fürstlich stolzen, todesbereiten Seele. Das berühmte Chorlied vom Wagemut des Menschen, mit dem die Greise Thebens die verwegene Tat der Antigone begleiten, findet einen neuen gewaltigeren Gegenstand, wird im Mund der mykenischen Frauen zum Hymnus auf die noch verwegenere Elektra. Dieses neue Wesen der Elektra, des Dichters Beitrag zu den neuen Persönlichkeitsbildern des ausgehenden Jahrhunderts, baut das Drama, klar und geradlinig, heftig und reichgekurvt; bedingt die Umwertung aller von Aischylos übernommenen Einzelmotive; formt den Mythus, setzt an die Stelle der aischyleischen Begegnung der „Mütter" und des Apollon die Auswirkung einer maßlosen Seele, das gigantische Bild einer urbildlichen Tochter und Schwester.

Die hymnische Sphäre, in der sich hier erhabene Götterferne und stolzes Menschenleiden in verklärter Einheit finden, wird von Euripides verlassen – nicht erst im Elektradrama, sondern im Grunde in seinem ganzen Lebenswerk. Die Welt, die er der sophokleischen gegenüberstellt, ist zugleich einen Grad vordergründiger, aufgespaltener, zugleich einen Grad entrückter, kunstreicher – in jedem Fall einen Grad persönlicher, bekenntnishafter. Auch er hat aus der Orestie ein Elektradrama gemacht, aber in engerem oder doch scheinbar engerem Anschluß an das Überlieferte; der kühnen Freiheit, mit der Sophokles die Ereignisse im Spiegel der Elektraseele auffängt, setzt er eine andere Art von Freiheit gegenüber. Ähnlich wie bei Aischylos wird der Heimkehrer fast durch die ganze erste Dramenhälfte gezeigt, zur Tat entschlossen und durch das, was er sieht und hört, neu in ihr bestärkt; nur tritt an die Stelle der großen Grabesszenen die breit ausgesponnene doppelte Erkennung der Geschwister im Gebirge. Und ähnlich wie bei Aischylos wird Orestes in der zweiten Dramenhälfte als der Täter, als der Vollstrecker des Listplanes vor Augen geführt; die Schlußszene bringt hier wie dort das schmerzliche Nachspiel der Bluttat. Damit ist der alte mythologische Rächer gegenüber dem sophokleischen Drama wieder in seine äußeren Bühnenrechte eingesetzt. Wenn sich das Drama trotzdem nach der Schwester benennt, so nimmt er das Recht dazu aus der mächtigen Steigerung dieser Helferrolle: Elektra ist von Anfang an zur Mittäterschaft am Muttermord bereit, ist der planende Kopf, die letztlich ausführende Hand beim blutigen Werk. Was die sophokleische Schwester nach innerem Ringen als eigene Tat beschließt, führt die euripideische gleichsam von Anfang an vor den Augen des Zuschauers aus, zwar als Gehilfin des Bruders, aber doch wieder als die eigentliche Vollstreckerin: der knospenhafte Entschluß der sophokleischen Elektra hat sich zur brennenden offenen Rose der Tat entfaltet.

Sophokles hat, auf dem genannten inneren Höhepunkt seines Dramas, den göttlichen Sendboten einen kurzen Augenblick lang durch den menschlichen Helfer, die Schwester, abgelöst; Euripides drängt den Sendboten in den Hintergrund und legt das Tätertum in die Hände der hassenden Elektra, die sich zwar dem zaudernden Bruder gegenüber auf den göttlichen Auftraggeber beruft, aber damit nur ihre eigene Dämonie verdeckt. Denn dies ist nun die neue große Freiheit des jüngeren Dichters, die er der sophokleischen, aus innerem Anruf und ohne Hoffnung auf äußeren Erfolg, gegenüberstellt: er verlegt den Schauplatz ins Innere des Menschen. Nicht die ewigen Mächte und ihre menschlichen Werkzeuge sind im letzten Grunde glaubhaft gemacht, sondern die heißen Quellen, die im Menschenherzen strömen, Liebe und Haß, Treue und Verrat, Mut und Schwanken, Triumph und Verzweiflung; die Stufen und Arten des Menschlichen und seiner

Verschlingung in das Schicksal, in seine Wechselfälle: der große Geistesverwandte der Neueren Zeit ist Shakespeare. Die neue Thematik stellt den Mythus vom heimkehrenden Rächer in ein ergreifendes Zwielicht: der göttliche Mordauftrag bleibt bestehen, aber er wird von den zweifelnden und schwankenden Menschenherzen abgelehnt, von den hassenden als Deckmantel benützt, von den reuigen und gebrochenen verwünscht, als unweise verdammt. Der Gott legt dem Menschen hier nicht nur eine äußere Last auf, die er ihm dann später wieder abnehmen kann; er zwingt ihn, zerstörerisch gegen sein eigenes Wesen anzugehen. Die Blutrache wird vollzogen, aber von Umnebelten, Irregeführten, nach der Tat bitter Bereuenden, denen der äußere Freispruch nicht über das verzehrende Schuldbewußtsein hinweghelfen kann. Dem starken ichverbundenen Fühlen des ausgehenden Jahrhunderts wächst gleichsam ein völlig neues inneres Organ zu: das Gewissen, dessen Stimme sowohl die Furien wie den Freispruch übertönt. Die Erfüllung, die Gestaltung des neuen Organs ist die Großtat dieses Elektradramas; das völlig gebrochene und zerrüttete Geschwisterpaar ist das Wort, das Euripides der gigantischen Elektragestalt des Sophokles entgegenzustellen hatte.

Das neue Zwielicht ist nicht nur Auflösung fester Umrisse, sondern auch farbige Wärme, Ausstrahlung eines neuen menschlichen Empfindens, eines starken Strömens der Seele. Mit dem schmerzlichen Abschied von den alten Prägungen der Göttersage war die Ahnung einer neuen Zukunft verbunden, von dieser neuen Empfindung ist das ganze Drama getragen. Die Orestie des Sophokles, die kühne Abstellung der Orestesereignisse auf die Elektraseele, hatte, auf ihre besondere, bewahrende und verklärende Art, an dieser Menschwerdung teilgenommen; in heftiger, unmittelbarerer Entladung vollzieht sie sich in den Werken des einsameren, unverstandenen jüngeren Dichters, der in ihnen die Zukunft vorwegnahm. Die neue Empfindung erfaßt den ganzen Kranz der Gestalten, der so kühn um den inneren Adel eines Bauern erweitert ist; mil-

dert selbst die Figuren der alten Mörder; adelt die neuen Blut-
täter, die Opfer des Gottes, zu ungeahntem innerem Rang;
und sie durchweht die ganze Handlung vom Auftreten des
Bauern vor seiner Hütte bis zur Erscheinung der reuigen Geschwister und der tröstenden göttlichen Oheime, die so be-
zeichnend an die Stelle des olympischen Maschinengottes treten; schmilzt diese Handlung mit neuer dramatisch-musika-
lischer Kunst zur farbig-bewegten Einheit zusammen. Wir
stehen ergriffen vor einer aus Herzensquellen aufbrechenden
neuen menschlich-warmen Welt; in ihr hat Euripides die alten
Götter, hat er die Gestalten der Orestie zu Ende gebracht, aufgelöst, erlöst.

Die farbig-bewegte Einheit des neuen menschlich-musikali-
schen Dramas erscheint im weiten und reichen szenischen Gewand, nimmt am „reichen Stil" des ausgehenden Jahrhunderts teil. Wie bunt ist der Personenkreis, obwohl er zahlen-
mäßig kaum erweitert ist! Zwar umfaßt das krönende, in die
Zukunft weisende Schlußbild außer dem Chor die drei Täter
und ihre Diener, die göttlichen Oheime und die beiden Erschlagenen; aber vor der Dioskurenszene wächst die Zahl nicht
über das Maß des sophokleischen Werkes hinaus. Der Eindruck
der Buntheit wird vor allem durch das Wesen der Personen
erzielt. Die Tochter Agamemnons steht wie bei Sophokles im
Vordergrund, aber in neuer Polyphonie der Handlung. Die
tägliche Totenklage beim Morgengrauen, das Eingreifen in
die Verschwörung, die Todesbereitschaft, das Siegeslied, die
Schmähung des Toten, das Mitwirken am Muttermord, die
bittere Reue setzen neue gewichtige Akzente. Doch ist die Gestalt nicht ganz so stark herausgehoben wie bei Sophokles,
Orestes ist ihr szenisch gleichgeordnet, die Orestie ist wieder
in ihre Rechte eingesetzt; wie sich der erste Schauspieler in
der Titelrolle erschöpft, so der zweite in der des Bruders. Das
ergibt eine gesteigerte Musik, eine durchgehende Dreistim-
migkeit; nicht Elektras Begegnungen, sondern die des Ge-
schwisterpaares füllen das ganze Stück. Auch die übrigen Gestalten glänzen oder schillern in neuer Farbenpracht; Kly-

tämnestra ist im Alter milder, fast gütig geworden; in sultanen-
haftem Prunk, in argloser Hilfsbereitschaft läuft sie ins Garn.
Auch ihr Buhle Ägisth wird als freundlich-gutmütiger Gast-
geber erschlagen; obwohl er lebend die Bühne nicht betritt,
steht er vor der Erinnerung des Zuschauers, als ob er in wech-
selnder Laune und Gesinnung in mehreren Szenen aufgetreten
wäre. Freund Pylades, der stumme Dritte, wird durch Elektras
offenen und verborgenen Lobpreis fast zu dramatischem
Leben erweckt. Der alte Helfer bei der Rachetat rückt um
eine Generation hinauf, der uralte Getreue steht in rührender
Hinfälligkeit neben den jugendlichen Tätern. Das Fehlen der
jüngeren Schwester Chrysothemis ist hier ein Vorzug und wird
reichlich aufgewogen durch die ergreifende Gestalt des armen
Landmanns, dem man die Königstochter vermählt hat. Hier
findet die neue Menschenverkündigung besondere, bewegte
und bewegende Worte. Ein neuer Adel zieht gegenüber der
Schwüle des Palastes herauf, ein ungebrochener Herzensadel,
den die echten Fürstenkinder als Art von ihrer Art anerkennen.
Der alte Stoffkreis des griechischen Dramas, das nur von Kö-
nigen und Königskindern handelt, ist mit diesem verarmten
Edelmann, diesem schlichten Kleinbauern kühn durchbrochen
– und doch auch wieder gewahrt.

Und wie der Personenkreis, so tritt auch der zeitliche und
örtliche Rahmen weit über die alten Ufer. Es war euripideische
Art, in Vorspruch und abschließendem Götterspruch zwei
Dämme aufzurichten, zwischen denen die Handlung brandete,
die Mythenverkündigung der Überlieferung umrahmte gegen-
sätzlich die Menschenverkündigung des Dichters und wies oft
weit zurück und vorwärts. So taucht auch hier, im Vorspruch
und daneben gelegentlich in den Hauptszenen, die Kindheit
der Heldin auf, das heranwachsende Mädchen, das entsetzt
dem Treiben der Mutter nach des Vaters Auszug zusieht, die
umworbene Prinzessin, die Braut des Kastor, die zum Tode
verurteilte und zur Mißehe begnadigte Jungfrau. Vor allem
öffnet sich in der Schlußfanfare des Dioskurenspruchs der
Vorhang vor einer weiten Zukunft der beiden Geschwister.

Die Orestie wird ganz bis zu Ende erzählt, den kühnen Verzicht des Sophokles hätte die reiche Form der euripideischen Tragödie nicht ertragen. Ausgeweitet ist aber auch der örtliche Rahmen, im Zusammenhang mit der menschlichen Erweiterung des Personenkreises. Die Szenen der beiden anderen Dramen spielen vor den Toren des Palastes, in deren Nähe Aischylos noch den Grabhügel des Vaters unterbringt. Wieder liegt die größte Vereinfachung bei Sophokles, bei dem nun freilich das Tor, der einzige Tatort, von düsterer Dämonie umwittert erscheint. Euripides führt in die argivischen Berge. Von der Hütte des Landmanns blicken wir hinab zu seinem Brunnen, seinen Feldern, zur Ebene, zum Strom, hinüber nach Mykenä zum Königspalast, hinaus zur Landesgrenze, wo der Alte haust, hinüber zum einsamen Königsgrab, zum wasserdurchrauschten Landgut des Aigisthos. Ein frischer landschaftlicher Zug macht alle Szenen hell und weit. Die Verlegung der altgewohnten Palastszenen in die freie Luft der Berge wird viele befremdet, nur die Freiesten begeistert haben.

Die Szenenfolge war durch diesen neuen Rahmen scheinbar in einfachster Weise festgelegt. Von der Hütte des Bauern hebt sich zuerst das ergreifende Bild der verstoßenen Königstochter ab, dann mußten an die Hütte der prüfende Bruder, der erkennende Alte, der ferne Aigisthos und schließlich die Mutter herangebracht werden. Es ergaben sich die vier Hauptszenen: Erkennung der Elektra, Erkennung des Orestes und Wiedervereinigung der Geschwister, Abrechnung mit dem lebenden und dem toten Aigisthos, Abrechnung mit der Mutter in Wort und Tat; und es ergab sich, anders als bei Sophokles, der die Mordtaten verkürzte, und ähnlich wie so oft bei Euripides, ein zweigeteiltes Drama, ein Drama vom heimkehrenden und vom rächenden Orestes. All das erscheint denkbar einfach und erinnert in einer gewissen Weise an Aischylos; ähnlich belauscht auch am Anfang Orest die Schwester, ähnlich stürzt er am Ende fort, von den Furien gejagt, und noch andere Motive stimmen überein. Aber sowenig wie die Mythenverkündigung ist die Komposition ein Rück-

griff auf die Art des frühen Meisters. Die reiche Vielstimmig-
keit des Personenbestands durchdringt auch die Szenenfolge.
Dem aus drei Szenen aufgebauten Vorspiel entspricht die noch
reicher gegliederte Schlußszene. Die vier Hauptszenen sind
vielfältig ausgebaut, Erkennung und Rache szenisch ausge-
sponnen, durch Doppelungen und Umkehrmotive verstärkt,
dazu in zwei Teile zerlegt, die von scharf kontrastierenden
Lichtern beleuchtet werden. Die beiden Hälften drehen sich
um einen festen Angelpunkt, der nahe der Mitte liegt: den Aufruf zur Tat, der die freudige Umarmung der wieder vereinigten Geschwister jäh und für immer trennt. Auflösung und Zusammenfassung der Szenen gehen weit über Aischylos' Totenopfer, gehen auch über Sophokles' Elektra hinaus; eine
neue Verflechtungskunst, eine neue Motivierungskunst baut
an der Einheit des Dramas. In diese Einheit sind auch die
scheinbar aischyleischen Motive eingebaut. Die Belauschung
der Schwester ist jetzt Unterglied eines reichgestuften, dramatisch bewegten Gesamtmotivs und überdies sinnvoll vom
Palast wegverlegt. Ähnlich verhält es sich mit der Erkennung
durch Locke, Fußspur und Kleid. Sophokles hatte sie still-
schweigend durch den Ring ersetzt, bei Euripides wird sie als
Untermotiv wieder aufgenommen, mit der vorschnellen, un-
überlegten Freude des Alten verbunden, von der zweifelnden
Elektra abgelehnt. Kennzeichen wird die Narbe, mit stärkerem
Gewicht als der Ring, den der sophokleische Orestes der schon
ahnenden Schwester als letzte Bestätigung vor Augen hält.
Hier tut sich auch das Wahrheitsstreben des Dichters kund,
das sich noch öfters und vor allem in der Behandlung des
Muttermordes Ausdruck verschafft.

Aber nicht das Geflecht der Szenen und Motive macht den
eigentlichen Reichtum dieses Dramas aus. Es ist nicht aus den
Bausteinen des äußeren Geschehens, sondern, seiner neuen
Grundhaltung gemäß, ganz aus milden und heftigen, aus wider-
streitenden Herzenstönen aufgerichtet. Die zarte Begegnung
der scheinbaren Gatten am frühen Morgen, die trostreiche
„abendliche" Göttererscheinung bilden Anfang und Ende.

Äußerste Verstoßenheit und seliger Vereinigungsjubel um-
rahmen den ersten Teil, freudige Tatbereitschaft und bittere
Reue den zweiten. Dem Gemälde maßloser Unterdrückung
und Ohnmacht im ersten Teil stehen die gellen Triumphe der
hassenden Elektra im zweiten gegenüber. Klingt der erste Teil
in einem Wiedersehen ohnegleichen aus, so schließt der zweite
mit einer Trennung für immer.

Der neue Inhalt und die neue Form besagen dasselbe. Nur
in dem schwingenden Gewoge solcher von reichen Gegen-
sätzen bewegten Kompositionen konnten die neuentdeckten
Gefilde der Seele zur Schau gestellt werden. Klingender Reichtum, musikalische Fülle, märchenhafter Glanz mußten, vor
allem von den Chorliedern aus, hereinstrahlen, um das er-
höhte Dasein dieser strömenden Seelen zu umranken. Die
Totengesänge der Elektra, die beiden golden schimmernden
Chorlieder, die dem dritten Schauspieler Zeit gewähren, sich
vom Bauer in den Greis, vom Greis in den Boten zu verwandeln, sind wahre Prunkstücke solcher Art, die Wechselgesänge
der Schlußszenen lösen den Bau des Dramas in musikalische
Klänge auf. Gerade diese Jahre scheinen die gesteigerte Poesie,
die gesteigerte musikalische Durchdringung der Dramen auf
den Höhepunkt gebracht zu haben.

Auch die sophokleische ‚Elektra‘ steht im Strom der neuen
Zeit, aber mit spröder Zurückhaltung, noch fest in der parthe-
nonischen Kunst verwurzelt, bewahrend, verklärend, ver-
geistigt. Freier pulsen die neuen Kräfte durch das Schwester-
drama, spalten es freilich auch stärker ab vom nährenden Ur-
grund des Mythus, von der großlinigen transparenten Form,
die Sophokles begründet, bewahrt, erhöht hat. Daß uns beides
wiedergeschenkt ist, macht uns reich. Es sind zwei bedeutsame
Seiten des griechischen Wesens, die uns in dem kristallklaren
Bau des Sophokles und in dem rauschendfarbenprächtigen
Seelengemälde des Euripides gegenübertreten; dürfen wir sie
nicht, dem großen deutschen Deuter der griechischen Tragödie
folgend, mit den Götternamen des Apollon und des Dionysos
verbinden?

Wir dürfen glauben, daß die beiden Meister sich in dem inneren Wettstreit ihres Lebenswerkes ehrten. Als sieben Jahre später Euripides seine Augen schloß, stellte der noch überlebende Sophokles am Dionysosfest, an der Vorfeier der dramatischen Aufführungen, seine Schauspieler und seinen Chor zum Zeichen der Trauer ohne den üblichen Festkranz im Theater vor; er selbst legte Trauerkleidung an. Wir folgen ihm in seiner Ehrfurcht. Wir haben keine Preise zu verteilen, verneigen uns vor beider Werk.

ANHANG
DES HERAUSGEBERS

ΥΠΟΘΕΣΕΙΣ

Ὑπόθεσις Ἱκετίδων

......

ἡ μὲν σκηνὴ ἐν Ἐλευσῖνι ὁ δὲ χορὸς ἐξ Ἀργείων γυναικῶν αἱ μητέρες ... τῶν ἐν Θήβαις πεπτωκότων ἀριστέων. τὸ δὲ δρᾶμα ἐγκώμιον Ἀθηναίων.

Ὑπόθεσις Ἡρακλέους

Ἡρακλῆς γήμας Μεγάραν τὴν Κρέοντος παῖδας ἐξ αὐτῆς ἐγέννησε ... καταλιπὼν δὲ τούτους ἐν ταῖς Θήβαις αὐτὸς εἰς Ἄργος ἦλθεν Εὐρυσθεῖ τοὺς ἄθλους ἐκπονήσων. πάντων δὲ περιγενόμενος ἐπὶ πᾶσιν εἰς Ἅιδου κατῆλθεν καὶ πολὺν ἐκεῖ διατρίψας χρόνον δόξαν ἀπέλιπε παρὰ τοῖς ζῶσιν ὡς εἴη τεθνηκώς. στασιάσαντες δὲ οἱ Θηβαῖοι πρὸς τὸν δυνάστην Κρέοντα Λύκον ἐκ τῆς Εὐβοίας κατήγαγον ...

Ὑπόθεσις Τρῳάδων

I

Μετὰ τὴν Ἰλίου πόρθησιν ἔδοξεν Ἀθηνᾷ τε καὶ Ποσειδῶνι τὸ τῶν Ἀχαιῶν στράτευμα διαφθεῖραι, τοῦ μὲν εὐνοοῦντος τῇ πόλει διὰ τὴν κτίσιν, τῆς δὲ μισησάσης τοὺς Ἕλληνας διὰ τὴν Αἴαντος εἰς Κασάνδραν ὕβριν. οἱ δὲ Ἕλληνες κληρωσάμενοι περὶ τῶν αἰχμαλώτων γυναικῶν τὰς ἐν ἀξιώμασιν ἔδωκαν Ἀγαμέμνονι μὲν Κασάνδραν, Ἀνδρομάχην δὲ Νεοπτολέμῳ, Πολυξένην δὲ Ἀχιλλεῖ. ταύτην μὲν οὖν ἐπὶ τῆς τοῦ Ἀχιλλέως ταφῆς ἔσφαξαν, Ἀστυάνακτα δὲ ἀπὸ τῶν τειχῶν ἔρριψαν. Ἑλένην δὲ ὡς ἀποκτενῶν Μενέλαος ἤγαγεν, Ἀγαμέμνων δὲ τὴν χρησμῳδὸν ἐνυμφαγώγησεν. Ἑκάβη δὲ τῆς μὲν Ἑλένης κατηγορήσασα, τοὺς ἀναιρεθέντας δὲ κατοδυραμένη καὶ ... κηδεύσασα, πρὸς τὰς Ὀδυσσέως ἤχθη σκηνάς, τούτῳ λατρεύειν δοθεῖσα.

Hypothesis zu den „bittflehenden Müttern"

....
Der Schauplatz ist in Eleusis. Der Chor besteht aus argivischen Frauen, den Müttern der bei Theben gefallenen Helden. Das Drama ist ein Loblied auf die Athener.

Hypothesis zum Herakles

Aus seiner Ehe mit Megara, der Tochter Kreons, hatte Herakles (drei) Kinder. Er ließ sie in Theben zurück, als er nach Argos ging, um die Arbeiten für Eurystheus auszuführen. Er blieb bei allen siegreich und stieg zuletzt in die Unterwelt hinab. Da er dort längere Zeit blieb, ließ er die Lebenden glauben, er sei tot. Die Thebaner empörten sich gegen ihren Herrscher Kreon und holten Lykos aus Euböa herbei......

Hypothesis zu den Troerinnen

I

Nach der Zerstörung Trojas beschlossen Athene und Poseidon, das Heer der Griechen zu vernichten; denn er war der Stadt wohlgesonnen, da er sie gegründet hatte, sie dagegen haßte die Griechen, weil Aias an Kasandra gefrevelt hatte. Die Griechen aber verlosten die gefangenen Frauen und gaben wegen ihres hohen Ranges dem Agamemnon Kassandra, Andromache dem Neoptolemos und Polyxena dem Achilleus. Polyxena opferten sie also am Grab des Achilleus, Astyanax aber stürzten sie von der Mauer. Helena wurde von Menelaos weggeführt: er wollte sie töten. Agamemnon aber nahm die Seherin zur Frau. Hekabe klagte Helena an, trauerte um die Toten und versorgte (den Leichnam des Astyanax). Dann wurde sie zum Zelt des Odysseus gebracht, da sie diesem als Sklavin zugeteilt war.

II

κατὰ τὴν πρώτην καὶ ἐνενηκοστὴν ὀλυμπιάδα, καθ' ἣν ἐνίκα
'Εξαίνετος ὁ 'Ακραγαντῖνος στάδιον, ἀντηγωνίσαντο ἀλλήλοις
Ξενοκλῆς καὶ Εὐριπίδης. καὶ πρῶτός γε ἦν Ξενοκλῆς, ὅστις
ποτὲ οὗτός ἐστιν, Οἰδίποδι καὶ Λυκάονι καὶ Βάκχαις καὶ
'Αθάμαντι σατυρικῷ. τούτου δεύτερος Εὐριπίδης ἦν 'Αλεξάν-
δρῳ καὶ Παλαμήδει καὶ Τρῳάσι καὶ Σισύφῳ σατυρικῷ.

Aelianus, Varia historia II 8

'Υπόθεσις 'Ηλέκτρας

...... τοὺς ἄνδρας εἰσάγειν μ....ων πενιχρῶν μὲν ἀλλ'
α.λοτ..ων ξενίων μεθέξοντας, αὐτὸς δὲ τὰ πρόσφορα τῇ
σπουδῇ κομιῶν ἀπῆλθεν. πυθόμενος δὲ τὸ ἔργον ὁ πρεσβύτης
ὁ τὸν 'Ορέστην ...... ἕψας ἦλθεν 'Ηλέκτρᾳ ξένια φέρων, ἃ τοῖς
κατ' ἀγρὸν μισθίοις ἡ χώρα προῖκα δωρεῖται. θεασάμενος
δὲ τὸν 'Ορέστην καὶ χροὸς σημαντῆρας ἀνενέγκας διεσάφει πρὸς
τὴν 'Ηλέκτραν τὸν 'Ορέστην. ὁ δ' οὐκ ἔμελλεν ...... ἀλλ'
ὡμολόγησεν α....

Oxyrhynch. Pap. III 420

II

In der 91. Olympiade (415 v. Chr.), als Exainetos aus Akragas im Stadionlauf siegte, traten Xenokles und Euripides gegeneinander an. Erster wurde Xenokles, wer das auch immer sein mag, mit Ödipus, Lykaon, Bakchen und dem Satyrspiel Athamas. Zweiter nach ihm war Euripides mit Alexandros, Palamedes, Troerinnen und dem Satyrspiel Sisyphos.

Hypothesis zur Elektra

..... die Männer ins Haus führen ... um ärmliche aber ... Bewirtung zu empfangen. Selbst ging er fort, um eilig das Benötigte herbeizuschaffen. Als der Alte, der Orestes (gerettet) hatte, von der Angelegenheit erfuhr, kam er, um Elektra für die Bewirtung zu bringen, was der Boden den Landarbeitern kostenlos bietet. Als er Orestes erblickte und die körperlichen Merkmale erkannte, erklärte er Elektra, wer Orestes war. Dieser zögerte nicht ... sondern war einverstanden .....

Zu Text und Übersetzung[1])

Nur zu einem der in diesem Band enthaltenen Dramen ist das Aufführungsdatum bekannt, den Troerinnen von 415 v. Chr. (s. die Hypothesis). Daß Hiketiden und Herakles früher anzusetzen sind, ist seit langem einhellige Meinung der Forschung. Dabei ist das zeitliche Verhältnis dieser beiden Stücke zueinander nicht genau festzulegen. Buschors Reihenfolge entspricht einer heute gängigen Auffassung, wonach die Hiketiden spätestens im Jahr 421 auf die Bühne kamen und der Herakles ein bis zwei Jahre vor den Troerinnen einzuordnen ist.

Umstritten ist heute das Aufführungsdatum der Elektra, das lange für das Jahr 413 gesichert schien, da man in den Versen 1347 ff. eine Anspielung auf die sog. sizilische Expedition der Athener (415–413) zu besitzen meinte. Dies ist von G. Zuntz in Frage gestellt worden, und auf Grund innerer, vor allem metrischer Kriterien wurde als neues Datum die Zeit um 418 vorgeschlagen. Widerspruch ist nicht ausgeblieben[2]).

Buschor meinte, die Datierung der Elektra auf 413 durch innere Gründe stützen zu können. Er spricht in den Vorbemerkungen der Beck-Ausgabe vom „inneren Ausbau der euripideischen Dramatik", der von der Medeia bis zu den Troerinnen hinabführe:

„Mit dem allmählichen Zurücktreten der Altmythologie, ihrer Göttermacht und Sehergeltung zieht stufenweise eine neue bunte Menschenentfaltung im guten und schlechten Sinn herauf, die mit reicher, eigenwilliger Sagen- und Handlungserfindung verbunden ist; die Szenenreihen werden zu reichen Bildfolgen, Gegenbildern, Kontrasten, Stufungen weitergeführt; die gesteigerten Bühnenmittel werden in den Dienst von heilsamer Mitleids- und Furchterregung gestellt. Mit den äußeren Mitteln steigern sich die inneren Werte und Wandlungen;

---

[1]) Vgl. auch Band I und II.
[2]) Dazu s. R. Leimbach, Die Dioskuren und das 'Sizilische Meer' in Euripides' 'Elektra', Hermes 100, 1972, 190-195.

Lebensmißachtung und Todesbereitschaft rücken näher; der Krieg wird vom Recht, von der Verantwortung, von der Verständigungsbereitschaft, von der Menschlichkeit der Kriegführung, vom Erbarmen mit den Opfern her gesehen."

Das wird auf die Elektra ausgedehnt:

„Wir folgen dem unerbittlichen Wahrheitskampf des „Herakles" weiter auf dem Weg der bitteren Erkenntnisse, der bitteren Preisgabe der überlebten Mythenwelt hinab ins Tal der Verzweiflung der „Troerinnen". Hat dort noch ein treuer Freund getröstet, so hier nur noch die Maßlosigkeit des Unglücks selbst, durch die der Leidende ein Sang der Nachwelt, ein Lied der Späteren wird. Zwei Jahre darauf, in der „Elektra", ist das Letzte erreicht: die äußeren Aufträge der Götter leiten uns irre, liefern uns der qualvollen Reue aus, nur auf die Stimme des Herzens, das jetzt aufbrechende Ungewisse, das man später „Gewissen" genannt hat, ist Verlaß. Damit verläßt der siebzigjährige Dichter die Verteidigung und Bekämpfung der mythischen Überlieferung."

Die Übertragung des Herakles hat in diesem Band die gleiche Sonderstellung wie die der Medeia im ersten. Die Übersetzung nimmt partienweise wesentlich weniger Verse in Anspruch als das Original. Sie ist jedoch nicht grundsätzlich knapper; gelegentlich wird das Original sogar ‚erweitert‘, wenn Buschor etwa ein im Text impliziertes Fazit ausdrücklich angibt. „Die Hoffnung zeigte sich wider Erwarten" (771) wird bei Buschor zu „Wahn wurde Hoffnung, und Hoffnung zur *Tat*". Oder „Sie kümmern sich um die Ungerechten und hören die Frommen" (773) wird zu „Sie walten der Bösen, walten der Frommen, wahren das *Recht*") Die Kürze der Übersetzung kommt vor allem dadurch zustande, daß das Allgemeine an Stelle der Einzelheiten herausgehoben wird. So wird z.B. „Du wirst nicht froh über mich herrschen und besitzen, was ich mir mit meiner Hände Mühe erworben habe" (258 ff.) fast formelhaft zusammengefaßt zu „Du wirst unseres Jochs, deines Raubs nicht froh". Sehr aufschlußreich ist die trochäische

Passage 855 ff., wo der Langvers jeweils auf einen kurzen Ausdruck reduziert wird. Auch dies Verfahren ist noch durch Buschors Formulierung, er habe „die Vers- und Wortzahl, nicht aber die Bilder- und Gedankenfülle beschränkt", gedeckt, aber hier ist zweifellos eine äußerste Grenze erreicht. Vgl. auch die Anmerkungen zu Herakles 86, 496, 584, 855, 857, 865, 901, 938, 1051, 1108, 1357, 1404, 1409.

Dem Text liegen wieder vor allem die in den Literaturhinweisen genannten Gesamtausgaben zugrunde, in denen auch die Urheber der aufgenommenen Konjekturen verzeichnet sind. Für den Herakles hat sich Buschor zusätzlich auf Wilamowitz gestützt, der ihm auch für die Übersetzung manche Anregung gegeben hat.

Die Verse, die Buschor ausgelassen hat, sind fast ausnahmslos schon von früheren Herausgebern als Interpolationen ausgeschieden worden; ebenso stammen die Versumstellungen nicht erst von ihm. Bei manchen der sog. Interpolationen läßt sich kaum sicher entscheiden, ob es tatsächlich Zusätze von fremder Hand sind; man hat früher vielfach Interpolationen angenommen, um eine äußerliche Glätte herzustellen, die heute nicht mehr als methodisches Prinzip, sondern bestenfalls als vertretbares subjektives Geschmacksurteil anerkannt werden kann.

An folgenden Stellen weicht der hier abgedruckte Text von dem der Oxford-Ausgabe ab (Unterschiede in der Orthographie u. dgl. sind dabei nicht aufgeführt):

Hiketiden: 27, 45, 62, 76 f., 82, 106, 154, 179, 208, 557, 559, 565, 621, 632, 658, 752, 755, 763, 793, 840, 860, 990 ff., 999, 1003, 1014, 1020, 1026 ff., 1035, 1089, 1114, 1118, 1128, 1135, 1140, 1144 f., 1147, 1148, 1150, 1180, 1194, 1212, 1221.

Herakles: 80, 107, 109, 119 ff., 226, 250, 257, 348, 350, 410, 482, 484, 497 f., 532, 557, 583, 599, 637 f., 660, 714, 767, 777, 800, 801, 831, 845, 854, 870, 895, 910 ff., 921, 938, 947, 948, 949, 957, 1003, 1085, 1098, 1102, 1104, 1142, 1151, 1181, 1187 ff., 1202, 1212, 1218, 1228, 1241, 1251, 1304, 1311, 1369, 1386, 1407, 1417, 1421.

Troerinnen: 13f., 37f., 40, 55, 62, 111, 141, 166, 198, 225, 308, 319, 335, 350, 361, 398f., 550, 606, 607, 634, 807, 815, 817f., 862f., 959f., 1087, 1181, 1196.

Elektra: 1, 45f., 116, 120, 187, 192, 213f., 294–296, 443f., 448, 481, 538, 600, 641, 661, 671, 682, 684f., 711, 790f., 878, 899, 929, 959, 962–966, 977, 987, 1018, 1023, 1034, 1051, 1055, 1058, 1076, 1097–1101, 1141, 1155, 1158, 1187, 1209, 1241, 1257, 1263, 1289, 1301.

Zur Metrik

Als metrische Einheiten werden benutzt:

ia = Iambus ◡–
nur paarweise, Varianten ◡ ◡◡ ◡ ◡◡

tr = Trochäus –◡
nur paarweise, Varianten –◡–◡

sp = Spondeus ––

da = Daktylus –◡◡
Varianten –◡◡

an = Anapäst ◡◡–
Varianten ◡◡ ◡◡

cr = Creticus –◡–
gelegentlich statt einer Länge zwei Kürzen

ba = Bakcheus ◡––
Schlußsilbe gelegentlich kurz

io = Ionicus ◡◡––

ch = Choriambus –◡◡–
gelegentlich statt einer Länge zwei Kürzen

do = Dochmius   ◡ – – ◡ –
                    bei Reihenbildung mit vielen Varianten

hem = Hemiepes   – ◡ ◡ – ◡ ◡ –
                    Doppelkürze durch Länge ersetzbar

gl = Glykoneus   – ◡ – ◡ ◡ – ◡ –
                    Einfachkürze durch Länge ersetzbar,
                    Länge (bes. die erste) gelegentlich in
                    Doppelkürze aufgelöst, der Beginn
                    ◡ – oder ◡ ◡ (statt – ◡) wird durch einen
                    Punkt angezeigt: ·gl

Zusätzliche Silben (als Auftakt, Verbindung oder Abschluß) werden durch – oder ◡ oder × (Länge, Kürze, Länge oder Kürze) gekennzeichnet. Eine Minussilbe (d. h. das Fehlen einer Silbe am Anfang oder Ende einer metrischen Einheit) wird durch ∧ angezeigt.

Hochgestellte Ziffern geben die Zahl der Einheiten an. Bei anapästischer Reihenbildung werden Versvarianten wie an[2] und an[4]∧ gewöhnlich nicht gesondert angegeben.

Literaturhinweise

Ausgaben

Euripidis tragoediae, hrsg. v. *A. Nauck,* 2 Bde, 3. Aufl., Leipzig 1871 (von Buschor herangezogen, im ganzen jedoch veraltet).

Euripides fabulae, hrsg. v. *G. Murray*, 3 Bde, Oxford 1902–1910.

Euripide, hrsg. m. franz. Übers. von *L. Méridier, L. Parmentier, H. Grégoire* u. a., 6 Bde, Paris 1923 ff. (teilweise bereits in verbesserter Neuauflage erschienen).

Euripides, Troades, hrsg. v. *W. Biehl,* Leipzig 1970.

Kommentare

Euripide, Supplici, introd., testo e commento di G. *Ammendola,* Turin 1956.

Euripides, Herakles, (Text, Übersetzung und Kommentar) v. *U. v. Wilamowitz-Moellendorff,* 2. Bearbeitung 1895, Neudruck 1959.

Euripide, Le Troiane, con introd. e commento a cura di G. *Schiassi,* Florenz 1953.

Euripides, Electra, edited with introd. and commentary by *J.D. Denniston,* Oxford 1939.

Sekundärliteratur

Entretiens sur l'antiquité classique 6: Euripides, Vandoeuvres-Genf 1960 (Vorträge und Diskussionen).

Wege der Forschung 89: Euripides, hrsg. v. *E.-R. Schwinge,* Wissenschaftliche Buchgesellschaft, Darmstadt 1968. (Aufsätze verschiedener Verfasser, Bibliographie).

E.M. Blaiklock, The Male Characters of Euripides, Wellington 1952.

A.P. Burnett, Catastrophe Survived, Euripides' Plays of Mixed Reversal, Oxford 1971.

Ch. Chromik, Göttlicher Anspruch und menschliche Verantwortung bei Euripides, Diss. Kiel 1967.

E. Delebecque, Euripides et la guerre Péloponnèse, Paris 1951.

V. Di Benedetto, Euripide: teatro e società, Turin 1971.

W.H. Friedrich, Euripides und Diphilos, München 1953. Zetemata 5.

K. v. Fritz, Antike und moderne Tragödie, Berlin 1962.

A. Garzya, Pensiero e tecnica dramatica in Euripide, Saggio sul motive della salvazione nei suoi drammi, Neapel 1962.

R. *Goossens,* Euripide et Athènes, Brüssel 1962, Mém. Acad. de Belgique 15, 4.

J. *Kopperschmidt,* Die Hikesie als dramatische Form, Zur motivischen Interpretation des griechischen Dramas, Diss. Tübingen 1967.

E. *Kroeker,* Der Herakles des Euripides, Diss. Leipzig 1938.

A. *Lesky,* Die tragische Dichtung der Hellenen, 3. Aufl. Göttingen 1972 (umfassende Darstellung mit Diskussion vieler Einzelprobleme, reiche bibliographische Angaben).

K. *Matthiessen,* Elektra, Taurische Iphigenie und Helena, Untersuchungen zur Chronologie und zur dramatischen Form im Spätwerk des Euripides, Göttingen 1964, Hypomnemata 4.

W. *Schadewaldt,* Monolog und Selbstgespräch, Untersuchungen zur Formgeschichte der griechischen Tragödie, Berlin 1926, Neue philologische Untersuchungen 2.

W. *Schmidt,* Der Deus ex machina bei Euripides, Diss. Tübingen 1963.

E.-R. *Schwinge,* Die Verwendung der Stichomythie in den Dramen des Euripides, Heidelberg 1968.

M. *Schwinge,* Die Funktion der zweiteiligen Komposition im ‚Herakles' des Euripides, Diss. Tübingen 1972.

F. *Solmsen,* Electra and Orestes, Three Recognitions in Greek Tragedy, Amsterdam 1967, Medelingen d. Kon. Nederl. Akad. 30, 2.

A. *Spira,* Untersuchungen zum Deus ex machina bei Sophokles und Euripides, Kallmünz 1960.

W. *Steidle,* Studien zum antiken Drama, München 1968.

H. *Strohm,* Euripides, München 1957, Zetemata 15.

A. *Vögler,* Vergleichende Studien zur sophokleischen und euripideischen Elektra, Heidelberg 1967.

W. *Zürcher,* Die Darstellung des Menschen im Drama des Euripides, Basel 1947.

G. *Zuntz,* The Political Plays of Euripides, Manchester 1955.

Hilfsmittel zu Metrik und Mythologie

B. *Snell*, Griechische Metrik, 3. Aufl. Göttingen 1962.

A. M. *Dale*, The Lyric Metres of Greek Drama, 2nd ed., Cambridge 1968.

H. *Hunger*, Lexikon der griechischen und römischen Mythologie, 6. Aufl. Wien 1969.

H. J. *Rose*, Griechische Mythologie, 3. Aufl. München 1969.

DIE BITTFLEHENDEN MÜTTER

1 Eleusis war die wichtigste Kultstätte der Demeter (Göttin des Getreides und des Ackerbaus) und ihrer Tochter Persephone (Kore). Anläßlich der ‚eleusinischen Mysterien' fand jährlich eine große Prozession von Athen nach Eleusis statt. Vgl. 173.

2 „Götter", im Text steht „Diener" (= Priester). Buschor hat vermutlich bezweifelt, daß das Gebet auch an die Priester gerichtet sein kann.

3 Theseus war der Sohn des athenischen Königs Aigeus (Sohn des Pandion) und der Aithra, der Tochter des Pittheus von Troizen.

11 Polyneikes war von seinem Bruder Eteokles aus Theben (Kadmos war der Stadtgründer) vertrieben worden. Mit sechs Helfern war er daraufhin gegen Theben gezogen. Das Unternehmen scheiterte jedoch und die sieben Helden kamen um. Adrastos war der Schwiegervater des Polyneikes.

22 „Ehbund" ist Konjektur, im Text steht „Lanze".

36 Mit wollenen Binden umwundene Zweige waren das Zeichen der Hilfesuchenden.

38 Genauer: „daß er entweder das Land vom Leid der Frauen erlöst oder ...", d.h. daß er sie eventuell vertreibt, was der thebanische Herold später tatsächlich fordert.

45 Text problematisch.

61 Am Fluß Ismenos lag Theben.

82 Text unsicher.

104 „in sein Gewand gehüllt" ist Konjektur, im Text steht „am Tor".

106 „dieses Manns", überliefert ist „dieser Frauen".

121 Hermes, der Götterbote, war der Schutzpatron der Herolde.

130 „Argos", im Text steht dafür „Danaossöhne". Danaos war mit seinen fünfzig Töchtern von Ägypten nach Argos gekommen und dort König geworden.

177 „und der Arme auf den Reichen begehrlich, damit ihn die Liebe zum Geld packt". Diese Fortführung der Maxime greift über den Zusammenhang hinaus, was jedoch für eine Streichung kein hinreichender Grund ist.

180 „Der Dichter muß seine Lieder frohen Herzens schaffen.

Sonst könnte er wegen der eigenen Sorgen niemand anders er-
freuen. Er hätte dazu auch kein Recht." Diese Verse erscheinen
unmotiviert; es kann jedoch davor etwas ausgefallen sein, was
den Zusammenhang herstellt.

184 Pelops' Land, die Peloponnes.

222 „Du verbandest dein stolzes Haus einem befleckten und
richtetest es zugrunde. Der kluge Mann bringt ungerechtes
nicht mit gerechtem Blut zusammen und erwählt sich nur
glückbegünstigte Freunde. Denn der Gott trennt ihr Schicksal
nicht und ruiniert durch die Leiden des Unglücklichen den Mit-
Unglücklichen, jedoch Unschuldigen."

252 „sondern wie zum Arzt dieser Übel, Herr, sind wir gekommen". Der Vers kann nicht dem Chor gehören; vielleicht
ist er nach 253 einzufügen.

260 Helios, die Sonne. – Demeter hatte bei der Suche nach
ihrer Tochter, die Hades (der Gott der Unterwelt) geraubt
hatte, Fackeln benutzt.

263 Die Überlieferung gibt diese Verse nicht dem Chor,
sondern Adrastos.

279 Die beiden letzten Silben des Verses sind zwei Kürzen,
da beide vor Vokal stehen.

316 „Eber", die Erlegung des Wildschweins von Krommyon,
eins der kleineren Abenteuer des Theseus.

318 „Kampf des Schilds", im Text steht „Helm".

322 Der Anblick der Gorgo wirkte versteinernd, vgl. zu
Elektra 459 und 461.

358 Kreon, der König von Theben.

368 Pelasgia, die Peloponnes.

369 „Sehnen", im Text steht „Unglück".

372 Inachos, Fluß bei Argos.

377 „Stadt der Pallas", Athen. Pallas war ein Beiname der
Stadtgöttin Athene.

383 Asopos, Fluß in der Nähe Thebens.

392 Kallichoros, Quelle in Eleusis.

423 „Schmerzlich ist es für die Guten, wenn ein Schlechter mit
der Zunge das Volk gewinnt und in Ansehen steht, der doch
zuvor nichts war."

435 „Auch darf der Schwächere dem Glücklichen mit gleichem heimzahlen, wenn er geschmäht wird."

484 „Urne", d.h. Wahlurne.

500 „Seher", Amphiaraos, einer der Sieben.

548 „schändlicher und leerer Furcht nachzugeben".

559 „gebt", überliefert ist „gib".

578 „Drachensaat", die Thebaner. Ihre Vorfahren waren aus Drachenzähnen gewachsen, die Kadmos ausgesät hatte. Ares, der Gott des Krieges.

629 „Tochter", Io, die Tochter des Flußgottes Inachos, wurde von Zeus in eine Kuh verwandelt.

637 Dirke, eine Quelle bei Theben.

655 „Ismenoshügel", d. h. das Ufer des Ismenos.

658 „Kekropsstadt", Athen. Kekrops, ein mythischer König von Athen.

663 Amphion, ein König von Theben, s. zu Herakles 27.

702 Erechtheus, ein König von Athen.

713 „Kekropssöhne", im Text steht „Kranaossöhne". Kranaos war wie Kekrops einer der Könige von Athen

714 „Epidaurers Erbstück", bei Epidauros hatte Theseus den Räuber Periphetes erschlagen, dessen Keule er seitdem selbst als Waffe benutzte.

757 Kithairon, ein Gebirge südwestlich von Theben.

759 Eleutherai, eine Stadt südlich von Theben.

763 Der folgende Vers des Textes ist ergänzt.

834 Phoibos' Spruch, s. 138.

836 Erinys, Rachegeist. Ödipus hatte seine Söhne Polyneikes und Eteokles verflucht.

871 „Etoklos", die korrekte Form ist „Eteoklos" (nicht zu verwechseln mit Eteokles, dem Bruder des Polyneikes).

903 „ein kluger Kopf, erfindungsreich, an Verstand seinem Bruder Meleagros unterlegen, erwarb er sich einen gleichen Namen mit dem Speer, da er hohe Musenkunst mit dem Schild erwarb, reich an Ehrgeiz, an Gesinnung in Taten, nicht in Worten gleich". Die etwas verworrene und auch in den Formulierungen seltsame Partie wiederholt den Gedanken von 902.

925 Oikles' Sohn, Amphiaraos.

974 „statt der Kränze", im Text steht „und Kränze".

990 Text unsicher, auch in den folgenden Versen.

991 Sonne und Mond.

1012 Buschor nahm anscheinend keine metrische Responsion an, was angesichts der Abweichungen viel für sich hat.

1022 Persephones Haus, die Unterwelt.

1075 „lerntest", im Text steht „wirst sehen".

1128 Text unsicher.

1135 „Geburten", überliefert ist „Kinder".

1140 Die Verteilung auf Knaben und Mütter ist unsicher.

1198 Troja war vor dem ‚trojanischen Krieg' schon einmal von Herakles erobert worden.

1200 Herd des Pythiers, das Apollonheiligtum in Delphi.

1212 Text unsicher.

1224 Nachgebornen, die Epigonen

DER WAHNSINN DES HERAKLES

Der Titel des Stücks ist ‚Herakles'. Da der römische Tragödiendichter Seneca zwei Heraklesdramen geschrieben hat, wurde das dem euripideischen ‚Herakles' entsprechende Stück ‚Hercules furens' genannt zur Unterscheidung vom ‚Hercules Oetaeus'. Dieser Hinweis auf den Inhalt ist dann gelegentlich in den Titel des griechischen Vorbildes übertragen worden.

1 Amphitryon hatte versehentlich seinen Onkel und Schwiegervater Elektryon getötet und war nach Theben geflohen.

5 „Saat", s. zu bittfl. Mütter 578.

15 Die Kyklopen, ein Riesengeschlecht, galten als Erbauer der Mauern von Tiryns und Mykenai, womit Argos hier praktisch gleichgesetzt wird.

20 Herakles war der Sohn des Zeus und der Alkmene, der Gattin des Amphitryon. Hera, die Gattin des Zeus, verfolgte ihn deswegen zeitlebens mit ihrem Haß. Auch die Taten im Dienste des Eurystheus werden im Mythos gewöhnlich nicht wie hier als freiwillige Leistung verstanden.

23 Beim Kap Tainaron, im Süden der Peloponnes, dachte man sich einen Zugang zur Unterwelt.

27 Amphion und Zethos, Söhne des Zeus und der Antiope, hatten Lykos und Dirke getötet, um die Leiden, die Antiope in deren Haus ausgestanden hatte, zu rächen.

50 Herakles hatte Theben von der Tributpflicht befreit, die ihm das Nachbarvolk der Minyer (Bewohner der Stadt Orchomenos) auferlegt hatte.

60 Taphos, Insel und Stadt an der griechischen Westküste.

86 Buschor hat zwar die von Wilamowitz vorgeschlagene

Umstellung von 87 akzeptiert, hat aber entweder nach 86 eine
Lücke angenommen oder zwei Übersetzungsmöglichkeiten
von 85f. kombiniert: „Erläutere deine Ansicht, daß der Tod
nicht bevorsteht" (= wofür leben wir noch?) und „gib deine
Meinung bekannt, damit der Tod nicht bevorsteht" (= denn
es ist Zeit, sich zum Tod zu bereiten).

109   „Greise" ist Konjektur.

119   Der Text (bis 123) ist unsicher.

152   Zwei Taten des Herakles, s. das 1. Standlied 348ff. und
zu 359.

179   Herakles hatte den Göttern im Kampf gegen das Riesengeschlecht der Giganten beigestanden. – Pholoe, ein Gebirge in
der westlichen Peloponnes, das von Kentauren (Pferdemen-
schen) bewohnt war. Vgl. zu 364. – Dirphys, ein Gebirge auf Euböa; die Insel ist hier nach ihrem einstigen König Abas benannt.

204   Wörtlich: „Diese Worte vertreten die den deinen ent-
gegengesetzte Meinung zum Diskussionsgegenstand."

219   Statt „des" steht im Text „und".

236   „Greis", im Text ist nicht von der Schwäche des Alters,
sondern allgemein von fehlender Wortgewandtheit die Rede.

240   Helikon und Parnaß, Berge westlich von Theben und bei
Delphi.

245   „Pack", im Text steht kein so starker Ausdruck.

250   Text unsicher.

258   s. S. 421.

267   „sterbenden", gemeint ist der „tote" (d.h. in der Unterwelt weilende) Herakles.

305   Genauer: „denn man sagt, das Gesicht des Gastgebers
habe nur einen Tag hindurch einen freundlichen Blick für den
vertriebenen Freund".

359   Die hier aufgezählten zwölf Taten des Herakles stimmen
nur teilweise mit dem Kanon der zwölf Arbeiten (Dodekathlos)
überein. Hier sind genannt: 1) der nemeische Löwe, 2) die Kentauren, 3) die Hirschkuh von Keryneia, 4) die Pferde des Diomedes, 5) Kyknos, 6) die Äpfel der Hesperiden, 7) Nereus, 8)
das Tragen des Himmelsgewölbes, 9) das Wehrgehenk der
Amazonenkönigin, 10) die Hydra, 11) Geryoneus, 12) der
Kerberos. Zum Kanon gehören statt 2, 5, 7 und 8 der eryman-
thische Eber, die stymphalischen Vögel, der kretische Stier und
die Reinigung der Ställe des Königs Augeias von Elis.

359 Das Fell des nemeischen (Nemea, eine Stadt südwestlich von Korinth) Löwen war undurchdringlich. Herakles konnte ihn daher nicht mit seinen Pfeilen töten, sondern mußte ihn erwürgen.

364 Die thessalischen Kentauren (vgl. zu 179) haben nach anderer Version nicht Herakles als Gegner, sondern den Volksstamm der Lapithen. Pelion und Ossa, zwei Gebirge an der Ostküste Thessaliens. Nördlich davon die Mündung des Peneios. Für Ossa steht im Text Omole (oder Homole), eine Erhebung am Nordrand des Ossagebirges.

375 Die Hirschkuh mußte nach anderer Version lebendig gefangen werden. Die Jagdgöttin Artemis ist hier nach dem kleinen Ort Oinoa, wo sie einen Tempel besaß, benannt.

380 Die Pferde des thrakischen Königs Diomedes waren außerordentlich wild und fraßen Menschenfleisch. Vgl. Alkestis 481 ff. (Band I).

389 Kyknos, ein Sohn des Kriegsgottes Ares, überfiel die Reisenden auf der Nord-Süd-Verbindungsstraße westlich des Peliongebirges. Dort lag am Fluß Anauros der kleine Ort Amphanaia.

394 Die Hesperiden, die Töchter des Riesen Atlas, hüteten in einem Garten im fernen Westen einen Baum, der lebenspendende goldene Äpfel trug. Der Baum wurde von einem Drachen bewacht.

400 Nach älterer Vorstellung war die Fahrt nach Westen durch Sandbänke und Untiefen behindert (Große Syrte). Herakles zwang den Gott Nereus, ihm die Durchfahrt zu verraten. „Schlüfte", gemeint ist nicht ein Abstieg, sondern das Vordringen in schwer zugängliche Gewässer.

403 Gewöhnlich wird diese Tat mit der Hesperiden-Geschichte verknüpft. Herakles kämpfte danach nicht mit dem Drachen, sondern bat den Riesen Atlas, auf dessen Schultern das Himmelsgewölbe ruhte, die Äpfel für ihn zu holen; Herakles mußte ihm daher vorübergehend die Last abnehmen.

408 Das kriegerische Frauenvolk der Amazonen lebte nach anderer Version in Kleinasien, und nicht wie hier nördlich vom Schwarzen Meer. Herakles hatte den Auftrag, das berühmte Wehrgehenk der Königin Hippolyte, ein Geschenk ihres Vaters Ares, zu gewinnen.

419 Die Hydra, eine vielköpfige Schlange, lebte im Sumpf

von Lerna (in der Nähe von Argos). Da ihre Köpfe nachwuchsen, wenn sie abgeschlagen wurden, brannte Herakles (oder sein hier nicht genannter Helfer Iolaos, vgl. Band II, Die Kinder des Herakles) die Wunden aus. Die Spitzen seiner Pfeile tauchte er in ihr Blut, das wie ein tödliches Gift wirkte. „Gift" ist im Text ergänzt.

423 Herakles tötete den dreileibigen Riesen Geryones (oder Geryoneus) und raubte seine Rinder. Erytheia, eine Insel im fernen Westen.

426 Herakles war in die Unterwelt hinabgestiegen, um den Kerberos, ein dreiköpfiges Ungeheuer, das den Ausgang des Hades bewachte, heraufzuholen. Vgl. 24 f.

432 Charon, der Fährmann, der in der Unterwelt die Toten übersetzt.

452 „oder welcher Mörder meines, der Unglücklichen Lebens", eine umständliche Erweiterung.

464 Pelasgis, die Peloponnes.

472 Oichalia, die Stadt des Königs Eurytos; dessen Tochter Iole wurde der Anlaß zu Herakles' Tod (Trachinierinnen des Sophokles).

481 Keren, Todesdämonen.

482 Text am Ende nicht sicher.

496 „denn feig sind, die deine Kinder töten", von Buschor sicher nicht gestrichen, sondern im vorhergehenden Vers aufgegangen.

514 „mein Lieb", Buschor hat bei seiner poetischen Stilisierung zweifellos mit voller Absicht das Wort „Lieb" aufgenommen, das konventionellen Vorstellungen von der Tragödie widerspricht.

517 Verteilung auf Personen unsicher.

532 Andere geben diesen Vers Megara.

543 „Verrat," d. h. durch Verrat der Bürger.

572 Ismenos und Dirke, Fluß und Quelle bei Theben.

584 Im Text ist der Inhalt der „Rettungstat" ausgesprochen: „Kinder, den alten Vater, die Ehegenossin zu retten".

588 „Viele Arme, die dem Schein nach reich sind, hat Lykos als Verbündete. Sie machten einen Aufstand und richteten die Stadt zugrunde, um andere zu berauben; ihr eigenes Gut ging verloren durch Verschwendung und Faulheit." Die Verse sind hier wohl nicht am Platz, wenn auch nicht direkt anstößig.

612 „von eleusinischen Weihen geschützt", s. zu Bittfl. Mütter 1, d. h. mit Hilfe Persephones, der Gattin des Unterweltsgottes Hades. In Hermion(e) befand sich ein Heiligtum ihrer Mutter Demeter (an der Küste südöstlich von Argos).

619 Theseus war mit einem Freund, dem Lapithenkönig Peirithoos, in die Unterwelt eingedrungen, um Persephone zu rauben. Hades hatte die beiden deswegen an einem Felsen festwachsen lassen. Theseus konnte von Herakles befreit werden.

637 Text unsicher.

697 Das letzte Wort des Verses ist ergänzt.

714 Text unsicher.

715 „Altar", im Text „Hestia", die Göttin des Herdes.

716 Wörtlich: „vergeblich flehend, das Leben zu retten".

762 „denn die Freunde befinden sich wohl", trotz der Ähnlichkeit zu 748 ist die Streichung kaum berechtigt.

771 s. S. 421.

773 s. S. 421.

777 „Keule" ist Konjektur.

785 Asopos, Fluß in der Nähe Thebens.

790 Helikon und Parnaß (s. zu 240) galten als Musensitze.

795 Genauer: „... Schar, die das Land an die Kinder der Kinder weitergibt, heiliges Licht für Theben".

804 Text unsicher.

811 Text unsicher.

820 Unter dem Namen Paian wurde Apollon zur Abwehr von Krankheiten angerufen.

831 „eigenem", überliefert ist „neu".

838 Acheron, der Unterweltsfluß, über den die Toten in den Hades gelangen.

845 Text unsicher.

855 Wörtlich: „Wende dich nicht mit Mahnungen gegen Heras und meine Pläne".

857 Wörtlich: „Nicht um besonnen zu sein, schickt dich Zeus' Gattin".

862 Genauer: „als Erdbeben oder Blitzschlag".

865 „eines Blinden", wörtlich „der Mörder wird nicht merken, daß er seine Kinder tötet, bis er meinen Wahnsinn los ist".

867 Genauer: „Sieh, er schüttelt schon das Haupt an der

Startschwelle und rollt schweigend …". Es ist wohl ein Läufer gemeint, der auf das Startzeichen wartet.

870 Text unsicher. – Tartaros, der Ort der Unterweltsstrafen.

871 „ihn", im Text steht „dich".

882 „Marmorantlitz", entweder ist der funkelnde Blick der Lyssa gemeint oder die versteinernde Wirkung, die der Anblick der Gorgo hatte (vgl. zu Elektra 459 und 461), mit der Lyssa verglichen wird.

889 „Geister", die Poinai (= Buße, Strafe) sind Rachegeister; sie werden öfter mit den Erinyen (s. zu Elektra 1252) gleichgesetzt.

893 Der Thyrsosstab wurde vom Gefolge des Dionysos getragen.

894 Text schwierig und umstritten, wörtlich: „nicht zum Guß der Trauben der dionysischen Mißhandlung". Die Ekstase, in der die von Dionysos erfüllten Mänaden Tiere zerrissen, wird dem Rasen des Herakles, der seine Kinder tötet, als vergleichsweise harmlos entgegengestellt.

899 Wörtlich: „niemals wird Lyssas bakchantischer Taumel etwas unvollendet lassen".

901 „Der Greis schreit laut", im Text steht nur der Schrei selbst, nicht die zusätzliche Konstatierung.

904 Personenverteilung umstritten.

907 Der Gigant Enkelados wurde von Pallas Athene besiegt. Vgl. zu 179.

910 „Diener", überliefert ist „Bote".

921 „Auge", im Text steht „Seelen" (= Leben), überliefert ist „Schicksal".

931 „alles schaut", im Text steht „die Kinder schauen".

938 „da ich das doch auf einmal regeln kann, wenn ich das Haupt des Eurystheus hierherbringe und meine Hände von diesen Toten entsühne", die in dem Nebeneinander von 936 f. und 938–940 liegende Verdoppelung hat Buschor zusammenfassend gerafft.

947 Text etwas unsicher bis 949.

954 Nisos war König von Megara.

960 Herakles gebärdet sich also wie ein Teilnehmer an den isthmischen Spielen.

990 „medusisch", Medusa hieß eine der drei Gorgonen, s. zu 882.

1003 Text am Schluß unsicher.

1021 Prokne hatte ihren Sohn Itys getötet, um sich an ihrem Gatten Tereus zu rächen; sie wurde daraufhin zur Nachtigall.

1051 Wörtlich: „ihr tötet mich".

1080 „stolz", wohl ein Versehen Buschors, im Text steht „umspült", s. zu 60.

1103 Sisyphos mußte als Strafe in der Unterwelt einen Stein bergauf wälzen, der ihm kurz vor dem Ziel ständig wieder entglitt und herunterrollte.

1104 Überliefert ist hier auch der Name „Pluto" (= Hades), der sich jedoch syntaktisch nicht einfügt.

1108 „denn nichts vom Gewohnten weiß ich deutlich", von Buschor entweder ausgelassen oder mit dem vorhergehenden Vers in „Nacht" zusammengefaßt.

1114 „Tänzer der Lyssa", im Text steht „Bakchant des Hades"; Bakchanten hießen die Begleiter des Dionysos.

1142 Text unsicher, die Umstellung ist nicht zwingend.

1151 „blühend" ist Konjektur.

1190 Lücke und Umstellung unsicher.

1194 „phlegräisch", die Gigantenschlacht (s. zu 179) wurde bei Phlegra auf der Halbinsel Chalkidike lokalisiert.

1206 Der problematische und knappe Text läßt keine sichere Übersetzung zu.

1211 „Blutweg", statt „Weg" ist „Lärm" überliefert.

1218 „erschreckt", wörtlich: „Was zeigst du mir Schrecken, die Hand schwenkend?" Statt „Schrecken" ist „Mord" überliefert.

1220 „Hades", s. zu 619.

1241 Überliefert ist hier eine Ankündigung, er wolle den Tod suchen.

1254 Wörtlich: „Hellas wird nicht ertragen, daß du unbedacht stirbst".

1258 „dieser", Amphityron, s. zu 1.

1264 „dein Kind", Herakles galt an sich als Sohn des Zeus und der Alkmene, der Gattin Amphityrons. Diese eigentliche Abstammung wird hier zugunsten der Beziehung zum sterblichen ‚Vater' abgewertet.

1269 „Kleid", d.h. der Körper, wie wir von der sterblichen Hülle sprechen.

1272 „Titanen", im Text steht „dreileibige Typhonen". Ty-

phon war ein hundertköpfiges Ungeheuer, das die Götter be-
drohte. Die „Titanen" sind das der Zeus-Generation voraus-
gehende Göttergeschlecht.

1291 „Für den Mann, der einst glücklich hieß, ist der Wechsel jammervoll; derjenige aber, dem es immer schlecht geht,
empfindet keinen Schmerz, da er von Geburt im Unglück ist."

1298 Ixion, neben Sisyphos (s. zu 1103) und Tantalos (s. zu
Elektra 11) einer der spektakulär bestraften Verbrecher. Er
wurde in der Unterwelt an ein Rad gebunden, weil er sich an
Hera hatte vergreifen wollen.

1299 „und das beste dabei ist, daß ich keinen der Griechen
sehe, unter denen ich glücklich war." Die beiden Verse scheinen auf einem Mißverständnis zu beruhen; Herakles sucht hier
nicht die Einsamkeit, sondern beklagt das Ausgestoßensein.

1304 Text umstritten, Sinn jedoch klar.

1311 Andere geben gegen die Überlieferung zwei Verse dem
Chor.

1313 Buschor nahm vielleicht keine Lücke, sondern eine Ver-
derbnis in diesem Vers an.

1326 Theseus hatte den Minotauros getötet, ein stierähnliches
Ungeheuer, das in einem Labyrinth im kretischen Knossos
lebte. Ihm wurden jährlich athenische Mädchen und Knaben
geopfert.

1338 „Wenn die Götter Ehre schenken, braucht man keine
Freunde, denn die Hilfe des Gottes ist genug."

1351 „Leben", überliefert ist „ich trotze dem Tod". Die Än-
derung ist unnötig.

1357 „Jetzt aber, scheint es, muß ich dem Geschick gehor-
chen", der Vers steckt bei Buschor wohl in „Tränenschicksal".

1360 „fürstlich", steht nicht im Text.

1404 „ungleich", für „der eine davon unglücklich".

1409 „Es schlägt dir so laut", wörtlich „du willst, was auch
mir lieb ist".

1414 Wörtlich: „du bist – krank – nicht mehr der große
Herakles".

1417 Text unsicher.

DIE TROERINNEN

1 Der Name des ägäischen Meeres wurde in der Antike vom athenischen König Aigeus hergeleitet. – Der Meergott Nereus hatte fünfzig Töchter, die Nereiden; sie waren den Seeleuten freundlich gesonnen und tanzten im Spiel der Wellen.

4 Poseidon und Apollon hatten die Mauern Trojas erbaut.

10 Epeios aus Phokis war der Erbauer des ‚trojanischen Pferdes‘, d.h. des hölzernen Pferdes, in dem sich Griechen verborgen hatten, um in die Stadt zu gelangen.

13 „weswegen es später Lanzenpferd genannt wurde, weil es heimliche Lanze barg."

24 Hera und Pallas Athene hatten die Griechen bei der Eroberung Trojas unterstützt.

29 Skamandros, Fluß bei Troja.

40 Das Schicksal der Polyxena wird in der euripideischen Hekabe (s. Band II) dargestellt.

42 Kassandra hatte von Apollon die Sehergabe erhalten.

70 Der ‚kleine‘ Aias, Sohn des Oileus, nicht zu verwechseln mit seinem ‚großen‘ Namensvetter, dem Sohn des Telamon.

111 „was beweinen?"

128 Schiffstaue wurden aus ägyptischem Byblos (Papyrus) hergestellt.

132 Menelaos war König von Sparta am Eurotas. Kastor und Polydeukes (Pollux) waren Brüder der Helena.

175 „Sklaven", im Text steht „verlassen von Lebenden und Toten".

183 Phthia, die Heimat Achills und Schauplatz der euripideischen Andromache (s. Band II).

198 „das allen gemeinsame", überliefert ist „dein". Text unsicher.

199 Ida, Berg bei Troja.

205 Peirene, Quelle in Korinth.

209 „Gaue des Theseus", Athen.

214 Peneios, Fluß in Thessalien; dort auch der Berg Olympos.

220 Die Schmiede des Feuergottes Hephaistos dachte man sich unter dem Ätna.

221 „Phönikerstrand", Karthago, dessen Bevölkerung aus Phönizien stammte.

222   „Maultiere", gewöhnlich liest man hier „Berge".

228   Krathis, Fluß in Süditalien.

242   „Kadmosland", Theben, nach dem Stadtgründer Kadmos.

310   Hymen oder Hymenaios, der Gott der Hochzeit.

322   Hekate, u.a. Hochzeitsgöttin, später vor allem Göttin des Zauber- und Beschwörungswesens.

343   „Fackellicht", die Hochzeitsfackeln, die Hephaistos als Gott des Feuers entzündet hat.

364   „Atridenhauses", Atreus war der Vater Agamemnons.

370   Agamemnon hatte seine Tochter Iphigenie geopfert, als die in Aulis versammelte griechische Flotte wegen einer lang andauernden Windstille nicht nach Troja auslaufen konnte.

398   „Paris heiratete die Tochter des Zeus, andernfalls hätte er eine unbedeutende Verbindung geschlossen." Die beiden Verse unterbrechen das Thema des Krieges.

402   „Entzug", d.h. feiges Sterben.

421   Laertes' Sohn, Odysseus.

457   Erinye, Rachegeist, hier allgemein für einen schadenbringenden Dämon oder ein böses Geschick.

476   „an Zahl übertrafen", der Sinn ist: die als die besten „zählten".

526   „Tochter des Höchsten", Athene als Tochter des Zeus.

560   Ares, der Gott des Krieges und besonders des wilden Schlachtgetümmels.

565   „Den Kranz der strahlenden Helden", Text und Übersetzung etwas dunkel. Wahrscheinlich ist einfach der Sieg der Griechen gemeint, der ihre junge Generation in Frieden aufwachsen läßt. Eine kompliziertere Deutung wäre es, hier an die Söhne zu denken, die die Griechen von den gefangenen Frauen haben werden.

603   „Grab" steht nicht im Text, trifft aber den Sinn.

604   Hier fehlt der charakteristische Verseinschnitt; die metrische Responsion ist also gestört. Der Text ist unsicher und Buschor scheint konjiziert zu haben. Das letzte Wort (= „keine Tränen") ist im Oxford-Text gestrichen.

634   Text unsicher.

768   Alastor, Rachegeist.

782   „Zipfel", eigtl. das „Umarmte" oder das „Umarmen".

799   Der Herrscher der Insel Salamis, Telamon (der Vater des

‚großen' Aias), war mit Herakles gegen Troja gezogen, als dort Laomedon (der Vater des Priamos) herrschte.

802 Poseidon und Athene stritten einst um den Besitz Attikas. Athene ließ einen Ölbaum wachsen und gewann damit den Wettbewerb, bei dem die übrigen Götter Schiedsrichter waren; Poseidon hatte eine Quelle auf der Akropolis hervorsprudeln lassen.

807 Text umstritten.

810 Herakles hatte das Land von einem Untier befreit, Laomedon hatte ihm jedoch den ausbedungenen Lohn, ein göttliches Rossegespann, verweigert.

814 Poseidon, mit dem Apollon gemeinsam die Mauern erbaut hatte, ist hier im Text nicht genannt, vgl. 4ff.

817 Text umstritten.

821 Laomedonsohn, Ganymed, den Zeus entführt und zu seinem Mundschenken gemacht hatte.

840 Entweder eine Anspielung auf die göttliche Abstammung der troischen Könige (ihr Ahnherr Dardanos war ein Sohn des Zeus) und weitere Verbindungen zwischen Göttern und Trojanern (Aphrodite und Anchises) oder eine Ankündigung des Folgenden: Eos, die Morgenröte, hatte Tithonos, den Bruder des Priamos, entführt und zum Gatten genommen.

862 „Helena, denn ich bin der mühereiche Menelaos und das Heer der Achäer". Diese Selbstvorstellung stört an sich nicht, die Formulierung ist jedoch gezwungen.

916 Die Konstruktion der Verse 916–918 macht Schwierigkeiten. Genauer: „... die Spitze bieten, indem ich deine und meine Vorwürfe einander gegenüberstelle".

922 „Feuerbrand", Hekabe, die Mutter des Paris, hatte geträumt, sie werde eine Fackel gebären, die Troja in Brand steckte.

959 „Gewaltsam raubte mich der neue Gatte, Deiphobos, und er behielt mich gegen den Willen der Troer als Gattin."

990 „Torheit", ein Wortspiel: der Name Aphrodite wird von *aphrosyne* (Unverstand) abgeleitet.

1087 „Kyklopische Hand", s. zu Herakles 15.

1090 Im (nicht ganz befriedigenden) Text steht „hängend", was heißen könnte, daß die Kinder sich an der Tür oder an ihrer Mutter festhalten. Buschor hat stattdessen „klagen, klagen" eingesetzt.

1112 Pitanes Stadt, Sparta nach dem Stadtteil Pitana.

1128 Peleus, der Großvater des Neoptolemos, war von Akastos, dem König von Iolkos, aus Phthia vertrieben worden.

1173 „Apollons stolzer Bau", s. zu 1.

1288 Kronos' Sohn, Zeus, dessen Sohn Dardanos der Ahnherr der Troer war.

1295 Pergamos oder Pergama wurde die Burg von Troja, jedoch auch die ganze Stadt genannt.

ELEKTRA

1 „Argos-Land", andere lesen statt des Eigennamens Argos ein Wort, durch das der Fluß Inachos als „Nährer", „Schützer" o.ä. des Landes bezeichnet wird.

5 Dardanos, der Ahnherr der Troer.

9 „Klytämnestra", die ursprüngliche Form des Namens ist Klytaimestra, das n ist erst im Lauf der Überlieferung (wohl wegen einer falschen Etymologie) eingedrungen.

11 Agamemnons Urgroßvater Tantalos ist identisch mit dem berüchtigten Tantalos, der die Götter auf die Probe stellen wollte und ihnen deswegen seinen Sohn Pelops zum Mahle vorsetzte. Er mußte wie Sisyphos und Ixion (s. zu Herakles 1103 und 1298) in der Unterwelt eine besondere Strafe erleiden: im Wasser stehend und einen Ast mit Früchten über sich wurde er von Durst und Hunger geplagt, da Wasser und Früchte vor ihm zurückwichen, sobald er sie zu erreichen versuchte.

45 „denn ich scheue mich, dem Kind eines Vornehmen zu nahe zu treten, da ich nicht ebenbürtig bin". Buschor hat die Verse vermutlich ausgelassen, weil sie kaum mehr als eine Verallgemeinerung des folgenden Hinweises auf Orest sind.

54 „Gewand", im Text steht „Amme".

139 Buschors Verdoppelung der Verse 125f. und 150–156 ist durch die Überlieferung nicht gerechtfertigt und hat wenig für sich.

140 „hob", im Text steht eine Aufforderung, die Elektra an sich selbst oder an eine Dienerin richtet.

213 „Die Schwester deiner Mutter, Helena, hat den Griechen und deiner Familie viel Leid gebracht." Der Hinweis auf Helena ist an sich nicht abwegig, vgl. 479 ff.

263 Der Vers wird gewöhnlich Elektra gegeben. Die Unterbrechung der Stichomythie ist unwahrscheinlich.

269 „bezahlt", im Text steht ein Wunsch, nicht eine Ankündigung.

272 Wörtlich: „Hören die Frauen hier diese Worte als Freunde?" Buschor hat „Freunde" in die Antwort versetzt „Die Guten sind treu".

294 „Der Tor kennt kein Mitleid, wohl aber der kluge Mann; und es ist nicht ungefährlich, wenn die Klugheit der Klugen zu groß ist." Diese Verse fügen sich kaum in den Zusammenhang.

335 „Vaters Grab", im Text steht nur „Vater".

384 „alter Umgangsbrauch …", der Text ist wohl nicht ganz in Ordnung; denn Umgang und Sitten sollen ja gerade als Kriterium für den wahren Adel dienen.

413 Text unsicher. Wörtlich: „… kommen, da diese (zu) mir hineingekommen sind, und etwas zur Bewirtung der Fremden mitbringen."

434 Nereus' Chor, s. zu Troerinnen 1.

435 Der Delphin galt als musikliebend.

441 „simuntisch", Simoeis, ein Fluß bei Troja.

442 Nach der Ilias kam Achill mit den Waffen nach Troja, die die Götter seinem Vater Peleus zu seiner Hochzeit mit Thetis, einer Tochter des Meergottes Nereus, geschenkt hatten. Diese Waffen gerieten in die Hand der Trojaner und der Schmiedegott Hephaistos fertigte auf Bitten der Thetis für Achill neue an. Der Schild wird in der Ilias ausführlich beschrieben. Euripides hat offenbar eine andere Version des Mythos (und des Schildes) vor Augen.

448 „der reisige Vater", entweder Achills Vater Peleus oder der weise Kentaur Chiron, der in einer Höhle des Peliongebirges (an der Ostküste Thessaliens) wohnte und dort den kleinen Achill aufzog.

451 Atriden, Agamemnon und Menelaos nach ihrem Vater Atreus. Der trojanische Krieg war ihr Krieg, denn er fand im Interesse des Menelaos statt und Agamemnon hatte den Oberbefehl über die Griechen.

452 Nauplia, Hafen in der Nähe von Argos.

459 Perseus hatte, mit Hilfe des Götterboten Hermes (Sohn der Bergnymphe Maia) und mit Flügelschuhen ausgerüstet, der Gorgo Medusa den Kopf abgeschlagen. Der Anblick der Medusa ließ den Betrachter zu Stein erstarren.

461 „Haupt", im Text allgemeiner „Gestalt", aber der Kopf muß gemeint sein; die Göttin Athene befestigte ihn auf ihrem Schild, s. 1257.

465 Helios, die Sonne. Plejaden und Hyaden, zwei Sternbilder, hier wohl stellvertretend für den Sternhimmel überhaupt.

471 Die Sphinx, ein geflügelter Löwe mit Frauenkopf, gab den vorübergehenden ein Rätsel auf; wer es nicht lösen konnte, wurde von ihr getötet.

474 „Löwin", die Chimaira (Chimäre), ein Mischwesen (Löwe, Ziege, Schlange). Sie wurde von Bellerophon(tes) mit Hilfe des Flügelrosses Pegasos getötet; durch dessen Hufschlag war die Quelle Peirene in Korinth entstanden.

480 Helena war die Tochter des Tyndareos.

496 „Geschirr", nicht der Korb, den der Alte trägt, sondern die Käseformen, denen er den Käse entnommen hatte.

534 Die Übersetzung sehr verkürzt für: „Wie könnte auf felsigem Erdgrund ein Fußabdruck entstehen? Und wenn das möglich wäre, dann dürften bei Geschwistern der Fuß des Mannes und der der Frau nicht gleich groß sein, sondern der männliche ist größer."

538 Text umstritten.

546 „heimlich-nächtlich ein Mann dieses Lands", Text unsicher und umstritten, Andere meinen, hier sei von einem „Späher" des Orestes die Rede.

582 „Wurf", das Auswerfen des Fischernetzes.

600 „und die Mutter. Gefährtin der unheiligen Ehe".

608 „entblätterter Baum", der problematische Text lautet wörtlich: „von Grund auf bist du ganz beseitigt für die Freunde und hast keine Hoffnung übriggelassen", was im Zusammenhang keinen brauchbaren Sinn ergibt. Buschors Übersetzung beruht wohl auf Konjektur.

641 Text unsicher.

684 Andere geben diesen Vers dem Alten.

699 „Lämmlein" beruht auf einer Ergänzung.

703 Pan, der Hirtengott, spielte die Syrinx, eine Flöte aus Rohren verschiedener Länge.

705 Das goldene Lamm, als Zeichen der Herrschaft, führte zur Entzweiung der Brüder Atreus und Thyestes. Sein Fell

(‚das goldene Vlies') war später der Anlaß der Argonauten-
fahrt, s. zu Medeia 1.

711 Text unsicher.

734 In Libyen befand sich eine Kultstätte des Zeus Ammon
(Oase Siwa).

868 „atm"", im Text ist nicht vom Atmen, sondern vom Öffnen des Auges die Rede. Möglicherweise Konjektur Buschors.

899 „Sklaven", der Vers ist vielleicht zu streichen; denn die
Mißhandlung des Leichnams kann kaum mit der Abhängigkeit
eines Sklaven sinnvoll verglichen werden.

926 Wörtlich: „denn du merktest, daß du einen unheiligen
Ehebund geschlossen hattest, die Mutter aber, daß sie an dir
einen unfrommen Mann hatte."

959 Personenbezeichnungen von 959–966 umstritten.

1020 „Kind", Iphigenie, s. zu Troerinnen 370.

1023 „Nacken", überliefert ist „Wange".

1034 „hielt er", überliefert ist „hatten wir".

1051 Die Verse 1051–1054 werden gegen die Überlieferung
meist dem Chor gegeben.

1076 „einzige Frau", überliefert ist „ich war die einzige Frau,
die wußte".

1097 „Wer nur auf Reichtum und gute Familie achtend eine
schlechte Frau heiratet, ist ein Tor; denn eine schlichte, aber
rechtschaffene Frau ist besser als eine vornehme." Chor: „Der
Zufall regiert beim Heiraten; denn wie ich sehe, gerät es den
Menschen teils gut teils schlecht."

1130 Die Beck-Ausgabe hat hier „freudlosen", sicher ein
Druckversehen.

1158 „gigantisch", im Text „kyklopisch", s. zu Herakles 15.

1174 „Schrei", eher „Benennung" oder „Anrede", nämlich
als Muttermörder.

1193 Text unsicher.

1238 Als Personenbezeichnung ist „Dioskuren" überliefert.

1241 „Schiffe", im Text ist nur von einem Schiff die Rede, was
man auf das Schiff des von Troja heimkehrenden Menelaos
bezogen hat. Es kann jedoch ebensogut irgendein beliebiger
Sturm gemeint sein. Die Dioskuren galten als Nothelfer, bes.
für Seefahrer.

1244 „keine Schuld", eher muß der Vers lauten: „Ihr geschah

recht, du aber hast nicht recht getan." Es wird also das Dilemma
des Orestes ausgedrückt.

1252 „Furien", nach der latein. Übersetzung von Erinyen,
den Rachegeistern, die den Mörder verfolgten. Der Text hat
„Keren", Todesdämonen, die hier jedoch mit den Erinyen
gleichgesetzt werden.

1256 „mit den Schlangen den Schwarm", d.h. die Erinyen,
deren Kopf von Schlangen umzüngelt war.

1257 „Gorgo-Schild", s. zu 459 und 461.

1258 „Felsen des Ares", der Areopag, der Sitz des obersten
athenischen Gerichtshofs, dem die Blutgerichtsbarkeit oblag.

1260 Der Kriegsgott Ares hatte den Sohn des Meeresgottes
Poseidon, Halirrhotios, getötet, weil dieser seine Tochter Al-
kippe vergewaltigt hatte.

1263 Text unsicher.

1273 Oresteion am Lykaion-Gebirge in Arkadien.

1280 Euripides verweist hier auf die Version des Helena-
Mythos, die er seiner ‚Helena' selbst zugrunde legen wird.
Man hat daher diese Bemerkung vielfach als Ankündigung der
‚Helena' verstanden.

1289 Kekrops, ein mythischer König von Athen.

1301 Text umstritten.

1342 „Drachen", die Erinyen.

1347 Zur Datierung des Stücks anhand dieser Stelle s. o. S.
420.

INHALT

EURIPIDES

Sämtliche Tragödien und Fragmente
Griechisch-deutsch

Übersetzt von Ernst Buschor
Herausgegeben von Gustav Adolf Seeck

In dieser Tusculum-Ausgabe erscheinen alle 17 von Buschor übersetzten Dramen des Euripides samt den von ihm verfaßten Nachworten. Die beiden nicht übersetzten Stücke, das Satyrspiel Kyklops und der unechte Rhesos, sowie die Fragmente der übrigen Dramen bilden den 6. Band in der Bearbeitung von Gustav Adolf Seeck.
Der Anhang des Herausgebers enthält die antiken Einführungen, Anmerkungen zu Text und Übersetzung und sachliche Erläuterungen.

Gliederung der Edition

Band 1: Alkestis, Medeia, Hippolytos
Band 2: Herakliden, Hekabe, Andromache
Band 3: Hiketiden, Herakles, Troerinnen, Elektra
Band 4: Iphigenie im Taurierland, Helena, Ion, Phoinissen
Band 5: Orestes, Iphigenie in Aulis, Bakchen
Band 6: Kyklops, Rhesos, Fragmente

Ebenfalls griechisch–deutsch erschienen

AISCHYLOS

Tragödien und Fragmente
ed. Oskar Werner

SOPHOKLES

Tragödien und Fragmente
ed. Wilhelm Willige

Alles in der TUSCULUM-BÜCHEREI bei Heimeran

www.ingramcontent.com/pod-product-compliance
Lightning Source LLC
Chambersburg PA
CBHW070930150426
42814CB00025B/155